海洋发展研究丛书

教育部人文社会科学重点研究基地、国家哲学社会科学创新基地、
中国海洋大学海洋发展研究院资助出版

渔 业 管 理

——以基于权利的管理为中心

慕永通 著

中国海洋大学出版社
·青岛·

图书在版编目(CIP)数据

渔业管理:以基于权利的管理为中心/慕永通著. —青岛:中国海洋大学出版社,2006.10 (2018.8 重印)

(海洋发展研究丛书)

ISBN 978－7－81067－646－5

Ⅰ. 渔… Ⅱ. 慕… Ⅲ. 渔业经济－经济管理 Ⅳ. F307.4

中国版本图书馆 CIP 数据核字(2004)第 107585 号

出版发行	中国海洋大学出版社
社　　址	青岛市鱼山路 5 号　　　邮政编码　266003
网　　址	http://ww2.ouc.edu.cn/cbs
电子信箱	xianlimeng@qingdaonews.com
订购电话	0532－82032573　82032644(传真)
责任编辑	孟显丽　　　　　　　　电　话　13964215865
印　　制	日照报业印刷有限公司
版　　次	2006 年 10 月第 1 版
印　　次	2018 年 8 月第 2 次印刷
成品尺寸	170 mm×230 mm
印　　张	20.875
字　　数	344 千字
定　　价	52.00 元

"海洋发展研究丛书"编审专家

(按姓氏笔画为序)

李凤岐　　李永祺　　李学伦

杨自俭　　张　克　　徐祥民

魏世江

总　序

　　海洋是生命的摇篮,她孕育了人类的文明。海洋有丰富的自然资源,是人类赖以生存和持续发展的第二疆土。人口膨胀、环境恶化、资源短缺的今日世界,使人们将生存、发展的目光移向了海洋。21世纪是海洋的世纪已越来越成为大家的共识。

　　海洋的世纪首先是认识海洋的世纪。尽管人类与海洋打交道的历史十分悠久,整个人类历史从古至今每个时期都有人类海洋文明的记录,然而,一直到今天,我们仍然不能说已经完全了解海洋,已经掌握了海洋的全部秘密。不管是利用海洋、开发海洋资源,还是要管理海洋、保护海洋,我们首先面临的都是进一步认识海洋的任务。海洋世纪一定是开发海洋、利用海洋的各路队伍向海洋大进军的世纪,然而,用科学的眼光看待海洋开发和利用,用可持续发展的观点对待海洋发展,我们现在更需要做的是认识海洋。

　　海洋的世纪意味着国家、社会乃至个人将从海洋里和与海洋有关的领域中获得更多的利益,而要实现这样的目标,解决利益的合理取得和公平分配是必要的前提。不管是在个人与个人之间、地区与地区之间、还是国家与国家之间,如果不能很好地解决这些问题,有关的个人、地区、国家就难以实现他们的利益追求,至少无法充分实现这种利益追求。这是为人类历史的经验所反复证明了的真理。不管是劳动分工、所有权制度的确立和各项保障制度的完善,还是生产关系的变革,抑或是可持续发展原则的建立,最终所要解决的都是与利益取得和利益分配有关的问题。在海洋世纪里,为了实现人类对海洋的经济、社会、军事、文化等价值的期望,我们应该认真地研究与海洋有关的利益取得与利益分配的问题,包括在个人与个人之间、地区与地区之间、国家与国家之间关系意义上的利益取得与分配的问题。

海洋的世纪应该是加强海洋管理与保护的世纪。不管是对海洋的开发,还是对与这种开发相关的利益取得方式和分配关系的处理,都不能不对海洋的自然特性产生这样或那样的影响,而且,开发的强度越大,影响的程度就越高;海洋利益取得和分配问题的解决可以使人类活动对海洋的影响更趋合理,但无法真正使之消除,可以使人类活动对海洋的局部的影响在强度上有所减弱,但另一方面却可能使这种影响的范围更加广泛。人类活动对海洋在强度和广度上都将不断施加的影响要求我们加强对海洋的管理,采取更加有力的措施保护海洋。而从实践方面来看,上个世纪和本世纪初,人类在开发与利用海洋的活动中已经给海洋带来了极大的且多具消极特性的影响。可以不夸张地说,人类活动已经给海洋带来了难以承受的压力,在我们充满希望地走进海洋世纪的时候,海洋环境污染不断加剧、海洋资源日趋减少、海洋生态环境恶化难以逆转等严重问题就立刻摆在我们面前。人类只有有效地解决了这些问题,才能拥有繁荣的海洋世纪。我们要建设美好的海洋世纪,就必须把海洋管理好、保护好。

为此,中国海洋大学于 2000 年启动了编撰"海洋发展研究丛书"(当时叫"迎接海洋世纪丛书")工程。经过五年多的工作之后,这项工程即将告竣。作为一个海洋科技工作者,我对工程所取得的成就感到由衷的高兴,对参与这项工程的我的同事们充满敬佩之情。希望即将呈献给广大读者的这套"海洋发展研究丛书"能够在认识海洋、正确处理海洋利益取得与分配问题、管理海洋和保护海洋等方面,在推进相关领域的研究上,发挥应有的作用。

中国工程院院士

2006 年 7 月 1 日

前　言

　　自古以来,渔业不仅是人类食品的重要来源之一,还为从事渔业活动的人们提供就业机会和经济利益。随着渔业的不断发展,人们逐渐认识到,尽管水生生物资源可以再生,但并非无限。第二次世界大战结束后,世界渔业成为全球食品业中最具活力的行业之一。作为对全球水产品需求不断扩大的回应,许多国家一直都在加大对现代捕捞船队和加工设施的投资,以期充分利用这一新的市场机遇。但是,事实已清楚表明,许多渔业资源都无法承受不加节制的利用,要维持水生资源对世界日益增长的人口的营养、经济和社会福利的贡献,就必须加以适当管理。1982年通过的《联合国海洋法公约》,为在全球范围内更好地管理海洋渔业资源提供了全新的法律框架,这一海洋法律制度规定了沿海各国在管理和利用各自专属经济区内的渔业资源(约占全球海洋渔业资源总量的90%)时的权利和责任。

　　二战以前,渔业管理主要是生物学家关心的问题。随着捕捞能力和水产品需求的不断增大,渔业管理者开始认识到,渔业管理不仅仅是采用何种技术性措施以获得单一种类最大持续产量(the maximum sustainable yield, MSY)的问题。但是,只是到了20世纪50年代初期,经济学家才开始系统研究市场力量对渔业活动的影响。在渔业生物学家从渔业管理方面取得的成果的基础上,经济学家提出了基于市场的管理手段(market-based management instruments),建议采用最大经济产量(the maximum economic yield, MEY)取代最大持续产量作为渔业管理目标,以实现提高渔业效率和防止渔业资源租金的浪费的目标。

　　随着世界人口和人类对海洋鱼类需求的持续增加,海洋渔业资源的有限性变得日益突出,实现渔业资源利用的社会平等问题也因此凸现出来。到20世纪80年代后期,尽管海洋捕捞能力不断提高,作业渔场日益扩大,目标种类持续增多,海洋渔获物却基本稳定在0.8亿吨左右;相反,越来越多的经济鱼类因捕捞压力过大、海洋环境污染和鱼类生境退化而枯竭。结果,以政府为主导的、按照渔业生物学家和经济学家提供的"药方",采用"命令与控制"(command and control)来管理渔业的传统手段,受到了许多社会学家的挑战。越来越多的渔业管理者开始意识到,渔业管理应该以人为本,而不是以"鱼"为本,渔业管理应该是通过管理人的渔业活动来达到管理渔业本身的目的。由渔业生物学家和经济学家分别提出的、建立在单一种类最大可持续产量和最大经济产量基础上的渔业管理目标,也因此受到质疑。

到20世纪90年代,实现渔业可持续发展成为全球性的共识。渔业可持续发展要求渔业管理必须在确保渔业资源可持续利用的前提下,通过平衡资源利用的效率和平等目标,争取广泛的社会支持和参与,特别是渔民的支持和参与,来实现渔业资源利用的社会效率最优(the optimum yield, OY)目的。

从另一方面来看,大量的理论分析和长期的实践经验,使渔业管理者的注意力逐渐集中到以下四个方面:首先,究竟是什么原因导致理性渔民的竞争性捕捞行为和如何才能有效消除引发渔民竞争性捕捞的诱因?其次,如何才能提高渔民对政府主导的渔业管理之合法性的认识和采用何种机制才能提高渔民遵守管理规定的自觉性?再者,采用何种管理手段才能更好地协调多种类渔业的种与种之间以及渔业系统和生态系统的各种构成要素之间的相互依赖和相互作用?最后,渔业管理应如何应对生态环境和市场力量本身所存在的不确定性,如何在信息不完全的情况下进行决策,以避免因决策不当而对资源和环境造成不可逆转的损失?

为了解决上述问题,来自不同学科领域的专家提出了许多解决方案,包括:基于权利的渔业管理(rights-based fisheries management),特别是个别可转让配额(individual transferable quotas, ITQs)制度;参与型管理(participatory management)或者说伙伴管理(management in partnership),包括共同管理(co-management)和基于社区的管理(community-based management);多种类管理(multi-species management)和基于生态系统的管理(ecosystem-based management)及其变型,包括大海洋生态系统(large marine ecosystems, LMEs)管理、生物区域管理(bioregional management)、将渔业纳入沿海地区综合管理和区域渔业合作机制;预防的方法(precautionary approach)和适应性管理(adaptive management)等。

应当承认,上述四大议题及其可能的解决方案,均具有重要的理论与现实意义。限于篇幅,本书虽然也涉及了后三个问题,但没有作详细系统的阐述。本书的研究重点在于剖析渔业问题成因和系统评估渔业管理主要措施的制度效果,其中特别系统地介绍和评估了基于权利的渔业管理制度。我们之所以首先选择这一题目集中研究,理由很多,如基于权利的渔业管理在全球范围内的日趋普及及其巨大的制度效应等。

但是,选中这一题目的主要原因还在于我们对渔业问题根源的把握。正如本书第二章所指出的:在渔业资源供给有限的条件下,"谁捕到归谁所有"的游戏规则,是导致渔业经济绩效低下和渔业资源过度利用的根本性原因;只要渔业处于自由准入状态,无论是事实上的,还是法理上的,渔业问题就不可能从根本上得到解决。其次,更宽泛地讲,一切社会、经济和环境问题都有着相同的根源,即同人类的欲望相比,可供人类选择和利用的资源总是稀缺的,经济学的中心问题就是对资源分配和使用作出选择的问题,而明晰产权也是市场经济最基本的要求。再者,中央政府已明确认识到,产权对于促进我国社会主义市场经济发展具有重要作用,正如党的十六届三中全会通过的《中共中央关于完善社会主义市场经济体制若干问题的决定》所指出的:"产权是所有制的核心和主要内容……建立归属清晰、权责明确、保护严格、流转顺畅的现代产权制度……是完善基本经济制度的内在要求……"

我国海洋渔业现有管理体制具有三大基本特征,即"以资源养护需要为考虑的技术性措施,以渔业投入为中心的控制机制,以政府为主导的管理过程"。"命令与控制"式的管理机制和渔业资源的共有和洄游跨界性质,弱化了渔民养护资源和遵守政府规章的积极性和主动性,而强化了其竞争性捕捞和设法绕过政府管制的动机,其结果是人人都期待并努力从渔业这块"大饼"中获取更大的份额。这种制度框架发出的经济信号,鼓励渔民千方百计增加短期收益,缺乏诱导渔民养护资源的激励机制。我们认为,我国海洋捕捞业目前存在诸多问题的根本原因,就在于管理资源利用的现有制度安排与海洋资源的性质以及渔民的心理和行为不相匹配。要使渔业彻底摆脱过度投资和过度利用的处境,就必须依靠制度创新。从这一意义上讲,如果我国不能成功地实现海洋渔业的可持续发展,最大的失败就可能发生在制度革新领域,而非由于资源、环境和技术的制约。

在认识到我国渔业,尤其是海洋捕捞业所面临的严峻现实和现行渔业管理机制的严重不足后,于2000年10月31日举行的全国人民代表大会常务委员会第十八次会议审议并通过了《渔业法》修正案。新版《渔业法》在第二十二条中明确规定:"国家根据捕捞量低于渔业资源增长量的原则,确定渔业资源的总可捕捞量,实行捕捞限额制度。"我国决定从主要依靠捕捞许可制度转变到捕捞许可和限额管理双管齐下,这无疑是迈出了重要的一步。但是,具有良好的愿望并不等于创立了行之有效的制度框架。

我国捕捞限额制度实施细则至今尚未出台,这至少部分地反映了中央政府的谨慎态度。因为任何制度和制度安排都不可避免地带有财富分配含义,因此都必然带有某种积极或消极的激励机制,从而推动或阻碍公共政策目标的实现。此外,任何制度一经确立就很难改变,这是一种非常典型的、被制度经济学家称之为"制度刚性"(或者说"制度惰性")的现象。鉴于这种情况,我们主张,首先应对渔业管理理论的理性与逻辑以及各种渔业管理措施的适用环境与对象、配套要求及其实施效果的理论预期与实证分析作出详尽而系统的研究,并准确把握我国渔业特性及其问题的根源,在此之前,不应过于匆忙制定捕捞限额制度的实施细则。

我们认为,在从以渔业产量增长为导向到以市场为导向的渔业政策转变过程中,能否设计好基于限额捕捞制度的管理框架,通过明晰产权解决好信息与激励问题,是确保我国海洋渔业资源基础可持续性、资源利用效率和配置平等以及渔政管理效果三大目标能否得以实现的关键。其问题的实质就在于,如何在现有宪政秩序(制度环境)下,通过制度创新改进或重构我国海洋渔业管理体系,使海洋渔业管理与海洋渔业活动步入低交易成本的良性发展之路。本书作者的研究结果表明,限额捕捞制度本质上属于基于权利的渔业管理的范畴。因此,系统研究基于权利的渔业管理制度不仅具有重大的理论意义,更具有迫切的现实意义。同时,我们也希望本书的研究成果能够为政府进行相关决策提供一定的参考价值。

应当说明的是,要比较各种渔业管理措施的制度效果,就必须对其历史演变有一个基本了解,这也是我们写作本书的目的之一。从来就不应低估历史回顾的重要性,不借鉴历史的人必然要重复历史上的失误。回顾渔业管理历史至少可以使渔业管理者在以下四个方面受益:(1)避免错误的决策;(2)找到正确的视角;(3)选择适当的策略;(4)利用历史事件作试验(Nielsen,1995)。新制度经济学有一个基本观点,即历史演变存在路径依赖性。因此,只有更好地理解我们曾经走过的路和别人曾经走过的路,我们才能把渔业管理得更好。

那么,渔业管理者曾经走过哪些路?他们为什么要走那些路?他们是如何走过那些路的呢?要正确回答这些问题,就不能把渔业管理的历史演变同西方社会的主流哲学相分离。众所周知,个人主义和民主两大理念在西方哲学里一直占据着主导地位,而且现在依然是西方社会的主流价值观。或许,正是这一价值传统构成了西方所有社会、经济、文化和政治活动的哲学基础,渔业活动当然也不例外。牢记西方社会对个人主义和民主的偏好,就比较容易理解,为什么大部分西方学者都极力主张以私有化和共同管理[①]作为解决渔业问题的首选方案。20世纪以来,这一思潮对当时仍处于主导地位的、以"自上而下"和"命令与控制"为特点的政府集权式管理构成了重大挑战。事实上,方法论上的这种转变是合乎逻辑的,因为个人主义不可能存在于私有产权制度的土壤之外,而资源使用者和其他利益相关者如果不参与资源利用规则的制定和实施过程,所谓的民主将变得毫无意义。首先把握住这一点,可能有助于读者更好地理解渔业管理理论和方法的历史演进过程。

谨以此书献给所有关心我国环境与自然资源管理,特别是海洋渔业管理的读者。

[①] 在包括我国、日本和韩国在内的亚洲国家里,共同管理从历史上就得到了广泛应用。我们认为,我国和其他一些亚洲国家历史上采用这一方法管理渔业,主要还是建立在东方哲学的集体主义的基础之上,而非现代西方社会的民主理念。

目 次

总　序 …………………………………………………………… (1)
前　言 …………………………………………………………… (1)
绪　论 …………………………………………………………… (1)
 第一节　渔业资源的经济学特征与渔业管理 ………………… (1)
 第二节　关键术语的定义 ……………………………………… (5)
 第三节　政府、市场与渔业管理 ……………………………… (23)

第一章　渔业系统与系统构件 ………………………………… (26)
 第一节　渔业与渔业定义 ……………………………………… (27)
 第二节　渔业生态系统 ………………………………………… (30)
 第三节　渔业的社会经济属性 ………………………………… (39)
 第四节　技术对渔业的影响 …………………………………… (43)
 第五节　渔业治理 ……………………………………………… (44)
 第六节　渔业可持续发展问题 ………………………………… (50)

第二章　渔业问题及其根源 …………………………………… (56)
 第一节　渔业问题的表现形式与早期历史 …………………… (57)
 第二节　渔业问题的生物经济学解释 ………………………… (61)
 第三节　渔业问题根源剖析 …………………………………… (68)

第三章　全球视野下的渔业治理 ……………………………… (81)
 第一节　全球渔业治理历史与现状 …………………………… (82)

第二节　全球海洋渔业现状 ……………………………………… (87)
　　第三节　全球渔业治理解析 ……………………………………… (91)
　　第四节　全球渔业治理效果 ……………………………………… (97)
　　第五节　强化海洋渔业治理 ……………………………………… (100)

第四章　渔业管理范式及其制度效果分析 …………………………… (103)
　　第一节　渔业管理的经济学透视 ………………………………… (104)
　　第二节　一种分析框架与研究方法 ……………………………… (119)
　　第三节　技术性措施与禁渔制度 ………………………………… (126)
　　第四节　投入控制与捕捞许可证制度 …………………………… (137)
　　第五节　产出控制与总可捕量制度 ……………………………… (157)

第五章　产权与基于权利的渔业管理 ………………………………… (173)
　　第一节　稀缺、配给、竞争与产权 ……………………………… (175)
　　第二节　作为经济活动组织方式的产权 ………………………… (181)
　　第三节　基于权利的渔业管理 …………………………………… (194)
　　第四节　各国现行的渔业产权制度 ……………………………… (214)
　　第五节　欧盟三国渔业产权的形态比较 ………………………… (223)
　　第六节　基于社区的渔业产权 …………………………………… (231)

第六章　渔业产权化管理——ITQs范式研究 ………………………… (237)
　　第一节　个别可转让配额理论及其经济学理性 ………………… (238)
　　第二节　个别可转让配额理论的起源与发展 …………………… (249)
　　第三节　个别可转让配额制度的作用机理与制度效果 ………… (259)
　　第四节　各国决定实施ITQs制度的基本依据 …………………… (274)
　　第五节　应用ITQs制度应注意的一些问题 ……………………… (280)
　　第六节　渔业管理经济学研究中两大学派之基本观点比较 …… (286)

结语——我国海洋捕捞业的困境与出路 ……………………………… (293)

参考文献 ………………………………………………………………… (302)

后记 ……………………………………………………………………… (317)

绪 论

本章旨在为读者阅读后续章节提供相关的理论背景知识。本章行文顺序如下,第一节介绍了渔业资源的经济学特征、基于权利的渔业管理的经济学理性和资源租金概念;第二节定义了本书涉及的关键术语,包括渔业、渔业管理、外部性和渔业外部性、制度和制度安排、产权和渔业产权及其相关术语。第三节概括性地说明了政府和市场在渔业管理中的关系以及各自的作用领域。

第一节 渔业资源的经济学特征与渔业管理

一、渔业资源的经济学特征

渔业资源[①]往往被经济学家贴上"流动性共有资源"(common-pool resources,CPRs,我国有学者将其译为"公共池塘资源")、"共有财产资源"(common property resources,CPRs)或"共有资源"(common resources)的标签。共有资源一般具有以下两大特征,即非排他性(non-excludability)和消费竞争性(rivalry in consumption 或 subtractability)。首先,由于其特殊的物理属性,要想排除任何潜在利用者都很困难,且需花费很大的成本。例如,高度洄游性鱼类种群的活动范围大多跨越多国管辖区域,人们很难明确确定其实

[①] 渔业资源属于可更新资源,是存量能够不断得到补充的资源,所以人们很容易把它看做是一种永久性资源。如果把可更新资源等同于永久性资源,人们就可能认为,市场最终能够使可枯竭资源平稳地转变成可更新资源。但是,这是一种过于简单的观点。有些可更新资源,例如鱼类资源,如缺乏有效管理,也有可能枯竭。一般而言,鱼类种群的生长或衰退取决于群体规模的大小,假如人类活动使某一种群的群体规模降低到临界点以下,该种类就可能灭绝。

际边界并加以有效监控。另外,保护公权的法律和习俗,对行使排他权也构成了一个主要障碍。再者,资源是有限的,任何个别使用者对资源的利用,都必然减少其他潜在使用者可能利用的数量,这就是所谓的消费竞争性。例如,如果某人捕获了一条鱼,这条鱼也就归他所有,其他人将因此失去捕获和拥有这条鱼的机会,这条鱼也就无法再为种群增长和可持续性作出相应的贡献。当共有资源的实际需求量超过其有限供应量时,上述两种特征就会对资源管理带来许多富有挑战性的问题。例如,当缺乏有效控制措施限制对此类资源的利用时,大量个别使用者就会纷纷涌入,竞相利用这种资源。随着渔业资源的日趋稀缺,如何分配准入权(rights to access)或其他权利,也就成为各国政府无法回避的中心问题之一。不同国家可能会采取不同的方法来处理这一问题,基于权利的渔业管理被大多数经济学家视为最有效率的制度安排之一。

二、基于权利的渔业管理的经济学理性

就渔业问题的本质而言,一种获得广泛认可的观点是,只要某一有商业价值的鱼类种群的开发和利用处于事实上的"自由准入①"状态,该种群的过度利用甚至枯竭就在所难免。如上文所述,作为一种流动性共有资源,鱼类种群具有非排他性和消费竞争性两大主要特征。由于要达到排他性和非竞争性利用所需花费的交易费用(transaction costs)往往很高,结果,"谁捕到归谁所有"(the law of capture)的游戏规则主导大部分渔业。一般而言,在这种游戏规则的诱导下,每一名理性渔民都可能被迫采取"马上捕到所有能够捕到的"之策略。只要捕捞作业始终是有利可图的,随着捕捞强度的不断增加,鱼类种群和以该种群为利用对象的渔业最终必然走向崩溃,而激烈竞争、过度投资和资源枯竭则是促成这一结局的直接原因。正如哈丁(Hardin,1968)的"共有财产(资源)悲剧"或者说"共有品悲剧"(the tragedy of the commons,有学者将其译为"公地悲剧")范式所揭示的一样,假如共有资源的利用处于自由准入状态,那么,个别渔民之理性决策的集中效果必然导致整体的非理性结局,渔民、渔民家属、鱼类消费者及其后代却不得不共同咽下理性渔民共同酿造的这杯非理性苦酒。从这一角度看,要防止资源租金的浪费、渔业资源的枯竭以及渔业本身的崩溃,用于管理共有渔业种群的制度,必须能够真正避免资源利用

---

① 该术语译自英文词组"free entry"和具有相同意义的"open access","unregulated/unrestricted access",与其对应的"有限准入"的英文术语为"restricted entry"、"limited entry"和"regulated access"。

的自由准入状态,从根本上消除理性渔民的竞争性捕捞心理和行为,而排他的、可转让的、明确界定和有效实施的权利制度,则被认为是可以达成上述目标的有效手段,这正是基于权利的渔业管理(rights-based fisheries management)制度的经济学要旨所在。

三、资源租金

资源租金一词译自英文"resource rent",这一概念类似于里卡多所使用的土地租金概念①。尽管贫瘠的农地很难产生任何土地租金,土地所有者却能够向租用肥沃土地的佃户征收到很高的租金。这一原理被假定同样适用于渔业的情形,即管理不善的渔业不能产生资源租金,而高产的渔业种群和有效的捕捞活动应当具有产生资源租金的潜力②。基于权利的渔业管理制度有助于实现渔业经济效率,这一论点所依据的经济学概念正是所谓的"资源租金"。如果利用适度和管理得当,具有固定供应量的自然资源能够持续产生租金。对于大部分产业,由于需求的相对稳定性,商品价格将随供应量的增加而下降。自然资源能够产生租金是因为其供应量不可能无限增加,这种有限供应能力产生了稀缺效应,从而使其价格维持在较高的水平上。

在固定的供应量产生了稀缺效应的情形下,租金等于总收益和所有必需的生产成本之差,这里所说的生产成本包括资本(自然资本、实物资本和人力资本)应得到的正常回报。对于一般行业,因产品稀缺性而带来的超额利润将随生产规模的扩大而逐渐消失。但是,对于像渔业这样一类以自然资源为利用对象的行业来说,情况就不一定如此。在正常的生产过程中,首先采用低生产成本技术的生产者能够获得优势是因为总产量可以增加。对于以自然资源为利用对象的行业来说,总产量受外部因素限制③,技术进步只能改变不同生产者的产出份额而不能增加总产出,且有可能导致整个行业成本增加和利润水平下降。一个效率好的渔业可能会有租金,而当供给大于需求,或者当存在替代产品(例如,可以从其他地方捕到或通过人工养殖获得同种鱼类)时,渔业

---

①租金指的是可以赚取的经济利润,土地租金指的是土地所有者根据土地的不同质量按市场行情向佃户收取的租金。
②安德森(Anderson,1980)讨论了渔业经济租金的各种形式,其中包括资源租金。
③例如,野生鱼类资源因受环境容量制约,其总量不可能无限增加。

租金就有可能很少或完全不存在①。

对资源的不当利用和过度利用,将导致资源租金的浪费。渔业租金的浪费可以表现为各种形式。受攫取资源租金的欲望所驱使,渔民们开始从事捕捞作业。在渔业发展的初期,捕捞能力相对较低,新加入捕捞行业的渔民并不会引起太大的问题,这是因为相对丰富的资源在不影响自身生产力的前提下,能够满足从业渔民的生计需求。但是,随着捕捞能力的持续增加,渔民的竞争性捕捞将使渔业最终发展到这样一个阶段:资源租金逐渐减少,渔业资源基础受到严重威胁。例如,Gunderson(1984)曾提供了一个非常生动的实例,向人们展示了竞争性捕捞的速度以及所造成的后果。美国太平洋沿岸的寡平鲉(Widow rockfish)(*Sebastes entomelas*)渔业曾经得到快速发展,但随后很快就变得萧条。1979年,一艘拖网渔船在从渔场返回渔港的途中,通过声纳发现了一个很大的鱼群。该渔船的渔民接着做了一次试捕,他惊奇地发现,所拖上来的竟然全是寡平鲉。在此以前,人们总认为不可能用拖网捕到这种鱼。在该渔业开发的初期阶段,前面提到的那位渔民和他的伙伴每小时平均可捕到31吨鱼。1979年,9艘渔船共捕到3 291吨鱼;1980年,52艘渔船共捕获了20 158吨鱼;1981年,70艘渔船捕获了28 419吨鱼。当时,与这一鱼类有关的生物学知识非常有限,而在对该种群获得更多的了解以前,人们也不愿意采取限制渔获量的措施,因此阻碍了对这一鱼类利用速度的控制。直到1983年,美国太平洋渔业管理委员会才确定了该鱼种的生物可捕量(the allowable biological catch),并将当年的可捕量定为10 500吨。在我国,20世纪70年代开始开发利用的马面鲀(file fish)渔业的发展历史也沿袭了同样的发展轨迹。

新加入捕捞行业的渔民可能以两种形式浪费渔业资源租金:第一,在鱼汛旺季将大量渔获物投放市场,从而降低水产品的市场销售价格;第二,捕捞成本的逐渐增加。捕捞成本的逐渐增加是受"谁捕到归谁所有"("ownership by capture" rule)的规则所驱动的。"谁捕到归谁所有"这一规则可表述为,要获

---

① 有人或许会想,获准利用稀缺资源的那些人对所出售的商品可能开出天价,且在市场竞争中永远立于不败之地,位于加拿大纽芬兰省的北部鳕鱼渔业似乎应合乎这一猜想。由于资源的枯竭,北部鳕鱼渔业从1992年7月开始实施禁捕,从那时候起,只有很少的几个种群获准重新开捕。但是,由于鱼类,特别是鳕鱼作为一种国际性商品至少有500年的历史,在加拿大纽芬兰省和其他沿海省份,鳕鱼的市场价格一直都维持在很低的水平上,这是因为巴伦支海周边的俄罗斯、挪威和冰岛的鳕鱼渔业以及其他地区的鳕鱼渔业表现一直良好,足以满足市场对鳕鱼的需求。当某一渔场同其他渔场相比产量较低,或者当不同地区的同一种类或同一地区的不同种类可以成为稀缺资源的替代品时,即使某一资源是稀缺的,其租金也可能很少。当一种资源的稀缺程度是非常之高,以至于无法维持任何商业捕捞活动时,该资源的租金也可能很少。

得与流动性财产(例如鱼类、鸟类和野生动物)有关的租金,只有实际拥有该财产。例如,渔民只有捕到一条鱼,才能实际享有对该鱼的所有权,才能获得一种正常的经济回报和其他任何与该鱼有关的租金。因此,如果不限制渔业准入,渔民就会为获得更大的租金份额而激烈竞争。这种竞争将提高捕捞成本,直到所有租金都被过高的作业成本和许多在正常条件下并不必要的要素投入的成本所抵消。首先采用更加有效的捕捞技术的个别渔民可获得一种暂时性的竞争优势,因为增加的渔获量要远远超过因采用新技术而增加的成本。但是,由于总渔获量已被资源养护和管理要求(例如,确定总可捕量时所依据的标准)限定在一定范围内,首先采用新技术的个别渔民的收益增加只能以其他渔民的收益损失为代价。从短期看,这是一种典型的"零和"游戏("zero-sum" game)。但是,从长期看,这是一种没有"赢家"的游戏,因为当其他渔民意识到自己处于相对不利的竞争地位时,他们也会想方设法采用新的技术,所以最终结果充其量只能是总渔获量没有增加,捕捞成本却大幅提高了。

然而,竞争性捕捞并不是导致渔业租金浪费的唯一原因,导致租金浪费的另一原因在于渔场之间的生产率存在变化,渔场内部某些特定区域的生产力可能要远远高于其他区域。由于渔民争相到离渔港较近或渔获量较高的渔场捕鱼,这样做的结果是,捕捞投入远远大于他们能够协调渔场使用时所必需的要素投入。随着越来越多的渔民进入捕捞作业,越来越多的渔民找到理想的捕捞场所,这种形式的租金浪费程度也就越来越高。此外,租金浪费现象也可能在渔业管理过程中出现,这是由于渔民会扩大要素投入,以期影响资源配置决策,特别是当管理机关决定采用基于权利的渔业制度时更是如此。

在实施基于权利的管理制度的过程中,通过淘汰过多的渔船、减少渔具丢失、降低渔获物的丢弃数量等方式,一部分渔业租金会很快得以实现。渔获物离船价格的提高有时也会导致租金出现,例如,在美国太平洋鳙鲽(the Pacific halibut)渔业中,就曾经因更多的渔获物被鲜卖而出现过渔业租金。

第二节 关键术语的定义

本书采用了国际社会对关键术语的定义,主要目的在于帮助读者通过阅读相关文献,更好地了解渔业管理理论研究的历史、现状及发展趋势,以促进我国渔业管理理论研究的深入并使之与国际社会接轨。

一、渔业

1. 我国《渔业法》中的渔业"潜定义"

我国《渔业法》没有直接给出"渔业"这一术语的定义，仅在第二条规定了该法的适用范围，即"在中华人民共和国的内水、滩涂、领海、专属经济区以及中华人民共和国管辖的一切其他海域从事养殖和捕捞水生动物、水生植物等渔业生产活动，都必须遵守本法"，其中暗含了渔业这一术语的定义，即一切"养殖和捕捞水生动物、水生植物"的渔业活动。但是，这一"潜定义"并不能完全涵盖我国渔业统计内容，后者还包括了水产品加工业、渔业制造业和建筑业等。

2. 我国部分学者对渔业的定义

我国学者往往把"水产业"与"渔业"混用，且更经常地使用"水产业"这一术语。例如，《水产经济工作手册》将水产业定义为"人们以水域为依托，利用水产动植物机体本身的生命力繁衍生成的生物资源，通过劳动（采集、捕捞与人工养殖、增殖）获得水产品的物质生产活动"，便是通常所说的"渔业"，即狭义水产业。就广义而言，还包括为渔业生产的产前、产中、产后服务的多种基础设施建设，渔港、码头、船舶、网具、渔用仪器设备和其他生产资料的制造、供应、水产品保鲜、贮藏、加工、运销和综合利用，以及水产科研、教育、推广、管理等服务体系的建设。显然，这一定义中的"狭义水产业"一词与《渔业法》中的渔业"潜定义"无异，都指渔业统计中的第一产业。

吴万夫等（1995）则认为，"渔业，又称水产业……人们常常把捕捞业、养殖业和水产品保鲜加工业定义为狭义的渔业，而把以上述三个生产部门为中心而延伸到渔船、渔网制造，水产品贮运、销售、渔港建筑、栏鱼、过渔工程以及水产科研、教育、推广、管理、服务等辅助产业构成的一个完整的生产体系，称为广义的渔业"。该定义中的"狭义的渔业"增加了"水产品保鲜加工业"这一第二产业，这与《渔业法》中的渔业"潜定义"和《水产经济工作手册》中的"狭义水产业"是不同的。此外，该定义强调了"完整的生产体系"。

3. 本书对渔业的定义

运用系统论的观点，本书将渔业（fisheries）定义为"渔业是一个复杂的、适应性的和动态变化的系统。该系统是由人文、支持和社会三大亚系统所构成的，每一亚系统又可以进一步划分成若干相互联系、相互依赖、相互作用和相互影响但又相对独立的次亚系统或称构件"（详见本书第一章第一节）。

二、渔业管理

1. 渔业管理的一般概念与任务

对于渔业管理,目前还没有形成一个清晰的和获得广泛认可的定义。为了本书的写作需要,作者借用了粮农组织(1997)编写的《负责任渔业行为守则指南》第四部分对渔业管理所下的工作定义(working definition):为确保渔业资源的持久生产力和实现渔业的其他目的而进行的信息收集、分析、计划、咨询、决策、资源配置以及用于管理渔业活动的规章和规则的制订、实施和以强制执行为必不可少的步骤之综合过程[1]。

渔业管理肩负一系列内涵广泛而又复杂的任务,其目的在于保证享有资源使用权的当地使用者、国家和周边地区能够从水生生物资源的可持续利用中获得最大利益。渔业管理试图通过旨在实现政策目标的制度安排(包括管理资源利用的法规、机构安排和其他非正式性制度)所具有的激励(诱导/"胡萝卜")和(或)制约(执法/"大棒子")机制来影响渔民行为。渔业管理的表现形式为制度的制定和实施,管理机制的改变通过新制度的确立或旧制度的修正或废弃来完成。

尽管渔业管理要依靠研究和分析,而且有时候还依靠制度化的征求意见(咨询)过程,但不应把渔业管理和此类活动或过程相混淆,渔业管理包含但不仅仅局限于这些活动或过程。根据上述工作定义,我们可以将渔业管理活动的范围概括如下。

一是针对每一特定渔业制定相应的管理政策和目标。管理政策和目标的制定应当考虑到渔业种群的生物学特点、现有渔业和潜在渔业的性质、其他与该渔业种群有关的活动或对该渔业种群产生影响的活动,以及该渔业对国家或地方需要和发展目标所具有的潜在的经济价值和社会价值。

二是确定并采取能够使渔业管理机关、渔民和其他利益集团为实现共同认可的目标的必要行动,应当同所有利益集团协商后再决定为此需要采取哪些行动。可采取的行动包括:对所有被纳入管理范围的种群制定并实施管理计划;确保种群或种群组及其生态系统和环境始终维持在生物学高产状态上;搜集和分析为评估、监督、控制和管理目的所必需的生物学和渔业数据;采纳并颁布为实现目标所必需的、适当的和有效的法规,并确保渔民遵守这些法规,以实现既定的政策目标。

---

[1] 作者译自粮农组织编写的 FAO Technical Guidelines for Responsible Fisheries-Fisheries Management-4(1997),原文是:"The integrated process of information gathering, analysis, planning, consultation, decision-making, allocation of resources and formulation and implementation, with enforcement as necessary of regulations or rules which govern fisheries activities in order to ensure the continued productivity of the resources and accomplishment of other fisheries objectives."

三是同渔业资源使用者或与渔业资源利用有关的利益集团，以及虽不直接参与但可能对渔业活动产生影响或受到渔业活动影响的行业或地区进行咨询和协商。在计划和实施对渔业有影响的活动时，管理机关必须确保渔业利益得到适当的考虑和照顾。

四是同资源使用者协商，定期评估管理目标和措施，以确保这些目标和措施的适当性和有效性。

五是定期或不定期地向政府、资源使用者和公众通报资源状态、管理绩效以及其他相关事项。

2. 渔业管理之复杂性与目标

对全球渔业资源枯竭的忧虑，外国渔轮对本国渔业资源的掠夺性捕捞，以及对现行管理机制的局限性之认识，这些因素已促使几乎所有沿海国家不得不重新思考其渔业政策。随着 200 海里专属经济区制度的实施，沿海各国不仅要面对新的发展机遇，也要面对新的管理责任。除非这些新的管理要求得到满足，否则，随着海洋渔业资源的日趋稀缺，围绕海洋渔业资源利用所展开的竞争和争论将日趋激烈和复杂，人类也就不可能像在海洋渔业资源相对丰富的状态下那样从海洋渔业利用中获得最大的社会和经济收益。

从根本上讲，要制定出一套行之有效的渔业管理机制，渔业政策制定者和渔业管理者必须正确处理好下列一般性考虑：(1)资源基础可持续性；(2)资源利用效率与渔业效率；(3)人类需要、价值与社会平等；(4)渔政管理可行性；(5)政治上可接受的程度。当然，渔业政策制定者和渔业管理者也必须考虑到特定渔业的特殊管理要求。

在自然资源管理领域内，很少有比渔业管理更为复杂的自然资源管理。渔民构成和从业目的的多样性和渔业资源所具有的隐蔽性特征等因素，都可能使渔业管理工作变得异常困难。即使在同一渔业，也经常可以同时看到为生存需要而捕捞的部落成员、经营家庭经济的小型商业渔民、外地公司的大型拖网渔船、把捕捞或垂钓作为一项休闲活动的社会成员以及潜水爱好者，所有这些渔业参与者往往都把自己的特殊利益放在首要地位。同时，由于受这些活动或其他因素的影响，渔业种群可能正发生着变化，有些变化在短期内可能难以觉察。因此，把渔业资源维持在所有利益集团(interested parties)可接受的水平上，平衡入渔权的分配，采用能够取得最大社会效益的方法来管理渔业资源的利用，这些都是渔业管理者必须面对的挑战。

3. 社区、参与型管理、基于社区的管理和共同管理

"社区"一词译自英文"community"，其含义为"由以下方面构成的地方管

理单元:(1)受语言、宗教、社会组织和道德价值等一种共同文化限制的一些人;(2)为他们的生活提供基础并成为其生计活动中心的周边环境。从外部角度看,社区空间(即居住部分以及周边环境)的界限可能明晰也可能不明晰。关于社区的空间范围及对周边自然资源利用的权利之性质和程度,社区成员的意见往往与国家意见相异"①。从传统的角度讲,社区是一个地理概念,但是,在某些管理领域,社区的定义可能采用完全不同的方法。在渔业管理中,社区常常被用来代表具有相似利益或兴趣的个人的集合。例如,在加拿大的沿海地区有九个社区,其中的两个社区拥有捕捞配额,所采用的定义方法就是根据它们所使用的渔具类型。

基于社区的管理与共同管理都是参与型管理或者伙伴管理的具体实现形式。参与型管理包括各种安排,通过这些安排,使渔业管理机关和某些公共或私营机构共同分担管理责任和义务。因此,参与型管理的这种带有分权和非标准化的性质,往往体现出这样一种考虑,即既要满足政府或管理机构一方对平等和效率的关心,又要满足具有自我管理能力的相关利益集团一方积极要求参与管理过程的愿望。

基于社区的管理是参与型管理的一种范式,有些学者将其视为共同管理的一种特殊形式。主要由当地社区成员负责当地自然资源的利用与管理的这种管理方式是国家管理权力下放的一种途径,主要是基于对当地人参与管理的重要性的认识。基于社区的管理与共同管理安排中的地方一级可能相同也可能不同。

共同管理这一术语自20世纪90年代以来得到了广泛推广。它实际上是替代"命令与控制"式管理机制的一种管理过程,其中,社区和国家(由区域行政部门代表并往往通过区域行政部门传达)这两个行动方共同负责和参与对当地自然资源的管理,社区是微观一级,国家是宏观一级。参加共同管理安排是基于对相对优势和共同利益的考虑,国家通常保留总的决策权,也称为"合作管理"(cooperative management)或"伙伴管理"。

---

①作者译自 Kuper A 和 Kuper J 的 *The Social Science Encyclopedia* (1989). 原文是:"The local unit, comprising i) number of persons bounded by a shared culture, consisting of e. g. language, religion, social organization and values; and ii) the surrounding environment which provides the basis of their livelihood and the focus of their subsistence activities. The spatial character of the community, meaning the habitation part as well as the surrounding environment, may or may not be clearly delineated from the point of view of the outside (the term 'village' accordingly should not be used). There will often be disagreements between the members of the community and the state as to the spatial extent of the community and the character and extent of the rights to extraction of natural resources."

负责任渔业管理要求应试图调和各种往往代表着相互竞争、甚至相互冲突的众多团体的利益。负责任渔业管理者也认识到,管理措施的效率和可实施性往往高度依赖于相关利益集团的支持。在很多情形下,依靠各种合作安排和机制,来替代完全由政府机构承担全部管理责任之管理模式是必要的。但是,与管理规则和措施有关的最后决定往往是由政府机关作出的。

4. 利益集团与利益相关者

利益集团(interested party 或 interest group)这一术语是指任何被某一或某些国家所承认的,或被代表某一或某些国家的管理当局所承认的,对被管理的渔业资源享有合法利益的任何团体。所有采用技术手段从事渔业资源利用的个人或团体,都应包括在渔业利益集团内。具体地讲,渔业利益集团包括从事捕鱼和养鱼和以各种各样的方式加工鱼和营销鱼,或在其他方面以渔业作为生计手段的个人或团体、鱼品消费者、游说团体(lobby groups),以及其他可能并不直接受渔业管理决策影响的组织。在很多国家里,休闲渔业也具有相当大的社会和经济价值,因此,在许多情形下,来自这一渔业的代表团体也应当被包括在渔业利益集团内。利益集团对渔业管理的态度,无论是积极的还是消极的,都会受到管理决策和管理行为的影响。渔业管理行为可能进一步影响到渔业对关键性政策的贡献,诸如食品安全、外汇收入、渔业补贴(subsidies)以及其他各种收益和成本。

"利益相关者"一词汇译自英文"stakeholder"(国内有学者将其译为"相关利益者"或"相关利益人"),意指在一个企业或一项商业活动中拥有投资份额、股份或其他相关利益的个人或组织。Choudhury 等(1999)将"利益相关者"定义为,"对有可能对其产生潜在影响或已产生了影响的特定项目及其目标具有利益或诉求(包括已声明的或暗含的利益和诉求)的许多个人或团体,包括政府和非政府组织、传统社区、大学、研究机构、发展机构和银行、捐赠人等。具有直接或间接利益的利益相关者集团可以是家庭、社区、地方一级的集团,也可以是区域、国家或国际一级的集团"[①]。在本书中,我们将利益相关者定义为,社会中对一种政策或决策情况的结果有明显的相同利益之任何个人、团

[①] 作者译自 Choudhury 和 Jansen 的 *Terminology for Integrated Resources Planning and Management* (1999). 原文是:"A large group of individuals and groups of individuals (including governmental and non-governmental institutions, traditional communities, universities, research institutions, development agencies and banks, donors, etc.) with an interest or claim (whether stated or implied) which has the potential of being impacted by or having an impact on a given project and its objectives. Stakeholder groups that have a direct or indirect 'stake' can be at the household, community, local, regional, national, or international level."

体、组织或部门。利益可以表现为具体管理责任、商业活动(资源供应、收入、就业、贸易活动)需要、生存需要或其他某种承诺。

法治社会中,本着"利益相关者参与"和"公民知情权"的原则,凡是与公民权利义务直接相关的行政行为,包括渔业管理行为,都必须通过一定的行政程序让利益相关者知悉、了解。

三、外部性

1. 外部性理论及其一般应用

外部性(externalities)(或称溢出效应)指的是企业或个人向市场之外的其他人强加的成本或收益。外部性理论是由福利经济学的代表人物庇古(Pigou,1912)提出,后来经过新古典经济学的代表人物马歇尔的发展而形成的。依据这一理论,外部性是指一种经济力量对另一种经济力量的'非市场性'附带影响,这种非市场性附带影响使价格机制不能有效地配置资源。依据庇古和马歇尔的论述,外部性的存在是由于市场机制发生了故障而造成的。

外部性的存在必须具备两个条件:一是外部性产生的是一种交互性影响,是两个经济主体之间的相互行为;二是这种交互影响不能通过市场来解决。由于外部性是市场机制发生故障造成的,负外部性的存在往往影响到资源的有效配置。为了保证资源配置的效率与效果,需要设法消除外部性。庇古从"公共产品"问题入手,分析了厂商生产过程中社会成本与私人成本问题,认为两种成本之间的差异构成了外部性,从而提出了征收"庇古税"作为治理外部性的方法,所以经济学上把征收"庇古矫正税"的环境经济手段称为"庇古手段"。

继庇古与马歇尔之后,许多经济学家又从不同角度对外部性问题进行了深入探讨,提出了另外一些对策。科斯(Coase,1960)从"产权界定"入手,探讨了外部性的"内化"途径。他认为在交易成本为零或小到一定程度时,且无收入效应的前提下,通过私人谈判和明晰界定产权,就能够使外部性"内化",因而经济学上把通过"产权界定"来治理外部性的办法称为"科斯手段"。

从事博弈论研究的经济学家则从"囚徒两难博弈"入手研究外部性问题,从而揭示了人类社会中个人理性与集体理性、个人最优与社会最优存在差异的外部性。近年来在对可持续发展的研究中,许多人用外部性理论来解释环境问题,并据此探求可持续发展的实现途径,主要包括如下范式。

一是用不可分割性来解释环境外部性。奥尔森(Olson,1965)从"集体行为"问题入手,分析了任何个人都无法享有消费公共产品的排他性权利,总结出"外部性具有不可分割性"这一特点。由于大部分环境和自然资源都具有公共物品的属性,在公共物品利用过程中会出现"搭便车"行为,免费享受公共物品而不付费,致使供给方无法获得其优化配置的收益指标,而需求方又不愿意真实表达自己对公共物品的主观需求,使生产者的需求曲线无法确定,从而形成外部性。

二是用非竞争性来解释环境外部性。认为环境属于公共物品,而公共物品的主要特征是非竞争性,这就意味着,某人对物品的消费不妨碍他人对该物品的消费。因此,环境污染和资源枯竭等问题形成的根源是环境的非竞争性。因而治理这种由于非竞争性而形成的环境问题需要从两方面入手:一是完善市场体系(明晰产权),在公共环境资源使用中引入市场机制使外部效应内部化;二是强调政府管制的作用,主张政府应加大管制力度来改善环境质量。

三是用时空转移来解释环境外部性。认为外部性在时间和空间上是可以转移的,环境外部性的风险可以在空间上转移到其他地点,在时间上转移到下一代,形成环境损害的空间转移和代际转移。这样,当代人生产活动所产生的负效应就要由未来人口承担。时空转移的原因在于经济活动的分散性,各代人出于对自身利益的考虑,将环境风险转移给下一代,形成环境风险的时间转移。不同区域的人出于对区域利益的考虑,将环境风险转移给了其他地区,形成了环境风险的空间转移。

四是用市场失灵、政府失灵和社区失灵来解释外部性。认为外部性是由市场失灵、政府失灵和社区失灵共同造成的结果。此外,还有一些经济学家从良心效应、制度失灵、贫困、不确定性、信息不完全、多重行政管辖和多重政治管辖、人类的贪婪和有限理性等多种角度来解释外部性,进一步发展和完善了外部性理论。依据上述理论,经济学主张通过科斯手段(明晰产权)与庇古手段(税收或补贴)来治理环境与自然资源利用问题,社会学家则主张应发挥和强化社区的作用。目前,国际社会的主流观点是,只有整合政府、公民社会(civil society)和市场的力量,通过政府干预、公众参与和市场机制的共同作用才能有效解决环境和自然资源利用的外部性问题(参见本书第二章第三节)。

2. 渔业外部性

对于渔业活动,外部性是一种非常普遍的现象,对于海洋渔业尤其如此。海洋环境是为人类提供自然资源产品、服务和愉悦,例如海产品、能源、废物排放和休闲活动的场所,政府机构要有效管理海洋环境的这些作用往往是很困难的,要有效管理海洋生物资源尤为困难。由于渔业资源的流动共有性质,通过渔获物优化(highgrading)以及为获得更大的渔获份额而竞争等行为,渔民相互施加外部性。这意味着当渔业活动所产生的收益或成本不是由渔民个人完全享有或承担,其他渔民也分享了收益或分担了成本(详见本书第四章第一节)。除了对目标种类产生影响外,渔具也对非目标种类和海床产生影响。污水排放、工业污染、石油溢出和沿海土地利用对渔业和海洋环境都有可能产生危害。

渔业外部性与渔业资源及其使用相关联的内在外部性有着特殊的关系。某一资源使用者可能会对其他使用者或使用者组织造成内在外部性。例如,当大型渔船和小型渔船或者可移动渔具和定置渔具在同一海域捕鱼时,彼此之间将产生消极的相互作用,即负外部性。这种外部性可能导致有关利益集团极大地改变其捕捞行为和策略,也可能诱发冲突,从而导致捕捞成本大幅上升和渔业整体经济绩效下降。

渔业经济绩效受外部经济环境的影响极为强烈。同宏观经济要素整合的失败或不考虑来自渔业外部的外在外部性,都有可能削弱渔业管理干预的基础和诱发冲突。渔业必然要受外汇换率变化、贸易管制和渔业政策改变等因素的影响。此外,特别是在地方经济中,渔业部门经常同其他经济部门为获得资源利用准入权或为争取更大的使用权而展开博弈,但这种竞争也与其他外部性有关,例如,其他部门的经济活动导致环境恶化对渔业产生不利影响。

利用同一水生资源的不同个体和行业之间发生冲突的现象也是非常普遍的。例如,在沿海地区旅游业和渔业之间的冲突,或渔业和农业围绕内陆水域利用而产生的冲突。因此,渔业管理机关应当及时同其他有关部门进行沟通和协调,以便评估、减少或避免各种潜在的冲突,确保从渔业资源的全部利用活动中获取最大的社会经济收益。因此,在不同部门之间建立制度性的对话机制是十分必要的,以便使渔业部门能够充分及时地了解外部政策和经济条件发生的变化,及时调整有关渔业政策。制度性的对话机制也有助于渔业部门制订连贯一致的管理方案或建议,去指导渔业活动,使渔业发展始终与宏观经济政策所确立的目标、地方发展战略或国际环境演变的趋势相一致。

许多现行渔业管理概念是建立在国内的特定行政机构或国家对特定渔业拥有充分管辖权的基础上。对于跨越行政管辖区域或政治管辖区域的渔业,有关渔业管理机关或国家倾向于扮演竞争者的角色(例如,地方保护主义,中、日、韩在东海海域展开的博弈),而不考虑各自管辖权内的捕捞活动对种群和种群之未来生产力的影响。不同行政管辖权或政治管辖权围绕渔业资源利用所展开的竞争,有可能驱使该渔业进入过度投资的螺旋形上升过程中,并最终导致该渔业的彻底崩溃(详见本书第二章第三节和第四章第一节)。除非有关各方能够达成一个有约束力的协定或者共同的养护和管理机制,不同管辖权内的渔业之经济绩效和该渔业的整体经济绩效都是不可能达到最大化的。

渔业活动外部性是市场失灵的一种表现。当个人或团体从事一种对其他个人或团体的福利产生影响,但对这种影响既不付报酬又得不到报酬的活动时,就产生了外部性。如果产生的影响对社会是有害的,就成为"负外部性",如果这种影响是有利的,就成为"正外部性"。当存在外部性时,社会对市场结果的关注扩大到超出市场中买者与卖者的福利之外,它还要包括受到影响的旁观者的福利。由于买者与卖者在决定需求量或供应量时,并没有考虑其行为的外部效应,所以,在存在外部性的情况下,市场均衡并不是最有效率的。也就是说,当存在外部性时,市场均衡并没有使整个社会的总福利达到最大化。例如,养虾者把养殖废水排放到环境中,并不考虑排放的废水可能对其他养虾者或水域生物造成潜在危害。追求养殖效益最大化的养虾者也不会自觉地设法降低这种负外部性,仅将养虾所需的"私人成本"纳入成本—效益核算,不会自觉地承担因此引致的"社会成本"。按照古典经济理论,除非政府采取措施(例如税收)阻止或限制此类行为,养虾业者是不会主动采用"清洁生产"或"环境亲和的生产"方式的,除非这种方法能够使他们以最低的成本获得最大的收益。渔民也不会自觉地节制自己的竞争行为,只要他们无需承担过度捕捞的社会成本。如果不能为渔民带来直接、明显可见或可预期的收益,而仅仅是向他们许诺虚无缥缈的长期利益的话,他们也不会主动遵守负责任捕捞的要求。

古典经济学的基本原理表明,市场通过供求力量配置稀缺资源,供求均衡一般是一种有效率的资源配置。借用亚当·斯密的形象说法就是,在市场这只"看不见的手"(市场的供求均衡与价格信号)的引导下,市场中的买者和卖者在追求个人私利最大化的同时,能够使社会福利达到最大化。对市场机制的这一理解,构成了经济学十大原理中的"市场通常是一种组织经济活动的好方法"这一原理。我们是否可以由此得出结论:看不见的手可以有效地遏制渔业活动外部性,或一旦出现外部性,市场就能够自动地加以矫正,政府无须为此劳心费神呢?

市场是一剂良药,但还没有达到包治百病的程度。社会经济活动的全部历史与现实都反复证明这种以为一旦确立了市场经济,所有经济活动痼疾都将烟消云散的想法过于天真,市场失灵的情况比比皆是,随处随时可见。经济学十大原理的另一原理告诉我们,"政府有时可以改善市场结果",政府可能、也应当帮助市场做它不想做或想做而做不成的事情。我们认为,就渔业领域而言，政府应着力解决的主要问题就是制度建设与确保制度的有效实施，从而尽可能地使渔业活动外部性"内部化"。

四、制度、制度安排与制度环境

"制度"(institution)的定义多种多样，要给制度下一个普遍适用性定义比较困难，不同学派、不同时代的学者赋予了该词不同的含义①。澳大利亚学者 Henningham 把"制度"解释为：已经确立的法律、习俗、习惯、行事方式、组织或者一个民族社会和政治生活中的其他要素。我国学者韦森比较了中文单词"制度"和英文单词"regime"、"system"和"institution"，指出制度(institution)的含义是"行事方式(practice)、习惯(usage)、习俗(custom)、法律(law)和既有组织结构(an established organization)"。Andrew(2001)在他的终极微观经济学教科书中概括了制度的几层不同含义：一是由社会所确立的、旨在解决重复发生的问题的行为传统(convention of behavior)；二是在特定情形下约束社会主体行为的一系列规则；三是组织，一般而言，给制度下一个什么样的定义，取决于研究者的特定目的，不存在谁对谁错的问题。

Henningham 和韦森所说的法律、习俗、习惯、行事方式实际上是行为规则。Andrew Schotter 所说的制度的第一、二层含义其实也是指行为规则。因此，从最一般的意义上讲，制度是指行为的规则和组织，作为制度的规则再加上人叫做组织，组织强调了制度的人的方面。制度在本质上是针对个人行为而设定的一个激励与反激励集合，它促使人们去从事那些对自身和整个社会都有益的经济活动。

按照调节对象的不同，制度可分成制度安排(institutional arrangement)和制度环境(institutional environment)。制度安排②是指在特定领域内，特定交易各方所设定的、用来调节特定经济关系的一整套规则体系，是支配经济单位之间，可能合作与竞争的方式的一种安排。制度安排可能是正式的，也可能是非正式的。制度环境是指一系列用来建立生产、交换与分配基础的政治、社会和法律规则，是一国的基础制度规则，或者说宪政秩序。在制度环境中，

---

① 中文词"制度"和英文单词"institution"的含义不完全重合，本文所说的"制度"仅取英文单词"institution"的含义。

② 文献中对"制度安排"这一概念的使用也不统一，见 North(1990)和 Alston，等(1996)。有的是从"制度是行为规则和组织"的角度使用"制度安排"，如威廉姆森(Willaimson, 1998)，在这一语境下，制度安排包括商业公司、公共管理机构和非营利组织等，也有学者称其为治理结构(governance structure)。

宪法和法律结构有时是至关重要的。林毅夫(2002)认为,制度环境是指特定经济社会中所有制度安排的总和,又叫制度结构(institutional structure),包括组织、法律、习俗和意识形态。制度环境是影响个体行为的背景约束或者基础规则,这些约束和规则不是由某个人制定的,而是由一个群体中所有人的目标、信念和集体选择共同决定的结果,它是一系列用来建立生产、交换与分配的基本的政治、社会和法律基础规则。制度环境形成人类行动的框架,所以也可以称之为制度框架(institutional framework)。制度环境决定、影响其他的制度安排。制度安排一般是在制度环境的框架里进行的,制度环境决定了制度安排的性质、范围、进程等,但是制度安排也会对制度环境产生影响。

按照实施奖惩方式的不同,制度可以分成正式和非正式制度。正式制度实施奖惩的方式是有组织的,采用的是正式机制;而非正式制度实施奖惩的方式则表现为无组织和分权化,主要依靠自发的社会反馈机制。正式制度和非正式制度及其实施共同构成了制度环境,它界定和限制了经济主体可资利用的经济组织形式的集合。

按照起源的不同,可以将制度分成内生制度和外生制度。内生制度是群体内随经验演化而来的规则,它横向运用于平等的主体之间;外生制度是政治行为设计和执行的行为规则。外生制度是外在设计出来的,靠政治行动由权威机构将其强加于社会。外生制度总是隐含着自上而下的等级制度。对内生制度作进一步的分类有助于对制度概念的理解。德国学者柯武钢和史漫飞(2000)把内生制度分成习惯(convention)、内化规则(internalized rules)、习俗与礼貌(customs and good manners)和正式化内生规则(formalized internal rules)。正式化内生规则随经验而出现,以正规方式发挥作用并被强制执行。外生制度由具有政治意志和实施强制权力的主体设计出来并强加于某一个群体。对违反外生制度的惩罚是正式惩罚,往往借助于暴力的运用。这种惩罚掌握在高于全体的某个主体(统治者)手中。

概而言之,制度是一个社会中的游戏规则、规则的实施以及组织,它是人类设计出来用以调节自身相互关系的一组约束条件。制度包括各种正式法律法规,既涵盖政府所制定的各种制度、政策,也涉及企业内部的各种规章制度;制度也包括非正式的行为规范、惯例和习俗;市场与组织本身也是制度。制度安排的形式可以是正式的,也可以是非正式的。对于正式的制度安排,规则的变动和修改,需要得到其行为受制于特定制度安排约束的人的批准。而对于非正式的制度安排,规则的变动和修改纯粹由个人完成,用不着也不可能由群体行动完成(参见本书第四章第一节第五部分)。

制度具有两面性。保护自己的最后一道防线是保卫所有的人,制度就是这样一道防线。现代法治社会应该是一个制度化的社会。当然,任何制度,都不可能毫无漏洞,但应尽可能把漏洞减少到最低程度。否则,如果制度存在重大缺陷,就难称之为制度。制度之所以为制度,也许至少应包括如下几个特征:一是制度应是公开透明的;二是制度应是清晰具体的;三是制度应是有尊严的;四是制度安排应以降低人类总体风险的契约安排为中心,这种契约在很大程度上应当是自我实施的(详见本书第四章第一节第六部分)。

五、产权、所有权与渔业产权

产权(property rights)是对应于我国法学界所说的"财产权"这一术语的一个经济学概念[①]。从经济学的角度看,产权是指人的一系列行为规律,这些规律让人们以某种方式利用和处置某物,他们可能由此得到回报或遭到惩罚。经济学家倾向于认为,公平与效益是矛盾的统一体,寻找两者之间的最佳平衡点应作为政策决策者的一项主要任务,而能够让人们以最有效、最有收益的方式利用他们所拥有的对某物的产权之制度是最佳的。从法学角度看,(财)产权是一整套的程序、规则。这些程序与规则决定了谁对某物享有某些特殊的权利,谁可以使用、管理、支配和控制某物,谁可以将某物转让给他人,谁可以利用某物获取收益。法学家一般认为,公正、公平、易于执行的(财)产权制度是最优的。

巴泽尔(Barzel,1997)对法学意义上的(财)产权和经济学意义上的产权做了区分。他论述到,"经济权利是目的(即人们所寻求的),而法律权利是实现这一目的的一种手段……法律权利发挥着主要的支持作用,因为同经济权利相比,法律权利更易于得到遵守"[②]。他实际上表达的是一种经济学的观点,认为产权的全部意义就在于界定和保护经济利益。产权可以被用来保护某些非经济价值,尽管大多数经济学家可能并不承认存在非经济价值。对于资源,权利被用来将其配置给个人或团体进行有价值的开发利用活动。产权可以是国有的、集体所有的或个人所有的(详见本书第五章第一、二节)。但

[①] "property rights"这一词汇有很多误用和滥用。在英美国家,对"property rights"这一术语,法学和经济学也有着不同的解读。或许是为了区分这种差异,我国学者将经济学意义上的"property rights"译成"产权",而将法学意义上的"property rights"译成"财产权"。

[②] 作者译自 Barzel 的 *Economic Analysis of property Rights* (1997)。原文是"Economic rights are the end (that is, what people seek), whereas legal rights are a means to achieve the end... Legal rights play a primarily supporting role—a very prominent one, however, for they are easier to observe than economic rights."

是,产权究竟具有哪些属性呢?

1. 法学视野下的(财)产权

法学家一般倾向于认为,财产(property)①是一种权利(rights)②,而非一种物(thing)③。财产不是放在那里等待被发现的物,而是被社会所接受的一种习俗,得到法庭和律令等制度的保护与支持。但是,权利有可能被埋没或遭到忽视,这种情形的出现可能是由于没有针对现有律令进行检查(例如土著人的地权情形)。在某种意义上,此类权利本来就在"那里"(即历史使用权),暗含在其历史利用模式中等待被发现,或者在法律体系中存有先例、逻辑和原

---

① 财产(property)与(财)产权(property rights)在法学意义上常常混用。从严格意义上讲,正如法律规范规定物的所有权转移的情形一样,该术语用来指财产所有权。而且,人们更经常地使用该术语转换后的意义,此时它指所有权的客体,也就是指所有物,比如,在"财产市场"和"一件称心如意的财产"这些词语中,"财产"一词就是指所拥有的物体。在第一种意义上,(财)产权是指存在于任何客体之中或之上的完全的权利,包括占有权、使用权、出借权、转让权、用尽权、消费权和有关财产的其他权利。在第二种意义上,虽然财产权用来指人的一切物权,比如,不受诽谤的权利,这似乎太宽泛了。但是"财产"这个词却往往指诸如股票之类的无形财产。

"财产"一词在不同的历史阶段具有不同的法律内涵和形式,梅夏英(2002)对"物"、"财产"和"财产权"三个术语进行了考证,并指出了人们在使用这三个概念时所存在的几个误区。他认为,物不一定等同于财产,因为财产是"主体在物上的权利或加于其他人的非人身性权利,前者包括主体在物上的所有权或其他排他性权利,后者则包括债权和其他含有财产内容的请求权"。

② 权利(rights)一词也有很多误用和滥用。在法律背景中,它是个法律概念,是指由特定的法律制度规定的赋予某人的好处或利益。在古希腊哲学和罗马法中,权利似乎等同于正确和正义。后来,权利有时是从意志自由的最基本的论据事实中推论出来,有时被认为在根本上是以人与人之间的法律关系为基础,由法律规则确定,由法律命令予以认可与保护,被认为是由法律正义规则予以认可与保护的一种利益。自然的或道德的权利与法律权利常常被划分开来。前者认为权利应由自然正义和道德原则予以承认和保护;而后者认为,道德基础可有可无,但事实上得到特定法律制度的承认和保护。只有后者才具有实质上的法律意义。同样,人们还会见到"社会权利"、"政治权利"、"经济权利"以及类似的术语,还可见到"公民权利"(civil rights)、"天赋权利"(natural rights)、"人权"(rights of man)等。只要为特定法律制度的规则所承认,他们就是合法权利;如果未被承认时,则可能是道义上的要求,或者仅是愿望、渴望或主张,如"最低生活工资权",如果有相应的法律对这样一种权利作出规定并实施,那么它就是法律上的权利,否则,就只是主张或愿望。准确地说,任何一类特定的法人或特定个人享有什么样的法律权利取决于各时期相关的特定法律制度,一项所宣称的权利(如隐私权)能否得到承认,可能会受到怀疑或存有争议。权利可以被创设或被剥夺,或者由法院认可或宣布不存在。财产所有权或占有权是被称为基本的、实质的、主要的权利的一种。

③ 从法学意义上讲,物(thing)是"法律权利的客体"。物可以分为有形物和无体物,或分为实产又称为不动产(real estates)——包括土地、房屋、及其他不动产——和属人财产又称动产(personal estates),包括有体动产和杂物用品;还有同时具有上述两类物的特征的混合物、公认的不能为任何人独占的共有物(如空气和流水)、人人都可以使用的公共物(如国防)和不能作为商事交易标的物的圣物。罗马法中通常把法律分为人法和物法。在这个意义上说,物包括所有的财产权,即产生于债(如合同或民事侵权行为)的对他人的权利和产生于对客体之请求的对非特定人的权利。

则,等待法律的明确确认(即确权)。

其次,财产不是一种单一的权利,而是一组权利或利益,例如开发利用、管理等。当这些利益不是由同一人或同一团体所拥有时,它们就可能以各种形式表现出来。就土地而言,这些财产权益(property interests)在普通法(common law)中有着悠久的历史,表现为自由保有(freehold)、邻接权(easements)、用益权(usufruct)、profit á prendre、内陆渔业权(rights of fishery in land, e. g. in a river or in a lake)、用水权(water appropriation)等。但是,由于海洋自由准入在《罗马书》(the Romans)和《大宪章》(the Magna Charta)中被作为原则确立下来,与海洋渔业有关的普通法长期以来在西方社会几乎没有任何进展。

再者,某些权利可能已被确立并受到地方传统的保护与支持,但还没有得到法律的正式确认,当经过辩论和确认法庭存有先例后才得到充分的认可(即确权)。法庭将采用一系列标准来判定所主张的产权是否成立,例如所有权是否具有收益能力,包括控制资产价值变化的能力。

最后,权利可能被法令创设或取消。法令与普通法也可能产生冲突,如出现这种情况,法庭将判定究竟是法令还是习惯法起主导作用。法庭最终作出的判定将取决于法官席的构成和法官的道德或哲学倾向。因此,对法律的解释可能既有规范性的,也有实证性的,正如对立法的阐述一样。

由于法律的复杂性,何种权利可能被一国最高司法机关判定为(财)产权常常是不确定的。例如,澳大利亚维多利亚的扇贝采捕业最近被禁止,针对这一案例,不同的法官就作出了相互矛盾的解释,该案例同时还说明了立法机关具有否决普通法权利的权力。Yanner 提供的案例也说明了,与(财)产权有关的法律的不同规定往往是相互冲突的,相互作用方式极其复杂,以及普通法如何调整,以反映资源管理所必需的社会观念转变或恢复被埋没的权利(Connor,1999)。

2. 经济学视野下的产权

产权的经济学观点更为准确,这是因为经济学研究的是人们希望生活在一个什么样的社会中,而不考虑法学所涉及的方方面面的问题。

首先,经济学对产权的研究注重分析和描述,分析产权属性对经济激励和经济结果的影响,以及这些属性是如何被定义的。这些属性包括排他性(exclusivity)、可转让性(transferability)、时效(duration)、适应性(flexibility)和权益质量(quality of title)。一旦限定这些属性,产权就相应地被削弱了。产权的每一属性自身都具有一定的效果,但是,有限或不确定的时效是人们在界定产权时所关心的主要问题。

其次,在经济学视野中,外部性对于产权的研究是一个重要概念。外部性的存在被视为产权不完整的证据。产权不完整意味着,所有者不能享有其财产的全部权益。如果产权不完整,所有者将不得不防止来自他人所强加的成本,设法迫使他人"内化"这些成本。遗憾的是,在渔业和相关的生态系统中,这是不可能的,因为很难明确界定和有效实施产权制度,除非一个单一所有者能够控制整个渔业种群或生态系统。在这种情况下,保护整个渔业种群或生态系统意味着,所有者必须能够排除所有其他人的进入,或者监督他人的行为,以尽量减少他人强加的外部性。但是,可以想象,无论是排除他人进入或监督他人行为,都将花费巨额成本,这正是沿海各国对海洋渔业资源行使管辖权时,不得不直面的一个两难困境。

再者,产权经济学家认为,产权制度随着资源稀缺程度的增加而形成并演进。资源稀缺性通过其具有的正值而表现出来,但是创设产权制度的交易费用可能是极为高昂的,当资源使用者在地理分布上极其分散和高度不同质时,情况更是如此。只有当创设产权制度能够带来的收益超出了创设这一制度所需花费的成本,且这种成本能够被资源使用者以适当的方式共同分担时,产权制度的创立才有可能。当针对特定资源利用的诉讼案件数量急剧增加,即冲突加剧到一定程度时,产权制度的确立最有可能成为政策的优先选项。

经济学家同时还认为,产权是由一组权利组成的。例如,对像鱼类资源一样的流动性共有资源的产权,可能包括使用权、确定谁享有利用该资源的权利、确定管理规则的权利以及将权利全部转让出去的权利。这些权利可能且往往归属于不同的个人或团体。尽管曾经有人断言,如要充分实现特定资源所具有的全部经济利益,最好的办法是让单一所有者享有该资源产权的全部权利(参见本书第六章第一节第一部分和第二节)。对于渔业资源,大部分情况下,国家或其他管理机关保留一部分权利,因为将整组权利全部转让出去通常会受到社会的抵制,例如美国的公益信托原则(the public trust doctrine)就禁止政府对渔业等公益信托资源进行私有化(参见本书第五章第二节和第六章第二、六节)。

最后,大部分——如果不是全部——经济产权(economic property rights),在一定程度上都受到了法律或相关因素的不确定性的限制,这是因为度量、监管、落实或交换这些权利的成本往往超出所能产生的收益。

从现实意义上看,产权的经济学分析为基于理想的理论模型的立法改革提供了一个议程。而充足的历史证据也已表明,产权确实为经济发展提供了部分必要的条件,因为如果没有把握获取收益,人们就不会为经济活动而投资。安全的产权鼓励人们从事长期投资,并促使人们以更加负责任的方式利用诸如渔业资源一类的资源(详见本书第五章第二节)。

3. 产权与所有权

萨缪尔森(1998)认为,产权是指"个人或企业在市场经济中占有、买卖、使用资本品和其他财产的能力"。这些权利通过法律制度予以实施,法律制度使经济得以在一定范围内运行。对一个市场经济而言,有效而理想的法律制度应包括产权的界定、合同法以及仲裁制度。如果没有法律来强制执行合同或保障公司保障其利润,那就很难建立市场经济。当法律制度崩溃时,人们开始为其生命而担忧,很少有时间或愿望去为未来进行长期投资,产出因此下降,生活的质量也因此而下降。

产权是人与人之间由于稀缺物品的存在而引起的,与其使用相关的关系。正如 Fisher(1923)所指出的,产权是享有财富的收益并且同时承担与这一收益相关的成本而获得的许可;产权不是有形的东西或事情,而是抽象的社会关系。产权不是物品。产权的这一定义是与罗马法、普通法、马克思的著作和新制度(产权)经济学相一致的。

产权的这一定义有两个重要含义。第一,产权是适用于所有个人相对于其他人所拥有的权利。第二点即产权是个体之间的关系。假如我拥有一艘渔船,我对这艘渔船所享有的所有权确定的不是我与渔船的关系,而是确定了我与其他人在使用这艘渔船的权利问题上的关系。产权具体规定了与经济物品有关的行为准则,所有个人在与其他人相互作用的过程中必须遵守,否则就必须承担所遭到的惩罚。

产权是一个权利束,所有权是产权的一种类型。罗马法详细规定了几类产权,即所有权(在法律限度内使用其财产的权利)、邻接权(穿过他人土地的权利)、用益权(使用他人的物品,或者将其出租但不得改变其质量或出售给别人的权利)、使用权(使用他人物品的权利,但不得将其出租、出售或改变其质量)以及抵押权(保留他人物品但不使用的权利)。

所有权体现的是"人与权利客体之间所产生的法律关系"。享有所有权的人,可合法享有对有关财产的一切权利,其中至少应包含以下四种权利:(1)使用资产的权利(使用权);(2)获得资产收益的权利(用益权);(3)改变资产形态和实质的权利(处分权/处置权);(4)以双方一致同意的价格把所有或部分由(1),(2)和(3)规定的权利转让给他人的权利(让渡权/转让权)。处分权和转让权是私有产权最为根本的组成部分,它们确定了所有者有改变资产价值并承担因此而发生的一切后果的权利。尽管产权并不是一种不受限制的权利，它只受到法律明确限制的约束，从这个意义上讲，它是一种排他性的权利。应当强调的是，对产权的限制（无论公正与否）缩小了人们对所拥有的财产可以做什么的选择集合，因而也就必定会对经济绩效产生影响。

4. 渔业产权

对于渔业，产权这一概念无需更为特殊的定义。将渔业产权看成是享有"一种对资源流的权利"(a right to a resource flow)，而非拥有"一份种群资产"(an asset in the stock)，或许能更好地帮助人们理解渔业产权制度。Bromley(1991)认为，"财产不是像土地一样的物体，而是对一种收益流的一种或一组权利(a right or group of rights to a benefit stream)，只有当所有其他人都履行尊重这一收益流赖以存在的条件的责任时，这一权利或这组权利才是安全的"[1]。这一定义适用于所有类型的自然资源，当然也包括渔业资源。

取决于哪一种标准更受重视，可以采用下列方式来构建渔业产权制度：一是个别可转让配额；二是社区配额(community quotas, CQs)，或者说集体配额，例如渔村配额、渔业乡镇配额等；三是渔业领地使用权(territorial use rights in fisheries)，或者说渔业领地使用者权利(territorial user rights in fisheries)，两者习惯上都被称为TURFs；四是渔业要素投入权(fishing input rights)（详见本书第五章第三节）。

渔业产权持有人可能拥有一组权利(a bundle of rights)，或称权利束。创设这些权利以及约束这些权利的使用规则，有可能对渔船的功率和吨位、捕捞时间和作业场所、渔具和其他相关方面以及允许捕获的渔获量等予以特殊限制。对这些权利的约束可能体现在渔业要素投入方面，例如渔船功率许可证，也可能体现在渔业产出方面，例如总渔获量。对权利施加这些约束反过来又影响着渔民的行为方式，并决定了渔民的反应是否符合社会预期。

应当明确的是，渔业产权并不具有像房屋财产一样的权利质量，渔业产权被定义成"一种对资源流的权利"，而非"一种资产所有权"。由于自然界变化和管理规则变更等原因，渔业产权可能具有更大的不确定性。从这一方面来区分产权和使用权是有益的，排他性和可转让性是形成这一差别的两个主要变量。个别可转让配额具有排他性和可转让性这两种基本特征，从这个意义

---

[1] 作者译自 Bromley 的 *Environment and Economy*(1991)。原文是："Property is not an object such as land but is rather a right or group of rights to a benefit stream that is only as secure as the duty of all others to respect the conditions that protect that stream."

上讲,它是一种产权。当某人享有在特定的时期捕捞特定的配额种类的权利,但这种权利并不具有充分的排他性,或这一权利的时效很短,通常不足一年,通常将这种权利视作使用权。但是,使用权和产权之间的差别并不总是很严格的。在某些情形下,权利私下里被转让且具有一定的价值,尽管按规定这一权利是不得转让的。在这种情况下,从法理上讲,这种权利是使用权,但事实上却是产权,例如我国捕捞许可证的情况。

总而言之,将产权分配给渔民是一种可能的渔业管理手段,通过这一机制,渔民获得了捕获一定份额的总可捕量的权利或在特定区域内使用有限数量的渔获努力量的权利。因此,渔业产权同旨在限制环境压力的产权具有某些共性,发电厂获得的可转让污染权就是此类产权的例子。美国的经验表明,当企业能有效地运用所获得的权利时,政府的管理重负就相应地减轻了,这正是经济学家对此类政策所作的预期。此外,运用此类私有产权制度还能够显著地改善经济效益(参阅本书第六章第一、二、三、四节)。

第三节 政府、市场与渔业管理

政府与市场的边界划分是任何市场经济体系都不可回避的问题,是政治经济学的基本课题之一,也是决定社会公正水平和经济绩效的重要变量。斯密主张,国家只应做一个"守夜人",要让"无形之手"在资源配置中发挥基础性作用。凯恩斯建议,政府的当务之急,不是要去做那些人们已经在做的事,无论结果是好一点还是坏一点,而是要去做那些迄今为止还根本不曾被人们付诸行动的事情。奥尔森指出,为什么一些国家的经济能够走繁荣富强之路,而另一些国家则不能,最根本的问题就在于这个国家是否有一个"市场扩展性政府"。"市场扩展性政府"最基本的职能有三:一是明确界定和有效实施产权;二是保证市场交易合约的有效履行;三是保护个人财产不被侵权。诺斯认为,国家是一种在特定地区内对合法使用强制性手段具有垄断权的制度安排,其主要功能是供给法律和维持秩序。他指出,具有福利或效用最大化的国家具有三大基本特征:(1)提供"保护"与"公正";(2)为不同集团设定不同的产权;(3)应对其他国家或潜在统治者的竞争。

市场这一复杂而精良的机器,通过价格、市场体系和信息传递机能对个人和企业的各种经济活动进行协调,解决了一个涉及亿万个未知变量或相关关系的生产和分配问题。市场体系能够有效、有序地协调私人利益和公共利益,这一规律最早由斯密予以系统阐述:"每个人都力图利用好他的资本,使其产出能实现最大的价值。一般说来,他并不企图增进公共福利,也不知道他实际上所增进的公共福利是多少。他所追求的仅仅是他个人的利益和所得。但在他这样做的时候,有一只看不见的手在引导着他去帮助实现另一种目标,这种目标并非是他本意所要追求的东西。通过追逐个人利益,他经常增进社会利益,其效果比他真的想促成社会利益时所能够得到的那一种更好"。斯密关于市场机制运行的见解启发了当代经济学家。经济学家已证明,在一定的条件下,完全竞争经济是有效率的。

尽管如此,在经历了两个多世纪的实践和思考之后,这一学说的适用范围和现实局限性逐渐凸显出来。市场经济实践表明,由于垄断以及其他形式的不完全竞争和外部性的存在,市场不灵时有发生,市场也并不总是能够产生最有效率的结果。此外,单纯由市场决定的收入分配结果在政治上或道义上也往往是无法接受的。市场失灵本身以及导致市场失灵因素的存在为政府干预市场提供了正当的理由,但同时也界定了政府在市场经济中的边界,即消除垄断,解决外部性问题和促进收入分配的公正与公平,这同样应作为界定政府干预渔业的基本活动领域的依据。

作为国家的代理人,政府的基本职能是供给博弈各方应共同遵守的基本规则(立法)和维护博弈规则的尊严(执法)。政府最基本的目标有两个:一是界定形成产权结构的竞争与合作规则(即在要素和产品市场上界定所有权结构);二是降低社会运行的交易费用,使社会总产出最大化。国家是一种强制性的制度安排。一方面,国家权力是保护个人权利的最有效工具,因为它具有规模经济效益,国家的出现及存在合理性就在于保护个人权利和节约交易费用的需要。没有国家权力及其代理人的介入,财产权利就无法得到有效的界定、保护和实施。因此,国家权力构成了有效产权安排和经济发展的一个必要条件,没有国家就没有产权。另一方面,国家权力又是个人权利最大和最危险的"入侵者",因为国家权力不仅具有扩张性质,且其扩张总是依靠侵蚀个人权利而实现的,在国家侵权面前,个人是无能为力的。国家权力介入产权安排和产权交易,本质上是对个人财产权利的限制和侵害,导致所有权的残缺、无效的产权安排和经济衰落。这就是有名的"诺斯悖论"。

国家在产权制度形成中的作用主要是:(1)凭借其暴力潜能和权威在全社会实现所有权;(2)有利于降低产权界定和转让中的交易费用;(3)国家在产权制度形成中的作用还取决于国家权力介入产权安排的方式和程度的差异。有的国家仅为产权安排和产权变革提供"游戏规则",有的国家不仅提供"游戏规则",而且还直接参与甚至干预产权的安排与变革。总的来说,取缔和禁止产权交易,国家权力强制作出的产权安排是低效率、无效率甚至是负效率的,因为它违背了产权的本性,同时造成了巨大扭曲,使得国家把产权当成一种政策变量而非制度变量。随意改变产权关系虽能实现统治集团的租金最大化,但却破坏了社会结构稳定的基础,极易导致经济衰退和环境破坏。

第一章 渔业系统与系统构件

对鱼类的研究只是广泛的渔业研究的一部分，这说明了为什么在大多数大学里，渔业研究都是在农业或资源学院里而不是在生物系或生命科学系里进行的。……类似于农业科学的研究项目，渔业管理者并不单纯地研究鱼类及其特性，他们同时必须考虑诸如谁将利用这一资源、需要花费多大成本才能有效管理这一资源以及环境变化如何影响这一资源等问题。①

如何看待渔业问题取决于如何定义渔业；对渔业问题的认识和看法，反过来，又决定了我们可能提出的渔业管理方案，就像医生对病人病情的认识决定了其开出的处方一样。因此，要找到解决渔业问题的有效途径和分析各种渔业管理措施是否有效和得当，就必须首先正确定义渔业和理解渔业问题及其根源。

本章旨在总结和分析渔业系统及其构件的特征，作为第二章将要集中讨论的渔业问题的表现形式与根源的背景。本章第一节给出了渔业这一标签的定义，第二节分析了渔业资源和生态系统特征，第三节考察了渔业的社会经济属性，第四节探讨了技术对渔业的影响，第五节阐明了与渔业治理有关的一些问题，第六节分析了可持续发展理念对渔业管理的要求。

---

① 笔者译自 Lackey 等编著的 *Fisheries Management* (1980)。原文是："The study of fish is only part of the broader study of fisheries. In most universities, the study of fisheries is conducted within a College of Agriculture or Natural Resources rather than in a biology or life sciences department... Similarly, a fisheries manager not only deals with fish and their biological characteristics, but also must consider such things as who will use the resource, how much it will cost to manage effectively, and how environmental changes will affect the resource."

第一节 渔业与渔业定义

一、渔业是最古老的人类活动

渔业是最古老的人类活动之一,前人留下的大量贝壳冢反映出史前沿海居民对海洋资源的早期关注。中华民族是世界上从事捕捞活动的最古老民族之一。据我国学者考证,距今 6 000 多年以前,民族先人就已经开始使用渔钩和渔网一类的渔具(丛子明,李挺等,1993;Mu,1999)。据史书记载,我国海洋渔业的历史至少可追溯到公元前 21 世纪(张震东、杨金森等,1983)。

考古学的现有研究成果表明,人类有史以来,马格尔莫斯人(the Maglemosians)是目前所知道的首批"海洋人",他们首先出现在距今 10 000 年以前的中石器时代。迄今为止,马格尔莫斯人同时也是人们所知道的首批过着半定居性生活的人,同过着游牧生活和在陆地上从事狩猎和采集生活的人们相比,许多马格尔莫斯人都生活在具有相当规模的定居点里。他们大都生活在沿海地区,靠采集野生植物和捕捞海洋生物为生,不需要像狩猎者和采集者那样必须到处流浪,被迫四处追逐那些作为食物来源的动物群体(Clark,1948,1952)。

同生活在内陆地区的原始部落相比,马格尔莫斯人的定居点不仅具有相当大的规模,而且相对集中,表明他们已经能够生产出相当多的剩余食品,特别是贝类。从他们遗留下来的、能够证明其存在之最早记录的大量贝壳丘可以看出,马格尔莫斯人主要依靠贝类作为食品来源。在环波罗的海地区,马格尔莫斯文化大约在中石器时代末期的 8 000 年前就达到了巅峰状态,并一直持续到距今大约 4 500 年前的新石器时代。

马格尔莫斯人对贝类的高度依赖不仅表现在他们曾经采集的海洋有机物的遗址上,即他们所遗留下来的许多巨大的贝壳丘和从地下挖掘出来的大量鱼骨,也表现在他们利用骨头做成的许多原始工具上,特别是带有倒刺的鱼钩和带有倒刺或锯齿状的渔叉尖。马格尔莫斯文化的有形遗迹还包括建立在沿海地区的首批"木板路"(boardwalks),他们沿海滩放置木板的目的显然是为了行走方便。另外,马格尔莫斯人还建造了许多原始船只(crude watercraft),尽管它们不是人们所知道的最古老的船舶。

随着马格尔莫斯文化的繁荣,在世界其他地区所发生的环境条件变化促成了"旧世界"(the Old World)与"新大陆"(the New World)的其他"海洋社会"(maritime societies)的发展。在"旧世界",早在8 000年前此类社会就已在非洲,特别是尼罗河口地区周围建立起来。到7 000年前,已有渔人生活于鲁道夫湖(Lake Rudolph 肯尼亚的一个湖泊)沿岸周边地区,这些早期渔人留下了人造渔叉、贝壳堆、鱼骨和描述海洋捕捞活动的原始绘画。在日本,渔民和航海者在距今5 000年前的绳纹文化①时期茁壮成长起来。海洋社会在"新世界"出现的时间与在非洲出现的时间大致相同,沿海渔民和贝类采集者大约在8 000年前开始移居到现在被称之为墨西哥的下加利福尼亚地区(Baja California, Mexico),大约5 000年前,已有渔人居住在秘鲁的沿海地区。

实际上,所有这些早期海洋社会都通过"猎捕"和"采集"活动利用周边两种不同的生态系统,即陆地生态系统和海洋生态系统。同单纯利用一种生态系统相比,在利用陆地生态系统的同时利用海洋生态系统,使海洋社会成员获得了更大的安全,不易受到短期环境变化的致命打击,能够积累更多的剩余食品。食品剩余量的增加促进了渔人人口规模的不断扩大和逐渐转向定居生活方式。因此,值得注意的是,最早开始从游牧生活转向定居生活的正是这些"海洋人",而不是那些"陆地人",尽管对此或许尚缺乏广泛的认同。

在世界上的其他地区,已知最古老的捕鱼工具之一是美索不达米亚的一种用铜和青铜合铸而成的器具,其年代被认为是至少应在公元3500年以前,当时咸鱼已经成为美索不达米亚和地中海地区商贸活动中的重要日用品。根据18世纪斯帕朗扎尼(Spalanzani)所引述的阿拉伯人的资料,早在10世纪的西西里,宝贵的红珊瑚就在摩西娜附近10个地区以10年为1周期进行轮流采集,这个时间正好可以使红珊瑚的生长达到商业尺寸大小(Caddy, Cockrane, 2001)。这表明古人当时已具备了一定的生态学知识,认识到了资源养护的必要性,并掌握了一定的养护方法。

二、渔业定义问题

渔业尽管是一种最为古老的人类活动,但至今却尚未得到严格统一的定义。例如,不同学者往往倾向于从不同学科角度,给渔业下出不同的定义,见表1.1。但是,表1.1中的定义仅对渔业的某一特定方面或某些特征作了描述,而忽略了渔业的最根本属性。渔业定义的多元化反映了研究者对特定渔业的兴趣。但是,概念的简化往往模糊了研究者对渔业本质问题的认识。

---

①指日本新石器时代文化,因陶器上普遍饰有绳纹,故称之为绳纹文化。

表 1.1　渔业标签的不同定义

定义属性	举例
地理位置	沿岸渔业、近海渔业、外海渔业等
作业方式	拖网渔业、围网渔业、流刺网渔业等
作业种类	鳕鱼渔业、鳙鲽渔业等
作业目的	生存型渔业、商业渔业、休闲渔业等
作业规模	小型渔业、大型渔业等
作业水层	表层鱼渔业、底栖鱼渔业等
水域盐度	淡水渔业、咸淡水渔业、海水渔业
政治管辖权	国内渔业、国际渔业、公海渔业等
有无管制	非管制型(自由准入)渔业、管制型渔业
发展水平	不发达渔业、发展中渔业、发达渔业
人类干预方式	不发达渔业、发展中渔业、发达渔业
两种或两种以上属性	公海延绳钓渔业、北太平洋大型拖网渔业等

随着对渔业问题之本质认识的深化，学者们越来越倾向于把渔业看做是发生在广阔的人文和自然环境中的一种人类活动。美国《渔业养护及管理法》(*Magnuson-Stevens*)把渔业定义为"为了养护和管理目的，根据地理、科学、技术、娱乐、经济特性以及以该种群为利用对象的各种渔业活动而确定的、由一个或多个渔业种群所组成的一个单元"①。按照系统论的观点，我们认为渔业是一个复杂的、适应性的和动态变化的系统。该系统由人文、支持和社会三大亚系统所构成，每一亚系统又可以进一步划分成若干相互联系、相互依赖、相互作用和相互影响但又相对独立的次亚系统或称构件(见图 1.1)。重要的是，渔业只有维持其所有相互依赖的活动才能对可持续发展作出贡献。

有许多方法可以说明该系统，但关键构件有生态系统、经济、社会、技术和治理。生态系统包括支持渔业资源以及控制以鱼为生的物种和相关物种等资源之生产力的环境因子。经济是指渔业部门内的成本和收益及流入和流出渔业部门的货币。渔业对可持续发展的主要贡献，通过渔业的净经济流出得到

---

①原文是："One or more stocks of fish that can be treated as a unit for the purpose of conservation and management and that are identified on the basis of geographic, scientific, technical, recreational, and economic characteristics; as well as any fishing for such stocks." (NRC,1999)

反映。该系统的社会成分包括非货币成本与收益,它们是构成人们福利不可缺少的重要成分①。渔业治理(fisheries governance)包括相关的管理机构和制度安排。在下文中,我们将分别讨论渔业系统诸构件及其主要特征。

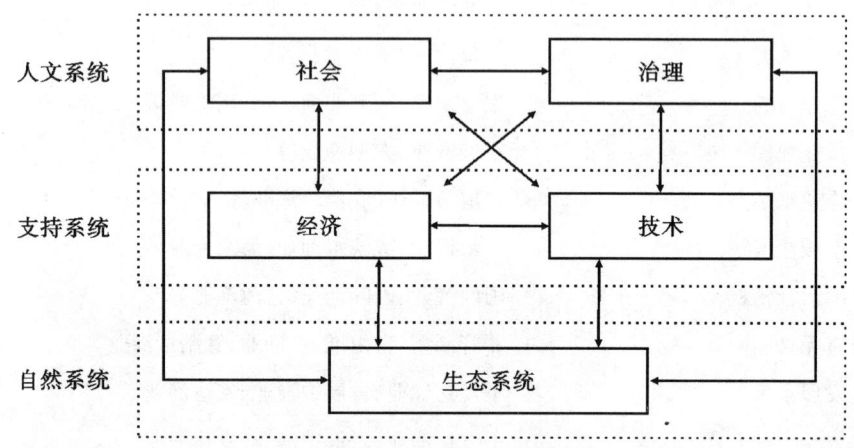

图 1.1　渔业系统及其构件示意图

第二节　渔业生态系统

一、生态系统及其价值

生态系统包括作为渔业过程基本要素投入的渔业资源和影响渔业资源生产力的其他要素。生态系统是"生物圈的一个时空系统,包括其生物构件(植物、动物、微生物)和周边环境中的非生物构件,以及由过去和现在的环境强迫

---

① 人们会从一些特定的"商品"中得到满足,如舒适的环境、志趣相同的同事、友善的邻居以及清洁的空气。这些也都是稀缺物品。因此,要得到它们也必须放弃其他东西。人们从非货币收入中获得的效用也可以衡量,例如人们可能不会为每年多得5 000元钱而放弃舒适、安全、有品位的职业,而改作又脏又累的工作。也就是说,人们从非货币物品中得到的满足有一个货币等价,且对非货币物品的需求符合一般商品的需求规律,购买非货币物品的费用越高,对它们的需求就越少。非货币物品的价值可以衡量这一事实为经济分析带来了富有意义的内容和可以检测的内涵。它们并不干扰价格竞争。

机能和生物区之间的相互作用所确定的相互关系"①。

对生态系统的实际价值以及利用生态系统的各部门的相对贡献,目前尚未有系统详细的评价。但某些估计表明,海洋和沿海生态系统提供的物质和服务的全部价值,大约相当于陆地生态系统提供的物资和服务的价值的两倍,与全球国内生产总值的水平相同。在承认其巨大贡献的同时,社会要求在决策过程中充分重视维持生态系统的压力日益增加。若不如此,将危及人类从这些系统中可能获得的潜在福利。

海洋生态系统具有高度的生产效能,被人类成功地用作休闲、食物、医药和生计来源。此类活动对生态系统有影响,预报和控制渔业的影响,是以科学为基础的渔业管理的一项关键任务。这项任务因观察和测量生态系统成分及特性方面的困难引起的不确定性,以及在一段时限内的天然变异,尤其是渔业资源的分布、年龄和种类组成,以及生物量的巨大天然变异而变得异常复杂。在较长的时间范围内,生态系统受到全球气候变化的影响,全球气候变化可能影响到鱼类分布和动态变化的许多方面。海洋生态系统还可能受到往往超出渔业管理部门控制范围的污染和环境退化的重大影响。负责任渔业管理要求认识到这些不同的影响,并根据这些影响适时进行调整,若要维持生态系统的生产能力,则应采取必要的补救措施。

二、生态系统特征与管理要求

通过影响鱼类的生长率、生殖率和死亡率,环境条件可以对鱼类生命史的各个阶段产生影响。鱼类生命史的早期阶段对这种影响尤其敏感,因为这一时期受到的影响,有可能导致资源丰度和捕捞产量在不同时间范围内发生较大波动。与渔业管理关系重大的两种因素是种群年补充量波动以及生态机制变化。生态机制变化有可能使生态体系的功能性特征,包括鱼类群体的构成、丰度和分布区域,因环境力量的作用在几十年内发生剧烈的改变。渔业管理应密切注意此类变化,尤其应注意不同年份之间的变化,并通过管理计划对这种变化作出及时和适当的反应。这就要求渔业管理必须妥善处理好某些年份由自然环境波动引发的种群变动,以及种群生产力低于平均水平的情况,以避免对种群产生过度的负面影响。因此,捕捞能力的设计和确定,不能单纯以好

---

① 该定义是根据"A spatio-temporal system of the biosphere, including its living components (plants, animals, micro-organizations) and the non-living components of their environment, with their relationships, as determined by past and present environmental forcing functions and interactions amongst biota"翻译过来的(参阅 http://www.fao.org/fi/glossary/default.asp)。

年景所能获得的产量为依据,而应当根据长期的平均产量来决定。在资源不断变动的现实情况下,不遵循这一原则,在资源量低于平均水平的年份里,就有可能导致资源过度利用和渔业综合绩效不佳。

环境变化也可能通过影响鱼的易得性(availability)而影响渔业绩效,例如使鱼群更加疏散而不易捕获,或使鱼类群体集中在难以被捕获到的区域。但是,此种易得性变化不应被解释为种群规模变化,否则,就有可能导致管理决策失误,以及因此造成资源的过度利用和资源基础的破坏。

在未受干扰的生态系统(即原始生态系统)中,未受捕捞影响的种群倾向于围绕着与其环境容量(environmental capacity)相一致的最大平均产量波动。种群长期生产力与环境容量直接相关,但是,环境容量不会因自然界的多变而随时间发生变化。作为人类活动的结果,诸如破坏性的捕捞方法(例如使用炸药和氰化物)、沿岸环境恶化(例如,由于城市开发和在敏感栖息地内的破坏性拖网作业)、流域变型和水系改道或污染,种群长期生产力也会随时间推移而下降。这些因素都有可能对种群长期生产力产生不利影响,增加资源过度利用的风险。渔业管理应评估此类因素对种群状态和种群自然生境(habitat)可能产生的影响,并及时采取如下矫正措施:(1)防止人类活动可能产生的对环境有害的影响;(2)根据种群生产力的变化,及时调整捕捞压力;(3)如有必要,采取措施使种群和其生境恢复至正常状态。

可供选择的其他措施包括生态意义上可行的人工渔礁的构建,向湖泊适量施肥,恢复已遭破坏或毁损的沿海、海岸线或河床和湿地,改进水质等来强化鱼类生境的机能,此类措施有可能对鱼类种群生产力产生积极影响。应特别注意维持和必要时恢复幼体生境或鱼类洄游通道,包括位于外海、沿岸和江河湖泊中的洄游通道。

内陆渔业极易受到环境因子波动的影响,负责任渔业要求辨明有可能对渔业资源产生影响的主要外部因子及其对鱼类种群的冲击。当某个或某些此类因子使鱼类种群发生了变化,需要确定采取何种管理措施(包括适当调整捕捞死亡量,采取适当的矫正行动或完全禁止捕捞)时,此类知识具有非常重要的作用。影响内陆渔业的最普遍的因素有:(1)水量,既包括水量的绝对值,也包括水量随时间推移而发生的分布变化(例如水量季节性变化、长期变化和人为的管理变化);(2)水质,水质的变化往往是由有毒化学品、过多的沉淀物和富营养化作用引起的。

三、渔业资源特征与管理要求

生物群体或种群(living population or stocks)能够增加其丰度(abundance)和生物量(biomass)，但这种增加是有一定限度的。群体生长极限是由群体的现有规模、原始状态下的平均丰度和种群环境共同决定的。种群要维持其高产状态，就必须有足够多的具有繁殖能力的成熟亲体，以及能够使种群成功地通过其生命史不同发育阶段的适宜临界环境。但是，受环境多变的影响，种群在不同年份里的生长情况往往是不稳定的。

根据共同认可的概念，采用标准方法获得可再现和可比较的结果并加以科学分析，科学家们已经对种群的潜在生产力有了一定的认识。即使不具备上述知识，在某些传统的沿海地区，通过实验和观察历史渔获量水平，人们还是能够得到近似于种群潜在生产力的估计值。确定某一种群的现有状态和不同管理策略下的潜在产量，是现代种群评估的目标。一般而言，与资源以及资源回报(returns from the resource)有关的渔业管理决策，都是建立在种群评估结果的基础之上的。

负责任捕捞不应当允许资源利用水平超出种群净增长所补充的部分，但这并不意味着，具体年度的捕捞量永远不得超过种群年生长量。不管采用何种捕捞策略，由于自然界的变化太大，不确定因素又太多，某些年份的捕捞量可能超过种群在该年度的实际生长量。即使在这种情况下，也不应当使某一或某些种群的生物量降低到预先确定的极限参考点(limit reference point)以下，因为这样极有可能导致种群衰退。不遵循这一原则有可能使资源逐渐变得枯竭，使其无法提供最优的平均产量(optimal average yields)和最优的经济回报(economic returns)。出现上述情况时，如不及时采取有效的矫正措施，种群衰退及其持续期限的不确定性、经济浪费甚或渔业完全崩溃，就都有可能达到极其危险的程度。

鱼类个体大都生活在群体中，群体有可能是由许多相互依赖的种群构成的，这些种群在行为、海洋学和地形学特征方面各有特点，在遗传学上彼此是有效孤立的。渔业管理应尽可能地分别对待每一种群，并努力使每一种群都得到可持续利用，或者设定一个不会使由多种群组成的资源的每一构成单元都不至于被降低到过低水平，以致威胁到其总体利用率，甚至导致个别种群灭绝或严重枯竭，即使整个群体表面上仍明显处于健康状态。种群的遗传孤立性意味着，这种局部灭绝可能是不可逆转的，且可能因此对整个群体及其生产力，以及当地渔场造成永久的损害。

除了避免过度利用某些特殊种群，渔业管理还应设法避免对某一群体的遗传多样性产生有害影响的行为。对种群的特定部分，比如较大个体，长期施加高于可持续水准的捕捞压力，将可能降低该种群特定遗传特征发生的频率，并因此减少该种群或群体的异质接合性(heterozygosity)。

虽然许多渔业以及很多种群评估和管理战略都是针对单一种类或单一种群,但是,水生资源的所有种类事实上在由多种不同种类组成的复合群落中都发挥着一定的作用,且依赖于该复合群落。因此,捕捞任一种类,几乎都必然地要影响到其他种类。这种影响可能通过捕捞技术的相互作用,例如在捕捞目标种类的过程中捕获到非目标种类(兼捕),也有可能通过食物链效果,例如因捕捞减少了捕食者、被捕食者或其他竞争者的丰度。种间生态联系(即营养链关系)的破坏,有可能导致某一种类的主导作用发生改变,并因此影响到资源系统的动态平衡,从而对未来选择产生潜在的影响。负责任捕捞活动应考虑到诸如此类的多种类效果(multi-species effects),确保任何种类——无论是目标种类、还是兼捕种类或间接受到捕捞影响的种类——都不至于因捕捞活动而减少到可持续利用的水平以下,这应当是负责任捕捞的要旨所在。

捕捞活动的多种类效果的一个重要后果是,当捕食者和被捕食者分布在同一水域内,很难同时获得集合体中每一种类的最大可持续产量。集合体中每一种类都有它自身的生物学参数和特征,单纯捕获某一种类就需要特殊的选择性捕捞技术,这实际上是很难做到的。此外,由于同一集合体中捕食者和被捕食者以一种目前仍难以预测的方式相互作用,捕食者(或被捕食者)丰度的改变将影响到集合体中其他种类的丰度。结果,特定渔场多种类的最优总产量总是低于各个种类的潜在产量之和。因此,对于一个由多种类构成的鱼类群体来讲,负责任捕捞不应试图获得每一单一种类的最大持续产量,因为这有可能导致至少某些种类的过度利用。

四、混合渔业问题

在使用各种不同的技术和利用不同种类的混合渔业(mixed fisheries)的过程中,有可能存在使渔业的社会目标和经济目标相互吻合的问题,因为这种渔业往往具有混合的社会目标、经济目标和生物学目标。混合渔业向渔业管理者提出了一种独特的挑战。当捕捞混合种类的渔具缺乏选择性时,要分别控制每一种类的捕捞死亡率就非常困难。例如,要有效地管理使用同样渔具捕捞由生长速度不同的种类所构成的混合种群,渔业管理者就必须协调好生长快的种类和生长慢的种类的利用速度。但是,由于渔具缺乏选择性,生长慢的种类的捕捞配额往往很快就被用完,在这种情况下,渔业管理者往往被迫提前禁渔,即使生长快的种类的大部分捕捞配额还没有用完。

即使能够控制对个别种类的捕捞,也很难找到能够妥善处理好混合渔业和其他海洋种类(包括海洋哺乳类)之间的生态依赖性的管理措施。传统的渔业生物学研究一直孤立地考察单一种类,但是,长期以来人们一直怀疑鱼类之间的相互作用可能是种群动态变化背后的一个重要原因。鱼类之间的相互作用可能表现出各种不同的形式,包括食物竞争或捕食和被捕食关系(predator-prey relationship)。现在,渔业科学家已经认识到,在分析鱼类群体动力学和渔业管理时,应当把个别鱼类置于相互作用的系统中去考察(参阅本书第二章第三节第三部分和第四章第一节第三部分)。

五、基于生态系统的管理

许多鱼类种群,特别是海洋鱼类种群,很少是完全分布在由单一国家所管辖的海域内,而是跨国界分布的,更不用说一国之内的行政管辖区域了。正如前文提到的,必须把鱼类种群作为一个整体来管理,否则渔业管理几乎肯定无法实现其预期目标。渔业活动通常是以生态系统中的一种或多种种类为目标,但是,通过渔业活动的外部效果,诸如兼捕其他种类、对生态系统的物质形态造成损害或通过食物链效果,渔业活动也频繁地影响着生态体系的其他构成要素。负责任渔业管理应考虑到渔业活动对生态系统整体的影响,包括生态系统的生物多样性,并且应努力确保整个生态系统和生物群落的可持续利用(参见本书第二章第三节第三部分和第四章第一节第三节)。

这些问题激起了人们对运用生态系统的方法来管理渔业的兴趣。《联合国海洋法公约》要求各国确保目标种群,以及与目标种群有关或依赖于目标种群的鱼类,在国家专属经济区内(第61条)或在公海(第119条)不至于被过度利用。自1992年联合国环发首脑会议以来,国际社会对生态系统给予了更大的重视,除了专门起草了一些针对渔业的国际文件外,还采取了许多其他措施,敦促各国开展更加负责任的基于生态系统的渔业管理。这些措施包括:(1)1995年通过的《全球保护海洋环境行动计划》(GPA),该计划旨在解决全球范围内海洋污染的80%是由人类陆地活动所造成的这一问题;(2)1993年开始生效的《生物多样性公约》,包括1995年通过的《海洋和沿海生物多样性雅加达授权》,该文件就海洋及沿海生物多样性的重要性达成了新的全球共识;(3)粮农组织粮食和农业遗传资源委员会将其职责扩大到水生资源;(4)1994年以来专门用于珊瑚礁养护和管理的"国际珊瑚礁行动";(5)由全球环境基金和世界银行与世界养护联盟、国家公园及保护区委员会和大型堤礁海洋公园管理局合作发起的"海洋保护区行动"。

基于生态系统的管理是一种方法，该方法"将主要的生态系统成分和服务，包括结构性的和功能性的服务，纳入渔业管理的考虑范畴。该方法重视生境，考虑到多种类之间的相互作用和相互依赖关系，致力于对生态过程的了解。其目的在于重建和维持种类、群体、生物群落和海洋生态系统的高生产力水平和生物多样性，以便在不危及海洋生态系统所具有的多种物品和服务的同时，使其为人类提供食品、收益和休闲（便利）"[①]。事实上，基于生态系统的管理这一概念并不新颖，在粮农组织《负责任渔业行为守则》（以下简称《守则》）中已经提到。该守则在其基本原则（第6.1条）中包含了水生生态系统保护。该《守则》还提到了"保护水生生物资源及其环境和沿海地区"（第2条）和"各自的生物多样性"（《守则》引言）。《负责任渔业行为守则》敦促各国政府管理渔业资源的复杂的种群和环境属性，包括年龄构成、遗传多样性、种群补充的多变性、捕食行为和环境容量的生境要素。美国联邦法律要求渔业管理者防止生物学过度捕捞（biological overfishing），以便尽可能降低对低于规格要求的鱼类、非目标种类和受保护种类的兼捕，养护和强化鱼类生境的完整性和机能。但是，旨在促进经济增长的产权和治理安排，还没有调整到适应对海洋渔业和生态系统的复合属性的重视程度。在已经过时的制度约束下，渔业管理者仍然利用单一种类兼捕限制和禁渔区措施来人为地区分渔业资源属性。体现生态系统和资源使用者属性并在整个生态系统范围内对资源利用者加以协调的可供选择的制度安排，还没有得到应有的重视（参见本书第三章第三、四节）。

最近发生的一个值得关注的事件是，2001年10月1日至4日，粮农组织渔委会与冰岛政府在冰岛雷克雅未克共同组织了海洋生态系统负责任渔业会议。在此次会议的科学讨论会上，与会者分析了基于生态系统的渔业管理应解决的核心科学问题，讨论主要集中在以下方面：一是海洋生态系统的动态变化问题，包括已被利用的生态系统的复杂性和自然变化性，这种复杂性和自然变化性是形成渔业管理不确定性的主要原因；二是人类自身在生态系统中的作用问题，包括生态系统的多种用途和人类对海洋生态系统产生影响的途径

[①]原文是"An approach that takes major ecosystem components and services -both structural and functional- into account in managing fisheries. It values habitat, embraces a multispecies perspective, and is committed to understanding ecosystem processes. Its goal is to rebuild and sustain populations, species, biological communities and marine ecosystems at high levels of productivity and biological diversity so as not to jeopardize a wide range of goods and services from marine ecosystems while providing food, revenues and recreation for humans（http://www.fao.org/fi/glossary/default.asp）"，笔者译。

和程度;三是基于生态系统的管理对渔业治理的影响问题,包括将生态系统考虑纳入海洋综合管理所面临的挑战。

在所有基于生态系统的管理措施中都隐含着这样一种假定,即人类不能管理生态系统本身,只能管理人类利用生态系统的活动。但是,渔业管理部门本身通常都不具备管理整个生态系统的权限,也缺少相关能力。所以,有效生态管理的先决条件是协调好对海洋生态系统产生影响的各部门之间的活动。尽管如此,在实现以生态系统为基础的渔业管理方面,渔业管理机构仍然是可以大有作为的。

迈向以生态系统为基础的渔业管理,应首先确定并明确阐述各种生态系统及其边界,然后为实现管理目的而将每一生态系统视作一个完整的管理单元。在此基础上,制定生态系统管理目标。以生态系统为基础的渔业管理的核心目标是,从所有海洋生态系统中可持续地获取最佳利益,这就需要将生态系统维持在或经重建恢复到能够支持所有物种的最高生产力的状态。为实现这一核心目标,即使受到生态系统的制约,也不应放弃许多传统渔业管理目标和手段,如捕捞技术的改进,满足人类不断增加的食物需求、满足就业,减少渔业内部和渔业与其他部门之间的冲突[①]。如何运用基于权利的渔业管理手段达成资源的公平分配,仍然是渔业管理者所面临的一大挑战。

为了实现上述目标,必须协调和设法解决好所有潜在冲突和矛盾,包括生物、生态、经济、社会和制度问题,形成可同时实现的目标。同常规单一种类渔业管理一样,制定和协调这些目标必须与所有合法的利益相关者充分磋商,以便得到他们的支持与合作。一旦确定了这些目标并就此达成共识,就必须确立能够反映出这些目标和生态系统中至关重要的要素之参考点和可持续指标,协助监测生态系统状况和管理绩效,这些可持续指标应以现有最佳科学证据为依据。应建立适当的监测系统,获取跟踪生态系统状况所必需的数据和信息,以便定期评估生态系统状况以及人类活动对生态系统的影响。

确保以生态系统为基础的渔业管理目标的实现需要适当的配套管理措施。传统的单一种类管理模型中所体现出的普遍原则有一定价值,但需要扩充。从总体上看,在确定管理措施时,必须注意避免捕捞能力过剩,确保促进可持续渔业的经济条件;考虑到渔民和其他利益相关者的利益,其中包括渔业

---

① 《负责任渔业行为守则》中还提到了许多其他目标,包括保护和恢复关键生境(如沼泽地、红树林、珊瑚礁、泻湖、育苗区和产卵区)免受人类活动引起的退化、破坏、污染(第6.8条和第7.2.1条),保持生物多样性和种群结构(第6.6条和第7.2.2条),保护濒危品种(第7.2.2条),以及其他目标,如维持农村生计或对外汇平衡作出贡献等。

附属产业从业者的利益、生物多样性的维持与养护和濒危物种的保护,并设法尽量使枯竭物种得以恢复,评估并消除对资源有害的环境影响;尽量减少污染、浪费、渔获物丢弃物,以及遗失和丢弃渔具对目标种类、非目标种类的捕获和对相关或依赖性物种的影响。①

与确定目标的情形一样,必须确定有效的磋商和决策过程,以便与所有合法的利益相关者就适当的管理战略和应注意的其他事项进行定期磋商。将管理范围扩大到包括生态系统,通常还意味着增加利益相关者的数量和范围,这就要求为磋商和决策提供更多的时间和费用,这对于确保利益相关者遵守相关规定是至关重要的。这些机制和过程应用于定期审查管理系统和措施,并为适应生态系统或各种相关目标的变化而进行必要调整(参见本书第三章第三、四节)。尽管有效磋商对确保渔民遵守相关法规是至关重要的,但即使对于最好的渔业管理体制,也必须建立起必要的执法体系。

上述要求意味着,应根据现有知识尽快实施以生态系统为基础的渔业管理。然而,人类现有知识和预报能力方面的不确定性,对实现优化管理的能力形成了极大的制约。为努力减少这些不确定性,促进与以下课题有关的研究尤其重要:一是增进对食物网的了解,包括被捕食者与捕食者之间的关系,以便分析生态系统对不同管理措施的可能反应;二是辨明对生态系统中的重要种类至关重要的生境的位置,确定并尽量设法消除这些生境所面临的任何威胁;三是改进对所有渔业中副渔获物(兼捕)和被丢弃的渔获物的监测工作,以便更为准确地确定实际渔获量;四是考虑改进磋商和联合决策的方法,以便改善生态系统管理;五是研究来自渔业以外的人类活动(无论是陆地或海洋活动)对海洋生态系统的威胁,并设法找到尽量减少此类威胁的手段。

---

①具体而言,《负责任渔业行为守则》规定了应对目标种群、与目标种群有关或依赖于目标种群的种类进行评估,包括在某一海域采用新的捕捞方法或进行作业以前作出评估(第8.4.7条和第12.11条);尽量减少对目标和有关、依赖或濒危物种的环境影响(污染、扔弃物、反常捕捞)(第7.2.2条和第7.6.9条);禁止破坏性捕捞(第8.4.2条);增强渔具选择性(第8.5.3条和第12.10条);减少对目标和非目标种群的影响(第6.2条和第12.10条);防止过度捕捞和捕捞能力过剩(第6.3条),使捕捞渔获量与渔业资源状况保持一致(第7.6.1条);评估气候变化的影响(第12.5条)以及其他生态系统方面的考虑。鉴于生态系统及其要素的状况和动态以及它们对干扰的反应具有高度不确定性,强调采取预防方法(precautionary approach)是以生态系统为基础的渔业管理的核心(第7.5.1条)。上面已谈到与自由准入体制有关的问题,为了避免这些问题,有关资源分配的法律应明确规定可实施各种形式的捕捞权,这是构成以生态系统为基础的渔业管理的一个不可缺少的组成部分。在分配权利时,必须考虑生态系统的所有方面,如副渔获物和受到影响的种群以及渔具对环境的影响。此外,捕捞权必须附有以负责任的方式从事捕捞的义务,以便确保生态系统的养护(第6.1条)。

第三节 渔业的社会经济属性

一、渔业的社会经济属性及其相互关系

尽管目前仍有一部分人坚持认为，人类渔业活动将对渔业资源产生巨大的负面影响，这种影响有时甚至是不可逆转的。但是，大部分人都倾向于把渔业资源看做是一种股本（capital stock），如果管理得当，就有可能产生出持久的社会经济效益。要管理好渔业，就必须首先清楚地理解渔业在国民经济和社会生活中所处的地位和作用。通过提供经济回报、就业和食品生产以及娱乐机会，渔业为社会创造了价值。但是，通过满足渔业管理要求，提供基础设施和补贴，干预或防止在同一地区所进行的其他活动，以及其他一些理由，渔业也为社会或国家增加了管理成本。负责任渔业要求理解构成渔业系统的社会经济层面的关键因素，包括理解构成渔业管理体系的社会和经济层面的关键因素。

渔业的社会经济属性指的是，渔业活动对人类本身所产生的影响，以及优化渔业管理对有关利益集团及整个社会所具有的潜在价值。渔业的社会经济属性也可以从两个方面来分别考察，即渔业的社会属性和渔业的经济属性。渔业的社会属性反映了渔业能够产生的、构成与人类福利之不可分割部分的非货币成本和收益，例如资源的科学、美学、宗教和娱乐价值以及非使用价值（即资源的固有价值）。它包含了人文领域内范围广泛的各种变量，主要考虑的是人与人之间的相互作用，即个人和组织是如何对其直接利用或依赖的渔业资源作出反应的，他们为何会作出这种反应。这些关系是由各种各样的文化模式、风俗习惯、交流方式和制度，以及个人和组织的动机所决定的。而渔业的经济属性代表的是，随着资源利用水平的变化而变化并与动态的市场力量直接相关联的收益和成本，即渔业内部的成本和收益状况以及流入和流出渔业的现金流。

渔业的社会变量和经济变量之间存在着紧密的相互作用关系。任何管理决策都可能对收入和财富分配、就业数量和形式、渔业准入权的配置、利益集团及其亚集团的结构和凝聚力等产生影响。更普遍的情况是，利益集团对渔业管理制度的态度，无论是积极的还是消极的，都有可能受到管理决策和管理行为的影响。渔业管理行为可能进一步影响到渔业对关键性政策的贡献，诸

如食品安全、纯外汇收入、渔业补贴以及其他各种收益和成本。

社会和经济变量之间有时也可能存在相互冲突的关系。如果确实存在这种情况,就必须在渔业管理计划意欲实现的各种社会目标和经济目标之间,谨慎地寻求政治上可以接受的平衡,达不到社会目标和经济目标的起码相容标准,必将直接影响到渔业管理计划的合法性及其贯彻和执行。是否能够找到有关各方共同接受的折中方案,将取决于特定渔业的复杂程度。例如,在纯粹的工业渔业,特别是在国际渔业中,可能比较容易找到妥协方案,因为在此类渔业中起主导作用的往往是经济因素。与此相反,在小规模渔业中起主导作用的则往往是社会因素。小规模渔业的社会作用可能包括:知识传播、船员补充及其基本技能训练、投资和信贷项目、渔业补贴以及与不同社会地位的个人相联系的各种权利和义务之渠道。反过来,这些因素又常常依赖于渔业社区成员的年龄、性别、家庭历史、当地的信仰和风俗习惯。此外,在小规模渔业中,生产者组织、政治领导人和行政机构之间的接触,往往主要依赖于社会过程和惯例。因此,在考虑生存型渔业(the subsistence fishery)、小规模渔业(the small-scale fishery)和手工渔业(the artisanal fishery)时,应特别注意参与者的社会地位及其各自的特殊看法。在采用各种不同的捕捞技术和利用不同种类的混合渔业中,渔业的社会目标和经济目标之间极有可能产生冲突,因为这种渔业往往具有混合的社会目标、经济目标和生物学目标(参见本书第三章第四节)。

二、社会和文化对渔业的制约

社会条件随时间和空间变化而不断变化。这种变化可能表现为:历史变化的长期循环、季节变化的短期循环,以及与天气状况、就业水平、供求情况和其他条件有关的月变化、日变化或瞬间发生的变化。这些变化将以某种相互作用的方式对管理方法产生冲击,这是由于人们不仅受管理制度影响,而且反过来,人们对管理制度的态度(它决定了管理制度的有效性),也会受到一系列动态的社会条件的主要状态的影响。即使在变化发生比较缓慢的传统社会里,也必须考虑到社会系统中的这些因素和资源利用的历史模式。

某些社会变量在一定程度上是可定量的,因此可通过构建适当的模型,对这些变量进行定量分析。然而,其他一些变量则与利益集团的社会生活的意义、价值和组织有关。这些变量可能难以识别,更难以定量,因为这些变量往往是诸如人们生活于其中的文化和这种文化的历史发展的动态因素结合的结果。这类质变量的例子包括个人动机、捕捞行为、战略和对风险的看法、在组织或社会中的地位和政治影响力,对管理实践之道德合法性的看法和接触信息的机会。对质变量的认识和对量变量的认识,共同构成了评估特定管理选择及其在其中起作用的社会背景是否相容的基础。

识别社会层面相关变量的第一步,是鉴别和选择那些与资源基础、资源利用和从资源利用中可获得的利益明显相关的社会组织,即构成不同利益集团的社会组织。第二步是分析这些组织如何相互作用,并评估不同的管理干预可能会对各种社会组织产生何种影响。社会分层(social groupings)的变化,往往取决于生产单元(production unit)的类型。在不同情形下,在确定生产单元的构成、单元成员间的社会关系和经济关系时,专业技能、亲属关系、年龄和种族都可能产生一定的影响。因此,无论采用何种管理体制,都不应当忽略这些因素。

三、经济环境对渔业的制约

渔业部门作为一个整体的首要目的是充分实现渔业经济潜力,以所有生产者和消费者在各个时期所获得的纯经济收益之和来衡量,包括用不同的方法可能获得的租金(详见本书第四章第一节第一部分)。如果市场体系完善,那么,通过市场力量就能够使资源达到有效配置,从而实现经济效率目标。但是,渔业行业几乎就不存在完善的市场体系,因此需要特别谨慎地处理好渔业活动外部性问题和可能出现的价格扭曲①。如果渔业管理机关不采取干预措施或干预不当,外部性和价格扭曲就极有可能导致经济学意义上的过度捕捞(economic overfishing)、渔业经济绩效低下和资源租金浪费。

如果不加管理和(或)采取的管理机制不妥当,渔民们就有可能缺少足够的动机和信息,去考虑其捕捞活动可能对其他人造成的短期和长期影响,这就可能导致捕捞努力量过度膨胀,以至于超出最大经济产量的限度。经济学意义上的过度捕捞表现为渔业要素投入过大,结果随着渔业种群的逐渐枯竭而出现投资过剩和捕捞能力远大于实际需要的现象,这在工业渔业中表现得尤为突出,最终,大部分渔业的捕捞成本将超过渔获物的价值。此外,在鱼类种群丰度、市场价格和作业成本不断变动的情况下,上述情形表现得尤为突出,并可能形成投资不断增加和种群不断枯竭的螺旋形恶性循环。因此,渔业管理应努力防止出现捕捞能力过剩问题,或者在必要的时候采取果断措施来解

---

① 名目繁多的渔业补贴是造成价格扭曲的诸多因素中的一种,所谓渔业补贴是指国家为渔业部门提供与投资有关的补贴,或者为某些关键的要素投入提供补贴,比如提供燃料补贴或者以各种税收减免(tax exemptions)和部分税款退还(tax rebates)形式提供的补贴。

决这一问题,设法使渔获努力量维持在与特定资源的生产力相适应的水平上。

渔业经济绩效低下和管理失灵往往是同大部分渔业的复杂性相联系的。例如,不可避免的兼捕和海上丢弃、不确定性和信息不完全、不充分管辖和多重管辖,以及相互冲突的管理目标等(详见本书第二章第三节第三部分和第四章第一节一至三部分)。由于相关各方不能或不愿意执行为减少外部性而制定的管理措施,或不愿意承担因此而发生的成本,结果常常加重这些因素的制约效果。因此,评估渔业经济绩效一定不能过分简单地对待渔业经济参数的波动,这对于以多种不同种群为目标,而不同种群之间又存在相互作用的混合渔业是特别重要的。

评估渔业经济绩效,要求对渔业活动所发生的全部成本和所产生的全部收益进行评价,包括各种直接的和间接的、与渔业部门或某一特殊部门有关的、与渔业使用者和渔业管理机关有关的以及由渔业内部或外部所产生的所有成本和收益。管理过程的每一个环节都必然要涉及交易费用,例如收集信息、协调参与者之间的关系、解决冲突、监控渔业条件变化和落实管理措施等,均需花费一定的成本。渔业管理成本有可能随使用者参与管理过程的程度不同而有所变化,在进行成本评估时,应考虑到渔业管理所有活动所涉及的所有成本(参见本书第三章第三节第三部分)。

在国际渔业中,成本和收益的衡量可能包括某些特殊考虑,因为在国际渔业管理中有关国家开展合作,可能会产生一些特殊成本和收益。例如,跨界渔业管理的经济制约有可能表现为:某些非缔约国拒绝承担因此而发生的成本,例如派遣随船观察员、改进渔具和强制执行的成本;不服从国际渔业管理的国家可能对所有缔约国施加外部成本,如减少缔约国的渔获量,迫使某些渔船退出捕捞作业,以及可能的纯收益下降。国际渔业管理所面临的另一类挑战在于,不同国家围绕同一资源的利用可能会有不同的国家利益和目标,国家之间的利益和目标差异有可能诱发冲突。国家之间的差异也可能表现在各国不同的贴现率(discount rate)、生产成本、消费偏好和国内市场的鱼价上(参见本书第第四章第一节第三部分)。

负责任渔业管理要求对任何一种管理行为的经济后果都要进行评估。首先要估计渔业资源的价值,并把渔业资源的价值结合到为资源配置及其租金分配而设定的各种选择方案中。渔业资源对社会的纯价值,是指超出渔业所使用的劳动力和资本的机会成本(opportunity costs)以外的任何收益。国家或地方政府对渔业租金的征收可采取对渔获物或渔获努力量征税的方式,也可以向资源使用者收取一定的资源利用准入费。另外一种可选方案是,把渔业租金留给渔业行业,但要求渔业行业将渔业活动所获取的全部租金重新投资于渔业。无论选用何种管理方案,一般都要求限定所获得的渔业租金的用途。

在确定某一渔业或某一被利用的资源之价值时,一个关键性的问题是如何定义管理单元(management unit)和管理单元内部的生产单元。这种定义必须拓宽到能够包含影响该渔业的所有经济因素,否则,控制渔业的某一部分,例如商业渔业(the commercial sector),可能会无意识地将某些利益转移到该渔业的其他部分,例如休闲渔业(recreational sector),或者从该渔业的其他部分获得某种形式的利益。此外,必须认识到仅仅管制渔业资源的部分而非全部利用活动,例如仅仅管理工业渔业(industrial fishery)部门,就可能会对其他部分,例如手工渔业部门(artisanal sector)产生经济偏向(economic bias),并可能诱发妨碍渔业整体目标实现的意外后果。因此,渔业管理单元应尽可能地考虑到各种相互作用的渔业和相互关联的渔业活动。

第四节 技术对渔业的影响

技术是捕捞能力以及捕捞活动对环境产生影响的主要决定因素。捕捞技术包括渔船和捕捞设备、有关鱼类运动规律的知识和贮藏技术等。在管理没有进行过人工放养的捕捞渔业(unstocked capture fishery)时,为了将种群维持在理想的水平上,包括维持种群的年龄结构,使其能够避免补充种群的过度捕捞,唯一可用的机制就是控制因捕捞所造成的死亡率(fishing mortality),即在给定时间内,通常定义为一年,该渔业种群中被捕获的各年龄组的比率。通过渔获量或渔获努力量控制(catch or effort control)措施,限定允许使用的渔具或捕捞方法,以及规定何时何地允许捕捞,在自然变化和不确定性的限度以内,管理机构可以达到控制渔获量、上岸鱼的规格和年龄构成的目的。

渔业捕捞能力过剩增加了渔业管理机关控制种群最优捕捞死亡量的压力,使落实捕捞努力量限制措施变得更为困难。之所以会发生这种情况,主要是由社会和政治因素造成的,诸如要求充分利用过多的捕捞和加工能力,以及要求维持就业的社会和政治压力。但是,这显然只是一种短期行为,因为从长远的角度看,这样做极有可能因渔业的彻底崩溃而诱发更大的社会问题。另外,捕捞能力过剩也必然降低渔业经济效率。因此,将潜在的捕捞能力维持在同种群的长期生产力成比例的水平上,这符合所有资源使用者和整个社会的利益。

渔业管理机关必须认识到,渔民会不断地设法改进捕捞技术以及成本有效性(cost-effectiveness),因为这将有助于提高其捕捞效率。在以渔获努力量控制为手段所管理的渔业中,随着新的更加有效的捕捞方法的发明和使用,实际渔获努力量以及因此造成的捕捞死亡量将不断增大,即使名义渔获努力量(nominal effort),例如允许捕捞的天数已得到有效控制。当以渔获努力量作为管理工具时,无论是控制捕捞,还是为了种群评估目的而分析渔获努力量统计数据,都必须考虑到这一问题。为了把捕捞能力和捕捞死亡率控制在预期水平上,技术进步意味着为满足所允许的渔获努力量水平,就必须经常地对名义渔获努力量加以调整。

第五节 渔业治理

一、治理与渔业治理

"治理"(governance)指的是,"维持制度环境内个体之间的契约性关系的制度","作出具有约束力的集体决策的过程"[①],而"制度"指的是构建激励(机制)和塑造人类互动(模式)的组织制约。据 Hanna(1999)考证,"治理"这一术语在 30 年前被描述成具有"古语的韵味"(the dignity of archaism),后来曾被"政府"(government)和"控制"(control)这两个词汇所取代,但最近又为学界所习用,特别是在自然资源管理领域。因为"治理"这一术语包含了把制度同个体联系起来的"交易费用"和"行为"这两个概念,而"政府"与"控制"这两个词汇的词义则比较狭窄,不包含"交易费用"和"行为"的意思。

---

① 笔者译自 Hanna 的 *Strengthening Governance of Ocean Fishery Resources* (1999)。原文是 "Governance is the system of implementing contractual relationships between individuals within an institutional environment" (Williamson, 1994),"the process of making binding decisions for some collective"。

治理①指的是一个国家政府与其公民之间相互作用的形式,系指公民参与政策过程的全过程。管理则是基于国家与其公民之间的社会契约并对这一社会契约作出贡献,这种社会契约的双方均承认有关社会规则的合法性。治理包括资源利用准则、制度安排、成文法和非成文法以及政策等。治理是适用于特定活动类型(例如捕捞活动)的正式和(或)非正式的规则体系、制度、体制等。治理系统(governance systems)受到相关活动的主要范式的强有力的影响。

渔业治理是"用以管理渔业的法律、社会、经济和政治安排的统称,包括国际渔业治理、国家渔业治理和地区渔业治理三个层面。渔业治理包括具有法律约束力的规则,例如国家立法或国际条约,并依靠习惯性的社会安排以及各国用以管理其所有经济活动的国家框架"②(参见本书第三章)。

二、渔业治理目标

在自然资源管理领域内,很少有比渔业管理更为复杂的自然资源管理。渔民构成和从业目的的多样性以及渔业资源所具有的隐蔽性特征等,这些因素都会使渔业管理工作变得异常困难。即使是在同一渔业,也经常可以同时看到为生存需要而捕捞的部落成员、经营家庭经济的小型商业渔民、外地公司的大型拖网渔船、把捕捞或垂钓作为一项休闲活动的社会成员以及潜水爱好者,所有这些从业者往往都把自己的特殊利益放在首要地位。同时,由于受这

---

① 关于"治理"这一概念的详细定义,请参阅粮农组织渔业署的网址 http://www.fao.org/fi/glossary。近年来,海洋文献,特别是与海洋政策有关的文献一直倾向于用"治理"这个词汇来替代"管理"(management)。很多情况下,这种替代似乎是合理的,因为"治理"确实包含传统的管理一词所不包含的意思。同"管理"一类的传统词汇相比,"治理"一词"进一步强调了人类海洋战略与行动的重要性,更为重视综合的政治方法(integrated political approaches)的作用"。从这个意义上讲,用"治理"替代"管理"应当被视为纯审美考虑,即通过一种语言来达到激发建议的目的,而非概念和方法进步。

"管理"一词来源于拉丁语"regere",等同于英文的"carry out"(完成,实现,贯彻,执行),且具有"采取实现一种目标、结果所必需的行动"的含义。"治理"一词则来源于希腊语"kybernan",等同于"to hold the helm",意味着"掌舵,控制,支配",该词来源于航海活动,原意是"把一种结构或组织系统,例如船舶,引向一个目标"。管理是对行动进行干预,遗漏或不一定把组织系统视为一个整体,而治理则集中在组织系统上,将组织系统视为一个整体,系统地评估组织与其意欲达到的目的、目标是否一致。因此,考虑到上述两词的语源学差别,不难推断出语言表达的变化将带来某些政策变动,因为两者之间存在连锁关系:语言变化导致认识论的转变,即知识积累方式的转变;认识论的转变导致制定和实施战略和行动计划的方式的转变。人类对世界的认识同人类行动总是紧密地联系在一起的,行动本身就是表达认识,认识寓于行动中。

② 参阅粮农组织网站 http://www.fao.org/figis/servlet/FiRefServlet? ds = topic&fid = 2014,2004年1月19日。

些活动或其他因素的影响,渔业种群可能正发生着变化,有些变化在短期内可能难以察觉。因此,把渔业资源维持在所有利益集团可以接受的水平上,平衡入渔权的分配,采用能够取得最大社会效益的方法来管理渔业资源的利用,这些都是渔业管理者所必须面临的挑战。

从根本上来讲,要制定出一套行之有效的渔业管理机制,渔业政策的制定者和渔业管理者必须正确处理好下列一般性考虑:(1)人类的需要、价值和社会平等;(2)生物养护和资源生产率;(3)渔业经济效率;(4)渔政管理的可行性;(5)政治上可接受的程度。当然,渔业政策的制定者和渔业管理者也必须要考虑到个别渔业的特殊问题。

人类基本需要的内涵当然不仅仅包括吃、穿和住。但是,当我们问一下这些需要都包含什么,即确保"美好生活"所必不缺少的是什么时,我们有可能得到各种不同的回答。同样,对于价值和平等这类抽象问题的回答,也完全可能因人、因时、因地而异。可以这样说,此类问题一直是大量文献所关注的一个永恒主题,当然也包括渔业文献。最优社会产量(the Optimum Social Yields, OSYs),即要同时取得最大可持续产量和最大经济产量,这一新近出现的渔业管理目标则要求渔业政策的制定者和渔业管理者在进行决策时,必须要把人类需要、价值和社会平等这类内容广泛的问题纳入考虑的范围。

以社会平等这一问题为例:有些渔业管理者认为,社会平等就是把渔获量或渔业收入平均分配给所有从业渔民;另外一些渔业管理者认为,社会平等就是确保渔业准入的平等;还有一些管理者则可能把社会平等看成是一些其他方面的问题。事实上,决定追求哪方面的社会平等,可能是渔业政策的制定者和管理者所必须解决的一个最困难的问题。例如,渔业政策如何才能平衡从事商业捕捞的渔民和从事休闲渔业的人们的不同需要,或者满足从事小型捕捞作业的渔民和从事大型捕捞作业的渔民的不同要求呢?许多人曾经认为,比较上述两组不同的渔民,就好像比较苹果和橘子一样。另外,渔业管理政策如何才能同时满足渔业生产者、水产品流通部门和金融机构的不同利益诉求呢?当渔业管理者认识到防止某一渔业崩溃的唯一办法在于制止捕捞能力的进一步增长,而渔民则强调维持他们传统的作业方法、传统的生活方式和文化特性等。

无论采用何种管理措施组合,渔业管理者都必须首先决定,是自由使用资源还是限制使用资源,是否应设法避免捕捞船队能力过剩。因捕捞能力超过长期需要而导致许多渔业资源被过度利用这一普遍事实,意味着渔业管理者必须限制渔业总渔获努力量水平,而同时要在这一过程中确保公平。

三、渔业治理系统

对渔业治理系统和方法，作者尚未见按国家、种群或渔业进行过完整而全面调查的文献。在国家一级，虽然大多数国家都采用了某种形式的捕捞许可制度，但在有效遏制捕捞能力的增加方面却往往遇到很大的困难。在一些国家，对海洋渔业资源的利用仍然是不加限制。然而，越来越多的国家正采取措施管理渔业并为此提供必要的投入。最近，随着对基于权利的渔业管理的兴趣日益增加，包括由个人、公司或社区所持有的个别配额制度，在全球30多个地区性的渔业组织中，有几个机构执行以总可捕量及国家配额为基础的渔业管理政策。渔业管理机关往往同时采取其他一些配套措施来确保上述政策目标的实现，包括渔船控制（如限定渔船动力和大小）、渔具限制（如网目规格）、禁渔区和禁渔期、上岸渔获物限制（如最大上岸量、上岸规格、上岸性别、性成熟度、怀卵情况等）等。目前，影响渔业治理绩效提高的一个重要制约因素是一些国家或区域一级的渔业管理组织实施及确保管理措施得以遵守的措施不得力。

尽管一些渔业的治理绩效确实正在提高，但许多渔业的治理绩效仍然不佳甚至很差。目前，从全球范围看，渔业治理的主要缺陷是过度依赖冻结捕捞能力，而非通过基于权利的渔业管理方法来改变激励结构，鼓励渔民尽量减少捕捞能力和成本，并赋予其养护渔业资源和保护鱼类生境的管理权限。造成这一缺陷的主要原因往往在于，无法准确把握渔业船队过度投资和渔业资源过度利用的根源，而渔具选择性差、执法不力和渔民守法情况较差，主要是不适当的限制性准入措施的直接和间接后果。基于权利的渔业管理则直接将捕鱼权配置到特定持有者（渔民个人、公司和其他类型的组织）手中，但是，采用基于权利的渔业管理制度必然要面对资源配置这一往往非常棘手的问题，包括确定谁有资格持有捕捞权以及捕捞权的属性问题，如捕捞权的排他性、安全性、时效和转让性。尽管对国家、捕鱼权持有者和消费者的长远利益都具有重大影响，但是这些决策可能造成短期的经济和社会代价，而许多政治家往往认为这些代价短期内是难以承受的（详见本书第五章和第六章的相关内容）。

通过一系列全球性、区域性和各国渔业管理机关的共同努力，渔业治理环境和框架有了重大改进。人们已普遍认识到，过度捕捞和船队能力过剩是世界性问题，需要采取社会可接受的有效解决办法。随着1982年《联合国海洋法公约》的生效，全球渔业治理框架变得愈加牢固，并因1995年通过的《负责任渔业行为守则》①而得到加强。相信在不久的将来,随着1993年粮农组织的《遵守协定》以及1995年联合国《鱼类种群协定》的开始生效,全球渔业治理体制将得到进一步的完善。

四、渔业治理标准

渔业治理标准包括治理能力,确保渔民服从管理的机制,以及透明度和参与程度。其中,渔业治理能力取决于现有人力和财政资源以及主管机构的设置。渔业治理要求一定的时间和资金投入来收集所需资料,制定管理制度并获得利益相关者的认可,实施管理规定并监测系统状态。一个经济上可行的渔业,应当在扣除管理费用后还能够获得可接受的投资收益。然而,在许多渔业中,收益很少甚或亏本。结果,渔业管理费用成为一种额外负担,尽管可能提供长期收益,但却以难以承受的短期收益减少为代价。

渔业治理还要求一个适当的制度基础,包括法规和执法体系。对于生存型渔业,管理机构和计划需要更多地依赖传统权力结构和文化,而不是正式的管理计划;对于工业化渔业,需要传统管理计划来确保可持续发展,但制定和执行这些计划的能力却往往非常有限。

为实现特定目标而管理渔业要求制定并应用一整套规则,来管制获准参与渔业活动的渔民之行为及其所使用的渔具。此类规则同时还应当适用于那些未获准从事渔业活动的渔民和无权进入渔业特定部分的渔民。为了确保此类规则的有效落实,应当确立此类规则之遵守程度的评估机制,同时应采取适当的方法确保有关情况能够被及时反馈给决策者。遵守机制(compliance regime)用以评估旨在确保渔业可持续发展的有关规则的实际遵守情况,遵守机制的存在与否及其效果,可通过考察渔业管理计划以及传统实践(后者仅适用于生存型渔业)来判断。

人们日益认识到,依靠"自上而下"(top-down)的方法②来管理渔业发生不可持续的风险很大,这是因为渔民觉得被完全排除在将影响其生计的渔业

---

①《负责任渔业行为守则》得到了一系列技术准则的补充,包括渔业管理、海洋捕捞渔业可持续发展指标以及对捕捞渔业和品种引进采取预防性办法等技术准则。其实施还将因粮农组织最近通过的四项国际行动计划而得到加强,包括:(1)捕捞能力管理国际行动计划;(2)鲨鱼养护及管理国际行动计划;(3)减少延绳钓渔业中误捕海鸟国际行动计划;(4)预防、制止和消除非法、不报告和不管制捕捞国际行动计划。如采取预防性办法及对更加透明的社会诉求所反映的那样,在所有现代渔业协定中均正式承认内在不确定性和风险。渔业管理正面临着更广泛的生物多样性及生境考虑,保护生态系统正作为一种基本需要获得广泛的认可。

②这种方法的一大特点是,管理机关未同受其影响的渔民协商即颁布或实施各种法规。

管理过程之外,无法把握自己的命运。结果,缺少渔民参与的决策过程极易诱发渔民及其他利益相关者无视管理规则或"明知故犯",偷捕问题就是管理过程缺乏透明度和渔民参与的典型事例。尽管决策透明和广泛参与并不一定保证渔业的可持续发展,但决策过程的不透明和缺少广泛的参与却必然导致渔业的不可持续发展。决策过程的透明度和参与程度,可通过评估渔业管理计划,特别是允许有效参与渔业决策过程的结构性和功能性因素来判断。

五、渔业管理过程中的尺度概念

渔业管理需要有对应于各种不同时间尺度和政治尺度(time and political scales),从数天到数年和从当地社区到政府间的目标、调查和行动,在不同尺度上进行的活动存在着相当大的重叠,而相同的个人、组织和机构又往往被卷入与多个时间尺度和政治尺度有关的过程和决策。对于跨界渔业,这些不同的尺度存在于某一地区或更广泛的范围内;而对于仅仅局限于某一国家专属经济区内的种群或某一地方种群来讲,这些不同的尺度则存在于一国内部或仅限于当地社会。对渔业管理而言,有三种主要活动发生在或涉及不同尺度,渔业管理机构应当给予明确的考虑。

1. 渔业政策和发展规划

渔业和水生生物资源的最优利用,在国民经济或地方经济中往往占据着重要地位,并与同一地理区域内的社会和经济活动相互作用,或争夺共有资源的使用权,例如争夺沿海或江河鱼类生境、水资源的利用等。宏观政策和宏观经济环境要求将渔业发展置于国家发展计划战略的整体框架中,因此,制定政策和计划要在充分了解资源利用可能带来的影响、所需的成本、可获得的收益以及其他可供选择的资源利用方案。这些政策决策无需包含渔业管理的日常活动细节,例如特定控制措施,但应阐明如何利用资源及其优先次序。此类政策一般应表明赋予资源使用权的标准,渔业政策有可能特别规定每种渔业是否应优先给予小规模传统渔民(small-scale traditional fishers)、大规模工业渔业(large-scale industrial fisheries)或用作其他用途。当得到渔业管理机构和其他相关政府部门的建议后,政策的制定和颁布一般是政府的责任,政府应定期(例如五年一次)对各项政策进行评估。

2. 管理计划和战略

渔业政策一般要首先明确国有水生生物资源利用的主要方向和优先次序。正如应用于任何特定渔业或种群的政策一样,渔业政策需要转变成每一渔业的详细管理计划,这些管理计划要阐明应管理哪些种群,管理特定种群要实现的生物、社会和经济目标,计划采取何种控制措施及其相关规定,监测、控制和监督(monitoring, control and surveillance, MCS)的细节,以及如何管理渔业的其他信息。管理机构应在充分听取利益集团的意见后拟定出管理计划和战略,每3~5年,应对所实施的计划和战略进行一次评估和检查,包括审核。

3. 实施管理

管理计划必须对如何管理渔业和由谁来管理渔业的细节作出明确规定。管理计划还应当包括管理程序,即根据渔业内部发展,特别是作为对渔业资源状态年度变化的反应,规定有关管理决策应如何制定的细节。例如,管理计划可能指定运用总可捕量制度来管理渔业,而管理程序则规定如何计算每年的总可捕量,例如规定首先根据商业渔获量(commercial catch)、渔获努力量的统计数字以及独立的渔业调查对种群进行评估,然后根据种群评估的结果确定总可捕量。管理的实施是指采取必要的行动和作出相关的决策,确保管理计划被付诸实践和有效地发挥作用。因此,管理的实施包括各种责任,例如,收集资源和渔业控制决策制定所必需的数据,根据管理程序的要求确定每年的总可捕量,渔民发证,监测、控制和监督,针对管理计划中所包含的渔业和资源状况同利益集团保持沟通等。

第六节　渔业可持续发展问题

一、可持续发展及其概念内涵

认识到以往经济增长和发展模式的缺陷,"可持续性"①(sustainability)这一概念被提出并迅速得到国际社会的广泛关注。以往经济增长和发展模式无法对各种政策的成本和收益的客观评价提供足够广泛的基础,往往过分强调短期利益而牺牲长期利益。可持续社会(sustainable society)作为一个明确的概念至少在1972年形成,Goldsmith等(1972)将可持续社会定义为一种"在

---

① "可持续性"常常以其字面含义"长久持续"被使用,有时也作为可持续发展、可持续生存或可持续社会的简写体。在后一种用法中,可持续性的大多数定义均具有以下三大共性:(1)理想的人类生存条件;(2)持久的生态系统状况;(3)收益与成本的代内与代际公平分配与承担。其中,代内平等与代际平等是管理可持续性的伦理基础,而代内平等又是其合理性推论,因为如果不能纠正代内的贫富悬殊,那么人类就没有理由担心当代人与后代人之间的不平等。

满足其公民最大需求的同时,(社会)所有意图和目的都能无限制地持续下去"的社会。可持续发展(sustainable development)至少形成于1980年,"发展是对生物圈的改造和对资源的使用以满足人类需求并改善人类生活的质量。为了使发展成为可持续的,就必须考虑多种社会和生态因子(包括经济因子),考虑生命及非生命形式的资源库,同时也必须考虑多种不同行为(模式)所带来的长远的和眼前的利益"(IUCN/UNEP/WWF,1980)。

布伦特兰委员会(1987)将可持续发展定义为,"满足当代(人类)的需求而不损害其子孙后代满足他们自己的需求的能力"。该定义迎合了世界保护对策对养护的定义,导致该术语成为自20世纪后期以来最为常用的政治术语之一。其中,"养护"(conservation)一词意指"对人类利用生物圈的活动加以管理,从而使生物圈既能为当代人类提供最大限度且长久享用的益处,同时又能保持它满足子孙后代的需求与愿望的潜力"(IUCN/UNEP/WWF,1980)。这种发展模式与生活质量有关,不应当与经济增长概念相混淆,尽管现实世界中两者之间往往存在着密切的联系。

此后,对可持续发展与可持续性本身的不同定义相继出现。例如,粮农组织理事会将可持续发展定义为,"对自然资源基础进行管理和保护以及对技术和机构改革进行指导,是为了确保长期满足当代和子孙后代的人类需要。这种可持续发展保护(土地)、水、植物和(动物)遗传资源,不造成环境退化,技术上适宜,经济上可行和社会可接受"(粮农组织理事会,1988年)。澳大利亚政府会议则将可持续发展定义为,"利用、保护和加强社区的资源以便使生活所依赖的生态过程得以保持,目前和将来总的生活质量能够提高"(澳大利亚政府会议,ESD,1992年)。仅Muuasinghe和Sheanev(1995)就列举了20个定义,例如:(1)经济增长为所有世界公民(而非仅仅为少数特权者)带来公平与机遇,但又不进一步破坏世界的有限自然资源与承载能力;(2)一系列可长期保持或增加的反映利益(包括收入)的指标;(3)动态的人类经济系统从长远看也是动态的,但通常是缓慢变化着的生态系统之间的互相联系,其中人类可无限生存下去,人类群体可得到繁盛,人类文化可得以发展,但人类活动带来的影响得以限制,从而使得生态—生命支撑系统的多样性、复杂性和功能不致遭到破坏(Constanza,1999)。

事实上,有关可持续发展的其他定义都以各种方式对布伦特兰委员会的定义进行了阐述。上述定义的提出者均认识到,提供人类福利的活动的可持续性,取决于本身直接和间接对人类福利作出贡献的环境机能的保持,亦即保持自然过程及其构件提供满足人类需要的产品和服务的能力。从生态系统的角度看,认识到人类经济与其环境的相互依赖性,可持续发展侧重强调保持生态系统的稳定性和恢复力,强调需要从科学的角度了解生态系统的职能和变化。

国际社会已达成应实现可持续发展的共识,且为此采取了一系列相关行动。世界环境与发展委员会(环发委员会)于1987年将可持续发展概念列入国际议程,各国政府于1992年在联合国环发会议上将实现人类可持续发展作为全球治理中的一个重点活动领域。《二十一世纪议程》通过可持续发展委员会发起了国际后续行动过程。2002年举行的可持续发展地球峰会,又特别强调了能力建设对促进海洋、沿海地区和海岛可持续发展的作用。

二、渔业发展历程的警示

大约100年前,著名的科学家托马斯·赫胥黎(Thomas Huxley)曾断言,大多数海洋渔业都是无穷无尽、不可枯竭的,这一断言曾经对渔业治理产生过极为深远的影响。在人类活动的大部分历史中,海洋捕捞活动的时空范围几乎一直都在扩展,无人关心过度捕捞,也不存在"谁可以捕鱼或谁不可以捕鱼"的相应规定。尽管过度捕捞在赫胥黎时代还不是一个严重的问题,但是,当时却已经发生过过度捕捞的实例。例如,大西洋鲱鲽渔业历史上曾经是何等辉煌,到了19世纪80年代后期就已经崩溃,从此再也没有恢复过来。

二战结束时,渔业科学家一般都反对海洋渔业不可枯竭这一神话,但是当时已经存在的渔业和新形成的渔业都在发展,机械化拖网技术的改进和扩散速度也极为迅速,所有这些都仅受到了最低限度的管制。渔业当时之所以不受管制,一部分原因是因为大多数富饶的渔场都位于国家管辖海域以外,各国管辖海域在当时还都位于离岸3海里的范围内。二战结束以后,全球形成了一种扩大国家捕捞区甚至领海范围的趋势。到了20世纪60年代早期,许多国家已经将各自的捕鱼区域或领海范围扩大到12海里。一些国际机构管理着位于各国管辖海域以外的公海渔业,但是,此类管制一般都是在鱼类种群已经枯竭以后才开始的,所采取的管理措施也还都不足以有效地保护渔业资源。从20世纪70年代开始,大多数国家都确立了各自200海里的专属经济区(Exclusive Economic Zones,EEZs)或专属捕鱼区(Exclusive Fishing Zones,EFZs)。这一运动的结果是,各国管辖海域中所分布的渔业资源占到了全球海洋渔业资源总量的90%以上。

从1977年开始,其他一些国际性渔业管理机构和相关法律文件逐渐得以确立。1993年11月27日联合国粮农组织第二十七届大会通过的《促进公海渔船遵守国际养护与管理措施协定》和粮农组织成员国于1995年达成的非约束性《负责任渔业行为守则》，在改进国际渔业框架方面对《联合国海洋法公约》作了很好的补充。尽管如此，一些渔业仍缺少有效管理所必需的法律框架。更重要的是，即使具有法律框架的渔业，总的来看，其管理水平离充分实现渔业潜力的要求还有相当大的距离。事实上，伴随着专属经济区制度的实施，1977年以后各沿海国管辖权的扩大，鼓励了许多国家往往通过补贴促进本国渔业的快速扩张，没有采取必要的管理措施以防止过度捕捞的发生。

三、渔业可持续发展的基本要求与目标

粮农组织、其他政府组织和非政府组织近年发表的系列报告，引起了国际社会对渔业的广泛关注。许多渔业资源已遭过度捕捞甚至枯竭，减少了渔业能够为人类提供的潜在利益。人为因素造成的生态系统变化，包括由渔业活动引发的变化，正在损害当代和子孙后代的利益。全球范围内，渔业捕捞能力已远远超过生态系统能够生产鱼类的速度，自然资本（鱼和其他自然资源如燃料油和其他非再生能源）、实物资本和人力资本没有得到有效利用。鱼品市场全球化鼓励很大一部分渔业产出从地方和国家市场转向出口市场，引起了人们对如何有效分配渔业利益的关注（参见本书第三章第一节第四部分）。

从全球范围看，渔业是世界经济中的一个高度适应、由市场推动和国际化程度很高的产业。由于人口的不断增长（尤其在沿海地区），全球鱼品消费呈稳定持续的上升趋势，渔业活动对资源的压力不断增加。许多捕捞渔船都是高度移动性的，迅猛的技术革新提高了渔船捕捞效益，并限制了各国政府对捕捞压力进行控制的能力。由于这一压力而产生了各种问题，包括生态系统结构的重大变化、渔获物浪费、对濒危物种的影响、重要生境的消失、围绕入渔权问题所引发的冲突和对抗的不断增加以及导致过度捕捞和捕捞能力过剩的补贴。

《联合国海洋法公约》、联合国环发会议和粮农组织的《负责任渔业行为守则》中均提出了渔业可持续发展的要求。为促进这一概念和这些原则的运用，粮农组织发布了与《负责任渔业行为守则》配套使用的指南。其中，《海洋捕捞业可持续发展指标》详细说明了应如何制定和使用可持续渔业发展指标，鼓励利用这些指标以作为进一步了解渔业部门范畴内的发展是由哪些成分构成的一个手段，为指标制定、应用、评价和报告提供了指导，同时还分别考虑了渔业的生态、经济、社会和制度指标问题。

要确保渔业可持续发展目标的实现，需要加强渔业管理及改变利益相关

者的行为模式,促使利益相关者关注其活动的长期影响。这就要求:(1)提高对传统渔业管理领域以外因素的认识;(2)使渔业管理与沿海地区管理更好地结合起来;(3)对破坏海洋环境的陆地活动实施控制;(4)加强控制对共享资源的捕捞;(5)完善机构和法律框架;(6)通过适当的机制使所有利益相关者能够更大程度地参与渔业管理过程;(7)重视收集和共享有关渔业及其环境的资料;(8)进一步了解渔业的社会经济特点;(9)强化渔业监测、控制和监督系统;(10)采取得力措施解决自然资源和生态系统的动态不确定性和多变性;(11)使社区承诺对自然资源的负责任利用。

《联合国海洋法公约》(1982年)、1995年的《联合国执行跨界鱼类资源和高度洄游鱼类资源协定》和粮农组织《负责任渔业行为守则》(1995年),共同构成了有关渔业管理原则的全球性法律框架。为了将渔业纳入可持续发展范畴,渔业政策必须对有关鱼类资源枯竭以及捕捞和其他经济活动(包括沿海地区定居设施建设和废弃物处理)对海洋生态系统的影响以及利弊进行权衡。在实现渔业可持续渔业发展这一总目标下应考虑如下子目标:(1)确保基于特定或可辨明的海洋生态系统的渔业捕捞和加工活动得以持续;(2)确保支持这些活动的资源之长期生存能力;(3)在广泛的社区和经济范围内对渔业劳动力的福利予以关注;(4)保持海洋生态系统的健康和完整,以维护生态系统的其他用途及其使用者的利益,包括生物多样性、科学重要性、固有价值、营养结构以及其他经济用途(包括旅游和休闲价值)。

许多更加广泛的可持续发展目标将与保持鱼类资源和保护鱼类生境等渔业部门目标相一致。然而,其他可持续发展目标可能限制渔业部门实现其目标的方法或程度。例如,由于需要保护濒危海鸟而可能导致限制某些捕捞方法及影响到捕捞业特定部分的可持续发展,而优先重视特定渔民需求的政策则有可能对渔业资源管理所采用的方法产生影响;同样,由于优先重视矿业、水产养殖、旅游或自然保护等另外一些活动,某些地区的捕捞活动可能会受到限制或者被完全禁止。

对可持续渔业发展的管理是一项多方面和多层次的活动,不仅要考虑鱼类种群生存和渔业发展的需要,而且应将更为广泛的外部因素纳入考虑。这些外部因素包括关于海洋生态系统利用和管理的竞争要求,这就需要远远超出鱼类种群和捕捞活动以外方面的资料和指标,应参照对鱼品的需求和供应产生影响的经济和生态变化的推动力对渔业活动的变化进行评估。图1.2表明了侧重于对管理单元内目标种群的传统渔业管理与以采用指标和参考点的可持续发展参考标准系统为基础的可持续渔业发展之间的关系。

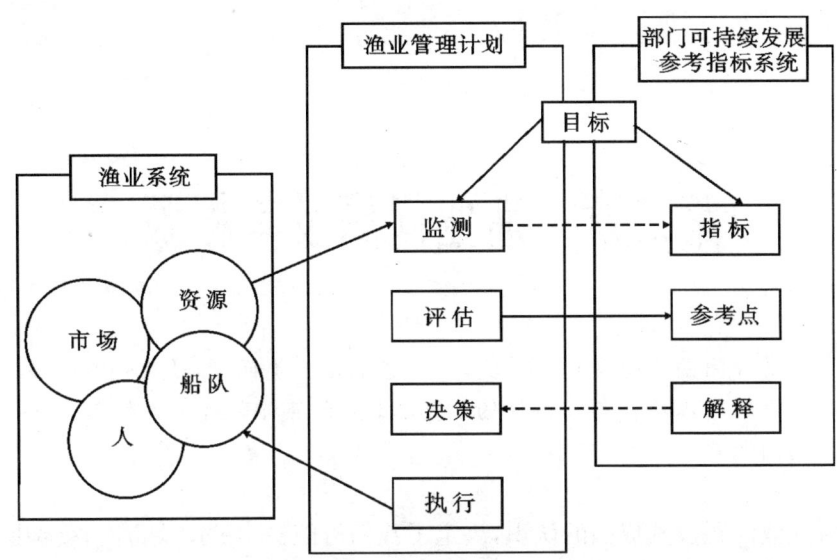

图1.2 传统管理计划与可持续发展参考标准系统之间的关系

渔业决策工作涉及调和竞争性目标和利益。显然,某些指标适用于不同的规模,但是适用的程度在很大程度上取决于部门和管理单位内目标的范围和重点。传统渔业管理长期以来一直关心可持续发展问题,但现代趋势是扩大管理概念,包括该系统和其他渔业的更多方面,以及尚未得到详细研究的系统成分(渔业社区之内和之外)。指标和资料的质量应有助于与渔业有关的所有有关方面的行动的宣传和协调。[1]

---

[1] 有关渔业可持续发展指标问题,感兴趣的读者可参阅粮农组织《海洋捕捞业可持续发展指标》(1997)。

第二章 渔业问题及其根源

资源问题不是真正的环境问题,它们是人类问题,是我们在许多时空范围内以及在各种各样的政治、社会和经济制度下已经创造出来的问题。①

对渔业问题及其成因的认识,决定了我们可能提出的解决方案,就像医生对病人病情的诊断决定了其可能开出的处方一样。因此,要找到解决渔业问题的有效途径以及分析各种渔业管理措施是否有效和得当,就必须首先正确理解渔业问题及其产生的根源。在缺乏正确诊断的情况下,管理努力和资源往往用错地方,在某些情形下,甚至使某些亟须处理的问题变得更为复杂。例如,有些渔业学者往往被过度投资和过度捕捞搞得焦头烂额,在花费了大量人、财、物力并采取了许多措施之后,才发现所有努力用得根本就不是地方;而对渔民行为的激励机制缺乏正确认识,仅部分地解释了生物学家及其倡导的传统渔业管理方法,为什么会在渔业管理史上持续了那样长的时间。从某种意义上讲,全球性渔业危机的一个深层原因,就在于缺乏对渔业问题的正确诊断,以及因不正确诊断而开出了错误的处方。

本章旨在阐明:正是人类自身设计的制度安排失败,使渔业资源从法理上的非自由准入转变为事实上的自由准入,才导致人们平常所观察到的各种渔业问题。只要渔业资源利用处于自由准入状态,无论是事实上的(de facto),还是法理上的(de jure),渔业经济绩效必然低下,过度投资和过度利用也就在所难免。本章的主要内容包括渔业问题的表现形式、渔业问题的生物经济学解释、剖析渔业问题根源的三种基本范式、"共有财产悲剧"理论之理性与非理性成分分析、渔业管理所面临的重大挑战以及渔业管理失灵透视等。通过

---

①笔者译自 Ludwig 等的 *Uncertainty, Resource Exploitation and Conservation*(1993)。原文是"Resource problems are not really environmental problems: they are human problems that we have created at many times and in many places, under a variety of political, social and economic systems"。

说明考察渔业管理措施是否得当,以及在设计渔业管理制度时应遵循的部分标准,本章为后续章节奠定了理论基础。

第一节 渔业问题的表现形式与早期历史

一、渔业问题的表现形式

渔业问题有时也被称作渔民问题(McEvoy,1986),为什么这样讲呢?想象有这样一个渔业:很多渔民同时在捕同一群鱼,并且每个人都很难阻止其他人来捕这群鱼(注意像鱼和野生动物等流动性共有资源所具有的消费竞争性,即如果这条鱼被你捕走或这只鸟被我打下来,那么我就失去了捕走被你捕走的那条鱼或者你就失去了打下被我打下的那只鸟的机会)。在这种情形下,即使有明显证据表明资源正在下降,比如说鱼的平均规格比以前小多了,或同样一条船一天捕得的鱼比以前少多了,假如没有比捕这群鱼更好的其他就业机会,每一位理性渔民的理性策略都可能是继续捕下去,这群鱼也将因此而枯竭。

那么,什么是渔业问题或者说渔民问题呢?一般而言,渔业系统作为一个整体的表现和(或)渔业系统个别构件的表现,不能满足公众的合理期望(这种期望往往通过公共政策目标体现出来)都可以被定义为渔业问题(作者定义)。在日常生活中,我们确实经常自觉或不自觉地采用这一定义。例如,渔业文献和与渔业有关的新闻报道中充斥着下列词汇:兼捕或者说副渔获物(by-catch)、渔获物高级化和丢弃(discard)、非法捕捞、渔获物数据报告失真、资源过度利用、船队过度投资、捕捞竞争失控、单位努力渔获量(catch per unit effort,CPUE)日益下降、捕捞季节越来越短、生态系统变型、鱼类生境消失、渔民之间以及渔民和其他资源使用者之间的冲突日趋激烈、渔业秩序混乱、渔民在社会中的边缘化趋势等。这些词汇常常被生物学家、生态学家、经济学家、行政官员、环境保护者和新闻记者等用来描述现实渔业问题。

但是,上述词汇并没有说明这些问题的本质原因。在一定意义上,这些问题只是渔民之间、渔民和其他资源使用者之间以及渔业系统中的人文、支持和社会亚系统之间及其构成要素之间的一些表层联系而已。从这一角度来看,这些词汇并没有反映出渔业问题的根本性质,借用新制度经济学的术语,它们只是具体运作层面的制度应解决的问题①。正如 McGoodwin(1990)所指出的:"渔业目前的主要问题不是鱼类群体的枯竭、渔民的经济边缘化和过度投资等;相反,渔业问题只是这些情形对渔业参业人员的有害后果。这是因为,渔业不仅仅是海洋生态体系和人类经济体系的相互作用,也是海洋生态体系同人类本身的相互作用。"②

遗憾的是,渔业专家历史上一直(某些人至今仍然)被渔业活动的这些表面现象所迷惑,这种困惑可以看做是渔业生物学家在历史上长期主导渔业管理的一种结果。"由于缺乏理论经济学研究,生物学家……就其整体而言……在他们的分析模型中倾向于把渔民作为外生变量,没有把渔民行为视为一般性的、系统的生物经济学理论所不可缺少的一个变量"③。

那么,什么才是真正的渔业问题呢?在解答这一问题之前,我们将首先回顾从 20 世纪 50 年代发展起来的渔业生物经济学理论,因为这将有助于我们更好地理解渔业活动的微观过程,以及自由准入如何导致渔业的过度投资和资源的过度利用。

二、渔业问题的早期历史

如果资源是丰富的,每个人都能够轻易得到所希望得到的,就不会有人真正地去关心它。正是由于其稀缺性,才使得人们对资源的态度发生了根本性转变。人们对渔业资源的态度转变也是由于这个道理:当渔业资源存量超过了人类对其需求量,人类很少真正地关心过它们。例如,著名荷兰法学家 Hu-

---

①在设计一种"制度分析和开发框架"(a framework of the institutional analysis and development, IAD)时,Ostrom (1986,1990)和她的同事建议将制度层面划分为三个等级类型,即位于制度这一链条最底端的"运作选择规则的制度层面"(the institutional level of the operational choice rule)、位于中间环节的"集体选择规则的制度层面"(the institutional level of the collective choice rule)和位于最顶端的"宪法选择规则的制度层面"(the institutional level of the constitutional choice rule)。

②笔者译自 McGoodwin 的 *Crisis in the World Fisheries:People, Problems and Policies* (1990)。原文是"The major problems in the fisheries today are not the biological depletion of fish stocks, economic marginality, overcapitalization, and so forth. Rather, they are the deleterious consequences of these conditions for the human participants in a fishery. For a fishery is not merely a marine ecosystem interacting with a human economic system; it is a marine ecosystem interacting with human being perse."

③笔者译自 Gordon 的 *The Economic Theory of a Common Property Resource* (1954),原文是 "Owing to the lack of theoretical economic research, biologists... On the whole... tend to treat the fisherman as an exogenous element in their analytical model, and the behavior of fishermen is not made into an integrated element of a general and systematic 'bionomic' theory."

go Grotius 400 年前（1608 年）曾断言，海洋渔业资源是不会枯竭的，因此任何人都可以在不冒犯其他人的情况下自由捕捞，没有必要对其实施所有制关系或管理。Scott(2000)的研究则表明，"fish preservation"和"conservation"这两个词在 19 世纪 90 年代纯指鱼的罐制、盐制和腌制，不带有任何"鱼类保护"和"养护"的含义。直到 20 世纪后期，全球各地的人们还都普遍认为，相对于人类的实际需求而言，海洋生物资源的供应是无限的。或许正是基于这一普遍看法，著名的英国科学家 Thomas Huxley 在 1883 年才敢武断地讲，"我认为鳕鱼渔业、鲱鱼渔业、沙丁鱼渔业、鲐鱼渔业是不会枯竭的，或许所有大型海洋渔业都不会枯竭；也就是说，我们所做的一切都不可能严重到足以影响鱼类数量的程度"①。

然而，具有讽刺意味的是，在欧洲，至少是从 19 世纪 90 年代开始，尽管表现得没有现在那么严重和普遍，过度捕捞问题就已引起了许多有识之士的重视②。例如，到 19 世纪 80 年代后期，曾经具有相当规模的大西洋鲱鲽渔业就已经崩溃了，而且从那时候起就再也没有恢复过来，正如前文提到过的。19 世纪 90 年代开发的、以蒸汽做动力的丹麦式拖网渔船或单拖网渔船（Danish or otter trawler）在深水区域具有不同寻常的捕捞能力，随着这种渔轮的问世，海洋渔业资源不可枯竭的神话很快就破灭了。尽管英国人早在 1893 年就已经正式承认，渔业资源确实存在枯竭的危险，但是在 20 世纪 30 年代以前，几乎没有一个欧洲或北美国家的政府将主要渔业纳入管理。其原因可能在于：第一，如果渔民当时能够把渔船开到足够远的海域，他们中的大部分仍然能够满载而归；第二，学界缺乏足够的、能够证明海洋渔业资源真实情况的证据；第三，政府缺少渔业管理的经验或概念。

当然，还是地方渔业社区的居民们最了解当地渔业的实际情况，因为到了 20 世纪后期，许多地方的渔业社区已经发展了许多管理其渔业的地方或区域机制。遗憾的是，这些机制只有他们自己知道，通过口传或行为习惯而代代相传。结果，不从事渔业活动的人们很少了解海洋鱼类是多么容易被过度利用。

伴随着工业增长对许多近岸高产渔场的严重污染和种群规模的下降，当

---

① 原文是"I believe then that the cod fishery, the herring fishery, pilchard fishery, the mackerel fishery, and probably all the great sea fisheries are inexhaustible: that is to say that nothing we do seriously affects the numbers of fish"（T. Huxley, Speech, London, 1883），笔者译。

② 在我国，对过度捕捞的忧虑至少可以追溯到公元前 770～476 年的春秋战国时代。例如，我国著名的古代学者管子曾经指出，渔业资源不是无限的。他强调，为了子孙后代的长远利益，需要限定渔网网目的大小，设计出不同的渔船和渔网来捕捞不同的鱼类。由于管子的文章是用中文写成的，所以他的告诫并未引起国际社会的注意。

地许多富有远见的人开始向政府施加压力,要求保护他们自己无力控制的工业发展对渔业的破坏。例如,当二次世界大战接近尾声的时候,随着越来越多的东海岸渔业遭到过度利用和工业污染,美国政府开始思考如何管理这些渔业。

随着内燃机的发明和电力的广泛应用,渔业开始采用更加有效的技术,工业革命同时也迅速地扩大到外海渔业,特别是在19世纪90年代开始的第二阶段。风帆很快就让位于汽轮机,后者接着又被汽油机和柴油机所取代,拖网也就因此而变得越来越大。由于不再受天气、风力和潮流的制约,渔船实际上已经可以到达任何海域,人类的捕捞活动进一步扩大到外海和其他一些以前无法到达的海域。由于渔船因规模扩大而改善了安全性能和提高了渔船的装备水平(例如船上冷冻设施),从事商业捕捞活动的渔民也就可以在海上停留比以往任何时候都要长的时间。同时,当渔民返航时,日益复杂的加工、销售和流通体系为他们提供了越来越好的服务。结果,随着世界人口不断地呈幂指数形式增长,全球捕捞产量急剧增加。

然而,外海渔业的繁荣景象只是昙花一现。到了19世纪末期,人们已经注意到,曾经相当丰富的海洋鱼类资源开始变得稀缺,这种情况在北大西洋和北海渔业尤为明显。早在1893年,Huxley的乐观断言刚过10年,英国众议院的一个选举委员会就表达了对北大西洋和北海渔业的担忧,因为这些渔业不仅总上岸量开始减少,渔获物中的个体规格也开始变小。显然,过度捕捞是造成这种情况的罪魁祸首。结果,海洋生物资源不可枯竭这一非常普遍的假设,首次受到人们的质疑,并进而导致现代渔业科学和渔业管理实践的诞生(参见本章第三节第一部分)。

在北美和欧洲国家之间所展开的非正式讨论,最终促成了一系列多国渔业会议的召开,其中一次是于1899年在瑞典首都斯德哥尔摩举行的。这次会议的成功举行,导致了国际海洋开发理事会(the International Council for the Exploration of the Sea, ICES)于1902年正式成立,该委员会至今仍然是参与制定北大西洋和北海渔业宏观管理政策的主要组织之一。

从此,渔业管理从地方、区域或国家所考虑的对象转变成国际社会共同关心的问题,在这一过程中,渔业管理活动同时也扩展到外海海域。大部分沿海国家都开始明确承认,亟须更好地管理其渔业,不仅要管理好近海渔业,也需要管理好远洋渔业。随着各国政府日益加大对渔业管理的支持力度,渔业管理机构、管理专家和渔业科学家的数量也与日俱增。

尽管第一次和第二次世界大战暂时减小了海洋渔业资源的捕捞压力,使鱼类种群得以休养生息,但是,在20世纪的前50年,全球渔获努力量的整体水平却急剧膨胀。在20世纪中期,当渔业管理者刚刚开始学会如何有效地管理渔业时,各种更加有效的捕捞技术在50年代和60年代开始被采用,许多渔船开始装备更加便于使用的尼龙网、液压升降动力龙骨墩(它的采用使渔民们能够使用比以往任何时候都大的围网进行作业)、电子定位仪和许多其他各种复杂的渔具。

在此以前,非常有限的几个主要的公海渔业也曾发生过过度捕捞问题,而到了这一时期,过度捕捞已经成为世界上大部分主要渔业的突出问题,包括许多沿岸渔业。到了20世纪60年代后期和70年代早期,全球总渔获量水平已趋近高峰,工业革命所带来的渔业生产的繁荣时代结束了,许多地区的渔业生产甚至开始下滑。从那时候起,新出现的渔业危机促使人们开始采用新的渔业管理方法。但是,总的来说,这些方法仍然受到传统渔业管理政策和机制的深刻影响,而传统渔业管理政策主要是针对20世纪初北大西洋和北美的大规模工业渔业所出现的危机而制定的。结果,对于许多小型渔业的管理,这些管理政策和机制基本上是不适用的。

对全球渔业资源枯竭的忧虑、外国渔轮对本国渔业资源的掠夺以及对现行管理机制的局限性的认识,这些因素促使几乎所有的沿海国家不得不重新考虑其渔业政策。随着200海里专属经济区制度在20世纪70年代的付诸实施,沿海各国不仅要面对新的发展机遇,也要面对新的管理责任。除非这些新的管理要求获得满足,否则,海洋渔业资源将继续减少,围绕海洋渔业资源所展开的竞争和争论也将日趋激烈和复杂,人类也就不可能像海洋渔业资源处于健康状态下那样从海洋渔业中获得最大的社会和经济收益。

第二节　渔业问题的生物经济学解释

一、渔业管理科学的早期发展

研究渔业管理的首批科学家们大都假定,北大西洋渔业和北海渔业所发生的过度捕捞,是由于从生态系统中捕走了过多的产卵亲鱼,英国生物学家E. W. Holt(1895)首先阐明了这一后来以增殖理论(the propagation theory)而著名的观点。他认为,鱼类在被实际捕获到以前,至少应当有一次产卵机会。他还建议,通过人工获得受精卵并重新将其放到海里,就有可能增加捕捞利润,至少也能够将其维持在一定水平。但是,他的同行,生物学家 C. Petersen(1894)却并不赞同他的观点。C. Petersen 强调,即使在已被过度捕捞的群体中,产卵亲鱼的减少也不是造成公海作业渔船利润下降的主要原因;相反,问题的主要原因在于鱼被实际捕获到的年龄和规格都太小,这一学说后来以增长理论(the growth theory)而著称。增长理论的主要观点是,由于较大规格的鱼更受消费者喜爱,单位重量的大规格鱼也就可以比同样重量的小规格鱼卖到更好的价钱。因此,如果能够允许鱼在被实际捕捉到以前长到一定规格,就可以提高捕捞业的整体利润水平。

显然,Petersen 的增长理论不仅考虑到了渔业的生物学因素,也考虑了经济学因素,他的观点极大地偏离了 Holt 及其追随者所建立的、比较传统和正宗的增殖理论。因此,Petersen 的增长理论一经提出,就受到了许多渔业科学家的质疑。结果,在随后的几十年里,直到人们设计出更加复杂的衡量鱼类产量的方法以前,增长理论一直也没有受到应有的重视。然而,对于许多目标种类,Petersen 的增长理论却成为现代渔业政策的基石,而 Holt 的增殖理论则仅仅适用于有限几种产卵力对维持种群规模极为重要的鱼类的管理。对于这些种类,通过人工繁殖受精卵来维持渔获量水平至今仍然是一种重要的管理手段。尽管如此,Petersen 的增长理论的实际应用仍然非常有限,主要障碍在于,要准确确定鱼类的最优捕获年龄,还是一个亟待解决的问题。

后来,那些试图将渔获努力量、鱼类自然补充和群体中各年龄组的个体之增长模式等变量纳入同一个综合产量公式的首批科学家之一,俄罗斯渔业科学家 F. Baranov(1918)进一步完善了 Petersen 的增长理论,从而极大地增强了这一理论的准确性。再后来,E. Russell(1931)开始用数学公式表达 Petersen 的增长理论,M. Graham(1935)进一步扩展了这一数学公式。到 1957 年,利用他们从对应于不同渔获努力量种类和水平的大量年龄分布研究中所获得的一组数据,R. Beverton 和 S. Holt 使这一公式最终成型。

到了 20 世纪 50 年代中期,与渔获努力量水平和渔获物年龄分布的关系有关的大量研究都证明了,Petersen 的增长理论及 Russell(1931)所确立的数学表达式的有效性。直到目前,Petersen 的增长理论及其数学表达式仍然得到不断地完善和检验。事实上,所有这些公式都在试图确定,特定渔业的生物学产量、渔获努力量水平和捕捞死亡率之间的均衡水平。

在这一方面,M. B. Schaefer(1954)的贡献尤为突出。他建立了一个严密的数学框架,来解释渔获努力量和渔获量之间所存在的关系。利用从东部热带太平洋海域的黄鳍金枪鱼渔业中得到的数据,Schaefer 比较了与不同渔获努力量相对应的渔获物水平。Schaefer 所建立的函数关系就是有名的逻辑斯蒂模型(the logistic model),利用该模型可以在估计单一捕捞单元可能捕获的特定种群之生物量之比率的同时,考虑到该种群增长的固有潜力及其可能达到的最大规模。利用这些估计值,可以预测特定种群能够支持的最大平均持续产量,以及与任何特定渔获努力量水平相对应的渔获量水平。因此,Schaefer 所建立的逻辑斯蒂模型解决了早期渔业管理者所面临的一个最复杂的问题,即如何才能确定特定渔业的最大可持续产量。

与此同时,其他一些学者则试图研究上述理论发现的经济学含义,这反映了渔业管理工作者对过度捕捞问题日益深刻的认识,即过度捕捞是生物学理论和经济学理论无法回避的一个共同问题。他们强调,只要确定了对应于某一渔业最大可持续产量的渔获努力量水平,就可以确定该渔业的最优渔获努力量水平。

几位学者都探讨了上述想法,对渔业管理理论的发展作出了重要的贡献。例如,Graham(1943)曾经阐明了在自由准入渔业中对渔获努力量不加限制将导致利润浪费。作为一部利用实证材料和理论分析,系统说明控制渔获努力量之必要性的专著,他的《鱼门》(The Fish Gate)是渔业管理理论发展中的里程碑性著作。在这本书的第二版里,Graham(1943)更加明确地陈述了他的观点。Beverton(1953)和 M. D. Burkenroad(1953)进一步补充和完善了 Graham 的研究工作,Beverton(1953)的研究揭示了最大利润与渔获量和渔获努力量相关的产量曲线之间的关系,而 Martin D. Burkenroad(1953)则强调了渔获物的市场价格和生产成本是导致过度捕捞问题的两个最主要的因素。

上述经济学研究的主要目的在于试图找到一种确定渔业最大经济产量的工具。因此,要推导出必需的数学框架就需要相当的技巧和独创性,该框架必须综合考虑到渔业能够生产什么——即渔业的生物生产力——和各种水平的渔获努力量对鱼类种群的影响,同时也要顾及鱼类的生产和销售成本变化。

不管把最大经济产量作为渔业管理的目标看起来是多么完美,但是,这一目标实际上却非常令人困惑。例如,H. S. Gordon 利用标准的经济学理论,在 1953 年和 1954 年所发表的两篇文章中,说明了自由准入渔业的渔获努力量均衡水平必将总是超过获得最大经济产量所需要的水平。因此,Gordon 是清楚地描述了渔业崩溃过程的第一位经济学家。

二、戈登—雪弗模型(Gordon-Schaefer Model)的基本原理

生物经济学(the Bioeconomics)分析对生物学和经济学理论加以整合,用

来系统地分析生物系统和经济系统之间的相互作用。简单的生物经济学模型包括两部分,即渔业资源和捕捞业两个子模型。渔业资源部分的子模型包括种群繁殖动力学、种群生长和死亡。渔民运用所拥有的渔获努力量从事捕捞作业,其结果是把一部分资源转变成渔获物,这部分渔获物代表的是捕捞死亡量,捕捞死亡把渔业的资源部分和捕捞业联系起来。渔业资源部分的动力学包括渔民对变化的渔业生物经济学条件的反应而进入和退出捕捞行业,捕捞业的动力学则包括从业渔民对捕捞行为所作的调整,例如增加或减少渔获努力量、改变作业时间和场所、改进或更换渔具渔船。

20世纪50年代以来,学者们确立了许多渔业生物经济学模型。其中,最通俗易懂和获得广泛应用的模型,是以经济学家 H. S. Gordon 和生物学家 M. B. Schaefer 姓氏命名的戈登—雪弗模型,该模型至今仍然是现代渔业管理理论中的代表性模型。戈登—雪弗模型是由美国生物学家 M. B. Schaefer (1954,1957)所创立的逻辑斯蒂克模型(the logistic model)和两位加拿大经济学家 H. S. Gordon(1953,1954),A. D. Scott(1955)所创立的渔业经济学模型结合而成的。利用戈登—雪弗模型,可以说明渔业的许多特点,解释渔业存在的诸多问题,正是这一模型后来被证明是标志着整个渔业生物经济学领域的开端,在最近几十年里一直指导着渔业专家认识和理解渔业问题。

该模型只考虑一个单一的、孤立存在的渔业种群,忽略影响种群丰度变化的环境变动因素。其基本假设是:(1)鱼类个体自然增长与群体生物量之间存在"逻辑斯蒂"(logistic)函数关系,即种群生物量最小时,鱼类个体净生长率达到最大值,即其固有生长率 r(见图 2.1);(2)所有捕捞作业形式完全一致,不考虑渔获物和捕捞成本的时间变化。当该种群处于原始状态时,一旦其生物量达到最大环境容量(K)的水平,该种群便达到均衡,此时个体净生长率为零。

群体总生长率(这是一个相对于个体生长率的概念)与群体生物量之间表现为钟形函数关系(见图 2.2)。如果渔获量与渔获努力量(F)和种群生物量(B)成比例,就可以用通过原点的一条直线来表示渔获量,该直线的斜率正好等于单位努力渔获量(q)乘以总渔获努力量(F)。用公式表示就是:

$$Y = q \times F \times B$$

其中,Y 代表渔获量。在代表渔获量变化的直线和种群自然生长曲线交汇处,种群生物量和渔获量同时达到均衡。如果种群生物量低于这一水平,种群生长将超过渔获量而使种群生物量重趋均衡;相反,如果种群生物量高于这一水平,渔获量将超过种群生长速度,从而降低种群生物量使其重趋均衡。生长曲线顶端代表着最大可持续产量,它发生在生物量等于 B_{MSY} 的位置(见图 2.3)。一般认为,低于最大可持续产量的种群处于生物学过度利用状态。

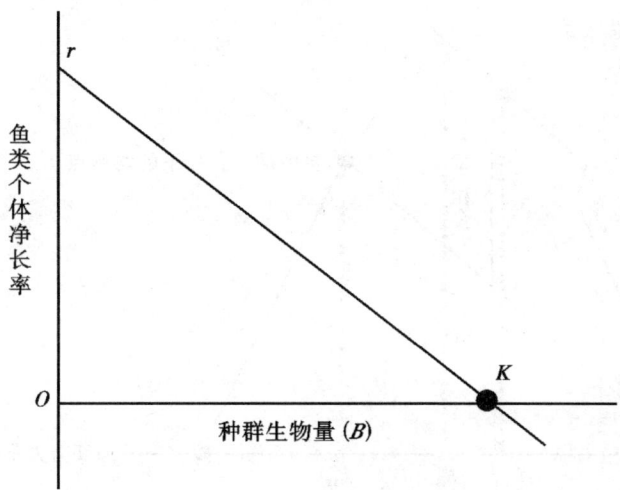

图 2.1　鱼类个体生长率和种群生物量之间的关系

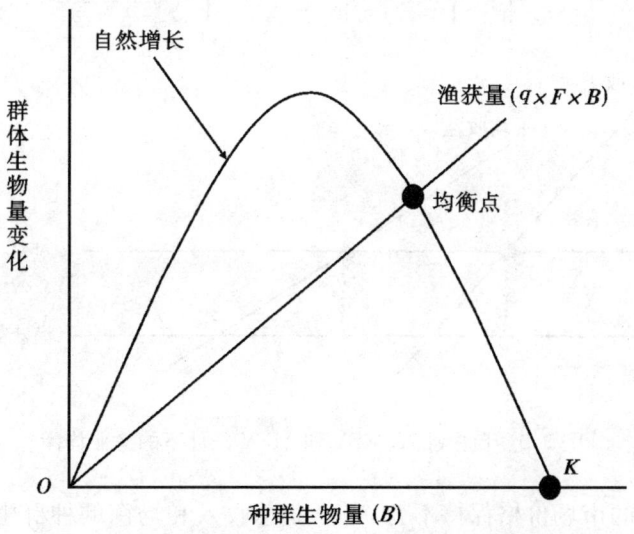

图 2.2　群体生物量变化与种群生物量变化之间的关系

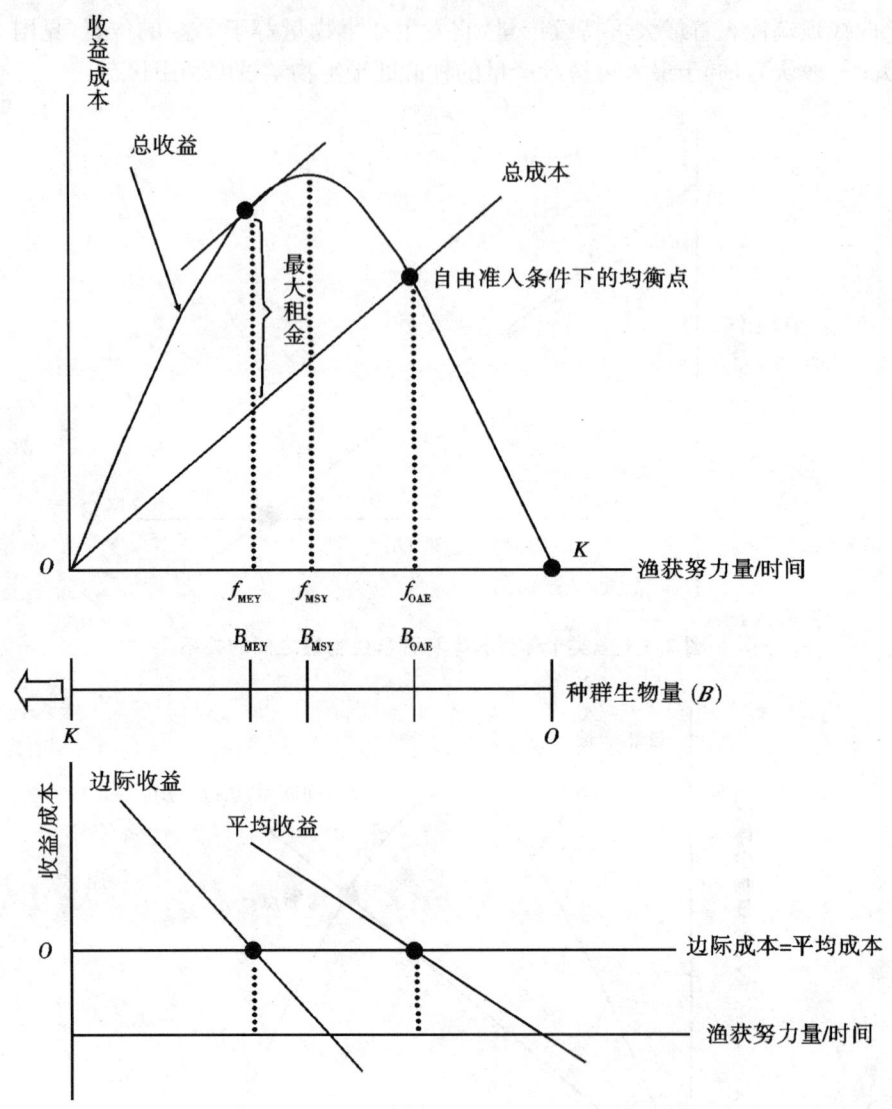

图 2.3　自由准入、MSY 和 MEY 条件下的渔业均衡

　　假定鱼的市场价格保持不变,则渔业总收入和均衡的种群生物量或均衡的渔获努力量之间存在钟形函数关系(见图 2.3)。如果单位努力渔获量的固定成本和可变成本也都保持不变,则可以把渔业总成本(这里的总成本包括用于渔业的各种生产要素能够赚取的正常利润)看做是通过原点的一条直线,该

直线的斜率与单位努力渔获量的成本成比例①。收益曲线和成本线之间的差异代表该种群可提供的潜在租金,而收益曲线和成本线交叉点则代表自由准入状态下的渔业均衡,用 OAE 表示,与此对应的是自由准入状态下的渔获努力量(f_{OAE})和种群生物量(B_{OAE}),此时单位努力渔获量的平均收益等于其平均成本,即总收入等于总成本。

当渔获努力量小于自由准入状态下的渔获努力量时,作业渔民将获得超额利润,在自由准入状态(即入渔不受限制)下,这种超额利润将诱使现有作业渔民增加渔获努力量和(或)吸引更多渔民进入该渔业;相反,当渔获努力量大于自由准入状态下的渔获努力量时,亏损将迫使现有渔民降低渔获努力量和(或)某些渔民退出该渔业。因此,在自由准入条件下,渔业动态均衡只能发生在单位努力渔获量的平均收益等于其平均成本的水平上②。遗憾的是,在这一点上,渔业的资源租金等于零。从经济学角度看,如果能够将渔获努力量固定在产生最大经济产量的水平上,整个社会将变得更好,即达到帕累托最优均衡。如果渔业管理者追求效率目标,则应当把最大经济产量作为渔业管理目标。

若该种群属于私人所有,且给定零贴现率,就可以把渔获努力量限定在与 B_{MEY} 相对应的种群生物量水平上,从而实现静态最大经济产量(the static maximum economic yield,SMEY),这将导致渔业租金最大化。除非捕捞作业成本为零,否则产生最大可持续产量的种群生物量,将总是低于实现静态最大经济产量的种群生物量,即 $B_{MSY} < B_{MEY}$。当渔业资源贴现率大于零时,能够产生最大的、已贴现的利率流的生物量,即所谓的动态最大经济产量(the dynamic maximum economic yield,DMEY),将取决于贴现率和种群固有生长率之比率。当资源贴现率为无穷大时,未来的渔获物将不具有任何价值,能够产生动态最大经济产量的种群生物量等于自由准入状态下的均衡生物量,此

---

①图 2.3 中的成本线包括与渔船有关的固定成本,假如渔船是通过贷款购买的,则还应该包括贷款利息,或者其他形式的投资回报。如果政府提供购船或造船补贴,船东的捕捞成本随之降低,总成本线就会变得比较平缓,这意味着渔业将在种群生物量更低的水平上达到自由准入均衡。由于渔船投资和许可证是长期固定的,渔民将根据捕捞作业的可变成本大小来决定是否进行捕捞作业。因为可变成本几乎总是低于总成本,渔民很可能加大短期作业力度,结果对渔业资源的长期可持续利用造成破坏。

②自由准入状态下的种群生物量(B_{OAE})相对于最大可持续产量时的种群生物量(B_{MSY})的位置,取决于渔获努力量的成本跟渔获物市场价格的相对比率(即成本线的斜率)。一般而言,捕捞成本越高的种类,越不容易发生生物学意义上的过度捕捞(the biological overfishing),除非该种类的市场价值很高。

时的渔业均衡正好与自由准入均衡相吻合。

戈登—雪弗模型的主要缺陷在于其假设的不切实际上。首先,现实世界几乎就不存在不受管制的渔业;其次,很难找到完全独立于自然环境以外的、单一种群的渔业;再次,现实世界中渔获物和渔业投入品市场价格也不可能始终保持不变。因此,该模型只能用作教学演示。此外,尽管确定了渔业管理应追求的资源利用水平,即最大经济产量或最大可持续产量(取决于管理目标),该模型并没有告诉管理者应如何实现这一目标,其主要贡献在于告诉政策制定者应养护渔业资源和实现渔业经济效率最大化。

但是,戈登—雪弗模型提供了一个具有重要价值的结论,即只有当捕捞活动的总收益等于总成本(或者说平均收益等于平均成本)时,自由准入渔业才能达到均衡;但是,此时渔民的浪费性竞争已使该渔业的经济租金浪费殆尽①。正如本章后述部分将要讨论的一样,尽管不存在法理上的自由准入资源,由于各种形式的制度失灵,事实上的自由准入资源随处可见。只要渔业资源处于自由准入状态,无论是事实上的,还是法理上的,渔业经济效率必然低下,过度投资和过度利用也就在所难免。

第三节　渔业问题根源剖析

一、解释渔业问题的三大范式

无论是在发达国家,还是在发展中国家,渔业都面临着一系列问题,尽管这些问题的表现形式和程度有所不同。要确保渔业管理制度的有效性,首先必须正确理解海洋捕捞业问题的本质。借助理论分析和比较各种渔业管理方法的实际效果,世界各国的渔业生物学家、经济学家和社会学家们,一直都在试图辨明渔业问题的"根源"和找到消除这种根源的最有效的解决方案。例如,Ostrom(1990)考察与自然资源有关的文献,发现研究者主要使用三个模型,来解释"为什么自然资源往往被利用到威胁其长期的可持续性"这一问题。这三个模型分别是:(1)囚徒的两难博弈(the prisoner's dilemma game);(2)集体行动理论(the collective action theory);(3)共有财产悲剧。

---

① 对于一般制造业,自由竞争通常导致产量提高和消费品价格降低。由于作为海洋捕捞业一个主要要素投入的资源总量已被自然环境所固定,所以竞争只起到重新分配渔民之间渔获量大小的作用,其结果是捕捞成本增加,捕捞利润降低。

按照"囚徒的两难博弈"理论①,在自然资源利用过程中,为了使自己的处境变得更好一些,无论"对手"采取何种策略,每一理性参与者都只能采取背叛策略。当所有资源利用者都采取这一主导策略,自然资源利用"游戏"只能在反帕累托均衡上结束。这就是有名的悖论:个人的理性决定导致整体的非理性结局。

第二个模型是根据奥尔森(Olson,1965)《集体行动的逻辑——公共品和集团理论》(*The Logic of Collective Action: Public Goods and the Theory of Groups*)一书所提供的结果而建立起来的。在本书中,他对"集团理论"(the group theory)的乐观主义观点——即具有共同利益的个人将自愿行动,以促进其集团的共同利益——提出了挑战。他认为,除非构成该集团的人数很少且相对同质(homogeneity),或除非存在强制性或其他特殊机制迫使个人为集团的共同利益服务,理性、自私的个人绝不会为实现其集团的共同利益而自觉行动。他运用"搭便车"(free riding)这一现象来解释,个人为何几乎没有动机来提供有利于其集团整体的公共品。的确,在流动性共有资源和公共品的使用者中间确实存在许多"搭便车者"(free riders)。有些学者把这种市场失灵归因于外部性效果的存在,原因在于个人收益和成本与公共收益和成本之间存在分歧。

在解释有关自然资源利用问题的三个模型中,最有名的当属哈丁(Hardin,1968)的"共有财产悲剧"及其相关理论。受许多智慧大师的启发,Hardin(1968)断言,自由使用共有品将为大家带来灾难。在定义"悲剧"这一用语时,Hardin(1968)引用了 A. N. Whitchead(1948)的论断——"戏剧性悲剧的本质……在于无情利用某物时所表现出的庄严"②,并论述到"自由使用共有品为

---

①囚犯的两难在博弈论中是一个经典和基本的概念,可通过以下事例说明这一概念。一位警察抓住了两个嫌疑犯,把他们分别关进了两个牢房。他只给每个囚犯一次承认和另一个人共同犯罪的机会,告诉他们招供和不招供将要面临的三种后果:(1)都不招供,他们将分别被判处 3 年有期徒刑;(2)都招供,他们将分别被判处 4 年有期徒刑;(3)一人招供而另一人不招供,招供者将被判处 2 年有期徒刑,不招供者则要在监狱里呆满 12 年。

给定上述三种后果,最优的一种选择显然是两人都不要招供,则每人只需在监狱里服 3 年刑。但是,在无法保证自己的同伙确实也不会招供的情况下,每个囚犯的理性选择只能是招供,以避免在监狱里蹲上 12 年。如果他们两人都很自私,在这种情况下,即使确实相信对方不会招供,自己也会选择招供,以便只过 2 年而不是 3 年铁窗生活。因此,除非他们每人在为自己考虑的同时也能替对方着想,经过上述"理性"思考以后,两人只能同时选择招供,其结果是每人都要在监狱里过上 4 年、而不是帕累托最优的 3 年铁窗生活。(引自 Bannock,Baxter,Davis,1998)

②作者译自 Hardin 的 *The Jragedy of Commons*(1968)。原文是"The essence of dramatic tragedy... resides in the solemnity of the remorseless working of things"。

大家带来灾难"①。该模型揭示了这样一种过程:当关键的资源属于共有财产时,随着对这一资源的利用程度不断增加,自然生态系统和以这一系统为利用对象的经济活动必然最终走向崩溃,而激烈竞争、过度投资和资源枯竭则是促成这一悲剧的直接原因。

  Hardin 模型为分析自然资源产权提供了一个非常有用的框架。Hardin 及其追随者们把自然资源利用问题的根源归因于其共有性质,认为随着越来越多的人参与有利可图的利用过程,悲剧性结局将不可避免。从这一角度看,对共有资源的过度利用和滥用在于缺乏明确界定和(或)有效实施的产权制度,后者导致市场失灵,无法发出适当的经济信号。据此,Hardin 为政府开了两个处方:明确界定和有效实施产权制度或政府直接管制自然资源的准入和利用。

  Hardin 理论曾激起许多经济学家对诸如"为什么猪没有成为濒危动物"和"为什么牛没有被枯竭"等一类问题的兴趣。把鱼和猪或牛进行比较的结果,曾误导了一些经济学家,使他们真的相信了私人拥有资源在制度上要优越于共有资源。但是,正如许多学者——特别是来自社会科学和政治科学领域的学者——所批评的那样,Hardin 模型代表的是环境科学和自然资源科学领域内理论误导的一个主要范例。该模型的主要错误在于:它在概念上混淆了共有财产和自由准入或称无财产(non-property),没有像主流经济学家和社会学家那样区分出两者的概念差别。

二、共有财产悲剧模型评析

  资源共同所有制(the common ownership of resource)本身存在固有的缺陷,这一观点并不新奇。事实上,学者们很早就意识到产权的性质、范围和配置方式对资源之枯竭和退化速率的巨大影响。例如,早在公元前 4 世纪(大约 2 300年以前),亚里士多德就曾断言,"属于最大多数人的共有品受到的关心最少"②。从那时起,许多学者都对亚里士多德的这一思想进行过研究。例如,18 世纪有名的亚当·斯密(1772)和 19 世纪不太有名的 W. F. Lloyd(1833)都论述过这一问题,而后者在解释共有财产问题的根本原因时,所采用的术语事实上正是现代理念化模型的特征用语。H. S. Gordon(1953,1954)

---

  ① 作者译自 Hardin 的 *The Jragedy of Commons*(1968)。原文是"Freedom in a common brings ruin to all"。
  ② 原文是 "That which is common to the greatest number has the least care bestowed upon it"译自 NRC,1999。

则阐明了共有财产渔业最终必然崩溃的发展过程。但是,当 Hardin(1968)发明了"共有财产悲剧"这一如此令人振聋发聩的术语以后,在宣传自然资源利用问题方面就再也找不到一位能够超过他的学者了。Hardin 模型从此变成了一个如此重要的范式,以至于 R. K. Godwin 和 W. B. Shepard 用"社会科学家在描述环境和资源问题时的一个主导框架"这样的话来评价它(McGoodwin,1990)。

在 Hardin(1968)描述的剧情中,在共有牧场上放牧的牧民担当了共有财产悲剧的主角。但是,由于具有共有财产性质的海洋渔业资源是非常普遍的现象,特别是在专属经济区制度实施以前,渔民后来取代牧民成为这一理论的主要适用对象,也就毫不奇怪了。那么,这一理论的适用对象在行为方面究竟有什么特性呢?按照 Hardin(1968)理论,即使当捕捞作业的边际收益已趋近于零时,假如明天捕到的鱼只会比今天更少,渔民仍会加大捕捞力度,以便今天尽可能捕到更多的鱼。这是因为从渔民个人的角度来看,即使在面临捕捞产量日益下降的情况下,增加捕捞能力依然是"理性"选择。结果,渔民个人"理性"行为的集体效果导致了灾难性的或"悲剧性"的后果。用 Hardin(1968)自己的话说,"个人作为个体从其否认真相的能力中获得收益,尽管他是其中一分子的社会作为一个整体却要遭殃"①。

H. S. Gordon(1954)则从另一角度阐述了这一问题,他在总结他的《共有财产资源的经济学理论:渔业》(The Economic Theory of a Common Property Resource:the Fishery)一文时写到,"(属于)每个人的财产是(属于)没有人的财产……在海里的鱼对渔民是没有价值的,因为(谁也)无法保证今天被他留在海里的鱼明天还会在那儿等他(去捕)"②。这主要是由于共有资源的非排他性和消费竞争性所造成的,即你得到的我就得不到了,我要得到就只有在你得到以前得到。

按照 Hardin 理论一部分追随者的诠释,防止共有渔业资源出现悲剧的可行解是,找到一种从渔业外部强加的、由政府实施的、能够有效控制捕捞能力的管理机制。其基本假设是,渔民不可能自我节制,这不仅是由于其缺乏远见

---

①笔者译自:Hardin 的 *The tragedy of the commons*(1968)。原文是"The individual benefits as an individual from his ability to deny the truth even though society as a whole, of which he is a part, suffers"。

②笔者译自 Gordon 的 *The Economic Theory of a Common Property Resource*:*The Fishery*(1954)。原文是"Everybody's property is nobody's property... the fish in the sea are valueless to the fishermen, because there is no assurance that they will be there for him tomorrow if they are left behind today"。

或称短视的"理性",也由于其他方面的原因,包括渔民粗犷的个人主义、较低的教育程度、孤立的生存环境和狭隘的地方主义等。他认为,渔民的所有这些一般属性使得他们还不具备自我管理渔业的能力。

而另一部分追随者,特别是那些对政府强加的管理机制已不再抱有幻想的追随者们,则越来越主张采取私有化措施来防止悲剧发生。例如,A. D. Scott(1955)强调,单独拥有某一渔业资源,能够完全获取该资源所提供的经济租金的渔民,具有强烈的动机养护这一资源,以便能够从这一资源的持续利用中受益。另外,由于不需要同其他渔民进行剧烈的捕捞竞争,该渔民就能够以相对低的投资水平和捕捞成本来利用这一资源。他们认为,共有财产性质的渔业资源转变为私人所有将提供足够的诱因,促使渔民自觉限制捕捞能力和分担与资源管理有关的成本。同时,这些专家还认为,共有财产性质的渔业资源之所以往往被过度利用,是与渔业的自由准入机制紧密相关的。因此,他们相信,只要把共有财产性质的渔业资源转变成私人财产,就可以避免渔业悲剧的发生。

上述两种极端观点,即要么通过政府的绝对控制,要么通过完全私有化,来避免共有财产渔业的悲剧,实际上体现了在更大范围内围绕如何更好地组织人类社会和经济活动所开展的哲学辩论时所形成的两种典型立场。但是,大部分渔业管理专家所提出的方案,都介于这两种立场之间。一种典型的折中方案是,把渔业作为共有财产来管理,由政府通过各种形式的渔业准入制度,来限制渔业资源的利用。

还有一些渔业科学家和管理者,无论是属于赞成政府绝对控制阵营的,还是属于赞成私有化阵营的,都坚信共有财产悲剧理论是普遍适用的,包括这一理论对人类行为所作的假设。考虑到这部分人对共有财产悲剧理论的迷信程度,他们对能否找到一种让渔民和当地渔业社会自我管理渔业的管理机制表示怀疑,也就毫不奇怪了。

Hardin 理论对自然资源过度投资和过度利用的发生过程及其机制的解释,是很容易理解的,因此该模型非常有说服力。该理论之所以能广为流行的一个重要原因,正如 McCay 和 Acheson(1987)所指出的,可能在于利用该理论"既能够找到自由主义的,也能够找到保守主义的政治解决方案"①。但是,社会科学,特别是海洋人类学的最新研究成果,却清楚地表明这一理论存在很

---

① 笔者译自 Mclay 和 Acheson 的 *The Question of the COmmons* (1987)。原文是"A popularity of the tragedy-of-the-commons model may be related to its ability to generate both liberal and conservative political solutions"。

多缺陷。例如,McCay 和 Acheson(1987)就曾对该理论的一个基本假设,即共有财产和自由准入的关系就好像"手套里的手"一样提出了尖锐的批评,因为越来越多的实证研究已表明,它们之间并不存在这种关系。他们指出,把共有财产资源等同于自由准入资源,共有财产悲剧理论忽略了某些重要的社会机制,以及这些机制在管理共有资源方面所起的作用。他们认为,如果只强调政府干预或私有化,而忽略或废除地方所特有的渔业管理方法,就的确会削弱甚至破坏能有效避免渔业悲剧发生的地方社会机制,甚至促成渔业悲剧的发生。共有财产悲剧理论的另一假设是,共有财产资源的利用者自己不可能改变资源的利用机制,而对各地渔业社区所作的一些最新研究也否定了这一假设的有效性。

上述研究和其他一些类似研究都揭示了这样一个现实:通过建立合作组织,协调相互间的捕捞行为,当地渔民是可以找到减缓、甚至避免渔业悲剧发生的方法。事实上,越来越多的与地方渔民社区有关的研究已清楚表明,Hardin 模型实在是太过于抽象和一般化了,无助于人们正确理解特定的共有财产渔业。尽管 Hardin 的分析在几十年前曾经对人们有过极大的启发价值,但是,后来在没有进一步完善的情况下就使这一抽象的理论具体化,已经大大地削弱了其一般适用性。现在已经证明,"共有品"的含义可能因渔业而异,而各地渔民的行为也并不完全符合 Hardin 模型的预测。

因此,A. P. Vayda(1988)和其他学者都强调,在没有充分理解那些能够限制捕捞能力和影响捕捞能力分配的地方因素的情况下,就武断地假定渔民一定是共有财产悲剧的罪魁祸首,这显然是站不住脚的。换句话说,虽然一般分析的结果可能会把资源定性为共有财产,但是,从资源利用者的角度看,这一结论却不一定正确。此类财产的历史发展,以及管制此类财产利用的现实社会准则,在不同的文化背景下都有可能存在很大差别。因此,正如著名的人类学家 B. Malinowski(1926)所指出的,要正确理解一个共有财产体制下的资源之现实所有制形式,只有参照"具体事实和利用条件,正是责任、特权和相互关系的共同作用才把共同所有者及其客体以及这些所有者相互凝聚在一起"①。

共有财产悲剧模型所暗含的另一错误假设是,私有财产所有者总是特别

---

①笔者译自 Malinowski 的 *Crime and Custom in Savage Society*(1926)。原文是"Ownership in a common property regime can only be understood with reference to the concrete facts and conditions of use. It is the sum of duties, privileges and mutualities which bind the joint owners to the object and to each other"。

爱护其财产,这一假设往往被某些学者用来作为倡导渔业私有化的主要依据。但是,正如某些学者所指出的,资源的私人所有制形式并不能保证资源获得更好的保护。例如,世界上有无数的私人牧场和农业耕地已被其所有者的过度放牧和过度耕种所毁坏,而且根据 McEvoy(1986)的观察,出现这种情况很少是由于贫穷和无能为力所造成的。

共有财产悲剧理论还有一个重要的缺陷就是,它认为环境恶化和经济低迷的原因在于产权的性质,而不承认社会经济体制之复杂特征的作用。事实上,与共有产权相关联的资源枯竭,可能在很大程度上是由殖民政策或资本主义的政策所造成的,或者是由工业化或现代化所促成的。例如,R. W. Franke 和 R. H. Chasin(1980)的研究表明,在西非桑赫尔的共有财产资源管理过程中所出现的悲剧,主要是由于在向殖民地的生产方式的转变过程中,失去了当地传统的"生物伦理"而造成的,因为殖民主义的新生物伦理观所鼓吹的是"不加节制的个人(财富)积累",而不是自足和有节制地利用带有共有财产性质的资源。

McGoodwin(1990)认为,对于共有财产悲剧模型,至少是当这一模型被用于解释渔业问题时,最应该反对的是,在说明渔业悲剧的发生过程时,该模型暗含着对渔民的精神状态、性格和个性表示厌恶的观点。这种观点实质上等于作出了如下假设:在捕捞能力一定的情况下,随着渔业总产量的降低,渔民将不可避免地变得贪婪,并采取一种"捕走所有你可以捕到的,并且马上就捕"的捕捞哲学。McEnvoy(1986)是这样评价这一观点的,"Garrett Hardin 的《共有财产悲剧》中的牧民根本上就是一些孤立的、自私的和不负责任的动物,好像是当他们离开了放牛的牧场以后,就彼此老死不相往来一样"①。

实际上,渔民在现实世界中的表现往往与 Hardin 理论所预测的相反。例如,Poggie(1978)在西波多黎各(western Puerto Rico)所做的心理文化研究表明,相对于同一社区内具有相同社会地位的其他从业者,并不富裕的小型作业渔民更容易获得迟来的满足。此外,Hardin(1968)理论的其他缺陷也已变得很明显。例如,现实生活中很少有利用共有财产资源的个人或团体不受社会制约,以至于表现得像 Hardin(1968)模型所预测的一样自私;同样,当资源开始减少时,个别共有资源利用者通常也或多或少能够知道他们对资源的影响程度,这一点也有悖于 Hardin(1968)模型的重要假设。

---

①作者译自 McEnvoy 的 *The Fisherman's Prblem*(1986)。原文是"The farmers in Garret Hardin's 'tragedy of the commons' are fundamentally autonomous, self-serving, irresponsible creatures, as radically alienated from each other as they are from the grass on which they feed their cow"。

三、渔业管理的复杂性

渔业管理旨在控制鱼类群体的利用,以便使鱼类群体所支持的渔业,能够始终维持在生物高产、高经济效率和社会平等的状态上。要维持鱼类群体及其生态系统的高产,就必须考虑到生态系统的变异性,在确定总可捕量时必须慎重。要维持渔业的经济价值,就必须创设一种经济上相对稳定的制度——这一制度不应随时间推移而发生剧烈变动,并尽量减少失业率。同时,除非行政上可行和政治上易于接受,意欲实现上述目标的制度是不可能成功的。

鱼类种群的诸多生物物理学特性影响着各种渔业管理措施的实际效果,这些特性包括种群地理分布范围、洄游方式、鱼类个体生命期限、受精和产卵潜力、种群补充和种群规模年度变化、同其他种群的相互作用,以及各鱼种在生态系统中的作用。

许多鱼类种群都进行有规律的季节性或更长时间范围的洄游活动,例如索饵洄游和产卵洄游,以适应环境条件变化和(或)满足自身生理需要。在洄游途中,此类种群可能呈"梯队"排列,即幼小个体和较大个体(或不同性别的个体)在地理上或时间上处于相互分离的状态。以该种群为利用对象的捕捞作业,也可能表现出"梯队"式结构,即不同的渔民捕获该种群的不同部分。如果情况确实如此,渔业管理的一个主要障碍,就是如何解决渔获物(包括副渔获物)在位于不同地理区域范围内的渔民之间进行合理分配这一问题。对于洄游范围跨越不同国家管辖海域的种类,例如具有高度洄游性的金枪鱼,围绕渔获物应如何分配所产生的冲突,可能会演变成相当棘手的问题,此类问题在美国和加拿大制定《太平洋大麻哈鱼条约》(the Pacific Salmon Treaty)的过程中曾得到生动的体现。

温带海洋里的大部分鱼类种群都进行季节性的繁殖活动,所繁殖的后代数量在不同年份里的变化很大,某些种群的最大年龄组(year classes)和最小年龄组之间的差异甚至高达数百倍。群体补充的高度变化性使所确定的总可捕量本身就存在很大的不确定性,因为总可捕量一般都是根据亲本群体(parent stock)规模及其后代产量之间所存在的函数关系,运用一定的数学模型,经严密计算后得出的。由于群体补充量在不同年份里的变化是很大的,这种变化似乎又不受亲本群体规模的影响,因此,很难准确确定应预留多大的种群规模,即如何确定总可捕量这一工作是极其困难的。对于个别种群,个体增长率在不同年份之间的高度变化是不确定性的另一原因。例如,阿拉斯加湾海域 12 龄的太平洋鲕鲽 1980 年的体重是 1996 年同龄鱼体重的两倍。但是,不应把不确定性和变化性作为拒绝采用基于总可捕量的管理措施的理由,因为总可捕量设定本身就可以反映出不确定性和风险因素。

大部分海洋哺乳类动物受其环境的影响都很大,渔业科学家长久以来一直都在关注,变化的生物物理环境将对种群规模产生何种影响。在海洋哺乳类动物的早期生命阶段,生长率和死亡率因环境变动而发生的即使是难以觉察的细微变化,也有可能导致种群年度补充发生重大变化,并对种群规模产生持久性的影响。

尽管对鱼类种群所做的某些最新研究都强调"意外"(surprise)、非连续性(discontinuities)和不确定性(uncertainties),但是,应用鱼类群体动力学和生物经济学的主流方法,一直都强调确定的单一种类线性函数关系和均衡状态,可能也没有将上述情况作为应分析的变量。当生物高产种群(即生长迅速、繁殖力强的种群)和低产种群(即生长缓慢、繁殖力弱的种群)分布在同一渔场并且能够被相同渔具同时捕获时,渔业管理中一种非常棘手的局面就出现了,此类情形有时被称为"混合种群渔业"(the mixed-stock fishery)或"混合种类渔业"(the mixed-species fishery)问题。如果总可捕量是根据生物高产种群而确定的,那么,当低产种群已枯竭,甚至被压迫到所谓商业绝种(commercial extinction)状态时,高产种群却依然可支撑经济绩效良好的渔获活动。在这种情况下,渔民就有可能捕获过多的低产种类个体,从而大量减少可以在随后数年产卵的个体数量。例如,尽管只是作为副渔获物偶尔被渔民捕获到,分布于爱尔兰海(the Irish Sea)的一种稀缺鳐鱼(skate)目前却已明显处于商业绝种状态。因此,除非能够开发出选择性捕捞技术,使渔民能够有选择地捕获高产鱼类,避免过多地捕获低产种类,那么,为使低产种群免遭枯竭的厄运,就不应当只是简单地根据高产种类的最大可持续产量来确定总可捕量,相反,必须适当地放弃捕获一部分本应捕获的高产种类。例如,位于西北太平洋的许多大麻哈鱼渔业就采取了保护弱势种群和濒危种群的管理措施,结果,不得不放弃相当一部分本来能够从丰富的增殖种群中捕获的渔获物。

鱼类种群的上述特征对设计渔业管理制度,特别是像个别可转让配额一类基于总可捕量的渔业管理制度提出了许多挑战。此外,确定种群生物量的难易程度、种群的空间和时间分布、年龄组结构(age-class structure)以及分布于同一渔场的其他种类及其数量等,也都能够对渔业管理制度的实施效果产生明显甚至重大的影响。

由于上述复杂因素的存在,在关于种群丰度和旺盛程度的辩论中,即使科学家对种群评估结果相当有信心,渔业科学家和渔民之间出现分歧也是不足为怪的。分歧之所以发生,部分原因在于渔业科学家和渔民分别注意到了不同类型的信息,并且其经历也不完全相同。渔业科学家所建立的模型一般都是根据整个种群在大范围内所表现出的特征,例如群体补充、死亡和该种群在整个地理分布范围内的群体规模。而渔民所注意的一般都是群体在小范围内所表现出的特征,并且大都选择到那些单位努力渔获量高或纯收益高的渔场去作业。与此形成对比的是,渔业科学家一般都是先从种群整个地理分布范围内随机取样,然后根据样品分析结果对种群进行评估。因此,即使同时对同一种群进行评估,不同的科学家也有可能得出有关该种群动力学的不同观点。观点分歧增加了就问题根源及其解决方案达成共识和获得渔民对管理措施支持的难度,从而使渔业管理变得更加复杂(参见本书绪论中的第二节第二部分)。

四、渔业管理失灵原因浅析

在 19 世纪末期和 20 世纪初期,国际社会曾就渔业问题展开过一场大辩论,当时的焦点议题是,"表面上看似无限的海洋渔业资源是否会因人类的捕捞活动而枯竭"。如今,一个世纪已经过去。其间,在满足全球日益增长的人口对鱼和鱼品日趋增大的需求中,技术进步一直发挥着重要作用,并导致了全球一体化的鱼和鱼品国际贸易网络的形成。经借鉴与整合生物科学、经济学、社会学与制度经济学的诸多研究成果,渔业管理科学自身也取得了巨大进步。同 100 年前相比,渔业管理变得更为系统、全面和完善(参见本章第二节第一部分)。尽管如此,20 世纪之初国际社会又一次将视野转向渔业领域,聚焦于"人类能否使许多渔业资源免遭商业枯竭的厄运"这一议题上。到目前为止,有关这一问题的答案仍远不清晰。

过去的 100 年间,尽管人类监控和评估鱼类种群状态以及理解导致生态系统改变的经济和社会力量的能力已取得了不可否认的进步,但为什么渔业资源状况却仍然不断恶化呢?渔业专家和管理者已逐渐认识到,问题的原因之一在于,渔业管理往往过于关注渔业资源管理,而忽视了管理与渔业有关的人,因为公正问题很少得到解决。从狭隘的意义上讲,渔业资源管理失灵的原因,不仅在于将各种目标种类的捕捞死亡率维持在预先确定的可持续极限内极其困难,也在于生态系统本身的相互关联性以及系统管理本身的复杂性,这些问题近年来已得到了广泛的讨论。经过长期研究,Cochrane(2000)总结道,渔业管理失灵的主要原因可归纳为如下方面:(1)资源动力学表现出高度的生物和生态不确定性;(2)社会目标与经济目标在优先顺序上存在冲突;(3)对资源再生能力的局限性缺乏明确认识。目标不明确和制度缺陷,特别是与决策和共同责任(co-responsibility)有关的制度存在缺陷,也是主要原因之一,因为公众往往并不了解海洋生态系统之间的相互关联性。

我们认为,对于受管制的渔业,渔业问题的产生,当然是由于管制失灵所造成的。那么,渔业管理为何往往失灵呢?Hannesson(1993)认为,渔业问题不是缺少管制,事实上管制无处不在,问题是管制措施和管制程序是否正确。大部分渔业管制事实上存在两种失误:一是管理目标不正确,二是管理措施内含不适当的激励机制(激励不相容)。Hart指出,政府或国家所代表的公共利益很少同渔民的个人利益相吻合,而具有能够促进渔业行业利润最大化之固有机制的管理措施则往往具有两大特征,即激励相容和对信息的充分利用(Pitcher,et al,1998)。Krutillay 等(2000)则强调:设计出将渔民的寻租行为和冲突发生的可能性降至最低的制度,是保证渔业可持续发展的一个至关重要的因素。表2.1列出了解释这一问题的一些其他假设。

表 2.1 有关渔业管理为何失灵的假设

假设	举例
愚蠢	固守已被事实证明是无效的政策(Tuchman,1984)
信息不确定性	渔业统计数据的固有局限性(Graham,1956)
所有制不明确	完善制度应对"个人(英雄)主义的竞争方法加以某些修正"(Beverton,et al,1957)
系统的复杂性	生物环境的复杂性拟或无序性使管理变得异常困难(Wilson,et al,1994)
制度失灵	制度不完善(Holt,et al,1978)
贪婪	管理失败是由人类的短视和贪婪所造成的(Ludwig,et al,1993)
产权缺位*	渔业问题的本质原因在于产权缺位(Arnason,1999)
信息不对称*	由于所注意或所获得的信息不同,渔民和渔业专家之间往往产生分歧,并进而影响到渔业管理效果(NRC,1999)
不完全管辖和多重管辖*	不完全管辖和多重管辖的存在使渔业管理任务变得更为复杂,并可能极大地削弱渔业管理的效果(OECD,1997)

资料来源:作者译自 Williams,et al,1999,带 * 号的内容是作者添加的。

传统渔业管理手段一直不能奏效的原因亦可归因于以下两方面：一是政治对渔业管理的干预不是以利润为驱动力和努力矫正因渔业资源利用的自由准入状态所造成的市场失灵。二是渔业管理一直把为政治目标服务作为目的，并因此以牺牲经济效益为代价来迎合特殊利益集团的需要。特殊利益集团之所以往往不惜牺牲公共利益就在于，他们能够从经济无效率所导致的成本和收益不对称分配中受益，即所谓的"制度寻租"。

激励相容意味着，在为公共利益服务的同时，渔业行业内部的每一决策者（包括渔民个人和由渔民所构成的团体）就能够实现自身的目标。永远也不应低估具有激励相容的制度安排之重要性，因为人类往往具有原则上服从，而实际上违反行政指令，以及篡改信息等超常能力。因此，同那些能够通过同样的行动来达到既为个人，也为公司或社会服务的制度相比，与个人自我利益背道而驰的行政命令往往很难得到贯彻和执行。

由于各种原因，"命令与控制"式管理往往要求收集和加工许多信息。收集信息的过程既耗时，费用又高，且由于各种原因，收集到的各种信息往往无法反映真实情况。例如，渔船船长一般都很了解何处、何时以及采用何种办法才能更多更好地捕到高价值的鱼类。如果对他的奖励不是直接同其捕捞业绩相联系，他就有可能把船开到一个不需费力的地方，并设法使船东相信他的做法是正确的。

此外，对大部分渔业而言，政府开始实施管制时，自由准入往往已经造成了严重且明显的资源枯竭，导致该行业收入下降或出现失业。往往正是在这种情况下，应采取措施保护和恢复资源的共识才开始形成，这也是渔业管理之所以成效有限的原因之一。

上述分析表明，渔业问题的产生既有生物的、社会的、经济的原因，也有制度的原因。人们从事捕捞活动（休闲渔业除外）是为了谋生，之所以从事捕捞活动，是因为他们认为打鱼比从事其他活动能更好地满足其利益。养猪业能够成为可持续产业的一个主要原因，在于养猪者们拥有他们所养的猪，他们能够把猪养到他们认为最适宜的规格。同养猪者相比，渔民不是"牧鱼者"，而是"猎鱼者"，为了让鱼繁殖或长到更加合适的大小而不打鱼，对渔民而言是没有道理的，除非渔民对这些鱼拥有排他的产权。遗憾的是，将鱼类种群捕到低于其最大可持续产量或不可恢复的程度，对渔民是有利可图的，正是这一破坏性的机制才是诱发渔业问题的根源，无论是鱼类种群的枯竭（资源过度利用），还是资本和人力资源，投入都大大超过了实现鱼类资源最优利用所必需的水平（渔业过度投资）。

综合上述分析并考虑到现实世界几乎就不存在法理上的自由准入资源，我们认为：正是人类本身所设计的制度安排失灵使渔业资源从法理上的非自由准入转变为事实上的自由准入，才导致人们平常所观察到的各种渔业问题。只要渔业资源利用处于自由准入状态，无论是事实上的，还是法理上的，过度投资和过度利用都在所难免，渔业经济绩效也就必然低下。换言之，当制度安排无法同渔业资源的自然属性、所有制形态及其特定所有制形态所创造的诱因机制以及渔业资源存在于其中的文化、经济、政治和社会背景相吻合时，"共有财产悲剧"就必然要发生。

渔业管制是否必然失灵呢？不一定。挑战在于能否设计出一种模仿完全市场并尽可能独立于政治决策之外的制度安排，且该制度安排必须具备一个必要条件，即真正避免资源利用的自由准入状态，从根本上消除渔民的竞争性捕捞心理和行为。这一标准应作为考察现行各种渔业管理措施是否得当以及设计新的渔业管理制度时必须参照的一个基本准则。

第三章　全球视野下的渔业治理

要准确预测哪些渔业管理方法将会因未来的技术进步而变得可行是很困难的,唯一可能的是判断出系列选项,而要从中作出选择,就不仅需要展望未来,也需要回顾历史。①

海洋渔业资源是一种共有资源,受到处于"嵌套的制度结构"(nested institutional structures)内的不同个体和团体行为的影响。渔业治理的"组织规则"旨在"塑造行为(模式)",以便"使管理活动能够适应信息局限性,保证社会目标的实现和以最低成本开展管理活动"②。有效渔业治理的这些基本要求,适用于所有海洋渔业以及国际层面、国家层面或地区层面的渔业管理。本章试图表达的主要观点是,由于定义模糊和组织不力等原因,现有渔业治理模式还无法满足上述基本要求。尽管治理的特定模式因渔业和政治地理区域不同而有所变化,但缺乏有效治理的实质在所有区域却都是相同的。

本章概括了全球渔业管理的早期历史和治理现况,总结了海洋渔业的发展状况,包括渔业的生物、经济、管理和公平层面的状况。我们将渔业视为一个系统,渔业治理水平反映了海洋治理(ocean governance)的整体状况。在此基础上,本章将渔业治理分解成组织范围(organizational scope)和组织结构(organizational structure)两大组分,以便分别评估每一组分的功能。对治理范围所进行的分析是基于"长期规划编制重点"这一背景,而对治理结构的分析则是根据治理结构为渔业参业人员提供"行为激励"(behavioral incentives)和维持被 Williamson(1985)称为"治理规则"的能力来进行的,并通过对多重目标、"社会时间范围"(social time horizons)的排列、监控和反馈机制、维持合

---

①摘自笔者的读书札记。

②笔者译自 Williamson 的 *The Economic Institutions of Capitalism*(1985)。原文是"The 'organizational imperative' of fishery governance is to shape behavior so that the transactions of management accommodate limited information, safeguard social objectives, and are conducted at minimum costs"。

法性和促进效率的讨论,将治理与渔业绩效联系起来。本章最后部分探讨了加强海洋渔业治理应采取的一些变革措施,评估了实施这些措施将面对的主要挑战。①

第一节　全球渔业治理历史与现状

一、渔业管理的早期历史

20世纪后期常见的一个错误认识是,当代人是碰到自然资源管理诸多难题的第一代人,而已经引发了许多问题的技术进步,将很快被用来解决这些问题。当然,上世纪初就已获得广泛应用的科学,应更多地关注如何提高控制资源利用的方法,而不是仍然集中于如何提示捕捞效率上。尽管过去二三十年间发行的出版物中很少引用渔业管理的早期经验,但我们还是能够从历史中学到很多东西。

现有观点倾向于假定,在电脑、雷达和电子通讯技术应用于捕捞船队的监控以及多标准决策(multi-criteria decision making)等技术出现之前,渔业管理历史还是一片空白。事实当然并非如此,渔业管理具有丰富且极具价值的历史,只是其中的一些经验直到最近的20年才被重新发现。例如,在我国,对过度捕捞的忧虑至少可以追溯到公元前770~476年的春秋战国时代。我国著名的古代学者管子曾经指出,渔业资源不是无限的。他强调,为了子孙后代的长远利益,需要限定渔网网目的大小,设计出不同的渔船和渔网来捕捞不同的鱼类(丛子明等,1993)。正如Caddy(1999)所言,许多渔业管理范式往往是从早期采用的方法,后被弃置,而后又运用新的知识或技术经革新后形成的方法中脱胎而来。禁渔期制度就是一个很好的实例,这一制度之所以经采用后又被冷落了几十年,最重要的原因就在于,限于当时的技术水平,在远离陆地的海域执法极其困难或代价极其高昂。通过卫星监控配备有传感器的渔船,不仅使在外海和大洋实施禁渔区制度成为可能,也为出租特定海域的资源或发放专属捕鱼权提供了机会。

20世纪早期,参与外海渔业的人数越来越多,冲突和危机发生的机会也

---

①除非另有说明,本章主要参考了S. Hanna于1999年发表的"Strengthening governance of ocean fishery resources"一文。

就越来越多,结果,出现了一些渔业管理先驱者。例如,早在1376年,英国的一位渔民曾上书爱德华三世(Edward Ⅲ),专门表达了他对一种新型渔具的担心,这种渔具似乎是小网目横梁拖网的一种早期类型(small mesh beam trawl)。这位渔民担心此类渔具会对海洋底土以及牡蛎卵和贻贝卵造成危害,也担心过度捕捞幼鱼会对种群产生不利的影响。当时的一个委员会曾专门调查过此事,并建议此类渔具只能被用于深水区。遗憾的是,相关立法从未得到颁布(Nicolson,1979)。

尽管存在上述遗憾,以往许多渔业似乎都建立起相应的管理组织。例如,早在法国大革命以前,法国就存在与渔港有关的地方管制委员会(local regulatory boards),曾以港口"智者"(prud'homies)而著称。此类委员会在当时的主要职能包括:"确保公平分配委员会管辖范围内的资源"、"保护领地免遭外来者入侵"、"通过规定诸如网目规格、捕捞季节等措施来保护资源"。上述职能一直延续至今(Dufour,A-H.,1996)。西班牙的阔夫瑞得斯(cofradias)也行使着类似的职能,而世界各地的许多沿海社区都有诸如宗教禁忌、入渔权和传统实践等制度,此类制度的存在已被历史证明可有效维持渔业现状(Caddy,Cochrane,2001)。在日本,渔业管理历史长达几个世纪之久。例如,Kalland(1996)的研究表明,从1603年至1868年的德川幕府时期就已确立了渔业领地(fishing territories),沿岸水域被认为是陆地的自然延伸,因而也被视为构成封建领地的一部分。封建地主将沿岸水域划分成块并将其分配给村长控制下的渔村。尽管自20世纪后期沿海领地管理由村长负责转变为由渔业协同组合负责,上述制度很大程度上仍保留至今①。这一社区管理方法广泛存在于世界各地,例如,McGoodwin(1990)的研究表明,类似的传统同样存在于菲律宾、大洋洲以及北美和墨西哥的太平洋沿岸。McGoodwin(1990)指出,控制的存在本身就意味着,社区了解这些资源的价值及其养护重要性。Scott(1988)发现,明晰的捕鱼权(fishing rights)制度在中世纪时代就已经存在,并比较了此类捕鱼权制度与传统的陆地产权之间的异同。不同于后者,此类地方捕鱼权在财产普通法(the common law of property)中并未得到进一步发展,大都随着历史的发展而被取代或"失传"了(参见本书第五章第三节第一部分和第六章第二节的内容)。

---

① 众所周知,日本文化深深地打上了中华文明的烙印。因此,可以想象,日本渔业管理的早期历史必然会受到我国渔业管理历史的影响。由于手头缺少相关材料,而本书写作时间又非常紧迫,所以笔者未能探究日本渔业的这一管理方法与我国渔业管理历史的渊源。笔者希望在后续研究中能够弥补这一缺憾。

尽管存在将"前技术文明"（pre-technological cultures）与其资源之间的"均衡"过分传奇化的危险，但是，如果说在工业化规模利用之前，即使缺乏有关海洋生态系统信息，仅靠传统知识、早期技术和实践来管理渔业在很大程度上也是可持续的，这一说法似乎并不为过。但是，随着市场经济的发展，当地方需求得以满足时，鱼品价格不再下降，因此渔民的捕捞激励也不再减弱，这对"传统"的小型作业渔民及其捕鱼权构成了一个不可回避的重大挑战。随工业革命而出现的大型机械化捕捞渔船不仅是技术进步不可避免的结果，也是市场范围不断扩大以及为满足日益增长的市场需求而开发出的鱼类贮藏、加工和运输方法不断得以改进的结果。显然，无论是大型机械化渔船的建造，还是鱼类贮藏、加工和运输技术的开发与改进，都需要大量投资。结果，"决策中心"也就逐渐由沿岸社区转向了企业界、银行、城市直至中央政府（Caddy, Cochrane, 2001）。

国家政策高于地方权利的早期表现体现在英国女王伊丽莎白一世对西班牙大使的声明中，她声称海洋自由对所有人都是适用的。海洋作为共有财产这一概念因雨果·格劳秀斯（Hugo Grotius）的著作的发行而得以确立。在1609年出版的一本书名为"Mare Liberum"的小册子中，他声称"海洋……不可能是隶属于任何特定国家的财产"①。这一学说后来成为欧洲各国证实其殖民扩张正当性的法律背景之一，这一学说很快就得到了认可。其结果是，正如McGoodwin所指出的，"存活下来并适应了殖民政权的当地人从文化上适应了征服者的方式和精神，结果，大量有关自然资源管理和养护的乡土知识……被遗忘了"②。

应用于海洋环境的早期渔业规则倾向于反映出淡水渔业管理中的原始实践和既得权利。例如，修道院中每逢星期五禁止食用肉类的规定导致了养殖和养护渔业资源的早期需要。即使其起源很难得以证实，诸如为保护产卵群体而设立的禁渔期、最小上岸规格和禁止使用各种被认为将产生破坏性影响的渔具一类规则均具有悠久的历史，且几乎可以肯定的是，此类规则在不同地区重新获得了应用。基于科学分析的总可捕量这一概念起源于20世纪60年代，但网袋限制（bag limits）和有限准入（limited access）措施的应用却有着更

---

① 原文是 "The sea... cannot be attached to the possessions of any particular nation"，笔者译。
② 笔者译自McGoodwin的 *Crisis in the world Fisheries*（1990）。原文是"The indigenous peoples who survived and adapted to the new colonial regimes were acculturated to the ways and mentalities of the conquerors. As a result a wealth of native knowledge about the managing and conserving of natural resources... was forgotten"。

为长远的历史。许多早期的渔获物规格限制措施的应用都并非出于生物学的原因,例如,荷兰控制鲱鱼渔业所采取的严格规格限制措施,最初是在14世纪发展出来的食物加工方法的产品要求基础上形成的。被设计用来确保渔获物质量的这些规则,同时也规定了网目规格和捕捞季节,例如,每年6月24日前不得捕捞任何种类的鱼(Caddy,Cochrane,2001)。

就渔获努力量控制而言,最初主要是通过控制入渔来实现的。领地使用者权利是一种获得广泛应用的制度,其目的在于控制特定渔业的从业人数(Christy,1982)。Berkes等(1993)讨论了应用于沿岸渔业的传统入渔权制度。

二、全球渔业治理的现状

沿海各国将各自专属经济区延伸至200海里以后的20多年来,全球渔业普遍面临着过度投资、种群枯竭、渔获量下降和资源利用冲突加剧等问题,人类食品安全、鱼类资源生产力损失、生物多样性和生态系统健康等议题,均受到了国际社会的广泛关注。在典型的现有渔业管理体制下,经济增长动力不断导致捕捞能力超过生态系统自身的自然生产能力,而制度因其刚性未能对生产力下降的信号及时作出适当反应。过分强调增加渔业产量,往往影响甚至阻碍了对生态系统的非商品服务(non-commodity ecosystem services)的有效保护,例如种群繁殖、遗传多样性和捕食动物的食物来源。而孤立地管理单一种群的结果是,种群退化和生态恢复能力减弱。显然,现有渔业治理模式无助于渔业可持续发展目标的实现。

最近20年来,由于普遍认识到全球各地鱼类种群的利用程度已经或正逐渐超过其最优利用水平,以及各国渔业普遍面临着经济和社会危机,许多国家,特别是国际社会越来越重视渔业治理问题,限制鱼类种群的利用水平和终结渔业自由准入体制的必要性已得到广泛认可。渔业管理所面临的未来挑战和渔业治理的效果,取决于能否建立起可行的制度(即已被接受的一组规则)和制度安排,以协调和管理相互冲突的资源利用和市场准入诉求。要实现对特定种群或渔业的有效治理,就必须形成有效的、对特定鱼类种群分布的全部海域具有管辖权力的管理机关,这一点是至关重要的。

在各国专属经济区内和国际公海上,渔业管理的基本概念和问题本质上是同一的,但权利和责任制度却不相同,因此,专属经济区的渔业治理制度和国际公海渔业的治理制度也是不同的。各国通过协议达成的、用以治理全球渔业资源的一组规则,也为各国制定各自渔业管理安排提供了一个框架。因此,国家渔业管理本身是"一种嵌套的制度",一种嵌套在全球渔业治理体系中的一种制度,或者说一组规则。当渔业管理被下放到地方一级,地区范围内有效的渔业管理制度也是"嵌套的",一种嵌套在国家渔业管理安排内的制度。渔业管理机关也可能是区域性渔业管理机构,由两个或两个以上的国家所组成,合作管理有关各方享有共同利益的渔业资源的开发利用。例如我国与韩国、日本和越南分别在黄海、东海和中越北部湾所达成的双边渔业管理协定。

1982年颁布的《联合国海洋法公约》与其他有关国际协定一起,共同形成了海洋捕捞治理的全球性框架。粮农组织成员国于1995年通过的《负责任渔业行为守则》以及随后颁布的《负责任渔业技术指南》(FAO Technical Guidelines for Responsible Fisheries)被视为促进全球渔业和养殖业可持续发展的纲领性文件。

三、全球渔业治理的变化及其驱动力

全球渔业政策和管理处于不断变化之中,渔业政策的制定者和渔政管理者日益认识到渔业资源可持续利用的极端重要性。然而,继续将渔业作为解决社会和经济问题的一种途径,就极有可能掩盖如下事实:一旦遭受过度利用,渔业资源将无法继续支撑社会经济的发展。

在没有实施综合管理的区域,因受其他相互依赖于水域环境的活动的影响,例如城市化、航运、旅游、砍伐树林和工业废弃物排放,渔业管理任务往往因此而变得日趋复杂。渔业管理机关已逐渐认识到,必须首先确定水域优先使用的原则、政策和机制,以便妥善处理好其他行业活动对渔业的影响;同时,进一步强调实施以生态系统为基础的管理。

对渔业水域的强化使用和竞争性使用,使得渔业管理者不得不寻找在数量不断增加的利益相关者之间分配有限渔业资源的有效方式。渔业管理者越来越认识到,一旦资源遭受过度捕捞,渔业就不可能继续作为社会安全网的一部分或不引发内部冲突的食品来源,也不可能继续作为支撑有利可图的工业化捕鱼的平台。由于渔业立法和管理越来越关注社会、经济和环境问题,冲突和冲突管理正成为渔业管理活动的关键要素。因此,渔业管理已超出了单纯处理生物学的养护需要问题,不得不面对和试图处理好社会关注的一系列问题和多重利用问题。

由各国政治家和民间组织所构成的国际社会日益认识到,渔业在经济发展、粮食安全、贫困消除和人类健康中发挥着关键性的作用,强调实现渔业可持续发展这一集体意愿正变得日趋强烈。许多发展中国家正努力确定发展活

动和可持续利用之间的最佳结合点,人口和经济的持续增长对作为粮食安全和社会安全网之不可分割部分的渔业资源增添了巨大的额外压力,而对渔业出口创汇的过分强调则加剧了手工渔业与工业化船队之间的利益竞争。在发达国家,可持续性立法原则正驱使渔业管理者努力去扭转过度捕捞所造成的影响,捕捞能力过剩问题受到高度重视。但是,在发达国家集中减少过剩捕捞能力的同时,技术进步和社会问题的复杂性使得渔业管理者往往无所适从,渔民安置和渔船退役已变成渔业管理中最为棘手和易于引起争议的因素。

作为实现鱼类种群养护的主要措施,技术措施(the technical measures)应加强其有效性,特别是对尚未出现捕捞能力过剩的渔业。然而,许多渔业已处于捕捞能力过剩状态,在这种情况下,技术措施往往无法实现鱼类种群养护或可持续利用的目标,即使偶有成功,也是在社会付出了相当大的代价以后。此外,随着资源稀缺程度和使用者数量的不断增加,实施技术措施所付出的经济和社会成本也在增加,结果,渔业管理成本恢复(the cost recovery of management costs)问题已成为民间组织所关注的主要问题之一。因此,寻找成本更为有效的渔业管理措施已成为渔业管理者必须直面的问题之一。

采用激励(incentive)机制来改变渔民行为并为养护和提高经济效率创造机会,正逐渐受到关注。尽管诸如以社区为基础的配额、渔业领地使用权制度和个别可转让配额制度等基于激励的渔业管理制度确实有其自身的优点,但在渔业领域的应用还不够快(参阅本书第五章)。一种可能的替代方案是不断强化应用以市场为基础的渔业管理措施,诸如生态标签计划,为从事渔业和满足可持续性和不同社会标准的人们提供经济奖励,以便充分利用市场和消费者的力量来实现渔业管理目标。

第二节 全球海洋渔业现状

全球海洋渔业资源的现有状态从几个层面发出了"故障信号",包括海洋生物种群、渔业经济效率、渔业管理绩效和资源配置公平。本部分将分别考察这些因素,并将渔业视为衡量海洋生态系统整体是否处于健康状态的指标之一。

一、海洋渔业资源

全球海洋渔获量在 2000 年达到 8 600万吨,同 1950 年的产量相比,全球海洋捕捞产量大约翻了 5 番。从 20 世纪 70 年代开始,底栖种类的产量一直保持稳定,但表层种类的渔获量却持续增加。粮农组织1997年对世界渔业所作的评估表明,200种主要鱼类种群的产量占全球海洋捕捞总产量的77%,其中60%的种群亟须采取保护措施,25%的种群已被充分利用,35%已被过度利用。过度捕捞的程度因地理区域和鱼类种群不同而有所变化,但整体趋势表明,底栖种类、高度洄游性种类和跨界种类的过度捕捞情况尤为严重。鱼类种群在1997年的状态同1950年的状态形成了明显对比,当时几乎没有一个种群达到充分利用状态,这表明二战后全球海洋捕捞业的发展极为迅速(FAO,1997)。

2000年,全球主要海洋鱼类种群的现状与这几年预测的趋势相同。总的来看,捕捞压力持续增加,低度和中度开发的渔业资源数量继续下降,完全开发的种群数量保持相对稳定,过度开发、衰退和得到恢复的种群数量稍有回升。在海洋鱼类种群或种群组中,25%的主要鱼类种群或种群组处于低度开发或中度开发,这部分资源是今后海洋捕捞总产量增加的主要来源;约47%的主要种群或种群组处于完全开发状态,其产量已经达到或非常接近于其最大可持续产量。因此,不能继续寄希望于近一半的海洋鱼类种群为进一步扩大捕捞规模提供机会;其余18%的种群或种群组处于过度开发状态,要增加这些种群的渔获量是不可能的,相反,其产量极有可能下降,除非采取补救措施以减少过度捕捞;还有10%的种群资源已严重衰退或正处于恢复期,即使管理措施能够使这些资源恢复到下降前的水平,其生产力也无法恢复到原有或应有的水平。

渔获物丢弃现象的普遍存在,掩盖了因捕捞造成的鱼类死亡数量的真实情况。据粮农组织对全球兼捕和丢弃所作的评估,估计有25%的海洋渔获物在上岸以前被丢弃。由于人口增长、资源利用强化、生境破坏和污染原因所造成的环境恶化等原因,许多沿海区域的生物生产力(biological productivity)已明显下降。

二、海洋渔业经济

全球范围内,渔业潜在经济生产力的损失是相当巨大的,据Christy(1994)估计,全球捕捞业成本超出收益的部分高达500亿美元。目前,欧盟、美国、日本、加拿大、韩国等都为各自的渔业部门提供大量的补贴。据世界银行估计,全球渔业补贴总额在140亿美元到200亿美元之间,而全球捕捞总值仅为800亿美元。在过去的20年间,在外汇收入、就业、零售价格升高和捕捞能力闲置方面所发生的经济损失,部分地导致各国普遍对渔业实施补贴,并因此加重了渔业过度投资问题。渔船建造补贴和运营补贴人为地压低了渔民和渔业投资者的成本,结果,全球捕捞船队总吨位在 1970 和 1992 年间增加了91%。科研和管理补贴人为地压低了渔业管理成本和利用公共资源的成本。这些补贴掩盖了渔业资源所发出的稀缺信号,加剧了渔业资源过度利用这一趋势。①

近 200 年来,发达国家一直对渔业进行补贴。粮农组织曾于 1999 年呼吁成员国减少直至取消渔业补贴,世界银行、经合发展组织和亚太经合组织等也都陆续试图确定全球范围内渔业补贴的标准。在南非约翰内斯堡举行的世界可持续发展首脑会议上,各国正式确认必须"取消导致非法、无规则和过量捕捞行为的渔业补贴"。

由于各种历史原因,关贸总协定进行的多边贸易谈判一直把渔业补贴问题排除在外。世贸组织成立后,其贸易和环境委员会开始调查成员国渔业补贴情况。世贸组织西雅图谈判中,美国财政部长萨默斯呼吁取消渔业补贴,宣称渔业补贴不仅会扭曲鱼品国际贸易,而且还会诱发过度捕捞。此后,渔业补贴问题一直都是世贸组织历次会议的主要议题之一。于 2001 年 11 月举行的世贸组织多哈部长级会议决定把渔业补贴问题纳入新一轮多边贸易谈判,在 2004 年 4 月 28 日举行的世贸组织规则谈判小组会议上,新西兰代表呼吁大范围禁止"容易导致生产能力过剩、捕捞过度或其他贸易扭曲行为"的渔业补贴,建议由各成员协商决定哪些补贴有利于环境和渔业可持续发展并将其列为非禁止对象。该提案得到美国、澳大利亚、挪威、智利、阿根廷、菲律宾和泰国等国家支持,但遭到欧盟、日本、韩国等成员国反对。另外,亚洲一些成员国呼吁给予发展中国家特殊待遇。

三、海洋渔业管理

尽管存在一些特殊情况,全球渔业管理的基本属性都是相似的。由于资源易得性下降、捕捞强度提高、法规复杂程度增加、管理目标分歧、对科学建议可靠性的批评以及对管理合法性的质疑等原因,渔业管理所发生的交易费用越来越高。这些问题反映出渔业的动态发展趋势,即捕捞技术进步与科学信息滞后、市场需求旺盛和渔民群体数量日益增多的共同作用,不可避免地导致

---

① 全球主要捕捞国正就渔业补贴的规模、影响和形式展开辩论,围绕这一问题在国际论坛上所展开的讨论始于 10 年前,但进展缓慢,部分原因是该术语尚缺乏明确且得到普遍认可的定义。目前,各国专家对这一术语的基本看法是:"没有可认可的单一定义"。作为替代,专家们建议将渔业补贴类型归为四个组合,提议在今后的相关研究和讨论中采用这四个组合作为标准。

了对渔业资源的过度利用。管理组织对生产力下降指标反应迟缓,对来自不同利益集团的压力反应不一,以及难以使渔民认可管理合法性等问题也相当普遍。鉴于上述情况,最近出版的几部专著都将渔业管理现状描述成"全球性危机",这一说法似乎并不为过(例如:McGoodwin,1990;Crean,Symes,1996;Hannesson,1996)。

四、资源配置

从全球范围看,鱼蛋白在人类食品的动物蛋白总含量中约占16%。从地区范围看,同西欧(占10%)和北美(占7%)的富裕国家相比,鱼类对于非洲贫穷国家(占21%)和亚洲的一些国家(占22%)是更为重要的动物蛋白来源①。渔业对食品安全和就业之重要性的地理变化,对全球渔业的公平性带来了直接影响。生物生产力、特别是沿岸生物生产力的现有问题意味着,许多小型手工渔业正遭受着就业和市场损失。沿海地区以出口为导向的水产养殖业发展趋势,使沿海居民失去了对传统渔场的利用机会,减少了渔业收入和鱼的消费量。随着稀缺程度增加,鱼的价格持续上涨,越来越多的鱼成为国际市场上的商品,相应地减少了可供当地消费的鱼的数量,从而加剧了当地贫困居民的生活困难。

五、作为海洋指标的渔业

海洋捕捞业不是以海洋为利用对象的唯一产业。海洋为水产养殖业、海运业、采矿业、国防和能源生产提供服务,也为整个地球提供了至关重要的生命支持服务。渔业治理不可能涵盖海洋的所有重要服务功能,但是,海洋作为一个系统,渔业是反映其他海洋资源现状的重要指标。这是因为渔业具有与其他海洋产业共享海洋空间和海洋的一般性特征,而渔业本身又是一个复杂的系统,这一系统既有生物物理成分,也有人文成分。渔业的生物物理亚系统包含大量相互作用的鱼类和动物种群,这些种群在年龄结构、生命史、对海洋学变化的反应和市场机制方面各自具有不同的特征。渔业的人文系统包括从事渔业活动的不同个人和组织,他们各自具有不同的动机、技能、作业范围和类型,其产品被拿到了日趋全球化的市场上去出售。渔业不可避免地要受到

---

① 如将我国排除在外,20世纪80年代中期以后的全球人均鱼品供应量实际上呈下降趋势(FAO,2000)。与此形成对比的是,同一时期,我国人均鱼品供应量已翻了三番还多,从1990年的人均大约10.9千克增加到2000年的33.8千克。但是,从区域的角度看,我国人均鱼品供应量仍然相对较低。例如,20世纪90年代中期,日本、韩国和我国香港特别行政区的人均鱼品供应量分别为70千克、50千克和55千克(FAO,1996)。

其他海洋活动的影响,包括能源生产和废物处理。渔业管理在"嵌套和分层"的制度结构中进行,例如,近海渔业的地方管理必须与地区、国家和国际渔业的规则和性质相适应,也必然会受到这些规则和性质的影响(参见本书第一章第一节至第五节)。

渔业治理反映了其他海洋活动的一般性问题,因为渔业治理关心的是如何管理复杂的、动态变化的公共资源的利用与绩效,渔业治理的机制和机能也适用于其他资源。渔业治理问题反映了地区层面、国家层面和国际层面的海洋利用规则和管理的基本缺陷。

对于全球范围内的渔业的管理绩效,各国专属经济区内的渔业之管理绩效具有极为重要的意义,因为全球大部分海洋渔业产量来自大陆架(90%以上)。此外,各国因历史和文化的不同,对国际协定治理也就具有不同的预期,正是这些国际协定构成了洄游和跨界种群管理、捕捞实践、生境质量和海洋生态系统基本机能的控制基础。

1995年签署的一系列国际协定旨在解决海洋渔业在国际层面所面临的诸多问题,包括1995年3月在粮农组织部长会议上通过的"有关世界渔业的罗马共识"(the Rome Consensus on World Fisheries)、1995年10月粮农组织罗马大会(the Rome Conference of FAO)上通过的《负责任渔业行为守则》(the Code of Conduct of Responsible Fisheries)和1995年12月于日本京都举行的渔业对粮食安全可持续贡献大会上所通过的"京都宣言"(FAO,1997)。"罗马共识"包括需要消除过度捕捞、压缩捕捞能力、减少兼捕和丢弃以及加强渔业治理。《负责任渔业行为守则》包括有关渔业管理、捕捞作业、水产养殖、沿海区域管理、鱼品贸易和渔业科研的指南。《京都宣言》包括压缩捕捞能力、加强对多种类渔业和生态系统管理的科学基础、减少兼捕和强化机构协调等。在很多情况下,这些国际协定正在引导各国努力制定和实施各种行动计划。反过来,各国对这些国际协定所内含的概念的接受正引导其国家内部各地区进行各种结构和过程的试验,例如基于社区的资源管理和共同管理等。

第三节 全球渔业治理解析

渔业治理往往带有流动性共有资源管理的一般性问题,可通过明晰产权制度来加以解决。产权制度是制度的子集,其权利束定义了所有者的权利、责任以及有关如何行使这些权利和责任的规则(参见本书绪论第三节第五部分和第五章第一、二节的内容)。治理也表现为行为问题,反映了贪婪对人类行为的巨大影响、错误预期的力量和政治愿望失灵等问题(参见本书第一章第五节的内容)。治理定义已清楚表明,单靠上述解释中的任何一种都是不充分的,正是制度环境、产权和个体行为之间的相互作用共同促成了上述结果。

渔业治理必须综合考虑包括养护和利用目标在内的多重目标,必须将私人的短期时间范围(the short-term time horizons of private individuals)纳入到社会的代际时间范围(the intergenerational time horizons of society)内,必须适时发出资源稀缺的信号和当面对不确定性时适时作出有效反应,必须通过反映普遍接受的公平准则和控制有害的机会主义来增进自身的合法性。更重要的是,渔业治理必须尽量降低交易成本并予以合理分摊。上述机能是Williamson(1985)的组织必要性(organizational imperative)原则——即"尽可能降低成本、适应信息局限性和预防有害的机会主义"——的具体表现形式,渔业治理应通过行使这些机能来达到协调制度规则和个人行为的目的。

由于认识到产权在治理中的重要性,人们有时候认为特定类型的产权制度,例如私有产权或共有产权,在行使这些机能时占有明显优势。但是,实证研究表明,取决于文化、经济和生物物理环境,许多类型的产权制度都能很好行使上述机能。渔业治理效果的改善不仅取决于实际上采用的是何种类型的产权制度,也取决于产权制度运行于其中的制度环境:一种在明晰界定的产权——可以是国有产权或集体产权,也可以是私有产权——背景下有利于行使这些机能的制度环境(参见本书第四章第一节第六部分)。

渔业治理的现有架构设计对于变化的、多成分的渔业系统是不完善的,表现为过分强调"单一种类商品生产",而对于生态系统的商品和服务多样性则缺乏足够重视,无法以创新和成本有效的方式提供信息,不足以完成控制投机行为这一任务。其结果是,现有渔业治理无法起到塑造人类互动模式的作用,相反,却往往受到人类互动模式的局限,所发生的交易成本往往也很高。下列分析表明,上述结果的产生是由渔业治理范围和渔业治理结构的现有属性所造成的。

一、渔业治理范围

渔业系统是由经济、社会、文化、政治、生物和生态构件所组成的,渔业治理范围有可能包含一个、一些或所有这些构件。除未加利用或利用程度很低的海洋生态系统这一极端情形外,渔业治理被迫必须直接或间接地在上述构件中作出权衡取舍。

渔业治理范围(the scope of governance)往往是按照管理机构实际控制的范围来界定的。应用这一定义,我们可以看到,自从20世纪70年代中期以后,管理范围一直以一种可预见的顺序在扩大。随着渔业资源利用压力的增大和人类海洋生物知识的日渐丰富,渔业管理逐渐从相对简单的局部性投入控制扩大到更为复杂的组合式控制,包括对多种渔具类型组予以控制和在更大的地理范围内进行控制。不同渔具组和不同渔业相互施加外部性,或者说"外溢效果"(spillover effects),导致渔业管理活动扩大到跨越原先相互独立的管辖水域,例如区域间渔业协定和国际性渔业协定的广泛运用。

但是,如果在更基本的层面上定义渔业治理范围,我们将发现另一种完全不同的情况。作为渔业规划重点,渔业治理范围体现了渔业的远景,表现为一组针对渔业不同构件而制定的具体运作目标。在理想情况下,渔业治理范围应相对稳定,不应随时间推移而发生较大变动。但是,渔业治理范围这一概念事实上一直被混淆了。渔业管理主要是为了实现生物学目的,即主要是为了生物养护需要、经济生产力、实现社会和文化目标、生态可持续性还是为了渔业的所有构件?与扩大管制范围(the scope of regulation)不同,管理目标一直也没有按照系统的方式扩大,相反只是表现为不同时间范围内对渔业不同构件的重视程度的变化。总的看来,治理范围以缺乏清晰的远景或缺乏对长远目标的详细规划为特征。渔业决策制定者一般仅从"一系列目标菜单"中选出一部分作为短期目标,以应对和化解现实压力,结果导致治理范围飘忽不定,缺乏连贯一致的重点。在不同的时点上,渔业管理有可能是为了实现经济发展、稳定就业、维护特定文化、扩大出口或保护特定种类等目标。从短期看,管理重心的不断飘移为管理者提供了政治适应性(political flexibility)。但是,从长期看,管理重心的飘忽不定,则意味着缺乏对各级政府的协调能力或对变化作出适时反应的坚实框架。

治理范围的飘忽不定还会对渔业产生其他一些有害后果。过分强调渔业的某些构件有可能损害其他构件,甚至可能会对渔业系统整体产生扭曲效果。管理政策必然会对资源利用者的"行动领域"(field of action)产生影响,因此,管理目标"清单"的变化可能改变资源利用者的预期和行为,时间范围(time horizon)越短,干预竞争(interference competition)的程度越大,交易成本也就越高。更为遗憾的是,为了对部门构件的变化作出反应而改变治理范围,极有可能阻碍综合考虑各种目标的长远远景的形成和为实现这一目标而作出的管理调整，将管理置于一种脆弱被动的状态，从而对渔业从业者造成一种缺乏连贯一致的政策核心和不断出现"政策意外"的感觉。管理随变化节拍"起舞"，而不是对变化作出预期或引导变化的发生。

二、渔业治理结构

渔业资源管理的公共权力可表现为多种形式。从来就不存在最好的治理结构，所有治理结构都要在稳定性与适应性、权利与责任、社会与个人之间作出权衡取舍。治理结构的基本功能是为决策制定提供稳定性和连贯性，而同时又要保持灵活性和适应变化的条件。理论上，正如 North(1990)所强调的，理想的制度必然具备"适应性效率"（adaptively efficient）和对变化作出适时反应的能力。这一属性无论是对制度演进、还是对生态可变性的适应和"制度顺应力"（institutional resilience）的建构都是至关重要的。

与理论上理想的制度相反，渔业治理结构在形式上通常是僵化的，往往带有早期扩大和发展的"胎记"。由于需要建立一个正式的过程和定义"游戏规则"，渔业治理结构强调在代表构成、权力分配、信息流渠道和咨询作用与决策作用的区分上保持稳定。信息流往往是单向性的或残缺不全的，代表构成的不完全性也是非常普遍的现象，协商是策略性的、谨慎的和缓慢的，为防止被特殊的利益集团"俘获"而采用的程序规则（procedural rules）和建立在公平基础上的渔业实践，都有可能演变成对变化了的生态条件迅速作出反应的障碍。对数据处理与分析的速度的实际制约也限制了反应的速度。此外，要求稳定渔获物上岸量的经济压力也削弱了渔业治理结构的灵活性。

在渔业治理中，稳定性与适应性之间的权衡取舍是一个古老的两难选择。正如对变化的条件随时作出反应具有好处一样，稳定的时间范围也具有某些益处。渔业的最主要特征就是环境的可变性，因此，渔业治理结构的建构必须考虑到渔业的这一特征。同时，渔业治理结构也必须适应渔业参业者的"行为诱因（激励）"，其中的三大"行为诱因（激励）"具有特殊重要性，即尽量降低或转移交易成本、减少不确定性和渔业从业者之间的相互竞争程度。

三、渔业治理成本

无论是在个人层面，还是在社会层面，激励的一个基本原则是"交易成本最小化"。借用 Eggertsson(1990)和 North(1990)的说法，交易成本是协商、监控或实施协议的成本，是与一个经济体内发生的所有交易有关的成本。管理结构（the management structure）对交易成本的高低起着重要的影响作用，因为它决定了渔业从业者如何协调、信息如何产生、决策如何制定以及监控与执法如何进行,而环境也会对交易成本的性质产生影响。随着生物资源的日渐稀缺,管理结构必须考虑到如何在直接利用和间接利用之间、当代利用和未来利用之间以及在不同利用者团体之间作出更多的权衡取舍。在这种情形下,管制资源分配和利用的规则也就相应地变得更为复杂和更为重要。如果不能适时作出必要调整,在一个时点上成本较低的管理结构,在另一个时点上就有可能变成一个成本较高的管理结构。

管理结构也会影响到交易成本的分布形态。对于渔业法规设计和渔业政策制定,"自上而下的命令式管理结构"(top-down authoritative management structure)所需花费的成本较低(ex ante to implementation,即"事前低成本"),但对于渔业法规的执行和渔业政策的落实则需要花费较高的成本(ex post,即"事后高成本")。与此相反,通过将更多的利益相关者(个人或团体)纳入决策过程,"分权式合作管理过程"(decentralized cooperative management process)倾向于具有"事前高成本"(因相互协商和所需信息量加大而造成的)和"事后低成本"(由于较高程度的服从与遵守意愿所带来的)(引自:Hanna,1994;Raakjær Nielsen, Wedsman, 1995)。交易成本的每一种分布形态都会对管理结构的不同部位产生压力,因此,渔业管理必须要能够适应压力,以降低交易成本和维持交易成本的公平分担。

四、渔业治理中的不确定性

不确定性(uncertainties)遍及渔业管理全过程,不确定性的广泛存在形成了强有力的"行为诱因(激励)"。"事实不确定性"(fact uncertainty)是由缺乏有关生态、经济和社会系统究竟如何运行的关键性驱动变量、有约束力的制约因素及其互动模式的知识所造成的。例如,全球渔业的现有生物状态就反映了种群动力学和生态系统的巨大不确定性。"使用权不确定性"(tenure uncertainty)来自于产权的不明晰或管理范围的变动,在产权不明晰的情况下,管理范围的变化势必对资源使用权产生影响。食品安全和过度投资之所以成为问题,正是"使用权不确定性"所造成的直接结果。

Runge(1984)指出,事实不确定性和使用权不确定性所带来的问题是,当人们不具有全部信息或当人们无法把握渔业管理的长期目标究竟是什么时,增大当前利用程度或避免对未来投资是符合他们自身利益的,这正是针对枯竭种群所制订的"长期复原计划"总是难以得到落实的部分原因①。上述效果同样适用于渔业管理者,并被其工作环境经常带有的政治不确定性(political uncertainty)所放大。只有当资源使用者和管理者拥有共同的长远目标、确信其利用资源的诉求能得到保障和"搭便车"行为能被降低到最低程度时,他们才会产生维持生态系统健康和保护经济生产力的动机,并为此自觉行动,也只有当使用权是长期有效的和管理范围是稳定的时候,资源使用者才会形成为获取信息而投资的激励,以尽量减少事实不确定性。

管理结构通过其用以交换信息和制定决策的程序来影响不确定性。例如,一种连贯一致的互动模式有助于促使渔业参与者相互提供可靠的承诺,有利于形成利益与威胁攸关的交换和互惠模式,有利于决策过程的顺利进行。Schelling(1960)和Runge(1984)都指出,相互依赖和有效预期的建立将有助于降低冲突发生的频率和冲突的剧烈程度。因为许多渔业管理决策都是围绕特定问题而组织起来的临时性过程的结果,所以渔业管理决策必然依赖于业已存在的合作背景。遗憾的是,在许多建立在已经极化了的、基于利益冲突的渔业管理体系中,不同利益集团之间的合作事实上已经变得极为困难。

各种不同利益在管理结构中得到充分表达,是有效合作的一个前提条件。但是,许多渔业管理体系都缺少这一条件。将各种利益充分整合到咨询能力或决策能力中往往是很特殊的情况,信息渠道往往是单向的或不畅通的。与缺少合作有关的问题,已促使许多学者在各种不同背景下,对可供替代的管理过程进行了许多试验(例如Jentoft, McCay,1995; Sen, Nielsen,1996)。

围绕产权和管理所需信息的控制的现有冲突起源于减少不确定性的需要。尽管明晰产权可为使用权带来更大的安全,但是有关诸如个别可转让配额一类新的产权形式却存在极其不确定的分配后果(参见本书第五章第三节第八部分和第六章第六节)。对渔业管理决策所需信息的要求,来自于对减少有关捕鱼制度的性质和将信息转变为决策方面所存在的事实不确定性的渴望。

五、渔业治理中的竞争行为

Hirshleifer(1978)强调,管理结构应预见到自然资源利用过程中普遍存在的两种形式的竞争行为,即盲目竞争(scramble competition)和干预竞争

---

① 要恢复已衰退的鱼类种群,意味着长期大幅降低捕捞压力和(或)通过其他管理措施消除诱发资源过度利用和衰退的各种因素。

(interference competition)。在盲目竞争过程中,为了获得更大份额的有限资源,每一资源使用者都将表现出"针对其他所有资源使用者的竞争行为"。缺乏对渔业资源明晰界定的产权加剧了这一形式的竞争,从而必然导致过度投资和过度捕捞的发生。相反,干预竞争是建立在为干预资源使用者的竞争能力而采取的策略的基础上的,例如,对管理过程加以操控,以便形成有利于自己而不利于其他资源使用者的规则。干预竞争有可能以一种极具攻击性的形式表现出来,或者发生在较低管理层面上,以便将这种竞争包装成"协调行为"。国家管辖权扩大和分层的国家和国际安排的发展已限定了盲目竞争的范围,但却诱发出更为剧烈的干预竞争,因为利益集团企图得到更多的政治支持,以便形成对自身有利的游戏规则。有些资源使用者装备水平较差,新的管理措施的实施有可能使其处于不利的竞争地位,因此极有可能通过干预竞争来迫使此类管理措施"流产"。有时,管理结构所拟定的决策过程本身就有漏洞,极有可能被此类干预竞争所颠覆,结果导致过度投资、过度捕捞和过高的管理成本,因而也就极有可能对潜在的经济生产力造成巨大损失。

管理结构对交易成本、不确定性和竞争的适应方式,有可能对自身的长期效果和对外界变化作出迅速反应的能力产生重大影响。正如有很好的理由使管理范围的核心部分保持稳定一样,也存在同样重要的理由使管理结构能够适应变化。事实上,二战以后,无论是管理范围,还是管理结构,都一直在朝着与其理想特征相反的方向发展,即管理范围呈现出的不是一种稳定状态,而是一直都在变化,而管理结构表现出的不是适应性,而是呈现出僵化状态。造成渔业管理失灵的"病因"在于管理范围和管理结构的理想特征与现实特征之间的这道"鸿沟"。

第四节 全球渔业治理效果

海洋渔业治理效果是如何与其范围和结构相关联的呢?很大程度上,渔业治理范围的稳定性和治理结构的适应性决定了渔业治理多重目标的整合程度、私人时间偏好和社会时间偏好的和谐程度以及合法性和管理效率的实现程度。

一、渔业治理具有多重目标

如前文所述,海洋生态系统具有多种功能,海洋渔业治理具有多重目标,这些目标涉及权衡取舍(参见本书第二章特别是第四节第二部分的内容)。我们也知道,生态系统可持续性要求"非商品物品"(non-commodity goods)和服务目标也必须被包括在治理范围内。标准的渔业管理方法只是间接地决定了"目标集合体",这一目标集合体是由个体种类的目标共同构成的。用于商品生产的每一生物种类都有着依附于其上的、基于其历史利用模式的固有产权,例如,美国太平洋大麻哈鱼(Pacific salmon)"属于"商业小钓鱼船船主。转向生态系统管理不仅要求明确考虑到商品种类生产的多重目标,也要求考虑到保护那些提供生态服务的种类,同时还需要采取一种机制和一种核心组织原则,克服管理传统过分强调单一种类养护需要所造成的困难。

改善渔业治理要求根据"生态系统组合"(ecosystem portfolios)对不同种类作出适当的权衡取舍,其目的是为了使商品和服务的长期价值最大化。个人偏好和社会偏好之间的差异影响着"目标集合体"的终极形态,例如,个人的利润最大化或风险最小化动机将促使利益集团通过继续生产"他们的"种类来寻求租金,而社会的可持续性动机将通过确定"生态系统组合"内的每一种类的"最低安全标准"(safe minimum standards)来降低"替代可能性"(substitution possibilities)。在治理范围的稳定限度内,这些"行为倾向"(behavioral tendencies)具备一种可被衡量的核心"思想",而只有在治理结构的适应限度内,学习与适应才有可能。

二、社会偏好与私人偏好的差异

渔业资源是自然资本(natural capital),既包含种群规模价值(value in the size of stock),也包含服务流价值(value in the flow of services)。渔业管理的最伟大成就之一就是设计出了"俘获"来自鱼类群体的产品流量和服务流量的激励机制,而与此相对应的最困难的问题一直都是如何设计出维持资产存量的激励机制。治理系统必须将人类对鱼类资源的利用程度限定在能够确保种群健康和可持续的生态系统收益流量的水平上。对于资源利用者和管理者,任何资源的未来预期收益都低于其已知的现有价值,结果未来相对于现在被贴现了。渔业管理规划所跨越的时间范围越短,未来收益的贴现(the discounting of future benefits)就越大,当前利用率(the rates of current use)也就越高。为了实现可持续发展和代际平等(intergenerational equity),应尽可能采用低贴现率,以便扩大管理时间范围(the management time horizon),因为这是符合社会整体的长远利益的(参见本书第四章第一节第一部分)。

稳定治理范围有助于扩大个人时间范围(individual time horizons),市场微观主体就有可能根据短期决策对长远目标的影响来对短期决策的影响作出评估。将明确界定的产权纳入治理结构,则有助于使用者在稳定的治理范围的框架内签订契约。

三、渔业监测与反馈

适应性治理结构是建立在监测环境变化的能力和提供适当的反应的基础上的。遗憾的是,对适应性的要求在许多方面都与减少不确定性所必需的稳定性要求背道而驰。无论是对制度演进,还是对生态可变性的适应,适应性这一特性都是很重要的。为了使行为激励与监测和反馈的要求相一致,就必须建立一种激励与奖励机制,诱导资源管理者和资源使用者提供相关信息,为发明有利于生态环境的捕捞和管理方法而投资。渔业治理的现有结构是建立在遏制和惩罚资源使用者的不良行为的基础上的,而对资源管理者则"法外施恩",使其事实上享有"责任免除条款"。因此,应重新建构激励机制,对资源使用者和资源管理者有利于促进资源可持续利用的行为都应当予以奖励,例如,视其贡献大小和革新效果来决定是否继续给予资源使用者入渔权和是否继续赋予管理者管理权。

渔业资源现有管理模式所赖以存在的产权制度的局限性是,这种产权制度并没有明确指定对生态系统所提供的全部产品和服务的要求权,这意味着有关"谁可以对使用权提出要求或如何行使这一权利"的问题都是不明晰的。除了针对濒危种类的立法外,产权和入渔规则仅适用于为销售或休闲目的而进行的捕鱼活动,忽略了鱼类种群所提供的其他服务。一般情况下,"非人类捕食者"对被捕食者的权利(the rights of non-human predators to prey),生物种群对遗传多样性的权利(the rights of populations to genetic diversity),或生态系统对特定水平的生物多样性的权利(the right of the ecosystem to a given level of biodiversity),都未得到明确。结果,如缺少适时的反馈机制和反应机制,就有可能阻碍监测活动的正常进行。

四、渔业治理的合法性问题

渔业管理要求资源使用者以及被排除在外的那些人服从管理。反过来,被管理者服从管理的程度则取决于管理制度被视为合法的程度(即被管理者对管理合法性的认可程度高低),管理合法性是建立在"内容正义"(规则内容公平)和"程序正义"(立法过程和管理过程公平)的基础上的。管理合法性要求管理组织及其行使职能的程序、法规内容、执法方法和结果分配都必须被视为是公平的。资源使用者的预期往往都是在资源具有较高生产力的时期形成的,治理范围发生变动必然会对分配效果产生影响,并有可能削弱管理过程的合法性。当新的管理范围改变了资源的现有利用模式时,因被视为不平等而产生的问题就有可能变得极为严重。如果因无法接受管理结果而怀疑过程的合法性,人们就有可能产生推翻已形成的政策或阻止政策落实的强烈动机。

影响合法性的一个最重要方面可能是程序上的,这是因为一个问题的正确答案往往因人而异,因组织而异。在这种情况下,程序往往是人们唯一能达成一致的地方。而一旦在程序上达成一致,则无论结果如何,人们一般都会接受这一程序带来的结果。因此,如果要有效地管理冲突和控制寻租行为,所应用的管理程序就必须是人们所认可的"公正"程序。

五、渔业治理效率

渔业治理效率取决于实现管理目标的成本有效性。正如前文所述,管理的成本有效性取决于对交易成本的控制,而交易成本的大小又受到管理范围(management scope)与管理结构的影响。管理范围的频繁改变引起不确定性,不确定性势必缩短时间范围,将资源引向管理目标界定中的干预竞争,引起对附加信息的要求,以及增大商谈成本。僵化的管理结构延迟了对环境信号的处理,降低了对外在变化作出适应性反应的能力,倾向于导致连续的、代价高昂的"管制层化"(the layering of regulations)。

第五节　强化海洋渔业治理

上述分析表明,全球海洋渔业治理水平还远远不能满足渔业可持续发展的要求。一方面,在专属经济区扩大到涵盖了全球大部分大陆架以后的20多年来,全球各地渔业普遍面临着种群衰退甚至枯竭、渔获量下降和资源利用冲突加剧的问题,人类的其他各种海洋活动客观上加剧了上述问题的严重程度。另一方面,在专属经济区制度实施以后,特别是在国家层面上,渔业治理范围和渔业治理结构一直表现出与其理想特征相反的方向发展的趋势,即治理范围一直都在变化而非保持稳定,治理结构一直呈现出僵化而非适应性的状态。渔业治理缺陷通过生物资源的过度利用、经济生产力损失、不公正的过程与结果而表现出来。渔业治理缺陷源于治理范围与治理结构的理想特征与现实状况之间所存在的差异。渔业治理失灵导致了在国际层面上极力主张应用可持续管理概念,而在国家层面和国家内部地区层面上则应用可供选择的治理结构和过程来检验这一概念的实验。

通过剖析渔业治理内部的运行机制及其与上述问题的关联性,上文阐明了"正是渔业治理方式的根本性缺陷才导致了渔业面临着不可持续发展的问题"这一主要观点,同时表明完善海洋渔业治理的基本要求并没有得到满足,因为渔业治理在范围和结构上都存在着缺陷。尽管渔业治理缺陷的特定表现形式因渔业和地理政治区域(geopolitical regions)不同而有所变化,其实质却完全相同,渔业治理应当协调好制度规则(institutional rules)与渔业参与者个体行动的关系。具体地讲,渔业治理应当更好地发挥如下作用:(1)整合代表各种不同类型的养护和利用要求的多重目标,使渔业参与者个体的时间偏好与社会整体的时间偏好保持一致,准确发出反映资源稀缺程度的信号并有效地作出适应性反应;(2)通过采纳普遍接受的公平性准则和遏制有害的投机行为来提高渔业治理合法性;(3)尽量降低并合理分摊渔业治理成本。由于治理范围和治理结构方面存在诸多问题,渔业治理目前还未能实现上述目标。因此,无论是在国家层面,还是在国际层面,渔业治理的改进都取决于是否能够确立一个长期稳定的治理范围和构筑一个灵活高效的治理结构。

一、强化海洋渔业治理的要求

稳定海洋渔业治理范围必须首先确立适当的管理决策范围,因为管理范围反映了有关渔业资源在不同时期的贡献之公共价值和预期。在这一方面,公众可能会有多种选择,每一选择都体现了必须分配到每一生物物理、经济和文化背景的权衡取舍。除了多种目标的定义外,稳定海洋渔业治理范围还要求,当面对将渔业资源作为一种吸收过剩资本和剩余劳动力的压力时,应保持治理范围的相对稳定性。在国际社会围绕更为重要的议题进行协商的过程中,稳定治理范围同时也要求抵制将渔业资源作为一种"人质"资源("pawn" resources)的诱惑。在国家层面上,明确界定和稳定的治理范围能够使国际渔业治理谈判变得更为透明,改变目前普遍缺乏透明的状态。

构建灵活的治理结构也必须首先在区域或国家层面上进行。治理适应性的一般性设计要求是人所共知的,但是其特殊要求必须反映出这些要求的适用背景。我们知道,当建立在明确定义的参与和决策规则、明晰的产权、权利与责任紧密相关、激励与行为和结构高度相容、鼓励信息发布、监测与反馈联系紧密和交易成本得以控制的基础上时,治理结构倾向于更具适应性和顺应力。这些要求清晰地表达了"可持续治理的里斯本原则"(the Lisbon principles of sustainable governance),但权衡取舍的结果则极有可能限制上述原则的同时应用。

二、强化海洋渔业治理所面临的挑战

要满足强化海洋渔业治理的上述要求还面临着许多现实挑战。就海洋渔业内部而言,应了解全球渔业资源的现有状态是否在国家内部的地区层面、国家层面或国际层面上对渔业治理形成挑战。渔业资源的稀缺性减少了渔业参业者的选择机会,这意味着当资源衰退时将捕捞力量转向其他渔业这一传统的反应模式不再能够成为一种选择。过剩的捕捞压力仍然保留在资源业已衰退的渔业内部,从而形成了首先必须满足短期需要的压力。当每一种资源都是按照最大可能的短期产量来管理时,稀缺性增加了对信息的需求。此外,参与渔业治理的要求正在发生变化,特别是在国家内部的地区层面上,将渔业管理权力从中央政府下放到地方的呼声日益高涨。在某些情形下,渔业从业者获得了更大的管理责任,但并没有获得与信息收集与发布、评估或协商有关的技能。结果,渔业管理成本提高了。

强化海洋渔业治理也面临着一些外部挑战。随着渔业生产的下滑和国民经济的扩张,渔业在国内生产总值中所占的份额越来越小。渔业经济重要性的降低意味着渔业政治影响力的下降,政府势必减小对渔业治理基础设施的资金支持力度。此外,发达国家公共价值观的变化越来越倾向于支持渔业资源的非消费性利用,而现有渔业治理体制还没有很好地适应这一转变。最后,水产品国际市场的扩大加大了水产品产地与消费地之间的距离,进一步分散了渔业治理控制点。

第四章　渔业管理范式及其制度效果分析

　　生物资源是可更新资源，即一种存量（种群规模）能够得到补充的资源。生物资源也是具有交互性的资源，其资源存量的大小是由生物因素和与其相关的社会活动共同决定的。种群规模的大小，反过来又决定了资源的未来易得性，而人类行为决定了这些资源在不同时空范围内的流量。由于流量的大小并不纯粹是一个自然现象，因此不同时期和代际之间的最优利用速率也就成为公共政策必须考虑的关键问题之一。①

　　20世纪70年代早期，Lester Brown(1974)指出，全球渔获量已开始下降并将因此引起新一轮鱼品短缺，这一报道在全球范围内引起了极大的反响。尽管总渔获量的下降已被证明只是暂时的，但是，在20世纪70年代，渔获物增长并没有与全球人口的增长保持同步。近年来，人们更关心的是，一些特别有价值的鱼类的种群规模急剧下降，但是，全球总渔获量的数字却掩盖了这一现实，因为像鳕鱼、鳙鲽和黑线鳕(haddock)等一些鱼种的渔获量下降，被人们还不太熟悉且价值较低的种类之渔获量增加所抵消。分析造成特定鱼类渔获量下降的原因是非常重要的，这是因为鱼类不仅仅是人类的重要动物蛋白来源之一，更重要的是，解决好与渔业管理有关的问题，能够为更广泛的共有财产生物资源的管理提供极具价值的经验教训。②

　　本章将分别考察渔业管理的主要措施，特别是我国渔业管理所采取的基

---

　　①摘自笔者的读书札记。
　　②可更新资源不等于永久性资源，如果利用和管理不当，也有可能枯竭。一般而言，此类生物群落的生长或衰退取决于其群落的规模大小，假如人类的活动使某一群落的规模降低到其临界点以下，该种类就可能灭绝。尽管是一个重要问题，但生物种群枯竭问题却不是可更新资源管理中唯一关键的问题。如果种群枯竭是唯一关键的问题，那么公共政策就可能集中在如何避免种群枯竭，而不考虑公共政策本身可能引起的其他后果。

本措施之基本理念和制度绩效。由于本书特别注重考察基于权利的渔业管理，因此，对产出控制的分析将集中在总可捕量制度与个别可转让配额制度的比较上。其中，对总可捕量制度的分析将在本章进行，而对个别可转让配额制度的分析被置于第六章。此外，由于我国现有渔业管理所依赖的主要是技术性措施和投入控制，特别是捕捞许可证制度和伏季休渔制度，因此，为了便于读者分析我国现有渔业管理制度的效果，本章从理论和实证角度分别介绍了技术性措施——特别是禁渔（包括禁渔区和禁渔期）制度的效果和投入控制（特别是捕捞许可证制度）的效果。对其他类型的管理措施虽有所涉及，但不作为分析重点。本章第一节运用经济学的观点考察了与渔业管理有关的一些关键性问题，第二节介绍了评估渔业管理措施之制度效果的一种分析方法，第三节、第四节和第五节运用第二节介绍的方法分别考察了技术性措施中有关禁渔制度、投入控制（特别是捕捞许可证制度）和产出控制（特别是总可捕量制度）的特点与制度绩效。

第一节 渔业管理的经济学透视

一、渔业经济绩效的最大化问题

经济学家倾向于认为，政府应干预海洋渔业资源利用的基本理由在于，渔民个人和团体的决策结果往往导致渔业资源的经济学过度利用（economic overexploitation）。正如前文提到的，对于自由准入渔业，因为每一渔民都没有为资源利用支付费用，所以渔民倾向于把资源利用到这样一种程度，即进一步加大资源利用程度也不会带来任何额外收益。这样也就排除了其他渔民从同一资源利用中得到更大收益的可能性，同时也抑制了渔民保护资源、确保其未来丰度和生产力的积极性。

海洋生物资源养护和管理的一项基本任务在于提高渔业经济绩效。渔业经济绩效最大化的两个必要条件是：第一，现实边际净收益等于因当前作业而必须放弃的未来边际净收益；第二，所有渔民的现实边际净收益（考虑到对其他渔民所造成的外部成本并加以调整后的净收益）都是相等的。

条件一反映了如下事实：只要降低当前阶段的渔获努力量水平所带来的未来净收益增加量能够抵消当前净收益减少量，就能够提高各捕捞时期的净收益之和。若未来净收益增加量无法弥补当前净收益减少量，就应停止降低当前渔获努力量水平;若当前边际净收益高于所放弃的未来边际净收益,提高当前渔获努力量水平就能够增加各时期渔业净收益之和。因此,按照条件一配置各时期渔获努力量水平,任何渔民的收益状况都不可能变得更好,即达到了帕累托最优的资源配置水平。

条件一还表明,一国要实现渔业经济绩效的最大化,就必须把种群规模维持在使其自然生长率等于该国利率加成本红利的水平上。换言之,海洋生物资源可被视为一种能产生经济回报和红利的有价资产(asset),因为种群规模的增大可使捕获等量渔获物花费更低的捕捞成本。如果回报率和红利之和大于该国其他类型资产能够产生的利息,就可以通过对该资产投资以促其增长来提高经济绩效。只要遵循这一原则,资产所有者就能够增加财富,提高经济绩效。同样,海洋生物资源也具有回报率和红利,如果两者之和大于国内利率水平,资源所有者就应当把过剩资本和人力资源转向其他经济领域,使海洋生物资源获得充分生长的机会,以提高资源价值。相反,如果海洋生物资源回报率和红利之和低于国内利率水平,就可以加大利用程度,减少种群规模,把所获得的部分或全部收益投资于其他产业,从而提高该国经济作为一个整体的绩效。

在决定如何选择各时期捕获率最优路径(the optimal path of harvest rates)和最优种群规模方面,管理机关、管理过程或整个社会的"时间偏好"(time preference)发挥着重要作用。时间偏好反映了单位货币(比方说100元人民币)的相对价值,例如,今天的100元人民币通常比一年后的等量人民币具有更大的价值,经济学家用"贴现率"这一概念来衡量时间偏好。低贴现率意味着未来价值没有被贴现,未来价值几乎等于现值。例如,零贴现率意味着100元人民币在未来任何时期的价值都等于其现值。相反,高贴现率则意味着未来价值被大量贴现,结果未来价值大打折扣。例如,当贴现率高到一定程度,一年后100元人民币的价值可能仅相当于今天一分钱的价值。

假如管理机关愿意用今天100元的损失去换取未来100元的收益,在人民币贴现率为零的情况下,种群能够达到的长期规模就会比当贴现率为正值时的长期规模大。零贴现率也能使种群很快得到恢复,因为当前牺牲越大,未来收益也就越大。如果贴现率大于零,管理机关就可能不愿意牺牲今天的100元去换取未来的100元收益,种群恢复过程就会相当缓慢,而种群的长期规模也会比在零贴现率情形下的长期规模小得多。

有很多原因可以解释管理机关为何往往表现得好像存在很高的贴现率一样。由于种群当前规模和未来规模、市场、技术等均存在不确定性和信息不完整性,因此,渔业管理者和渔民往往不愿意为不确定的未来收益而牺牲当前收益。此外,渔业管理目标往往不是或者不单纯是实现最大经济绩效,例如为保持更大的渔业就业以减轻就业压力,或在当前获得更多的渔获物以满足市场供应或出口换汇等需要。当同时面对许多相互冲突的政策目标而又很难作出权衡取舍时,渔业管理者往往更重视现有收益,牺牲未来收益。

另一方面,上面所提到的条件二则表明,如果个别渔民的边际净收益超过其他渔民的边际净收益,就需要在渔民之间重新分配渔获努力量。将更大的渔获努力量分配给那些能获得较高边际净收益的渔民,相应地减少那些边际净收益较低的渔民的渔获努力量,就能够提高整个渔业在这一时期的总净收益水平。因此,当条件二得到满足时,整个渔业在这一时期的总净收益就能达到最大化。考虑到同一时期的渔具冲突和其他外部效果,计算个别渔民的边际净收益时,必须减去该渔民对其他渔民所造成的外部成本。

管理机构往往并不采用直截了当的方法来满足条件二。当不存在渔具冲突和其他同时发生的外部性时,某些管理措施就能够满足条件二。但是,各国现行的许多个别可转让配额管理(ITQs)制度往往只关心渔业利益分配,无法或不愿意充分满足这一条件。

二、过度投资与过度利用的经济学解释

大部分海洋生物资源都处于自由准入状态,因为没有任何一位渔民有权排除其他渔民利用此类资源的任一部分。从渔民个人的角度看,如果让本来可以马上捕到的鱼继续留在海里生长和繁殖,他就必须承担鱼被其他渔民捕走的风险。换言之,由于不享有渔业资源利用的排他性权利(exclusive rights),渔民缺少为未来利用而养护资源的必要诱因。因此,正是海洋生物资源的自由准入性质(事实上或法理上的无财产性质),才是导致海洋渔业经济绩效不良和渔业资源生物学过度利用(biological overexploitation)的根本性原因,正如本书前述部分所反复阐明的。

即使采取了诸如捕捞许可证制度一类的有限准入措施,海洋生物资源的过度利用问题仍然有可能发生,这是因为允许特定部分的人利用海洋生物资源,实际上等于把资源从自由准入状态转化为共有财产资源。如果享有这一共有财产资源使用权的渔民相互合作,制定并严格遵守一套行之有效的利用规则,就有可能解决资源过度利用问题和避免资源利用冲突。但是,正如 Olson(1965)所指出的,除非构成某一集团(可以把持有捕捞许可证的渔民看做一个集团)的人数很少且相对同质,或除非存在强制性或其他特殊机制迫使个人为集团的共同利益服务,理性、自私的个人绝不会为实现其集团的共同利益而自觉行动。由于构成渔民这一集团的人数之多和构成成分之复杂,奥林匹克式的抢捕心理和行为势必泛滥。因此,即使采取了有限准入措施,如不能改变事实上的自由准入,海洋生物资源的过度利用也很难避免。

一般而言,海洋生物资源的产权缺位必然诱发渔民竞争性捕捞的心理与行为,每个理性渔民都会想方设法抢在其他渔民之前捕到更多的鱼,直到种群规模降低到无法弥补捕捞作业之可变成本的规模以下。渔民之间相互竞争的结果,降低了海洋生物资源的未来利用价值,从这个意义上说,每一渔民的捕捞活动都会对其他渔民或其他类型的资源利用者施加"外部成本"。也就是说,由于渔民并没有为利用海洋生物资源而支付机会成本,他们倾向于"太多地"利用这一资源;由于捕捞的实际成本低于其真实成本,捕捞纯收益高于其真实利润,所以导致"过多的"人加入到捕捞行业,并诱使原有渔民不断增加渔获努力量,最终导致捕捞能力超过能够提供最大经济回报的水平。

因此,海洋生物资源利用的自由准入必然导致渔业过度投资和资源过度利用。如果捕捞能力低于自由准入条件下的渔获努力量水平,就能够提高所有渔民和消费者在各个时期所获得的纯收益之和。从这个意义上讲,渔业自由准入的结果必然是渔业经济绩效低下和资源浪费问题严重。在这种情况下,降低渔获努力量水平就能够提高渔民整体的未来纯收益,且未来纯收益的增加程度将超过因渔获努力量的下降所造成的当前纯收益的下降程度。

在自由准入条件下,渔民为获得更大的渔获物份额而相互竞争,捕捞竞争导致捕捞季节缩短到能够提供最大经济回报的期限,且捕到的鱼往往又太小或质量太差。为了获得竞争优势,渔民被迫增加投资,以便加大渔船规模、改善渔船、渔具性能和采用更加有效的捕捞技术,其结果必然是渔业投资过度。

受渔业自由准入性质影响的不单单是捕捞行业自身,与其相关的加工、运输、批发和零售业以及消费者也会受到影响。渔民竞争捕捞导致渔获物短期内大量上岸,为了适应定期出现的"脉冲式"上岸方式,大量投资沉淀在水产品加工、储存、运输设施和设备上。结果,这些部门的设施经常出现"旺季供应不足、淡季大量闲置"的情况。水产品批发商、零售商和消费者则会发现,鱼的供应,特别是鲜鱼和活鱼的供应,总是呈现出"短期供应过剩、长期供应不足"的局面,而水产品长期储存的结果极有可能导致质量下降,市场价格下跌。

因此,只要渔业资源利用处于自由准入状态,无论是事实上的,还是法理上的,渔业过度投资和资源过度利用都将在所难免,渔业经济绩效也就必然低下。如果要实现渔业绩效和确保海洋生物资源的可持续利用,所采取的制度安排就必须具备这样一个必要条件,即能够避免资源利用的自由准入状态,从根本上消除渔民的竞争性捕捞心理和行为。

三、渔业外部性及其挑战

即使渔业经济绩效最大化是渔业政策和管理的首要目标,现实渔业的许多复杂因素也是渔业管理者必须面对的重大挑战,尤其是多种类渔业问题(包括兼捕和渔获物的丢弃现象)、不确定性和信息不完全性以及不完全管辖和多重管辖。

1. 多种类渔业、兼捕与低值渔获物的丢弃

多种类渔业是渔业管理必须应对的一种特殊挑战。当捕捞混合种类的渔具缺乏选择性时,就很难分别控制每一种类的捕捞死亡率。例如,要有效管理使用同种渔具捕获由生长速度不同的种类所构成的混合种群,渔业管理者就必须协调好生长快与生长慢的种类的利用速度。但是,由于渔具往往缺乏选择性,生长慢的种类的配额往往很快就会用完,在这种情况下,渔业管理者往往被迫提前禁渔,即使生长快的种类的大部分配额还没有用完。

渔民在捕捞过程中经常会捕获到非目标种类,渔业管理者把这一现象称作"兼捕"。兼捕(或者说副渔获物)指的是"由于直接与渔具接触所造成的无意识捕获或杀死海洋生物资源的行为"。这是一个晦涩的概念,因为它将不同的问题结合到一起,包括技术或渔具的无效率选择(丢弃低于规格的商业捕捞或休闲渔业捕获的种类)、在竞争性渔业中对捕鱼权的事实上的诉求以及纯粹是对不具有经济价值的"垃圾鱼"、受保护种类(例如哺乳类中的鲸鱼、海豹和海豚)、濒危种类(例如所有的海龟类)和海鸟的偶然捕获。Alverson 等(1994)估计,按质量估算,全球范围内每年所丢弃的渔获量的数量高达全球商业渔获量的四分之一。影响兼捕的主要因素有两个:一是鱼被捕获的方式,包括渔具选择性、一天或一个季节中的某段时间、渔场特点、渔船的捕捞能力、管理机制以及渔民的经济状况和所处的社会环境;第二个因素是不同种类在一起被发现的方式。

造成兼捕的原因包括渔法和渔具的选择性能差、渔民故意使目标种类的实际渔获量高于其实际上岸量或渔民无法避免,特别是当他们认为无法以可接受的成本捕捞非目标种类或低于规格要求目标种类。当兼捕使这些鱼类失去了本来更有价值的用途,或当兼捕量过大以至于无法对总捕捞死亡量作出正确评估时,渔业管理者就必须采取适当方法解决兼捕问题。当兼捕主要是由低规格目标种类(生长到一定规格后,其商业价值往往更高)所构成且要避

免捕捞这些低规格的目标种类的成本又很大时,兼捕就可能成为一个非常棘手的问题。

但是,零兼捕量不一定是适当的,衡量减少兼捕量所带来的收益应考虑到需要花费的成本。在计算减少兼捕量的收益和成本时往往会出现这种问题,即渔民与更关心渔业社会价值的渔业管理者的计算结果往往不相一致,特别是当渔民仅承担避免兼捕发生的成本但不承担兼捕所带来的全部成本时,这种差异会更为明显(OECD,1997)。例如,捕虾渔民可通过放慢拖网的速度来减少对红鳍笛鲷(snapper)幼鱼的兼捕量,但这样做将减少虾类渔获量,渔获量价值的减少实际上等于该渔民为减少红鳍笛鲷幼鱼兼捕所花费的成本,而红鳍笛鲷幼鱼的死亡并不会对他的捕虾收益带来任何直接影响。但是,对于既要管理虾类,又要管理红鳍笛鲷的渔业管理者,他就必然要衡量减少对红鳍笛鲷幼鱼的兼捕而获得的收益是否大于减少虾类捕捞过程中对红鳍笛鲷幼鱼的兼捕所花费的成本。①

兼捕问题可通过如下管理措施来解决:兼捕种类的强制上岸,即不允许渔民在海上丢弃渔获物;针对兼捕率超过规定水平的渔场实施禁渔,例如设立禁渔区,或针对兼捕高发季节实施季节性禁渔,例如设立禁渔期;强制使用或采用各种措施鼓励渔民使用选择性渔具;鼓励渔民自己制定自愿性质的捕捞行为守则;确定总可兼捕量;开发有效利用兼捕种类的加工技术,例如用兼捕种类做鱼饵、宠物饵料或者生产鱼粉等;运用各种手段,包括经济手段例如对兼捕实行收税制度,鼓励渔民减少兼捕(OECD,1997)。应当认识到,实施此类措施可能加大作业成本,渔民有可能因此拒不遵守管理规定,所以渔业管理机构应加大监管和执法力度。某些限制措施,例如总可兼捕量制度,要求与有效的监管制度和分析方法配套使用。

多种类渔业管理面临的另一挑战是渔获物的海上丢弃问题。由于有些渔获物的价值较低或渔船承载能力制约等原因,渔民往往在海上丢弃低值渔获物,而不是让所有渔获物都上岸,这就是渔业管理者常说的"丢弃"。诸如渔船航次渔获量限制(vessel catch limits per trip)、渔获物最小上岸规格限制或禁止特定种类的渔获物上岸等管理规定也可能导致渔获物海上丢弃的发生。

由于渔业管理措施本身内含特定的激励机制,因此有些管理措施更易导致渔民丢弃过多的渔获物。有研究表明,个别可转让配额(ITQs)制度倾向于

---

① 可采用这样的衡量标准,即假定避免兼捕发生的边际成本等于被兼捕种类其他用途的边际价值。

导致渔获物丢弃量高于社会最优水平,配额市场价值降低了保留这部分渔获物所能获得的收益;而自由竞争渔业则倾向于使渔获物海上丢弃保持在最优水平(OECD,1997)。但是,选留优质鱼类而丢弃低值鱼类的渔获物优化现象必然导致作业成本的增加,因此,只有当预期收益大于选留过程和重新捕获到合乎品种、规格要求的鱼类所发生的成本之和时,包括时间的机会成本和被发现后可能的罚款数量或其他惩罚的程度,渔获物高级化行为才可能发生。1990年在美国举行的一次关于各种不同的管理手段对兼捕、共捕(joint catch)和丢弃行为之影响的研讨会上,与会学者一般认为,对解决这些问题而言,ITQs制度和其他管理手段之间不存在孰好孰坏的关系。除了在太平洋鳙鲽渔业中存在一些证据表明ITQs管理制度能够明显降低"规制性丢弃"(regulatory discards)以外,很难再找到其他与该项管理措施究竟是否可以提高渔民养护资源积极性有关的资料。当渔民能控制渔具选择性时,ITQs制度管理下的渔业发生渔获物海上丢弃量,可能高于也可能低于自由竞争渔业的丢弃水平(Arnason,1995)。

等级配额(quota by grades)制度可起到抑制渔民丢弃渔获物的作用,税收或渔业补贴政策也可以用来矫正这一外部性(OECD,1997)。加强监管和执法能够起到防止渔获物丢弃发生的作用,但因需要派遣海上观察员,执法成本往往很高。

2. 波动、不确定性与信息不完全

从种群规模、质量和地理分布到渔业产量、市场形态和趋势,渔业系统各构成要素普遍存在着不确定性问题,加大了渔业管理的复杂程度。作为对环境条件年周期性变化的一种反应,鱼类种群随时间的推移发生周期性波动。许多重要商业渔业发生波动的主要原因在于种群补充的高度不稳定性,种群状态的不确定性给渔业管理带来许多困难,因为要正确估计捕捞死亡量,就必须能够对种群丰度作出准确评估。例如,要对第 $t+1$ 年的捕捞死亡值进行理论预期,一般的做法是在前一年(即第 t 年)中期对资源状况进行调查,并参照第 $t-1$ 年的数据对种群丰度作出评估,在此评估基础上再确定第 $t+1$ 年的捕捞死亡期望值。如果具有较高捕捞死亡率的种群非常依赖新的补充群体,那么利用 $t-1$ 年的数据对 $t+1$ 年的补充群体进行估计(特别是当补充群体处于一龄或两龄时)就很难得出正确的评估结果。

此外,渔民出海作业也始终面临着不确定的渔获率、天气状况、市场价格以及渔船和设备的实际性能,水产品加工者和经销商所面对的是不确定的渔获物质量、市场偏好和价格,而消费者对水产品的质量(特别是食用水产品后是否会危害健康)尤其没有把握。Hannesson(1984)观察到渔业管理本身也是形成不确定性的一个来源,而 Frost(1984)则通过欧洲经济共同体在 20 世纪 70 年代后期所实施的挪威 Pout Box 政策(the EEC's Norway Pout Box Policy)具体说明了渔业管理本身所存在的不确定性。另外,像石油污染一类无法提前预见的外部事件也可能对渔业资源造成严重的直接损害,并可能直接降低水产品的消费量。

对上述不确定性的反应势必对渔业系统的各环节带来复杂的反馈影响。显然,在这种情形下,要确定任何一种管理措施(无论是产出控制、投入控制,还是技术性措施)的可接受或适当程度,都是非常困难的。更有甚者,大部分渔业管理人员在决策分析和不确定性的条件下的决策科学方面都没有受过相应的正规训练[1]。Clark(1985)认为,把正规决策分析用于渔业管理将有助于弥补渔业管理部门和渔业行业之间所存在的分歧,因为这种分歧产生的原因在于两者从不确定性的存在中得出了相反的结论。他进一步建议,有必要通过立法,要求把决策分析方法直接应用于渔业管理决策的制定过程。粮农组织 1995 年达成的《执行 1982 年 12 月 10 日联合国海洋法公约有关跨界鱼类资源和高度洄游鱼类资源养护和管理条款的协定》中所提到的"预防的方法"[2],显然是向着 Clark 所建议的方向跨出了重要一步(同时参见第三章第三节第四部分的内容)。

3. 不完全管辖和多重管辖

人类社会所划定的政治边界对鱼类是没有意义的。许多渔业资源的利用活动都发生在两个以上管理机构的管辖边界内,或者发生在不受任何管理机构管辖的海域内,例如部分公海渔业资源的利用活动。但是,渔业管理的这一特点并不仅仅局限于国际边界,例如,我国许多海洋渔业资源的地理分布都跨越了各省和中央政府的管辖边界。在澳大利亚,联邦政府和州政府就分布在联邦管辖水域和州管辖水域之间 3 海里的渔业资源的管理权限问题达成相关协议。在美国,3 海里以内的渔业资源一般是由各州管理,但设立特定的渔业

---

[1] 关于如何利用决策分析和解决渔业管理问题,Walters(1986),Hilborn 和 Walters(1992)的著作都作了很好的介绍。

[2] 关于实施预防的方法,《执行 1982 年 12 月 10 日联合国海洋法公约有关跨界鱼类资源和高度洄游鱼类资源养护和管理条款的协定》的原文是这样的:"...States shall...improve decision-making for fishery resource conservation and management by...implementing improved techniques for dealing with risk and uncertainty."想更多地了解与预防的方法有关的问题的读者可参阅粮农组织 1995 年发布的"Precautionary Approach to Fisheries—Part I: Guidelines on the Precautionary Approach to Capture Fisheries and Species Introduction". (FAO Fisheries Technical, 350, Rome)

管理委员会来处理跨管辖区域的渔业资源管理问题。尽管采取了诸如此类的制度安排,多重管辖的存在仍然可能使渔业管理任务变得异常复杂,并可能极大地弱化管理措施的实际运行效果。

四、渔业动力学及其应用

1. 渔业动力学

动态,或者说变化,是渔业系统自身的固有特征。任何对渔业基础条件的冲击,或渔业基础条件发生的任何转变,都会迫使渔业自身作出一系列相应调整来适应变化了的条件。但是,只有当渔业出现明显调整的时候,人们才有可能辨明渔业管理措施对渔业绩效所产生的实际影响。因此,为正确判断渔业管理措施的实际效果,渔业科学家往往采用生物经济学分析方法对渔业运行过程进行诊断。为了分析特定管理措施对渔业造成的影响,渔业管理者应尽量考虑到已采取此类管理措施的渔业发生过的所有明显的动态调整,以便确定哪些影响是由此类管理措施引起的。

因为渔业系统是动态的,所以必须考虑到渔业随时间推移所发生的变化。渔业管理者常常采用两种明显不同的概念来分析和描述渔业随时间推移所发生的变化,即:(1)短期均衡和长期均衡(changes in the short-run and long-run);(2)短期变化和长期变化(changes in the short-term and long-term)。这两种概念之间的差别在于短期变化和长期变化是以实际的日历时间衡量的,而短期均衡和长期均衡则取决于渔业系统是部分处于均衡状态,还是全部处于均衡状态,也就是说,短期均衡意味着渔业系统只是部分地达到均衡,而长期均衡则是指整个渔业系统达到了均衡。

当应用生物经济学理论来解释特定渔业迹象时,因无法确切掌握渔业系统的哪些部分在特定时点上是否处于均衡状态,所以学者们采用了短期调整和长期调整来描述渔业调整所表现出的特征。快速生长型种类可能在数月内便达到生物学均衡,而生长缓慢型种类则需要数年才能达到,而大部分渔业都不断地受到各种内部和外部力量的"干扰"(perturbation),例如市场条件变动、技术进步、气候和盐度变化等。

短期和长期均衡这一术语用以描述渔业系统的预期变化趋势。渔业受到干扰(例如实施一项管理措施)的结果取决于均衡发生时渔业系统是部分还是全部处于均衡状态,取决于渔业系统哪一部分正趋近于长期均衡状态,干扰所产生的结果往往会有很大的差异。例如,当渔业系统正处于适应较低种群规模的过程时,一项新的管理措施实施后种群规模也有可能继续下降。但是,如果此项措施是有效的,种群将不会降低到不采取此项措施时的规模。相反,当种群正处于长期均衡状态时引入了一项新的管理措施,如果有效,种群规模将会因该措施的实施而增大。下文对渔业管理措施的实施效果所作的理论预期基于如下假定,即当实施管理措施时,渔业系统正处于或趋近于长期均衡状态。但是,为适应各种影响,渔业实际上通常都不会处于长期均衡。下述对实际渔业证据的分析试图考虑到其他影响,以便分离渔业管理措施对渔业系统所产生的实际效果。

2. 短期均衡与长期均衡概念的应用

让我们假定某一渔业处于自由准入状态,正如前文所分析的,希望进入该渔业的所有渔民都可以进入该渔业并从事捕捞活动。个别渔民进入该渔业的时间很长,以至于所增加的捕捞收益超出了所追加的捕捞成本。为了提高利润水平和(或)增强竞争能力,一旦进入,每一渔民都可能不得不增加其渔获努力量水平,直到边际净收益为零,即捕捞利润为零。渔民一般不会将捕捞能力增加到超出这一点的水平,因为这意味着追加成本将大于所增加的收益。

如果与该渔业有关的经济、生物和物理环境条件仍然相当稳定,那么,从业渔民数量、渔获量水平以及资源种群的状态也将趋于稳定,其他渔民不会再进入该渔业,因为由此而增加的净收益不可能抵消所追加的成本。渔民总数及其渔获努力量和渔获量水平,共同决定了该渔业整体的渔获努力量和渔获量水平。在这种情况下,我们就说该渔业系统达到了长期均衡。在均衡状态下,由于渔获率(the harvest rate)刚好被种群自然增长率所抵消,因此,种群规模将趋于稳定。同时,船队规模也将趋于稳定,因为边际渔民(the marginal fishermen)的捕捞收益刚好抵消其作业成本,结果,从事捕捞作业无法赚取到利润,但也不会赔本。此外,也不会有任何渔民改变其渔获努力量水平,因为每一渔民的现有作业水平都维持在能够获得最大利润的水平上。

让我们进一步假定,市场对渔业渔获品种的需求出乎意料地增加了。结果,由于出现了调整和变化的趋势,整个渔业的长期均衡状态突然被打破了。在现实渔业中,许多调整可能同时发生,有些调整可能比另外一些要快些。究竟该渔业哪一部分调整得快些和哪些部分调整得慢些,将取决于特定渔业的实际情况。要分析一般渔业对需求增加的反应,首先应确定哪些调整首先发生,哪些调整随后发生,这就需要应用短期均衡的概念。短期均衡意味着渔业某些部分被假定为保持不变,尽管这些部分可能已不处于均衡状态。

我们还假定资源种群和船队规模短期内是不变化的,尽管允许其他调整发生。这一假定虽然有些武断,但并不是对所有渔业都不适用。例如,生命周期短、生长速度快的种群倾向于对渔获努力量增加作出快速反应。如果正在其他渔业从事作业的渔船能够很容易地改变所运用的渔具和作业场所,该渔业的船队规模就有可能迅速发生变化。但是,上述假定对大部分渔业都是适用的。

现在,让我们回到先前的分析中,即需求增加,但资源种群和船队规模却保持不变。需求增加将提高渔获物价格,每一渔民因此都有可能增加其渔获努力量水平。新增加的渔获努力量将导致上岸量的短期增加,原先只能赚取到零利润的边际渔民开始赢利。上岸量和利润水平的增加将诱发两种长期调整,即新增加的渔获努力量和上岸量将压低资源种群的规模,而利润的增加将吸引新的渔民进入该渔业。结果,该渔业将趋向于新的长期均衡,使种群规模变得更小,捕捞船队的规模更大。该渔业的总渔获努力量将增加,如果在价格提高以前,该渔业的资源种群已被利用到超过其最大可持续产量的水平,上岸量将下降。随着时间的推移,我们可以预期该渔业的总渔获努力量和船队规模将呈稳定增大的趋势,而种群规模将不断下降,上岸量将在初期增加但随后开始减少,渔获物价格将首先大幅提高,随后适度提高,再到后来价格将随着上岸量的减少而进一步提高。现实渔业中,这些趋势有可能在几个月或几年内显现出来,取决于特定渔业的实际情况。

五、制度安排、激励效应与渔民行为

一切社会的经济问题都有着相同的根源,即同人类的欲望相比,可供人类选择的资源是稀缺的,渔业活动也不例外。随着社会集团的发展,社会活动在两个层次上包含着人与人之间的相互作用,第一层是制度的发展、改进和详细规划,第二层是在现行的制度构架下进行的社会相互作用。前者与游戏规则相关,旨在控制人与人之间对与资源稀缺问题的相互作用,后者决定了游戏本身的形态。游戏规则在很大程度上了决定游戏的玩法及游戏的结果,这是因为不同的制度安排有着它们各自的激励结构,从而对人类行为产生特殊的和可预期的影响,并进而影响到资源的配置和创新的进程。

新制度经济学的研究表明,制度,特别是产权制度直接影响着稀缺资源的配置,并进而影响着经济活动的效率与效果。虽然制度不是决定资源配置与经济绩效的唯一因素,但却是一个非常重要的因素,是分析市场经济体制好与坏的一个"分水岭"。基于各种历史的、政治的、社会经济的原因,也由于对社会经济问题及其解决方法的认识上的差别,致使全球各地形成了各种不同的决定如何分配和使用资源的制度结构。依此同样可以解释围绕渔业资源的分

配、使用和管理所形成的各种制度安排。

有关制度的最简单和最有效的说法是"制度非常重要",用张五常的话讲就是,制度通过对资源、价格和决策者的约束来影响人们的选择集合,亦即制度(通过其内含的游戏规则,或者说激励机制,或者说奖惩规则)影响着人们的行为。张五常认为,制度安排被用来降低交易成本(参见〔美〕哈罗德·德姆塞茨著,段毅才,等译,1999)。制度是人类强加于自身的一组规则,人们在自己行进的路上设置"路障"的目的是要迫使他们自己沿着特定的路线而非其他路线前进。只有如此,人们才能被引向"为进步而自我组织,而不至于因漫无目标徒耗精力"的方向①(Hardin,1989,转引自 Wang,2002)。制度确实重要,几乎无人能够否认这一事实,但是制度的重要绝非仅表现在一个层面上。通过构筑稳定的人类互动模式,合理的制度有助于减少不确定性,但是,有瑕疵的制度则可能产生与其设计者的愿望相反的结果。制度安排的缺陷有可能提供"错误"的机遇,形成"错误"的约束,产生"错误"激励,奖励"错误"的行为,最重要的是以"错误"的方式构筑人类的互动模式。

一般的情况是,人们的注意力似乎主要集中在合理的制度设计如何帮助降低信息收集、监测和执法成本。但是,人们往往忘记了制度在另一方面的重要性,即当制度的设计有缺陷时,制度就有可能产生有悖于设计者最初愿望的结果,无论他们的愿望是什么。当制度按照提供"错误"的机遇、形成"错误"的约束、产生"错误"激励和奖励"错误"的行为的方式被设计出来时,我们就称其为"有瑕疵的制度"。固然,同合理的制度一样,有瑕疵的制度同样能构建人类互动模式,唯一不同的是其构建方式是"错误"的。

制度的作用是解决激励问题。假定"经济人"战略上是理性的,他们就会按照损失最小化和收益最大化的方式行事。在一个"制度真空"(即没有任何制度)的世界里,人们几乎没有相互合作的动机,结果,他们将始终面对"囚徒两难"的处境。由于人们往往通过比较成本与收益作出决策,通过提高一些行为的成本和奖赏等措施,制度有可能帮助人们解决激励问题。通过改变"经济人"的成本-收益结构并因此改变其偏好顺序,制度有可能发挥限制其选择组合的作用,诱导他们按特定的方式行事。通过指导"经济人"协调其选择,制度有助于建立稳定的人类互动模式,从而减少不确定性。

当成本和(或)收益变动时,人们行为也会发生改变。也就是说,人们会对

---

① 笔者译自 Wang 的 *Defective Institutions and Jheir consequences*(2002)。原文是"organized ourselves for progress, rather than to dissipate our energies in random directions"。

激励作出反应①。就渔业而言,如果鱼类价格上升,人们就会多吃肉类,因为消费水产品的成本高了。同时,渔民会多捕鱼,因为捕鱼的收益也高了。仔细观察价格对水产品市场上的买者与卖者行为的影响对理解渔民行为是至关重要的。因此,公共决策者绝对不应忘记激励,因为公共政策往往会改变个人的行为的成本和收益结构,并进而影响个人行为方式。假如政策制定者忽略了政策的这一属性,政策实施后所产生的客观效果往往与政策制定者意欲实现的目标背道而驰。例如,渔业管理者往往采用总可捕量制度作为渔业管理手段,以期达到资源养护目的,但是,由于内含激励渔民竞争性捕捞的诱因,所以该制度的实施使渔民不愿意甚至无法采取适当的资源养护行动。因此,如果单独采用总可捕量制度来管理渔业,政策制定者是很难实现资源养护目标的(参阅本章第五节)。

制度的安排具有路径依赖的特征,它受到观念、习惯等意识形态因素以及其他制度安排的制约或推动。新的制度安排的推行必然要伴随着一些旧的制度安排的终止。旧制度不利于渔业绩效的提高和渔业的可持续发展,但往往与组织观念、习惯以及其他制度安排连成一体。因此,制度安排的实施通常是一个牵一发而动全身并需要逐步推动的渐进过程。以为只要把制度安排的内容白纸黑字写出来就可万事大吉,只能被事实证明是过于幼稚的想法。从构思成形到最终落实,制度安排的有效贯彻有很长的路要走。

只有得到大多数的认同,制度安排才可能充分实现其潜在的优势。然而,从制度安排的公布到人们广泛接受它是需要一个过程的。因此制度安排的绩效并非一朝一夕就能完全表现出来,所以,对其评价也需要经历较长的时间才能作出(应注意短期效果与长期效果的不同)。

六、渔业管理制度成功的部分必要标准

制度通过建立和执行规则来发挥作用,规则(rule)有可能"惩罚、要求、使负义务、指示、指导、授权、许可、特许、授予权利或方法、促进、给予称号、命令、定义、任命、描述、免除和识别"未来的行动路线②。如果要对"经济人"的未来

---

①政策产生的影响有时事先并不明显。在分析任何一项政策时,我们不仅应考虑其直接影响,而且也要考虑激励发生作用的间接影响。如果政策改变了激励,人们也就会相应地改变其行为。

②原文是"Rules may 'penalize, prohibit, require, obligate, prescribe, inform, guide, empower, permit, license, enable, facilitate, entitle, command, define, designate, constitute, distribute, describe, exempt, and identify' future courses of action Defeetive institutions and their consequenees"(Wang, 2002)

行动路线起到有效的指导作用,规则必须要具备如下三大特征:(1)规则必须明确所有行为人在所有相关条件下作出选择应承担的成本和应获取的收益;(2)规则乃"事后"对所有相关者都具有约束力的"事先"限定;(3)必须以确保遵守的方式使规则得到贯彻和落实。

何种制度在何种条件下才能有效以及这些制度是如何相互关联的呢?给出一个精确的、一般性的衡量标准超出了本书的研究范畴,根据研究的需要,我们归纳出如下几条成功渔业管理制度所必须满足的条件:

一是将过度捕捞的所有原因纳入控制的范畴。这就要求渔业管理制度必须包含如下规则:(1)控制总的捕捞能力,使其与渔业资源生产力保持一致;(2)对所有资源使用者都是适用的;(3)避免出现因对一个变量(诸如资源种类、渔具类型、部门或海区)的控制而对其他变量产生不利后果的情形。如果渔业管理制度不能控制住引发过度捕捞的所有原因,该制度就很难奏效。

二是准确界定管理范围。当人类责任与自然现象的时间、空间或功能范围不相吻合时,资源的可持续利用就不可能实现,且这一问题将持续存在下去,直到范围的不相吻合得到解决为止。如果以综合的、充分考虑到生态过程、社会和经济背景和动力的方式来管理资源,资源管理就可能更符合"成本有效"原则,碰到较少的行政问题。然而,要准确地确定管理范围并不是一件容易做到的事情,因为一个海洋生态系统往往被不同的政治管辖和(或)行政管辖所分割,所以,一个鱼类种群往往不是一个行政管理单元能够完全控制的[①]。同时,人类对自然过程的了解还带有很大的局限性,因而依据现有知识所划定的管理单元往往也与实际情形不符。

三是准确界定产权类型。制度必须同针对特定资源所确立的产权类型相吻合,选定的资源产权类型反过来则必须同资源的生物物理性质相吻合。成功管理流动性共有资源的一个制度变量是界定明晰的边界(即明晰产权界限和范围),因此,必须明确界定资源系统自身的边界和享有利用资源权利的个人和团体的边界。这是因为,为了实现市场的"看不见的手"的功能,市场经济需要解决的一大问题是"经济人"必须被约束。这种约束至少包括三项内容:

[①] 大部分基于政治原因形成的组织,从地方社区到民族国家再到超国家组织(例如欧共体),都是以领土为基础的,在确定管辖边界(包括确定邻近海区的管辖权)时,生态考虑很少发挥主要作用;相反,政治组织的管辖范围往往是一系列政治、经济和文化因素的产物。在这种情形下,政治组织的管辖范围同生态体系的空间边界不相吻合也就毫不奇怪了,管理跨越多国边界的鱼类种群的现实机制就是这种不相吻合的一个突出事例。到目前为止,全球治理体系还没有创设出完全覆盖鱼类资源整个分布范围的政治管辖权,例如,作为一个完整的生态系统,黄海和东海却被分割成由中国、日本、朝鲜和韩国分别管辖的四个专属经济区。

产权的界定和保护、合同的实施、适当的监管。没有这些,"经济人"的行为不受约束,市场就是无秩序的,"经济人"为自己利益的努力将互相伤害,而不是互相有利。这同样适用于渔业资源的利用活动。

四是内含适当的激励机制。不同的制度安排通过其内含的特定激励机制(或者说游戏规则、奖惩规则)影响着"经济人"的行为,并进而对经济活动的效率与效果产生影响。渔业有效治理的关键是消除资源使用者为获得更大份额而竞争的激励,要实现这一目标,渔业治理体系必须控制住发生在鱼类资源的整个分布区域内的捕捞活动,明确配置资源使用权。一旦持有对渔业份额的权利,持有人的激励将发生相应的转变,即从竞争更大的份额的激励,转为如何通过减少使用权利的成本和(或)增加权利的价值(例如通过鲜卖、活卖或深加工等来提高渔获物的市场价格)来实现其权利的最大收益的激励。因此,设计出能够降低引发"寻租"和冲突可能性的制度是渔业可持续发展的关键。

五是适应性和风险回避。在人类历史的变迁中,制度变迁是最根本的变迁,制度的发展也就是社会的发展。然而,制度是在一定环境刺激下发生反应的一种习惯方式,亦即与一定社会环境相适应的行为、组织和程序的价值稳定性。所以,制度必须随着环境的变化而变化。如果过于僵化,无法适应变化的生态条件,制度安排就不可能有效。鉴于渔业资源的变化和波动性质,使制度安排具备自我调整和自我更新能力,以便生态系统的"顺应力"(resilience)同制度的"顺应力"相互吻合,这是维持制度正常发挥作用的关键。制度必须经历连续的"学习过程",这一过程非常类似于科学过程,包括对有关成功或失败的及时反馈。如果无法建立一个可靠和持续的学习过程,行政和执法成本势必增大,制度的成功几率也就必然降低。

六是分层与分权。渔业管理几乎总是具有多目标取向,需要具备能容纳相关利益者参与日常管理活动的灵活机制。① 市场经济的基础是分散决策,"经济人"根据自己掌握的信息,为了自己的利益作出决策。把个人的自利行为化为共同的社会福利,并不是显而易见和自然形成的。制度对于社会背景和运行于其中的特殊地方条件必须灵敏,分层和分权管理可以充分包容各种与过度捕捞有关的生物和人文现象发生的时空范围。适当分权可以起到协调各具体层面的政策的作用。此外,通过制定如何、何时和在何地捕捞的规则来管理渔业的方法,也要求大量的地方信息作为决策基础。因此,尽可能使地方

---

① 人们越来越认识到,通过共同管理机制,让资源使用者代表直接参与资源利用与管理的相关决策和执法过程将有助于实现资源可持续利用的目标;参与者之间的互动性质越透明,制度安排也就越"成本有效"。

性决策充分考虑到地方特点,将有助于降低各种交易成本和克服信息局限性问题,此类问题往往困扰着集权式制度。

七是使制度与制度环境相适应。制度必须适应人类与自然互动的网络构造,要维持其生命力,制度必须与其环境相适应,一定程度上必须与其他在时间和空间上共存的制度(即制度环境)相适应。不同的制度环境造就了不同的制度预期,而制度效率不仅依赖于特定的环境条件,也取决于与之"配套"的制度安排是否得当。为什么在一国行之有效的制度到了另一国就会变形走样,或有形无实或非驴非马四不像,问题就在于任何制度都是植根于特定的条件环境下,它的移植,如果没有相应的条件与环境,要想实现良好的制度绩效是不可能的。因此,在引入一种制度的同时,必须考虑到是否具有以及如何构建与该制度相适应的制度环境。

八是行政上可操作。制度必须有效地完成管理任务,维持其排他性控制(通过衡量、监督和执法)机能、制定可行的规则并维持和谐的激励要求广泛深入的"交易"。降低这些交易花费的时间、机会成本和财政成本的能力决定了一种可行的制度结构,如果不能富有成效地完成这些交易,必将损害制度的整体功能。

九是将社会公正纳入考虑的范畴。如果不能实现社会公正目标,某些个人(如果不是全部)将公然反对有悖于公正目标的规则,为求自保,他们甚至可能反对社会整体目标。因此,当个人利益与社会利益相冲突时,执法成本势必增加。

制度安排的设计是一项极其复杂、费时费力的工作,设计出令人满意的制度但不考虑该制度是否能最终实现理想的目标本身就是一个很大的成就,认识到这一点非常重要。即使人口构成相对同质且对问题的了解非常充分,仍然存在着诱导关键人物采取投机,甚至抵制有效管理所必需的制度变革的激励因素,对此也应当有着清醒的认识。

第二节 一种分析框架与研究方法

一、渔业管理措施施行效果分析的一种框架

政府干预渔业一般是基于这样一种信仰:渔业管制将强化渔业满足与海洋生物资源利用有关的社会、经济和(或)生物目标的能力。基于对渔业系统结构的认识,政府决定运用特定的政策手段(包括管理措施)对渔业系统实施控制,以期实现预定的政策目标。渔业管理效果不仅取决于所运用的政策手

段,也会受到渔业系统自身的特点和超出政府控制范围的外生变量的影响。渔业管理组织及其人员构成特点(例如专业背景和所代表的利益集团)可能影响到政府对渔业系统的认识及其决定采用何种政策组合来管理渔业(见图4.1)。

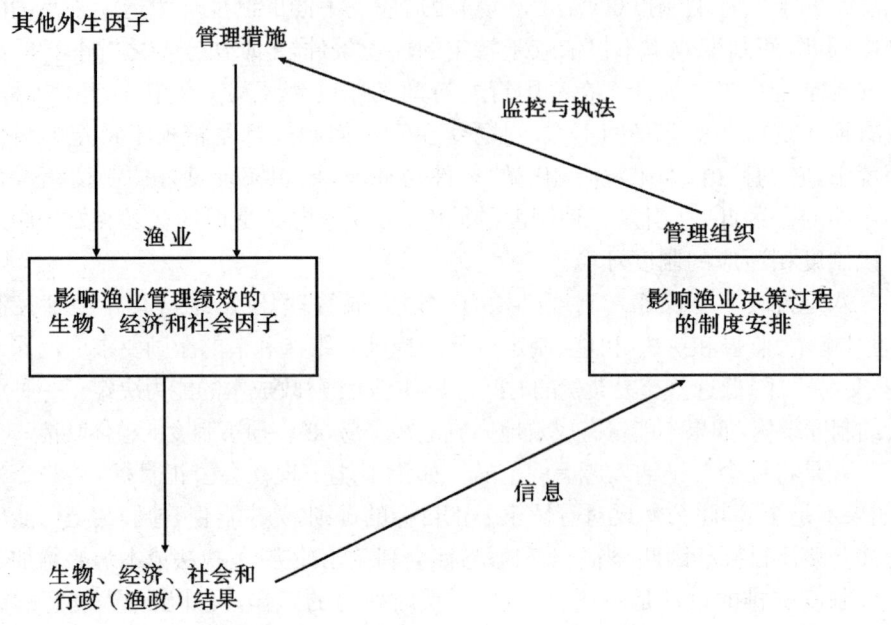

图 4.1　渔业管理措施效果分析的一种概念性框架

上述分析框架基于这样一种假定:渔业法规、政策及其管理措施通过其内含的激励机制对渔民行为产生影响,并进而影响到渔业绩效。渔业绩效是根据生物、经济、社会和渔政效果来衡量的。图 4.1 表明了制度安排(包括正规性制度安排和非正规性制度安排,前者包括渔业法规、政策和管理措施等,后者包括社会准则、风俗习惯和文化特征等)与渔业绩效之间的联系。管理措施,例如总可捕量制度、许可证制度、禁渔期和禁渔区制度以及渔具限制,倾向于改变渔民的捕捞作业方式,从而对渔业绩效(例如种群规模、上岸量和捕捞业的成本—收益结构)产生影响。渔业的实际绩效不仅受到渔业管理措施的影响,也会受到渔业系统自身的生物、经济、社会和制度特点以及超出政府控制范围的一些变量的影响。

二、渔业管理诸措施及其分类方法

将资源生物量和生产力维持在理想水平的唯一可能机制是,通过控制鱼的捕获数量、捕获时间、捕获规格和年龄来控制捕捞死亡量。控制捕捞死亡量的方法有很多种,每一方法对捕捞死亡量的控制都具有不同的效率,对渔民具有不同的影响,在监测、控制和监督以及渔业管理的其他方面的可行性也各不相同。特定阶段的渔获总量取决于鱼类在捕捞区域内的集群程度、所投入的渔获努力量大小以及所采用的渔具之捕捞效率。这一关系表明,可运用许多方法控制渔获总量,以达到控制种群捕捞死亡量的目的。应说明的是,无论采用何种管理措施,都应首先决定是自由准入(即自由入渔)还是有限准入(即限制入渔),应尽量避免捕捞能力过剩,因为捕捞能力超过长期需要通常将导致渔业资源的过度利用,因此限制捕捞能力是必要的,但应确保限制过程的公平与公正。

到目前为止,在全球范围内还没有形成一个统一的渔业管理措施分类方法。笼统地讲,学者们一般倾向于采用以下两种分类方法:(1)根据管理措施的学科来源和政策着力点的不同,将渔业管理措施划分为生物学方法、经济学方法和社会学方法。[①] 根据管理措施旨在直接解决自由准入问题还是解决由自由准入所派生出来的问题,经济学方法可进一步划分成直接法和间接法(见图4.2)。(2)粮农组织(FAO,1997)的分类方法,即技术措施、投入控制和产出控制(见表4.1)。

下面将按表4.1的分类方法来分别考察各种渔业管理措施的主要特征与制度效果。技术措施包括渔具限制、禁渔期和禁渔区,主要目的在于通过影响渔具的捕捞效率来达到限制特定渔获努力量的捕捞产量。技术措施试图制约个别捕捞单元或整个船队的投入和产出关系。其中,渔获物上岸规格和性别

[①] 生物学渔业管理,包括最小网目、最小上岸规格和性别、渔具限制以及总可捕量、禁渔区和禁渔期制度。生物学渔业管理的目的在于保护特定种类、产卵亲体或幼体保护区等,如果执法得力,此类方法可对鱼类种群起到一定的保护作用。但是,生物学渔业管理无法改善渔业的经济情形。因为此类方法并没有对渔民征收"影子成本"(shadow costs),结果,为追逐利润,渔民势必扩大渔获努力量水平,从而抵消了此类管理措施所能够产生的任何暂时性收益。此外,无论是制定还是执行生物学方法都有可能花费大量的成本,认识到这一点是非常重要的,因为生物学方法并不产生任何"额外"的经济收益,至少是不产生长期收益,所以这些费用代表的是"净经济损耗"(net economic loss),这是生物学方法的一个致命"硬伤"。因此,采用此类方法来管理渔业有可能比不采用任何管理措施更糟,这正是渔业管理之所以从总可捕量制度过渡到基于权利的渔业管理这一经济学方法的主要原因。关于渔业管理的社会学方法,本书作者打算以后详细讨论,本书暂不涉及。

选择性措施限定允许捕获和上岸的鱼的性别与规格,禁渔期和禁渔区(time and area closures 或者说 closed times and areas,包括幼体保护区)则对捕捞单元的作业时间和空间予以限定。

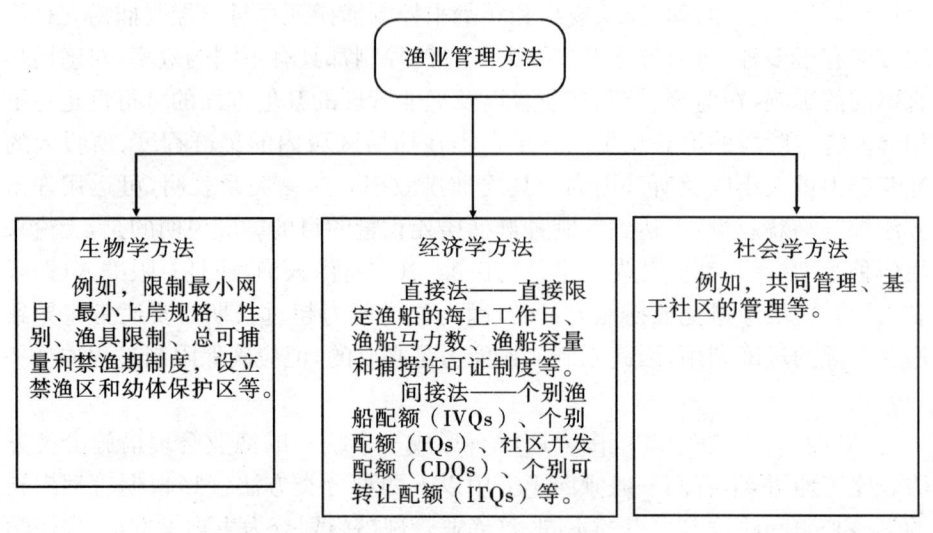

图 4.2 渔业管理方法分类一

表 4.1 渔业管理方法分类二

投入控制	产出控制	技术措施
许可证制度	总可捕量制度	上岸规格和性别限制
个别渔获努力量配额	个别配额制度	禁渔区和禁渔期
渔具和渔船限制	个别渔船配额制度	幼体保护区

投入控制包括许可证制度、个别渔获努力量配额制度以及渔具和渔船限制措施。此类措施旨在通过直接控制渔获努力量来达到间接控制渔业产出的目的。一般而言,渔业投入比产出更易于监控。投入控制限制捕捞的要素投入,包括限定捕捞许可证的发放数量(即限制捕捞单元的数量)、个别努力量配额(individual effort quotas, IEQs, 即限定渔具数量或使用渔具的时间)、渔具和渔船限制(gear and vessel restrictions, 即限定每一捕捞单元的规模和其他因子)。投入控制的一个主要特点是需要控制的投入种类的范畴很广,而渔民为回避政府规章的约束往往采取"投入替代"(即用不受管制的投入品替代受管制的投入品)策略,从而使此种管理措施不仅无法实现预期的政策目标,反

而增加了渔民的作业成本。

产出控制包括总可捕量制度、个别(可转让)配额制度和个别渔船配额制度三大类,旨在通过直接限制"总渔获量",从而避免与规定和实施适当的技术措施和渔获努力量有关的问题。产出控制限定整个船队的产出水平和(或)个别捕捞单元(例如个别渔民、个别渔船或个别渔业公司)每一航次和(或)特定时间范围内的产出水平。这些措施包括总可捕量(TACs)、个别配额(IQs)和渔船渔获量限制(vessel catch limits)。总可捕量规定了特定目标种类、特定作业渔场和在特定时间范围允许捕捞的最大数量。个别配额直接规定个别捕捞单位(例如个体渔民、个别渔船和个别渔业公司)获准捕捞的数量,其总和不超出总可捕量。渔船渔获量制度限制一个捕捞单元每一航次或较短一段时间范围(例如一星期)内的渔获量,但并不一定对捕捞单元或航次的数量予以限制。但是产出控制也有问题,主要是与渔业监测和监督相关。许多国家的大多数渔业都运用上述两种或两种以上的措施来管理其渔业。

三、研究方法论

本书对渔业管理措施的效果分析所采用的研究方法,涉及三个具体步骤:(1)对特定渔业管理措施的施行效果进行理论预期(建立假设);(2)对特定渔业管理措施进行实证分析,辨明支持或否定理论预期(假设)与实证结果的相关证据;(3)分析制定渔业政策所依据的理论并总结特定渔业管理措施的实际效果。

1. 理论预期

对渔业管理措施实施效果的理论预期将按如下顺序进行:描述特定管理措施的特点、具体应用方法和分析其实施的预期效果。预期效果按资源、渔获物、市场、社会和渔政结果给予松散的分类。对预期效果的分析依据的是已发表的渔业和经济学相关文献。

理论预期被限定在一组一般性条件中,但并不假定理论预期对所有渔业都是适用的。正如下文将解释的一样,各种管理措施的绩效有可能取决于渔业的系统特征,也就是说,某些生物、经济、社会和制度特征有可能对渔业管理措施的施行效果产生明显影响。渔业被假定为具有下列特征:目标种类和渔具类型为两个或两个以上、存在既有的渔获物鲜品或加工品市场、捕捞单元的规模有大有小、完全竞争的渔获物市场,以及渔业的社会和地理不同性质。在实施相关制度以前,渔业被假定为处于类似于不受管制的状态(自由准入)。在上述假设基础上,我们首先对单独实施每一管理措施将产生的效果予以理论预期,随后对采取特定的管理措施组合将产生的实际效果进行理论预期。但是,在大多数情形下,与其他管理措施结合使用并不会使既定假设发生性质上的变化。

实施相关制度以后,渔业被假定为存在程度不同的渔民参与规则制定和实施过程这一制度背景,该假定的目的是为了将一系列制度安排纳入分析视野。其中的一个极端情形是中央政府采用严格的"命令与控制"方式管理渔业,而另一个极端情形是完全由渔民自己制定和实施管理规则(self-regulation)。在这一系列制度背景下,假定存在一个单一的渔业管理机关负责管理措施的贯彻和落实。渔业管理机关可能是基于地方和社区的,也可能是政府内部的一个部门,或者一个国际性管理机构。

2. 实证分析

本研究的第二个步骤是将理论预期(假设)与实际渔业实施特定管理措施后出现的结果相比较,实证分析的证据来源于经合组织成员国特定渔业的管理历史。特定渔业的管理历史包含了各种具体管理措施被引入的年代顺序及其观察到的结果,包括生物、经济和渔政结果。本研究并未完全涵盖经合发展组织成员国的所有渔业,被纳入分析的都是数据相对充足和可靠的渔业。数据主要来源于经合发展组织的国别研究小组所提交的 25 份研究报告。

特定渔业管理措施的实施绩效按生物、经济、社会和渔政效果予以划分。其中,所考察的主要生物效果是目标资源种群免于遭到过度捕捞的程度,经济效果是渔业实现其经济潜力的程度(按渔民以及渔获物加工、流通、销售和消费者所获得的净经济收益来衡量),社会效果是以渔业收入和财富、就业数量和形式、渔业社区凝聚力、渔民阶层分化和渔民对渔业管制的态度来衡量的,渔政效果包括执法成本和执法问题、渔获物数据质量、监测和科研要求以及行业的支持和合作情况。

有关生物效果的证据描述了鱼类种群的丰度变化(例如,按照单位努力渔获量和产卵群体生物量的估计值来衡量)及其种群构成(年龄和种类构成)。有关渔业经济绩效的直接证据一般都是不易得到的,因此,通过考察捕捞业和营销部门的业绩变化来间接衡量渔民以及渔获物加工、流通、销售和消费者所获得的净经济收益。捕捞业业绩的考察包括下列因素:上岸量变动(数量与季节性特点)、作业特点(开捕期时间长短、捕捞竞争的程度)、捕捞能力(船队规模与构成、渔船规格)、作业方式(捕捞技术、渔获物处理方式)、兼捕(兼捕量与兼捕渔获物的利用)、渔获物利用(丢弃、优质化)、渔获物上岸形式、捕捞作业成本、渔具冲突、渔具损失、捕捞和加工就业(数量和季节特点)、作业安全、总销售额和总收益、渔船船东和船员收入、进出口情况和消费方式。社会效果包括所有制的形态变化(例如家庭、股份公司)、生活方式(例如渔村生活方式和传统生活方式)、渔民阶层分化和社会对渔业资源配置公平性的看法。渔政效果包括投入渔业监测的各种资源的数量与成本、科研需求程度和科研成本、执法资源与执法成本、执法方面所存在的问题、对数据的依赖程度、守法与违法以及相关数据的质量(包括是否存在低报上岸量和隐瞒渔业活动的情况)。

有关经合发展组织成员管理经验的证据主要按照与每一渔业的资源、捕捞、社会和行政方面有关的重要结果来组织的。在证据允许的范围内,分析目的是使渔业绩效同管理措施和渔业系统特征相关联,以便确定在何种条件下管理措施才能发挥养护资源和提高渔业经济绩效的作用。

没有对管理措施和效果进行等级分类,因为管理渔业的原因和渔业管理目标往往都不是唯一的。除了渔业养护资源和提高经济绩效外,渔业管理措施还用于预防或减轻资源利用集团之间的冲突、影响渔业收益在不同利用者之间的分配以及维护社会价值和生活方式。因此,在决定采用何种管理措施时,渔业管理者必须首先说明在这些后果中存在哪些必要的权衡取舍。

关于平等的证据可能具有不同的质量,即有的证据是从可靠的研究中得到的,也有的是从渔民的口述中得到的。所有信息都经过各成员国国内渔业专家的评估并作了必要修正。此外,对信息的解释和推导出的结论都根据相关信息的质量作了适当调整。

3. 理论预期与证据分析结果的对比

所获数据的性质决定了很难使用正规统计分析技巧将理论预期与实证结果进行比较,鉴于此,采用非正规、多层次的分析程序可能是比较适当的。这一过程的第一步涉及考察每一特定渔业从开始实施一项管理措施到管理措施发生变化这一期间的证据,包括支持相关理论预期的证据,也包括不支持相关理论预期的证据。在对结果进行分析的过程中,将采用各种可能的有说服力的解释。

一旦完成个案研究,即按管理措施对证据进行分类,对应于每一项管理措施都会出现一组证据,随后对每组证据予以考察,分析是否与有关理论预期一致或不一致,并记录支持或否定有关管理措施实施后果的特定理论预期的案例数量。通过考察证据与理论预期的是否高度一致(或不一致)就能够暂时肯定(或否定)特定理论预期。

四、渔业管理绩效与渔业系统特征和外生变量的关系

假定整个渔业系统的特征对渔业运行和管理措施的实施效果产生影响,

通过分别考察渔业系统的生物、经济、社会和制度特征，就有可能发现渔业管理绩效与渔业系统特征和外生变量之间的相关性。

生物学特征主要包括鱼种数量、生物相互依存度（例如对饵料和生境的竞争、捕食者和被捕食者）、洄游性质、生长率与繁殖率以及补充方式（例如密度依赖性和高度易变性）。有可能对管理措施的实施效果产生影响的经济特征包括行业结构、渔具类型以及具有明显差异的使用者团体的数量。有可能对管理措施实际绩效产生影响的社会特征包括渔民之间是否存在血缘关系、渔民对工作的满意程度、教育和培训、年龄结构、社区特点、文化和种族差异以及社会凝聚力。有可能影响到管理效果的制度特征包括管理机关对相关渔业资源的管辖程度与性质（例如地方、国家或国际）、资源利用者参与管理过程的程度、管理机关的结构和法律基础。

尽管未被包括在管理措施和渔业系统特征以内，但是，外生变量也是影响渔业经济绩效的因子。外生影响的一个显著例子是气候条件变化有可能对渔业产生重大影响，技术进步、市场与贸易发展也有可能对渔业经济绩效产生外生影响。此类变量和其他一些外部因素的存在有可能使管理措施对特定渔业的影响变得模糊不清。

第三节　技术性措施与禁渔制度

一、技术性措施的类型及特点

技术性措施[①]包括规格和性别限制、禁渔制度和海洋保护区制度（见表4.1），此类措施试图影响个别捕捞单元或整个船队的投入和产出关系。渔获物上岸规格和（或）性别限制对获准捕获并上岸的鱼的规格与性别作了限定，最小规格和最低性成熟度限制可降低需予以特殊保护的种群在特定生命阶段的捕捞死亡量。对于重新放回水中仍有可能成活的种类（例如龙虾和扇贝），限定获准保留并上岸的渔获物是一种非常有用的措施，尽管此类措施也用于管理有鳍鱼类渔业。最小规格限制措施通常是根据鱼类达到第一次产卵时的规格来确定的，但为了保证有足够的大规格产卵亲鱼，有时也根据季节调整具

---

①技术措施是最古老的渔业管理措施，例如，Ricker（1954）的研究表明，北海渔业从1914年开始到1918年为止曾实施了5年的禁捕活动，这可能是人类历史上最早、最长的禁渔期。为了控制鱼类被捕获的最小规格，北海渔业早在20世纪30年代就采取了最小网目规格措施。

体的最小规格限制措施。最大规格限制往往用来保护产卵量大的较大个体，而性别限制措施则是为了对成鱼或怀卵雌鱼的捕获施加限制。禁止渔民保留上岸怀卵的雌性龙虾和蟹类是经常采用的性别限制措施。

实施此类规定（例如最小上岸规格限制）时，渔民需把捕获的个体重新放回水中，管理机关应掌握放回水中的个体的成活情况以确定此类措施的实际效果。如果不能或不足以确保渔获物最小上岸规格措施的有效落实，渔业管理机关往往结合使用渔具选择性限制和渔获物最小上岸规格限制措施，通过降低渔民捕获小规格鱼的诱因来强化渔具选择性控制措施的效果。

对确保海洋渔业资源的可持续利用，海洋保护区（marine protected areas，MPAs）能够发挥关键性的作用，尤其是对于地方种类或者生活方式相对静止的种类。设立海洋保护区能有效保护产卵亲鱼，使其生物量维持在确保可持续补充所需要的临界值以上（临界值的确定以生物控制点为依据）。在保护关键生境或鱼类生活史的敏感阶段方面，海洋保护区也可以发挥重要作用。渔业管理机关应以明确规定的目标为依据来界定海洋保护区的范围，以确保所划定的保护区范围对于满足这些目标是适当的，并应对保护区加以适当监测和控制。

禁渔期和禁渔区制度直接对捕捞单元的作业时间和空间予以限定，此类措施往往用于保护种群或群落的一部分，例如产卵成鱼和幼鱼。与渔具限制不同的是，禁渔区和禁渔期制度也可用来控制总捕捞死亡量。正如所有其他控制措施一样，在自由准入体制下，禁渔区和禁渔期制度也同样会受到社会经济因素的制约。

除了养护资源的作用以外，禁渔区和禁渔期也可用来减少或消除渔业系统不同部门之间（例如手工作业渔业、工业渔业和外国渔船船队）或者渔业系统与其他使用者之间的冲突。根据渔民和其他利益集团利用资源的性质或捕捞方法对作业时间和空间作出适当安排，渔业管理机关就有可能减少冲突的发生。但是，不应当将作业时间和空间安排等同于明确的资源配置，因为如果某些使用者认为此类安排不平等，冲突就有可能发生。下文将重点介绍技术性措施中的禁渔制度。

二、禁渔制度施行效果评估——理论预期

禁渔制度（time and area closures）通常规定在一定时间范围内禁止在特定区域内从事捕捞活动，例如我国的伏季休渔制度。禁渔制度往往被用作保护处于特别脆弱的时期和区域的资源种群，包括避免质量和规格尚不符合市

场需求的鱼类被捕获上岸和(或)幼鱼被过早地捕获。对幼鱼和成鱼生活于不同区域的渔业,禁渔区制度可有效限定鱼被捕获的最小规格。例如,为保护生活于其中的幼鱼,渔业管理机关往往禁止在海湾和河口而只允许在远离海岸的水域捕鱼。对于快速生长种类,通过短期限制捕捞,禁渔期(closed seasons)制度也可以有效限定鱼被捕获的最小规格。为了使其生长到更大和更有价值的规格,管理机关往往也采取推迟虾类开捕时间的措施。

对于捕捞能力严重过剩、开捕期持续期限很短的渔业,禁渔期制度也可用来确保开捕期正好与一年之中渔获物市场价值最高的时期相吻合。例如,为了使明青鳕(pollock)鱼卵成熟到具有最高市场价格的状态,白令海青鳕的开捕期曾被延迟到2月底;而阿拉斯加外海的其他底栖鱼类的开捕期则是根据兼捕率(by-catch rate)或对海洋哺乳类的潜在影响来确定的。

1. 单独采用禁渔制度的预期效果

单独采用禁渔制度有可能减少捕捞死亡量,改善种群丰度和取得一定的种群养护效果。禁渔区和禁渔期的具体规定越适当,此类措施能够实现的生物学效果也就越明显。所划定的禁渔区范围同鱼类的产卵区域和幼鱼分布区域相一致有可能增加渔获率(catch rates)和补充群体的产量(yield per recruit)。但是,如果禁渔区的范围太小或不适当,禁渔区制度就不可能取得直接的生物学效果,而仅将鱼类产卵区域的一小部分划为禁渔区也往往无助于实现种群补充(stock replenishment)目标。对于洄游性种类,封闭一部分区域往往导致渔获努力量转向不受禁渔制度管制的其他区域,在这种情况下,禁渔措施对种群的养护效果就非常有限,甚至完全没有效果。

如果捕捞死亡的时间特征可转变成防止或减少对低规格鱼的捕获,季节性(或临时性)禁渔就有可能起到防止快速生长种类发生生长型过度捕捞(growth overfishing)的作用。此类禁渔措施的效果取决于鱼类生命史的特征(季节性补充模式、生长率和自然死亡率)以及季节性禁渔对渔获努力量特征的影响。

在分析禁渔制度对捕捞业的预期影响时,首先应考虑减少从业人员可从事捕捞作业之时间量的季节性禁渔措施,即我们通常所说的禁渔期制度[①]。为了进一步说明这一观点,让我们假定在一个正常的、不受管制的捕捞年份中存在 S 个捕捞季节,该渔业也可能表现出一定的季节性特征,例如,种群丰度、作业成本和市场条件在 S 个捕捞季节中表现出很大的变化。在每一个捕捞季节中,每一

[①]Charles 和 Reed(1985)曾对禁渔制度的实施效果作过更为正规的、考虑到时空因素的渔业生物经济学分析。

作业渔民都以这样一种渔获努力量水平从事作业,即渔获努力量边际成本等于渔获努力量的平均收益。在每一季节中,每一作业渔民的渔获努力量之平均收益总是大于或等于其渔获努力量的平均可变成本(否则,渔民只好停止作业)。在自由准入体制下,渔民会继续涌入该渔业,直到边际渔民之年总平均收益等于年总平均成本(即一年 S 个捕捞季节的平均可变成本与平均固定成本之和)这样一点为止。也就是说,一年 S 个捕捞季节中的高于可变成本的收益之和刚好等于年固定成本,否则,渔民的进出就不会停止,渔业也不会达到均衡。

当对一个或多个季节实施禁渔(即实施禁渔期制度)时,年收益不再能够弥补所有渔民的年固定成本之和。因为对每一渔民而言,减少允许作业的季节有效地提高了年渔获努力量的平均总成本。在面对亏损的现实情况下,有些渔民就可能被迫停止捕捞作业,结果,总渔获努力量(和总捕捞死亡量)就会相应地减少。渔获努力量水平的下降导致资源存量水平提高。如果特定渔业在实施禁渔制度以前处于过度利用状态,随着禁渔制度的实施,上岸量就会有所增加。同生长速度缓慢的鱼类相比,生长速度快的鱼类需要较短的时间就能够实现禁渔制度的长期效果。

禁渔区制度的作用机制基本上类似于禁渔期制度。假定特定渔业的渔场的分布是不连续的,有些渔场在种群丰度和作业成本方面存在差异。一年之中,渔民以实现利润最大化为目标将其渔获努力量分配到各渔场和各捕捞季节。在自由准入条件下,对于边际渔民而言,渔业均衡表现为年总收益等于年总成本(固定成本与可变成本之和)。当禁止在一渔场捕鱼(即使是对一部分渔场实施禁渔),因无法弥补其固定成本,原先在该渔场捕鱼的渔民就不得不面临着要么退出该渔业、要么转移到不受禁止的渔场去作业[①]的选择。从原渔场退出的所有渔民中,有些渔民因无法找到能够提供相同收益前景的其他渔场就有可能被迫退出该渔业,因而该渔业的总渔获努力量水平就有可能下降。如果在开始实施禁渔区制度时,该渔业处于过度利用状态,那么上岸量在短期内就会有所减少,在长期内则会有所增加。

如果禁渔制度的实施直接提高了渔获物的最小规格,渔业种群规模和平均收益水平就有可能提高。渔获物最小规格的增加有可能导致种群补充量增加,并导致种群丰度的进一步增大。同样,渔获物平均规格的增加,对于规格越大、市场价值越高的鱼类,渔获物的市场价格也就会得到相应地提高。种群

[①] 对于其渔船不适合在新渔场作业(即渔船的机会成本为零)的渔民而言,他们有可能暂时留在该渔业继续作业,但仅能弥补其作业成本。一旦到了需要更新渔船的时候,这些渔民将被迫购买成本更为低廉的渔船或退出该渔业,转而从事能够获得次优收入的工作。

丰度和渔获物价格增加将诱使渔获努力量增大到或许超出禁渔制度开始实施时的水平，而渔民、渔船和渔业就业数量有可能超过、也有可能低于禁渔制度开始实施时的水平。总上岸量增加对渔获物的市场价格形成下调压力，但无法准确预测最终形成的平均价格是高于或低于初始时期的价格。鱼类消费者将会受益，因为同开始实施禁渔制度时相比，不仅可供选择的渔获物数量增加了，而且质量也提高了。

如果禁渔制度的实施能够确保鱼类幼体和质量不佳的鱼类免于被捕获，并且只有当其生长到适宜的规格和价值时再被捕获，渔获物的平均价格就会增加。从长期看，该渔业才有可能需要更大的渔获努力量（渔船和就业），消费者也会得到更多高质量的渔获物。

当要素投入限定了从业者个人的生产力水平时，上述技术措施就有可能减少捕捞活动的外部性，从而潜在地提高整个船队的生产力水平。一旦渔业建立起新的均衡，这些技术措施就不再能够改善渔业经济绩效或增加经济租金。

很难通过推理的方式来预测实施禁渔制度将会产生何种社会后果，它取决于特定渔业的现有情形和禁渔制度的具体实施方式。但是，可以预期的是，禁渔制度将影响到捕鱼机会在现有渔民中的分配。除此以外，评估禁渔制度的社会后果应采取具体个案具体分析的方法。

在大多数情况下，禁渔制度的实施有可能相对容易。但是，在有些情况下，对禁渔区域实施监控可能相当困难，成本也会很高，而渔民错报渔获物被捕获的时间和地点的情况有可能发生。禁渔制度不会对过度投资的趋势、渔获物优化行为、渔业统计质量、渔民感觉上的不平等和阶层分化以及行业对该制度的抵制产生影响。

2. 禁渔制度同其他管理措施结合使用的预期效果

禁渔制度与总可捕量制度结合使用有可能进一步减少捕捞死亡量和改善种群状态。总可捕量制度也可能加剧渔民的竞争捕捞及其相应的大部分负面效果，例如过度投资、捕捞季节变短、渔获物短期内大量充斥市场等需要。将总可捕量分配给个别从业者（例如个别配额制度）有可能消除单独实施总可捕量制度带来的大部分负面经济后果。但是，个别配额制度的实施也有可能导致执法成本增大和其他相关问题、渔业统计质量降低以及其他负面的社会和行政后果。

禁渔制度与渔船渔获量限制（航次或短期限制）措施结合使用有可能进一步提高渔民的作业成本，降低渔获努力量水平和捕捞死亡量。因此，两者结合使用有可能改善资源养护效果，渔船渔获量限制措施的其他所有预期后果也都有可能发生。

禁渔制度与规格和性别选择性措施结合使用能够强化禁渔措施,降低生长型和补充型过度捕捞的能力。而禁渔制度同渔船和渔具限制(而非规格和性别选择性限制和渔船数量限制)结合使用则可以降低渔获效率(catch efficiency),减少渔民的利润水平,使从业者面临着退出作业的更大压力。如果完全禁止使用一些渔具,渔民就有可能采取投入替代的策略,因此导致其他不受禁止的渔具数量增加。作业方式和船队结构有可能发生变化,但是,如缺少更多的相关信息,就很难预测这种变化的方式和趋势。如果此类限制并不要求改变渔船或渔具的永久性特征,就需要进行海上执法,这就势必导致执法成本增大和其他一些问题的出现。

禁渔制度与有限准入措施结合使用能够强化两者分别使用可能产生的影响。个别努力量配额同禁渔制度结合使用能够起到互补作用并强化两者分别使用的效果。

总之,禁渔制度的实施在生物养护和经济收益方面能够产生一定的正面效果,不会引发明显的社会和行政问题。但是,单独实施禁渔制度不可能实现渔业经济绩效的最大化。

三、禁渔制度施行效果评估——实证分析

禁渔制度得到了非常广泛的应用。经合发展组织曾考察了其成员国中的52个采用禁渔制度作为管理措施的渔业,除了实施全面禁捕的个别渔业外,禁渔制度一般都是同其他投入控制措施共同使用的,且往往与产出控制措施结合使用(见表4.2)。经合发展组织收集到的数据对禁渔制度实施效果的理论预期的支持程度较弱,且有一小部分证据表明:捕捞作业成本随禁渔制度的实施而增加,运用禁渔制度作为管理手段的大部分渔业都未取得有效的资源养护效果。

表4.2 经合组织成员国中采用禁渔制度管理的渔业[1][2]

国家	渔业	实施年限	完全禁捕	产出限制	其他投入限制
澳大利亚	南部鲨鱼	不详		无	有
	北部对虾	始于20世纪60年代		无	有
	托雷斯海峡对虾	始于1985年		无	有
	西部大螯虾	始于1962年		无	有
	西澳大利亚珍珠贝	不详		有	有

(续表)

国家	渔业	实施年限	完全禁捕	产出限制	其他投入限制
	澳洲肺鱼	始于20世纪60年代		无	有
	锯缘青蟹	始于1985年		有	有
	塔斯马尼亚扇贝	禁渔区自1908年 禁渔期自1924年		有	有
加拿大	大西洋渔业				
	大麻哈鱼	始于1851年	1990年开始	无	有
	底栖鱼类	始于1970年		有	有
	近海龙虾	始于1879年		无	有
	外海龙虾	1976~1985年		有	有
	圣劳伦斯湾蟹类	始于1975年		无	有
	太平洋渔业				
	大麻哈鱼	始于1927年		无	有
	鲍鱼	起始年度不详到1979年,1990年重新开始		无	有
	陆蛤	1983~1988年		有	有
	鳙鲽[3]	20世纪30年代开始至1991年结束		有	有
	裸盖鱼[4]	始于1976年		有	有
	鲱鱼	始于20世纪30年代	1968~1971年	1936年有	有
芬兰	大麻哈鱼	19世纪早期开始		1991年有	
	波罗的海鲱鱼	1986~1987年[5]	全面禁渔	有[6]	有
冰岛	鲱鱼	始于1969年	1972~1975年	有	1975年有
	鳞鱼	始于1979年	1982年	有	有
	底栖鱼类	不详		1976有	有
意大利	蛤类	始于1982年		有	有
	底栖鱼类	1988年以前		无	有
	小型表层鱼类	1988年以前		无	有
荷兰	舌鳎和欧鲽	始于1989年		有	有
	鲱鱼	1977~1980年	1977~1980年	不详	不详

(续表)

国家	渔业	实施年限	完全禁捕	产出限制	其他投入限制
新西兰	吉斯伯恩大螯虾	1993年	1990~1991年	有	有
	Challenger dredge oyster	1987年		有	有
挪威	鲱鱼	1960~1979年	20世纪70年代早期	1980有	有
	鳞鱼	1960~1979年	1987~1990年	有	
	鳕鱼	1960~1979年		有	
西班牙	与共同渔业政策的规定一致近海渔业	始于1986年	有	有	
		1960年	无	有	
英国	鲱鱼	1970年	1977~1981年	有	有
	鲭鱼	1980年		有	有
美国	太平洋和白令海渔业				
	阿拉斯加大麻哈鱼	始于1974年		无	有
	北太平洋底栖鱼类[7]	1972~1982年		有[8]	有
	阿拉斯加鲨	始于1973年		有	有
	阿拉斯加褐蟹和雪蟹	始于1973年		有	有
	太平洋鲥鲽	20世纪30年代开始至1994年结束		有[2]	有
	太平洋沿岸大麻哈鱼	自20世纪70年代		无	有
	太平洋沿岸底栖鱼类	1930~1982年		有[9]	有
	太平洋粉虾	始于1965年		无	有
	太平洋大蟹	始于1903年		无	有
	夏威夷甲壳类	始于1983年	1991年[10]	有	有
	西部表层鱼类	始于1991年		无	有
	大西洋渔业				
	东海岸底栖鱼类	始于1982年		无	有
	中大西洋浪蛤	1976~1977年		无	有
	南大西洋多锯鲷	1990~1992年		有	有

[1] 单纯用来确保总可捕量制度的落实而不考虑捕捞时机和地点的禁渔制度未被包括在本表和相关分析中,与按区域划分的总可捕量有关的禁渔制度也被排除在外。

[2] 本表所列渔业只是那些具有分析必需的充足数据的渔业。
[3] 美国和加拿大鳙鲽渔业的总可捕量在20世纪30年代就已经确定了,但只通过限定捕捞季节长短来间接地实施总可捕量制度。禁渔区制度也被用来保护鲽幼体,在下述分析中包括了鳙鲽渔业。
[4] 加拿大裸盖鱼渔业的捕捞季节长短是根据总可捕量确定的,但是随着捕捞竞争的加剧,捕捞季节被划分成一个个较短的而非完整的开捕期。但是该渔业未被包括在对禁渔制度所作的下述分析中,因为该渔业的管制及其效果完全类似于总可捕量制度的实施效果。
[5] 在芬兰的一些特定海域,私有产权不允许用拖网从事鲱鱼捕捞作业。
[6] 芬兰从1978年就针对鲱鱼渔业确立了总可捕量制度,但是,该制度对渔民一直都未形成约束力。
[7] 阿拉斯加的禁渔制度通常一直都是用来作为保护非底栖鱼类的一种措施。
[8] 在这一期间,渔获量限制被用来作为限制外籍渔船的一种手段,国内渔民不受渔获量限制的约束。
[9] 1976年以后,外籍渔船的渔获量得到了控制,但是直到总可捕量已被确立的1983年,国内渔船的渔获量一直也没有得到控制。
[10] 由于渔获率下降,夏威夷甲壳类渔业曾被封闭了6个月之久。

资料来源:OECD(1997),第109～100页。

经合组织的研究表明,在所考察的52个渔业中有16个渔业的种群规模都有所增大或维持在期望的水平上。所有实施禁渔制度的渔业都结合使用了有限准入措施或总可捕量制度或同时结合使用两者以及投入控制措施(例如规格和性别限制),但资源养护效果并不明显。单独采用禁渔制度的渔业,其资源养护效果都很差,例如澳大利亚肺鱼渔业和美国的太平洋粉虾渔业,引入有限准入措施后,资源养护效果得到了相应的改善。荷兰的舌鳎和欧鲽渔业是唯一的例外情况,该渔业因采用禁渔制度有效地改善了资源养护效果,另有一些渔业因实施禁渔制度增加了产卵种群规模。

有13个渔业在实施禁渔制度期间出现了种群规模下降或大幅波动的情况。但在很多情况下,种群规模下降或波动都不完全是由过度捕捞造成的,在有些情况下,种群规模下降或波动甚至完全不是由过度捕捞造成的。在许多情况下,环境条件变动至少是造成种群规模下降或波动的部分原因,例如,澳大利亚墨吉尔虾渔业、美国和加拿大的太平洋大麻哈渔业、夏威夷甲壳类渔业以及挪威鳞鱼渔业,这些渔业的目标种群大都是小型表层种类和贝类,其补充和自然死亡量极易发生较大幅度的自然变化。在大部分情况下,禁渔制度都无法起到有效养护种群的作用,这一点在经合组织所考察的渔业中是非常明显的。尽管如此,禁渔制度可能有助于资源养护,如不实施禁渔制度,种群状态可能会变得更糟,但是,到目前为止,还缺少支持这一论断的证据。

在所考察的渔业中,有7个目标种类为小型表层种类的渔业实施过完全禁捕措施,其中5个是鲱鱼渔业,2个是鳞鱼渔业。冰岛鳞鱼渔业实施完全禁捕后,鳞鱼资源几乎马上就得到恢复,而挪威鳞鱼渔业实施完全禁捕3年以后,鳞鱼资源才得以恢复。鲱鱼资源的恢复花费了更长的时间,完全禁捕的期限平均长达 3 年。但是,经过了长达 20 年的完全禁捕,冰岛鲱鱼的春季产卵种群也没有恢复到正常状态,而挪威鲱鱼种群经过 7 年的完全禁捕后也只是部分地得以恢复。加拿大于 1990 年完全封闭了其鲍鱼渔业,至少在 5 年内没有重新开放,在最近进行的一次种群评估中,也没有发现鲍鱼种群有恢复的迹象。

从理论上讲,通过改善种群养护效果,禁渔制度有助于增大或稳定上岸量。但是,在所考察的 52 个渔业中,只有 12 个渔业实施禁渔制度后上岸量有所增加或得以稳定。如前文所述,上岸量变化很大程度上是由自然因素而非捕捞压力所造成的。同被列为表现良好的资源养护效果的渔业相比,改善了或维持住长期上岸量的渔业数量相对较少,这是因为大部分渔业都缺少有关长期上岸量的影响因素的信息。在所考察的渔业中,上岸量得以改善或维持的渔业都同时采取了有限准入制度和(或)总可捕量制度。

对于生长寿命较短的种类,例如虾类,延迟开捕季节有可能增加上岸量,但这种增加只是由于虾类被捕获的平均规格增大所引起的,不一定是由于对种群规模产生了影响。例如,有证据表明,实施禁渔制度后,托雷斯海峡(位于澳大利亚同伊里安岛之间)对虾种群的个体数量和质量都有明显增加。

禁渔期制度有助于改善渔获物质量和增加消费者的喜爱程度。实施禁渔制度后,由于平均规格增大,澳大利亚托雷斯海峡对虾的上岸量、渔获物质量和价格都明显提高。加拿大对龙虾实施季节性禁捕后,龙虾集中上岸的时间正好与美国市场上龙虾价格最高的时间相一致,禁捕同时还避免了对价值较低的软壳龙虾的捕获。冰岛将鳞鱼和鲱鱼的开捕期安排在与其质量最好的时期相一致,而新西兰对吉斯伯恩海域的大螯虾实施长达 5 个月的禁捕,从而大大提高了上岸大螯虾的质量。作为对其遵守为保护种群而实施 5 个月禁捕的规定的回报,新西兰渔业管理机关允许渔民在 3 个月的时间内上岸更受出口市场欢迎但却低于规格要求的大螯虾。

通过设定开捕期来改善渔获物质量和消费者的喜爱程度不是在所有情况下都能获得成功的。例如,尽管旨在避免捕获软壳蟹,但是加拿大对雪蟹(snow crab)渔业实施禁渔期和禁渔区制度却未能有效地解决这一问题。在 20 世纪 90 年代早期,由于开捕期过早,阿拉斯加的褐蟹(tanner crab)渔业也存在捕获软壳蟹的问题。阿拉斯加鲨也曾发生过因开捕期过晚而降低了市场价格的问题,因为加工者缺少足够的加工时间,无法赶在需求量最大的年终假之前将其运送到日本市场。

有10个渔业实施禁渔制度后渔船数量和就业人数都有所减少,其中在有些渔业中,渔船数量和就业人数下降可能是由于上岸量减少造成的,而不是禁渔制度自身所引起的结果,特别是对于种群规模曾大幅下降甚或枯竭的渔业。至少有16个渔业在实施禁渔制度后,渔船数量和就业人数有所增加,但在许多情况下,这都是由捕捞季节缩短引起的,因为为了在更短的捕捞季节内捕获等量或更多的渔获物,渔民势必设法增大渔获努力量。在这16个渔业中,有些渔业同时还采取了总可捕量制度,正如后文分析所表明的,该制度的实施势必进一步缩短捕捞季节,加剧渔民之间的捕捞竞争,导致渔船数量和就业人数增多。①

有5个渔业因禁渔制度的实施而增大了捕捞作业成本,其中有4个渔业因捕捞季节缩短而发生了过度投资问题。在美国西部表层鱼类渔业中,近海渔场的封闭使得小型渔船不得不转移到外海作业,结果增加了海上作业风险,降低了小型渔船的收益水平。

有6个渔业因禁渔制度的实施而增加了执法成本,但另有5个渔业的执法变得相对容易,问题也较少。芬兰对大麻哈渔业实施春季禁渔后,在不同船队之间出现了分配问题,而夏威夷封闭近海渔场也导致了分配问题的出现,损害了小型渔船的利益,对较大规格的渔船则基本上没有产生影响。

简言之,尽管经合发展组织对50多个渔业作了实证分析,但禁渔制度的实施效果仍难以确定。由于自然因素和多种管理措施的共同运用,禁渔制度对资源养护和上岸量的影响是非常复杂的。采用许多其他类型的管理措施也是为了实现资源养护效果,要确定禁渔制度对资源养护的贡献是非常困难甚至是不可能的。多种管理措施的共同运用也使得要分离出禁渔制度对捕捞作业、渔业行政和社会的影响更为困难。例如,在某些情形下,规格选择性规定有可能对渔获物的质量和消费者的喜爱程度产生类似于禁渔制度的效果。禁渔措施的类型和禁渔目标的多样性进一步加大了分析的难度,因此,很难得出有说服力的一般性结论。

单纯采用禁渔制度不足以实现良好的资源养护效果,这一点是确信无疑的。但是,禁渔制度可以实现一定的资源养护效果,实现一些其他类型的目标,例如改善渔获物质量和增加消费者的喜爱程度。此外,由于对所有渔民都同样适用,不存在"厚此薄彼"的问题,因此,禁渔区和禁渔期制度倾向于在政

---

①这里所考虑的只是那些总可捕量被用作确定捕捞季节长短的一种依据或其他因素也作为确定禁捕和开捕的参考因子的情况,捕捞季节单纯由总可捕量决定的情况不在考虑之列。

治上更容易被渔民所接受。实施禁渔期制度也可能会产生一些其他好处,例如生境养护、副渔获物的减少、保护生物多样性等,但详细讨论超出了本书的范围。

第四节 投入控制与捕捞许可证制度

一、投入控制的类型及特点

同技术性措施一样,投入控制也是一种最古老的渔业管理手段。当某一渔业刚刚被纳入管理时,渔业管理机关往往采用投入控制措施,主要是为了限制从业人数或提高捕捞效率。预防或矫正渔业过度投资、控制渔获努力量的最有效的单一措施可能是直接控制入渔(即有限准入),这正是日益受到推崇的替代更为传统的方法(例如配额制度、渔具限制)的对策之一。但是,正如可以预期的,大部分此类对策都受到了渔民的坚决抵制,因此,要落实此类政策极其困难。[1] 在已接近过度投资的渔业中,估计到政府即将采取有限准入措施,渔民可能加快加大投资步伐。

投入控制限定了捕捞要素投入的种类和数量,包括对渔具、渔船、捕捞区域、捕捞时间或从业人数的限制。此类限制既适用于商业渔业,也适用于休闲渔业,还可能适用于整个渔业或某一渔业的一部分。由于不是直接限制渔获量(即产出水平),投入控制被认为是限制鱼类种群利用的一种间接方法。投入控制的一般结果是使渔业趋于无效率,相对于产出控制,投入控制导致捕捞产量发生较大幅度的变化。投入控制的主要缺陷在于需要控制的投入数量可能非常大,而渔民为回避政府规章的约束往往能够找到并采取"投入替代"(即用不受管制的投入品替代受管制的投入品)策略。投入替代的结果往往是实际渔获量高于渔业管理者所预期的水平。渔民之所以能够找到投入替代的办法,主要原因在于大部分渔业投入在大部分渔业生产过程的大多数时间里都是不受控制的。因此,投入控制措施往往不仅不能达到预期的政策目标,反而将增大渔民作业成本,降低渔业经济绩效。同时,投入控制也不利于技术进步,因此,长期采取投入控制措施,势必降低一国渔业的国际竞争力。

---

[1] Petterson(1983)曾详细描述了位于阿拉斯加布里斯托尔海湾的美国土著人渔业实施有限准入制度时所经历的极为困难的情形。他的研究表明,《1973 年阿拉斯加有限准入法案》(Alaska's Limited Entry Act of 1973)目标被挫败是由管制政策本身和该政策的实施过程共同造成的。

尽管如此,将渔获努力量限定在一定范围内以实现控制捕捞死亡率的目的仍然被认为是非常重要的措施。无论是否采用其他管制措施,将渔获努力量限制在一定水平都是负责任渔业的一个先决条件。一般情况下,如果不限定捕捞能力(包括缺乏使捕捞能力保持稳定的机制以及未能及时根据捕捞技术进步来调整实际捕捞能力),捕捞能力膨胀问题就不能得到有效控制。但是,当已存在安全和适当的入渔权(例如 IQs 和 ITQs)制度时,权利持有者倾向于为自身的经济利益而设法使渔业投入保持在适当水平。一般而言,捕捞能力过剩往往是与自由准入渔业相关,一旦成功地实施了资源利用专属权制度,捕捞能力过剩问题将会因市场机制发挥作用而逐渐消失。

单独采用投入控制来管理渔业的最大问题在于,往往很难甚至无法确定每一捕捞单元实际拥有多大渔获努力量。即使在一个渔业内部,渔船规模、渔具和技术设备的性质、渔船和渔具的维修质量、船长的技能和捕捞策略以及其他因素也都存在很大差别。因此,要准确评估究竟有多大的有效渔获努力量是非常困难的。

理论上,如果能获得足够的数据,通过比较单位努力渔获量的历史记录就有可能确定出每艘渔船和整个船队的相对效率。但是,由于数据不充分和不断变化(这种变化往往与效率增加有关)等原因,这一工作实际上很难进行。这一问题从一个侧面突出了收集、整理和保存渔获量和渔获努力量数据对渔业管理的重要性。如果能够得到渔民的配合,渔具效率比较实验将有助于对渔获努力量单位作出正确评估。

如果定义渔获努力量、确定与特定资源相匹配的渔获努力量水平并监测有效渔获努力量的变化问题能够解决,那么,同产出控制措施相比较,投入控制措施还是有一定的优点,特别是在渔业管理初期。即使已采用了产出控制措施,渔获努力量控制措施对于解决捕捞能力过剩问题仍然是一种比较理想的方法。

同产出控制措施相比,投入控制措施易于实施,监测和执法成本也较低,特别是对于需要采取多种产出控制措施(例如因种类而异的配额)来控制渔获量的混合种类渔业。与上述情况有关的一个问题是,投入控制措施并不内含激励渔民谎报渔获量的诱因,因此在采用此类管理措施管理的渔业中,谎报渔获量数据不会成为严重的问题。同样,对于多种类渔业,如渔民不受兼捕数量管制,丢弃和优化渔获物问题也不大可能出现。

投入控制包括渔具和渔船限制(即限定每一捕捞单元的规模和其他因子)制度、个别努力量配额即限定渔具数量或使用渔具的时间)制度和捕捞许可证制度，即通过限定捕捞许可证的发放数量来达到限制捕捞单元数量的目的。下文将首先简单地考察渔具限制、渔船限制和个别努力量配额制度，然后，重点论述捕捞许可证制度及其施行效果。

1. 渔具限制

渔具限制影响渔具的类型、特征和使用方式。渔业管理机构有时完全禁止使用特定渔具，以避免渔民通过提高渔具效率来增加捕捞能力，避免对非商业规格、种类或关键的鱼类生境产生不利影响，或避免可能显著改变现有使用权分配模式的新技术的应用（尤其是当上述因素涉及新的参与者时）。为控制资源特定部分的捕捞死亡量（例如像目标种类的幼体这样比较小的个体或兼捕种类），管理机关往往对渔具特征予以限定以控制资源的某些特殊部分，例如最小网目限制和网口限制。渔具限制措施有时也用来降低渔民的潜在效率，从而达到减少总渔获量的目的。例如，在底栖固着型种类的渔业，往往禁止使用 SCUBA 渔具。渔具限制在种群或资源的最佳利用方面也发挥着作用，但经验表明，单独采用渔具限制不可能保证资源的可持续利用。另外，相对于其他船队而言，阻止捕捞效率提高往往增大捕捞成本，并可能因此而导致渔民加大捕捞压力，以期通过获取更大的渔获量来维持收入水平。

渔具限制往往因种类而异，比如，用于捕捞较小种类成熟个体的网眼有可能捕获生活于同一渔场的较大种类非成熟个体。当存在对已被过度利用或濒危种类的兼捕或当捕捞作业对水生群落产生有害影响的情况下，渔业管理机关应规定必须使用像兼捕减少器（BRDs）、海龟排除器（TEDs）和控制栅（grids）等辅助装置。

渔具限制规定允许使用的渔具类型和数量，或者禁止使用某些特定的渔具。与渔具类型有关的规定包括拖网之囊网部分的最小网目规格（minimum mesh size for trawl codends，以便让小鱼逃逸）、排除器装置（excluder device，为了尽量减少对受保护种类的兼捕）、陷网设计和材料规格、限制延绳钓渔具上渔钩的间隔距离以及拖网和刺网的最小网目规格。与渔具数量有关的规定包括限制陷网的数量、每套延绳的具体数量、刺网的长度和宽度以及拖网张口（trawl openings）的大小。与渔具使用有关的规定包括可以用于特定渔业的合法渔具和禁止特定渔具的使用（例如渤海海区禁止使用拖网）。在美国，渔具限制也适用于休闲渔业，例如对渔钩类型的限制，或者禁止使用有倒刺的渔钩（barbed hooks）或活饵（live bait）。

渔具限制被广泛地应用于渔业管理，并且常常同其他管理措施结合使用，例如禁渔期、禁渔区和捕捞许可证制度，渔具限制往往能够反映出特定渔业的传统实践。尽管能够有效地实现某些养护目标,例如降低被重新放回到海里的鱼的死亡率或保护濒危种类,但是,单独采用渔具限制却不足以控制种群的总体利用情况或实现较大种群的保护目标。对于采取非直接控制手段来管理资源利用程度的渔业,渔具限制往往随时间推移而逐渐增加所限制的内容和程度,以便抵消从业人数增加和捕捞活动强化所造成的影响。渔具限制降低了捕捞效率,诱导渔民想方设法利用不受限制的投入替代受限制的投入,以便补偿渔具限制所带来的影响。但是,相对而言,渔具限制易于设计和便于实施,如果能够对渔具作出详细明确的规定,渔具限制措施则有可能有效地控制渔获努力量[1]。渔具限制对遏制渔民的竞争性捕捞行为通常是不起作用的,因为这一措施并没有限制渔获努力量的其他层面,例如渔船规格、马达功率或船员数量。结果,取决于发生投入替代的程度,渔民之间相互竞争的形式将不断地从一个层面转移到另一层面。

2. 渔船限制

渔船限制对从事特定渔业作业的渔船类型、规格和功率作出限定,比较典型的限制包括规定渔船的设计要求、渔船长度和功率大小。渔船限制措施往往同许可证制度、渔具限制和试图控制捕捞能力的其他管理措施结合使用。类似于渔具限制,渔船限制也是控制捕捞能力的一种间接和效果有限的方法,并且可能带来不可预期的后果,例如渔民采用投入替代策略,改用不受限制的投入代替受管制的投入。一个典型的例子是,对布里斯托尔海湾(the Bristol Bay)大麻哈鱼(sockeye salmon)渔业的作业渔船数量实施限制以后,渔民们开始用较大较快的渔船替代较小较慢的渔船,管理机关发现这一问题之后,随即采取了限制渔船长度的措施,但这一措施却导致作业渔船的宽度和马力数大幅提高。尽管如此,如果渔民的投入替代能力有限,渔船限制和渔具限制措施结合使用就可以在一定程度上有效地防止渔业出现"资本沉淀"(capital staffing)现象。

3. 个别渔获努力量配额

个别渔获努力量配额制度限制特定渔船、个别许可证持有人或个别渔民可以使用的渔获努力量的单位数量,只允许每位从业者使用一定数量的渔获努力量单位,例如一定数量的陷网或一定的海上作业天数。在美国,渔获努力量配额在甲壳类的鱼篓渔业中获得广泛应用。大西洋底栖鱼类渔业在全船队

---

[1] Hermann 等(1998)和 Greenberg 等(1994)对阿拉斯加蟹类渔业采取鱼篓限制措施以后是如何影响效率和平等作了详细讨论。

范围内实施海上作业天数限制的同时,也采用了这一方法。

个别渔获努力量配额的初始分配形式可通过各种机制来确定,例如个别渔民的历史捕捞业绩或渔船规模。渔获努力量控制措施往往同渔具限制、许可证制度和渔船构造规定结合使用。个别渔获努力量制度对资源的养护效果取决于是否能有效限制准入,同总可捕量制度结合使用则可以进一步加强资源的养护效果。可转让的渔获努力量配额类似于个别可转让配额,两者的主要差别在于,作为一种投入控制方式,前者只是间接地同产出水平相关联。只有当不存在其他投入(例如时间、空间、渔具和渔民行为)可以合理替代受控制的投入以及投入产出之间的关系可以被预测且相对稳定时,作为一种控制产出水平的间接方式,个别渔获努力量配额才能够有效地控制总渔获量水平。

在澳大利亚和美国的某些渔业中,渔获努力量单位可以在许可证持有者或渔船之间转让,在这种情况下,随着配额集中到少数渔民手中,经济效率可得到一定程度的提高。但是,个别渔获努力量配额制度不可能消除渔民通过投资达到改进渔具性能以获得竞争优势的动机。经合发展组织成员国所收集到的证据表明,渔获努力量配额制度导致资本沉淀的发生和捕捞作业成本的提高。另外,在大多数情况下,实施个别渔获努力量配额制度不仅非常困难,而且有效执法的费用往往很高,当渔民缺乏强烈的守法动机时尤其如此。

作业时间限制也是渔获努力量配额的一种形式。通过减少渔船在特定区域里的捕捞作业时间或控制特定种类可以被捕获的期限,作业时间限制措施试图减少特定种类的渔获量或特定一组种类的渔获量,即通过明确限定捕捞季节的长短来控制在某一特定海域内进行捕捞作业的时间总量。这一措施有时只采用单一开捕季节,有时也采用两个或两个以上的开捕季节,以便分散渔获物的上岸时间。捕捞季节大都持续几个月,对于某些特定的渔业,例如位于北太平洋海域的鲱鱼子渔业(the fishery for herring roe),其开捕季节却只有几分钟长的时间。时间限制的典型结果是,随着捕捞能力的增加,开捕季节的持续时间只会越来越短。因此,如果不同其他管理措施配合使用,时间限制必然导致低效和代价昂贵的捕捞竞争。尽管时间限制可以使鱼类加工者能够更加有效地调整产品流,但是,该制度却不可能有效地实现经济效率和资源养护目标。

时间限制措施也可能特别地限定渔船的海上作业天数,例如,美国阿拉斯加 SCOQ 渔业在 1990 年开始实施个别捕捞配额制度(individual fishing quotas,IFQs)以前,曾明确规定每艘渔船每周或每半个月可以有多少个小时的海上作业时间。通过限定每艘渔船的海上作业天数,美国新英格兰渔业以及中大西洋底栖鱼类渔业和扇贝渔业现在也采取时间限制措施。

时间限制是间接控制捕捞能力过剩的一种尝试,之所以说它是一种间接的方式,主要是因为正如其他投入控制措施一样,时间只是决定渔获努力量大小的一个因素,渔民几乎总是能够找到增加渔获努力量的投入替代方法,例如改进渔具和渔船的捕捞性能等。但是,时间和季节控制对于保护产卵群体、鼓励渔民在渔获物价值最高的时候进行捕捞以及减少鱼类资源局部枯竭对海洋哺乳类和海鸟摄食机会的影响还是一种必要的措施。尽管如此,时间限制不仅不能防止渔业过度投资的发生,反而能够诱导渔民过度投资。

二、捕捞许可证制度

许可证制度直接规定只有持有合法证件的渔民才可以从事捕捞作业。捕捞许可证制度旨在限定可以合法从事作业的捕捞单元(fishing unit)的最大数量或最大捕捞能力(fishing capacity)①。渔业管理机关可采取无偿或有偿的方式将许可证发放给从事作业的所有捕捞单元或从业者,也就是,许可证既可以同捕捞单元(渔船或渔具)捆绑在一起,也可以同渔民、渔民社区或其他渔民组织捆绑在一起。通过限定许可证的发放数量,许可证制度起到了控制捕捞单元数量或捕捞能力的作用,从而间接地实现控制捕捞死亡率的目的。也就是说,许可证制度通过限定入渔权来减少作业渔民、渔船或渔具的数量,从而达到限制总可捕量的目的。各国对渔业采取有限准入措施大都是通过各种形式的捕捞许可证制度来实现的。

当出现渔获努量增长过快或预计将大幅提高时,管理机关通常开始实施捕捞许可证制度,以期限制渔船和渔具的实际增加量,使捕捞能力维持在与资源生产力相适应的水平上。许可证的发放对象通常为长期从事捕捞作业且渔业投资较大的捕捞单元,这样做主要是为保障渔业从业者的合法权益,而不应将其视为政府渔业管制的既得利益者。

实行捕捞许可证制度首先应解决许可证的发放对象的问题。渔具有时候可能作为发放对象,渔民经常也是许可证的发放对象②,但大多数国家的大部分渔业都将渔船作为许可证的发放对象。无论发放对象是什么,许可证实质上是被作为捕捞能力的一种指标,实施许可证制度的主要目的是为了控制捕

---

①捕捞能力是根据渔船马力数、总吨位或影响捕捞单元效率的其他因素来衡量的。

②例如,美国阿拉斯加大麻哈鱼渔业就采用了这一方法,渔业管理机关试图以此给予渔民一种对抗加工业者的"杠杆"。

捞能力。正如我们将要讨论的，无论是人、渔具还是渔船，都不是渔获努力量的完美指标，因此，许可证制度本身存在着固有缺陷，即该制度无法有效克服"投入替代"问题。

在设计许可证制度时，渔业管理者必须首先解决三大问题，即许可证的发放数量、发放对象和是否允许转让。正如 Waugh(1984)所指出的："这三个问题在相当程度上不仅仅涉及经济因素，往往也涉及政治、行业关系和法律。"[①]除非具有充分可靠的有关自然种群、船队和渔民文化特征的数据，管理机关不可能解决第一个问题。因此，管理机关只有首先估计出重要种群的最大可持续产量和渔船渔获率，这一问题才有可能得到解决。在估计许可证最大发放数量时采取"宁少勿多"的保守态度是明智的，因为由于技术进步的原因，船队生产力和效率往往随时间的推移而不断提高。当然，对于从业渔民种类繁多、渔船生产力参差不齐的渔业而言，上述考虑就会变得更为复杂。

引入捕捞许可证制度的通行做法是，首先对正从事捕捞作业的捕捞单元发放许可证并统计出现有许可证数量，一旦达到最大预期数量，即暂停发放新的许可证。然后通过自然损耗、制定并实施许可证（和渔船）买回制度或其他类似的方法来减少许可证的数量。还有一种方法是，每当许可证被转让时，即相应地降低获准使用的捕捞能力。如果所许可的是捕捞能力且许可证可自由转让，最终会形成单一捕捞单元需持有多种许可证的情况，从而达到减少捕捞单元的数量之目的。

在决定谁有入渔资格的时候，政治考虑有可能优先于对社会公正的考虑，解决这一问题的方法包括将许可证出售或拍卖给出价最高的渔民、优先考虑历史上一直从事捕捞作业的渔民、照顾专业渔民和小型作业渔民等。区域或国家社会经济政策对就业问题的考虑也可能起到一定的作用。此外，决定限制渔船或只是限制渔民有时也是必要的。在这一方面，一位渔民所表达的感情似乎很有代表性，"渔船不捕鱼，渔民捕鱼"[②]。许可证制度往往被视为总可捕量制度的必要补充措施，对于渔民愿意支付管理费用的渔业，这一看法是正确的，但对于以小型作业渔民为主的渔业却并不一定适用。

各国发放捕捞许可证（fishing licences，有些国家称其为 fishing permits 或 concessions）既有采取无偿的方式，也有采取有偿的方式，具体可归纳为如

[①]笔者译自 Waugh 的 *Fisheries Management*(1984)。原文是"These three questions involve considerably more than economic and are often exercises of politics, industrial relations and law"，笔者译。

[②]笔者译自 Miller 和 Maanen 的"*Boats don't fish*": Sonnce... ...Gloucester(1979)。原文是："Boats don't fish, people do."

下三类：(1)只要承诺遵守相应的法规，就可以免费得到捕捞许可证；(2)只有满足相应资格的个人或团体方可得到捕捞许可证(我国的捕捞许可证属于此类)；(3)许可证发放数量有限，只用通过诸如在定期拍卖中中标或从已拥有许可证的个人或团体手中购买的方式获得。采用第二类方法必须首先确立入渔资格，各国规定的入渔资格通常包括属于某一捕捞世家的成员、曾经作为船员在渔船上工作过、渔业社区的居民、无犯罪记录尤其是无违反渔业法的记录。尽管对遏制渔获努力量增长所起的作用非常有限，但入渔资格制度能够减少因不掌握正确作业方式而对资源和环境所造成的破坏。

选定许可对象后，管理机关必须决定如何发放许可证。由于获得渔民支持是确保任何管理措施成功的关键因素，所以管理机关往往只是简单地依据渔民的历史渔获实绩来决定是否发给捕捞许可证。管理机关通常预先确定一个基准年限并规定基准年限内的最小上岸量要求，例如，管理机关可能会将捕捞许可证发给上一个捕捞季节内上岸量超过最小上岸要求的所有渔民。此类方法的一个缺陷是，兼业渔民或一年内连续不断地以许多种类为利用对象的渔民往往被排除在外。由于这些渔民可能正是捕捞效率最高的人，排除其获得许可证的资格从效率的角度来看显然是不合适的，尽管专职渔民并不一定这样看。但是，这一问题可通过设定一个特殊的听证委员会来解决。事实上，此类委员会在任何情况下都是必要的，因为无论采取何种许可证初始发放方法，都难免会出现这样或那样的问题，有赢家，有输家。例如，在创立 Solent 牡蛎渔业许可证制度时，管理机关不得不将许可证发放给一直从事作业但其渔船却在基准年限内沉没的、渔船需要大修的和那些为从事其他更为有利可图的职业暂时放弃作业的渔民。

采用无偿发放方法的许可证制度的一个弊端是(尽管渔民不一定这样认为)，获得许可证的渔民等于获得了一笔额外收益，这一方法对大多数渔民都是有利的。但是，这一方法有可能受到非议的是，因为渔业资源是一种社会性资源，因此整个社会都应当从渔业资源的利用中获得收益①。解决这一问题的一种方法是，向渔民征收一定的费用，费用的高低应体现出社会给予渔民享有排他性利用渔业资源的权利是公平的。

与许可证发放、特别是采用基于历史渔获实绩方法发放的最后一个问题是，从业渔民数量可能过大，因为采用此类方法的许可制度几乎类似于渔业的

---

①这的确是一个值得注意的问题，以美国渔业为例，据估计，美国渔业潜在的年经济租金高达 3 亿美元。(引自 Christy, 1976)

自由准入状态。结果,渔业管理机关要么还需采用其他配套管理措施,要么在许可证刚发放完毕时接着就要从渔民手中买回一定数量的许可证。采用后一方法似乎有些不可思议,但事实上却可能是最好的办法,至少是最容易的办法,因为只要提供适当的补偿,渔民就无需被迫而是自愿离开渔业。可以预期的是,正如实施税收政策一样,那些机会成本最高的渔民将首先离开渔业,结果就能够以最低的机会成本获得最优渔业产出(无论形式如何)。但是,同税收政策相比,许可证买回制度对渔民不会产生太大的阵痛。遗憾的是,开始时,渔获努力量可能需要大幅下调,为鼓励渔民自愿退出渔业,渔业管理机关可能不得不花费较大的支出。此外,随着时间的推移,技术进步可能导致所需名义渔获努力量单位可能会越来越少,结果,为了将实际渔获努力量控制在最优水平,管理机关就必须不断注入资金从渔民手中买回过多的许可证。如果捕捞许可证制度不能产生所预期的经济租金出现,渔业管理机关可能就不得不征收一定的许可证费,以弥补许可证买回所花费的开支。为买回许可证所花费的开支可视为社会为获取渔业可能产生的未来经济租金所偿还的部分或全部贷款。但是,正如即将讨论的一样,许可证制度并不总是能够产生大量经济租金。

一开始的时候,就采取拍卖的方法将最优数量的捕捞许可证发放出去,这可能是买回制度的一个最便宜的替代方案。每一渔民将发现以不超过其预期的未来经济租金的贴现值来投标将是有利可图的。因此,只有机会成本最低的渔民才有可能成功中标,成为许可证的持有人,因为正是这部分渔民才可能获得最大的预期租金,尽管他们的理性预期也有可能建立在过于乐观的基础上。这一方法的主要障碍在于,发证机关将俘获渔业能够产生的预期经济租金的资本化价值,即未来经济租金的净贴现值。因此,很难期望大部分渔民会支持这一方法,而渔民的支持通常是不可或缺的,所以,到目前为止,各国还没有尝试过通过拍卖发放许可证的方法。

尽管确定谁应获得渔业经济租金是非常关键的决定,如果允许自由转让,从最优资源配置的角度看这一决定却与许可证的初始发放方法无关(科斯定理),因为市场机制将迫使机会成本高的许可证持有者将许可证卖给机会成本低的人。许可证再分配的机制类似于作者曾讨论过的个别可转让配额制度下配额的转让机制。但是,正如我国的做法一样,许可证有时是不可转让的。许可证一般都有时效限制,一旦失去时效,发证机关将收回发放的许可证,许可证法发放一般都带有此类限制性条款。管理机关还要作出如何处置所回收的许可证的决定,是完全销毁?还是重新发放给原持证人或新从业者呢?遗憾的是,不能买卖的许可证制度通常过于僵化,大部分渔民都会发现至少在有效期内从事作业是有利的,而不愿意失去许可证。因为不能卖掉所持有的许可证并得到相应的补偿,因此,渔民即使有想法也往往不肯轻易离开渔业。此外,如果决定离开渔业,渔民往往希望自己决定谁应成为他的继承者。由于上述原因,发证机关事实上能够回收到的许可证数量往往很少,且许可证回收的主要目的还在于控制渔获努力量,因此,将回收到的许可证再发放给新从业者的数量几乎微乎其微,在这种情形下,最优资源配置几乎是完全不可能的。事实上,无论是社会还是渔民本身似乎都能够从许可证转让中获得相关收益。

三、捕捞许可证制度的性质与特征

实施捕捞许可证制度从本质上将鱼类种群从无财产状态(res nullius)转变为许可证持有者的共有财产(res communis)。因此,捕捞许可证制度实施后,鱼类种群不再是无主之物,而是所有有权制定捕捞规则的人的共有财产。捕捞许可证同时授权执法官员可禁止不遵守相关规则的个人或团体从事捕捞作业。

尽管一直作为限制入渔的措施之一,且表面上看来是解决渔业问题的一种比较容易的方法。但是,许可证制度的实施并不比通常采用的大部分其他更为传统的措施更为简单。许可证制度的实施要求更多的先行研究和收集更多的数据,随后要同渔业从业者进行相应的协商工作;此外,从渔政和执法角度看,许可证制度通常需花费更多的费用。

各种类型的捕捞许可制度之间的基本差异仅在于渔民获得捕捞许可证的难易程度,无论是在开始实施许可制度时,还是在许可制度实施以后。能够有效减少从业渔民数量的捕捞许可项目往往能产生更大的收益,但是这种做法需花费更多的行政费用,这在某些国家中常常会受到法庭的挑战。捕捞许可项目已经宣布,怀有投机心理的人往往会想方设法来获得必需的资格,这往往导致渔获努力量短期内大量增加,因此有违政策制定者减少渔获努力量的初衷。

许可证制度最有害的效果或许是该制度导致对技术进步形成了极为严重的"激励扭曲",技术进步的出现能够使采用新技术的渔民在管制制约下提高利润水平,而渔业管理机关为了有效地控制住实际渔获努力量,往往不得不设法限制所有能够有效增加渔获量水平的新技术的应用,即使能够对种群养护起到良好的作用,只要提高了渔获率,可能都会被列入禁用之列。因此,如果一国长期有效地采用该制度管理渔业,该国渔业之国际竞争力势必会因效率的下降而被削弱。

　　许可证制度的最大缺陷在于,尽管管理机关可通过该制度严格控制渔获努力量的某些要素(例如渔民数量、渔具数量、渔船数量或总吨位),但是,由于不可能将渔获努力量的所有成分纳入控制,为了获得更大的利润,渔民有可能利用不受控制的投入替代受控投入,该制度的实施结果往往导致渔业的过度投资。为了更明确地说明这一问题,现在让我们假定,管理机关试图通过许可证制度控制渔船总吨位且取得了很好的效果,渔业出现经济租金,渔获物的价格超过了平均作业成本,渔民将发现努力增加渔获量并以此增加利润水平是很有吸引力的。因为渔船总吨位受到了严格限制,渔民将试图利用更为高效的投入来改善渔船性能,例如安装更大马力的马达或更大的拖网。随着渔业技术进步,渔船渔获能力将远远高于当初的水平。

　　问题是所有理性渔民都会表现出类似的行为,结果,整个船队的渔获效率增加了。管理机关也可能会采取各种反制措施,首先可能会实施捕捞限额制度和(或)禁渔区制度,但这样做的结果是,作业成本增加但总渔获量没有增加,因此形成了经济租金的浪费。其次,管理机关也有可能"不作为",结果渔获量短期内有可能增加,额外投资得到一定程度的回报。但是,渔获努力量不可能长期持续增加,最终反而会有可能下降到低于原先的水平。因此,捕捞能力长期过剩极有可能导致渔获量下降(取决于初始水平),这等于增加了经济租金的浪费程度。再者,发证机关也可能会试图通过许可证买回措施来降低渔获努力量,以维持经济租金。在这种情况下,这些额外投资(例如为买回许可证而支付的费用)对继续从事作业的渔民是有利可图的,对整个社会而言,这笔额外投入不会带来任何收益。此外,在许可证制度下,只要存在经济租金,渔民将发现努力增加个人的渔获物份额是有利可图的,除非发证机关总是能够抢在渔民之前采取措施,经济租金最终势必被浪费殆尽。因此,纯粹限制一定数量的渔船或渔民的许可证制度本身不能遏制过度投资和过度利用的发生,因为渔船规格加大和渔具效率提高仍然有可能使渔业资源枯竭。因此,许可证制度必须同时带有限制此类可能性的额外规定。因此,尽管许可证制度在一开始的时候似乎是一种简单和直截了当的管理方法,随着时间的推移,往往变得极其复杂,需花费很高的管理费用。

　　尚存有争议的一种解释是,许可证制度之所以会导致这一结果,是因为该制度的作用机制,特别是该制度仅能够控制渔获努力量的部分成分所造成的。从这一角度看,要达到许可证制度的预期目的,就必须设法将所有投入纳入控制,事实上这是不可能做到的。首先,渔获努力量本身难以明确定义;其次,即使渔获努力量在一开始的时候得到了明确界定,经济租金的出现也会使得原先无利可图的投入变得赢利;再者,受控投入的种类越多,渔业管理机构也会变得越来越庞大,管理费用也会越来越高,而准确预测采取更严格的控制措施的影响也会越来越困难。事实上,许可证制度最多也只能是试图控制渔获努力量的一种或两种成分。因此,管理机关最终势必转向其他途径来解决许可证制度所存在的弊端。[1]

捕捞许可证制度的实施存在许多困难,正如运用该措施所管理的各种渔业所证明的一样。捕捞许可证制度的一个最大问题时,如何定义应限定什么?限定渔船数量将诱导渔民用更大规模的渔船替代原先较小的渔船;限定渔船的数量和规格将诱导渔民采用更大的马达或其他能够增加渔获努力量水平的要素投入。只要有可能有不受管制的要素投入替代受管制的要素投入,就必然会产生"溢出效应"。最终结果是,正如伴随着我国捕捞许可证制度从单纯控制渔船数量到实施"双控措施"一样,渔业管理机关必须在不同的区域对各种不同的渔具采取高度复杂的"组合式"控制。

有些国家曾试图将许可证制度同渔船买回制度配套使用,以期减少渔获努力量水平。两者配套使用并不可能产生预期的效果,有许多理由可以解释这一点。首先,两者配套使用并不能起到防止继续从事作业的渔船之间的"溢出效应"发生的作用。其次,从一个渔业中或一个地理范围内被卖出的渔船可能重新被用于其他渔业或地理区域,从而加重后者的过度投资程度。两者配套使用的最大缺陷或许在于如下事实:对于大部分渔业,渔民之间的单船渔获量水平表现出很大差别,且大宗渔获物往往被少数渔船所捕走,其结果是,有可能需要将超过一般渔获量水平的渔船卖出才有可能对总渔获量水平产生明显的影响。而我国的经验则表明,渔船买回制度实施伊始,往往会将渔船数量压低到一定的程度,但随着时间的推移,压船工作将变得越来越困难。据专家分析,买回制度实施初期所买回的渔船往往都是些早已不再从事作业的渔船。其结果是,国家花钱买回了一些早已被闲置的渔船,政策实施效果与政策目的南辕北辙,徒然耗费了国家大量人力和资金。

---

[1]另外两种限制入渔的措施(配额制度和税收制度)却很少使用。一般情况下,如采用配额制度,首先应确定最大可持续产量,随后将其划分成较小的单元并通过有偿拍卖的形式分配给渔民或渔业公司。许多渔业管理者认为,这一方法更有吸引力,因为该方法具有更大的灵活性,且可以获得一定的资金收入用以弥补渔业行政和执法成本。但是,实际情况是,该措施通常会受到两大几乎无法逾越的障碍之制约:第一,同所有配额制度一样,该方法的渔政费用很高,且渔业执法往往非常困难;第二,这一措施往往会受到不太富裕的渔民的强烈抵制,认为该制度明显有利于那些在拍卖中出价最高的渔民。

捕捞许可证制度的效果取决于个别持证人通过用不受控制的要素投入替代受控的要素投入而增加其渔获量的程度。要素投入替代的机会越少,捕捞许可证制度的实施效果就越好。限定渔网总数量或网纲的总长度至少有可能部分地对总渔获量和资本投资的增加起到控制作用。如果渔获量的增加不明显,渔民投资购买或建造功率或规格更大的渔船的激励并不会十分强烈。此外,如果能够有效地控制住要素的投入替代,那么,渔船买回制度可用来作为减少捕捞能力过剩的手段。

应仔细分析有效实施捕捞许可证制度所必需的条件,如果可能,渔业管理机关应创造必要的条件。同时,还应仔细分析捕捞过程所涉及的所有因素,包括渔具、渔船、马达、鱼群定位装置等,以确定是否还存在能够被限定的因素或能够采用抑制替代的方法将对某要素的限制。

利用许可证制度来控制捕捞能力对于船队经济效率的促进比不上通过个别可转让制度来间接地控制捕捞能力对船队经济效率的促进程度高。个别可转让制度可以间接地实现控制捕捞能力,从而提高船队的经济效率。通过许可证制度则可以直接达到控制捕捞能力的目的,但是这种做法达不到个别可转让配额制度对船队经济效率的提高程度。

上述问题的存在使许多国家的渔业管理者将目标转向个别可转让配额制度。但是,对于具体条件并不适合运用个别可转让配额制度的渔业,捕捞许可证制度仍然不失为一种"次优解"。捕捞许可证制度的一大优点是,因为"数"船和"数"渔具比"数"鱼容易,因此渔业行政相对简单,执法费用相对较低。此外,同产出控制措施相比,某些类型的渔业可能更适合于采用投入控制措施。

四、捕捞许可证制度施行效果评估——理论预期

许可证既可以作为发给渔民或渔船的一种执照,对所发放的数量不加限制,也可以被用来作为一种管理措施,限制从事捕捞作业的渔船或渔民的数量和类型。许可证制度的目的在于限制捕捞能力,但其效果却是间接的。许可证制度也可同渔具和渔船限制措施结合使用。在美国和澳大利亚的某些渔业中,许可证是可以买卖的。当数量有限且可以买卖时,许可证的价值通常会随时间变化而变动,从而反映出特定渔业之预期利润的高低变化。当许可证同渔船(而非渔民本人)直接联系起来时,此类渔船的价值一般要大于其仅仅作为一种生产工具时的价值。

采用捕捞许可证制度只能起到部分地控制船队捕捞能力的作用。如果许可证制度并没有具体规定渔船的最大规模或对捕捞能力加以其他限制，那么，随着小船逐渐被大船所取代，船队的实际捕捞能力将逐渐提高。之所以会出现这一问题，主要是因为渔船规格只是决定捕捞能力大小的一个因素。另外，为了适应对渔船规模的限制，渔民往往对渔船加以改进，并可能因此导致渔船效率降低或适航能力变差。取决于许可证可成功控制捕捞能力的程度，许可证中的某些具体规定可能会严重阻碍技术进步，因为新的、更好的渔船设计方案可能并不符合设计要求。

利用许可证制度控制船队捕捞能力不可能达到通过个别可转让配额制度间接控制船队捕捞能力对经济效率的提高程度，但是，当难以监督或难以实施个别可转让配额制度时，有限许可证制度则有可能成为一个可行的替代方案。尽管如此，有限许可证制度的采用充其量只能作为一个权宜之计，只能取得有限的短期收益，从长远的角度来看，有限许可制度的表现将取决于同其他管理措施结合使用的情况。

1. 单独采用许可证制度的预期效果

除非一开始就把许可证发放给所有渔业从业者，否则随着捕捞单元的日趋减少，再发放许可证往往会出现很多问题。将一些渔民排除在外往往会产生一些诸如被认为是不公平、导致阶层分化和捕捞行业，至少是其中的一部分，对该制度产生抵触情绪等问题。这些问题可通过将许可证发放给所有从业者，然后通过自然损耗来减少许可证数量或采用许可证买回制度来解决。自然损耗法的主要缺陷在于捕捞单元数量降低的速度很慢，而买回制度的主要缺陷则在于其潜在的较高费用。

随着捕捞许可证制度的生效，总捕捞死亡量开始时会有所下降，种群生产力相应地会有所提高。捕捞单元数量的自然减少速度有可能非常缓慢，因此总渔获努力量的降低速度也会很慢。如果渔业原来处于过度利用状态，总渔获努力量的减少就有可能使资源种群生长到更大的规模，因此总上岸量将增加。

如果不采取其他措施，继续从事作业的捕捞单元有可能获得超额利润。如增加投资或延长海上作业时间不受限制，渔民就会发现投资改善渔船和渔具的性能、添置更有效率的渔具渔船或采用能够获得更多海上工作时间的捕捞技术（例如采用功率更大的马达、采取"休人不休船"的措施和加大船舱容积等）将是有利可图的。因为总捕捞死亡量是由获得许可的捕捞单元（渔船、渔网长度、陷网和鱼钩等）的数量、每一捕捞单元使用的时间长短和渔获率三种因素共同决定的,而许可证制度只能限制影响其中的一种,所以渔民会发现采用不受控制的投入替代受控的投入是有利可图的。只有在不易改变捕捞技术的渔业中,许可证制度才有可能有效地控制捕捞能力膨胀和捕捞死亡量增加,也就是说,捕捞许可证制度的效果与其实际限制能力相关,因此,通过减少捕捞作业单位的方法来降低总捕捞死亡数量的企图将不可避免地因每一捕捞作业单位试图增加其捕捞产量的努力而难以如愿以偿。遗憾的是,大部分渔业的捕捞技术都不满足这些限制条件。在这种情况下,因捕捞单元数量的减少所带来的总捕捞死亡量下降被每一捕捞单元所造成的捕捞死亡量增加抵消了。尽管如此,由于捕捞成本增加,捕捞死亡量不可能增加到未采取捕捞许可证制度以前的水平。

虽然有限许可证制度是一种较为有效的捕捞死亡量控制机制,但是,这一方法对资源的养护效果却并不特别明显。随着技术的进步,通过许可证限定捕捞作业单位数量的做法只能延缓但不能完全防止资源的过度利用。因此,许可证制度的成功与否将取决于是否与其他能减少捕捞死亡量的管理措施配套使用。

如果能减少渔船数量,捕捞许可证制度就能够降低渔具冲突和渔具损失的程度,但许可证制度不会对季节性捕捞特点(例如捕捞季节长短)、渔获物的短期供过于求、渔获物质量和浪费程度、市场价格和易得性、海上作业安全、兼捕、经济稳定性和投资环境产生任何影响。此外,除非无证盗捕泛滥,否则数据质量不会因许可证制度的实施而下降。

2. 许可证制度同其他措施配套使用的预期效果

一般认为,单独采用许可证制度不能有效地限制生物学过度捕捞,即使不采用许可证制度,传统渔业管理措施(总可捕量制度和渔具限制等)也能够实现渔业资源的养护目标。正是捕捞许可证制度的性质决定了该制度必须同其他管理措施配套使用。由于这一局限性,各国通常将许可证制度与渔获量配额制度、禁渔区和禁渔期制度、渔具限制、上岸规格限制、航次数量和(或)出航时间限制和单船渔获量限制措施配套使用。

许可证制度同总可捕量制度配套使用,有望在一定程度上缓和单独采用总可捕量制度所诱发出的竞争性捕捞行为。作为个别配额制度的配套措施,除非许可证本身可以转让,许可证制度有望减少有资格从事捕捞作业的渔民的数量。将从业渔民减少到低于单独采用个别配额制度时的数量会使渔业变得无效率,提高了捕捞作业成本。但是,个别配额制度有可能减缓单独采用许可证制度时易于发生的渔业过度投资问题。

单船渔获配额制度同许可证制度配套使用有可能起到抑制过度投资的作用,因为单船配额制度消除了渔民为增加航次渔获量或单位时间渔获量而进行投资的机会。上岸规格和性别限制措施同许可证制度配套使用有可能起到增加种群丰度的作用,但有可能诱发渔民的过度投资行为。其他渔具和渔船限制措施同许可证制度配套使用也有可能减少过度投资的机会。如果足以控制住所有渔业投入,这些额外措施就有可能更好地起到控制捕捞死亡量、增加种群丰度和产生资源租金的作用。禁渔区和(或)禁渔期制度同捕捞许可证制度配套使用有望起到提高种群丰度的作用,但有可能为渔民进行过度投资提供更大的激励。

正如上文所提到的,许可证制度是个别渔获努力量配额制度的一个不可缺少的配套措施,两者能够产生相互作用,强化对方的有利影响。许可证制度与个别渔获努力量配额制度配套使用能够减少从业渔民通过强化捕捞单元的使用来增加其渔获量的机会,也就是说,能够对捕捞死亡量起到更好但不是完全的控制作用,因为渔民仍有可能提高其捕捞单元的效率。

总之,单独采用捕捞许可证制度仅仅有可能产生有限的资源养护效果和有限的净经济收益,不可能实现最大渔业绩效。如果初始发放过程中产生了一些社会问题,许可证制度的实施在行政上有可能非常困难。许可证制度的实际绩效很大程度上取决于是否采用其他配套措施。

五、捕捞许可证制度施行效果评估——实证分析

经合发展组织考察过7个成员国中施行许可证制度的38个渔业,其中有两个渔业把许可证制度作为唯一的管理措施,与许可证配套使用的措施包括上岸规格和性别限制(21个渔业)、渔具限制(18个渔业)和航次限制(5个渔业),有两个渔业同时采取了增殖措施(见表4.3)。

经合发展组织的研究结果支持对许可证制度施行效果所做的理论预期之一,即施行许可证制度后,确实容易导致过度投资和作业成本增加的问题。但是,由于许多渔业同时还实施了总可捕量制度,因此,很难断言上述问题的发生是否是由于施行了捕捞许可证制度所造成的。经合发展组织的研究结果在一定程度上支持对许可证初始发放问题所做的理论预期,但是证据数量很少,难以据此得出可靠的结论。没有发现支持或否定对资源短期养护效果所做的理论预期的证据,事实上,所得到的证据大都相互矛盾,说明许可证制度并不一定导致资源过度利用。下面,我们将详细说明有关实证研究的结果。

表 4.3　经合发展组织成员国采用捕捞许可证制度的主要渔业[1]

国别	起始时间	其他控制措施
澳大利亚		
北部对虾	1970	
西部龙虾	1963	1
南部鲨鱼	1986	1
南部蓝鳍金枪鱼	1975～1984	1
东南渔业	1985～1992	1 和 O,1983
龙虾渔业	1985	1 和 O,1988
Torres Straight 对虾渔业	1985～1993	1
西北大陆斜坡拖网	1985	1
大海湾渔业	1988	
北部锯缘青蟹	1985	1 和 O[2]
维多利亚鲍鱼	1968～1987,	1
	1988～至今	O
维多利亚扇贝	1968	1 和 O,1971
澳洲肺鱼	20 世纪 60 年代	1 和 O[2]
加拿大[3]		
大西洋近海龙虾	1967	1
圣劳伦斯湾雪蟹	1975～1990	1
大西洋底栖鱼类	1978～1982	1 和 O
大西洋鲱鱼	1970～1976	O
大西洋大麻哈鱼	1968	1
太平洋鲱鱼	1974	1 和 O
太平洋大麻哈鱼	1969	1
太平洋底栖拖网	1976	O
太平洋陆蛤	1983～1989	1 和 O
太平洋鲍鱼	1977～1980	1 和 O
太平洋裸盖鱼	1981～1990	O
太平洋鳙鲽	1979～1991	1 和 O
冰岛		
毛鳞鱼	1979～1980	1 和 O

(续表)

国别	起始时间	其他控制措施
意大利[4]		
底栖鱼类	1982	I
蛤类	1982	I 和 O
荷兰		
北海圆体鱼	1981	I 和 O
西班牙		
地中海底栖鱼类渔业	1975	I
所有渔业（拖网、围网和延绳钓渔业）	1984	
英国[5]		
鲱鱼渔业和鲭鱼渔业		I 和 O[5]
美国		
大西洋渔业		
浪蛤	1977～1990	I
多锯鲷	1990～1922	I
太平洋和白令海渔业		
阿拉斯加大麻哈鱼渔业	1974	I
粉虾	1982	I
太平洋大蟹	1992	I[6]
流刺网	1980	I 和 O
夏威夷甲壳类渔业	1992	I 和 O
西部表层渔业渔业	1991	I

[1]本表所列举的只是那些具备足够分析数据的渔业。
[2]商业渔业单独采用投入控制措施，休闲渔业同时采取了投入控制和产出控制措施。
[3]事实上，加拿大的所有渔业都施行了捕捞许可证制度，此处列举的只是那些数据相对充分的渔业。
[4]意大利所有渔业都施行了捕捞许可证制度（称之为"Generalized licensing scheme"），且都采取了投入控制措施，有些渔业同时也采取了产出控制措施。
[5]1977年到1981年曾对鲱鱼实施禁捕。
[6]管制仅适用于加利福尼亚。

资料来源：OECD(1997)，第91页。

通过许可证制度限制捕捞单元数量有可能延缓资源过度利用进程，但无法完全消除资源过度利用问题。研究结果表明，施行许可证制度后，其中有11个渔业的种群规模下降了，4个渔业的种群规模增加了，3个渔业的种群规模有所变化(即有时增加,有时下降)。种群规模和特定的管理措施组合并无明显的相关性,但是,在 4 个同时采取了渔船限制措施的渔业中,有 2 个渔业的种群规模增加了。生物学因素与种群规模或养护效果似乎并无明显相关性,尽管种群规模下降的 7 个渔业种群都是高度洄游性或多种类的。对澳大利亚南部蓝鳍金枪鱼所采取的养护措施不起作用可能是由其高度洄游性质决定的,而生境损失与鱼类的自然死亡和捕捞死亡,也可能是造成加拿大大西洋大麻哈鱼种群规模下降的原因之一。

实证研究结果无法证实"施行许可证制度后渔获努力量短期内将有所下降、长期将有所增加"这一推断,因为其中有 7 个渔业在施行许可证制度期间渔获努力量短期内确实有所下降,但有 3 个渔业在许可证制度施行整个时期渔获努力量都保持了增长势头,另有 3 个渔业的渔获努力量则连续长期保持着下降态势。在施行可捕量制度后,6 个渔获努力量表现出短期内增加的渔业中,当引入其他管理措施后,渔获努力量要么开始趋于稳定,要么开始下降。当引入诸如禁渔区和禁渔期制度(美国太平洋流刺网渔业)、渔获努力量和渔具限制措施以及根据船队类型发放不同许可证(荷兰北海圆体鱼类)、禁捕和渔船买回制度(加拿大大西洋大麻哈鱼、澳大利亚北部对虾)、渔具限制、禁渔区和禁渔期以及渔具限制措施(澳大利亚南部鲨鱼)、渔获努力量和渔船买回制度(澳大利亚北部领海内的澳洲肺鱼)一类的管理措施后,渔获努力量似乎在一到两个捕捞季节内开始下降或趋于稳定。上述渔业中,有些出现了单位努力渔获量增加和渔获努力量减少同步发生的情况。在渔获努力量持续增加的 3 个渔业中,有 2 个渔业(美国太平洋粉虾和加拿大太平洋鲍鱼)没有再引入新的矫正措施。应注意的是,市场条件变化(主要是日本市场对鲍鱼需求增加)和政府激励也对上述渔业中 2 个渔业的渔获努力量增加起到了一定的刺激作用。

研究表明,有限准入措施易于诱发过度投资和(或)无法控制总可捕量制度下作业成本趋于提高的趋势的理论预期是成立的,其中 9 个案例研究的结果都支持这一预期结果,只有一个案例研究的结果与其相反。在发生作业成本提高和过度投资问题的 10 个渔业中,有 7 个渔业同时采用许可证制度和总可捕量制度,意大利底栖鱼类渔业的例外,但除了没有施行总可捕量制度外,该渔业所施行的管理措施组合类似于其他符合理论预期结果的渔业所采取的政策措施。

研究结果对施行捕捞许可证制度将降低就业这一预期的支持并不显著,只在 4 个渔业中找到与就业有关的证据,其中 3 个渔业的就业下降,1 个渔业反而有所提高,这4个渔业中没有一个渔业单独运用捕捞许可证制度,并无特殊的管理措施、生物或制度特征能够解释为什么上述3个渔业的就业水平会有所下降。

研究结果并不支持有限准入制度将减轻捕捞竞争的程度这一预期,其中9个渔业的研究结果说明引入有限准入制度并没有缓解渔民捕捞竞争的程度,其中7个渔业同时采用了总可捕量制度。

无证据能够支持许可证制度将导致资源租金出现这一预期,因为尽管有4个渔业的证据似乎支持有限准入体制的施行有望产生资源租金的预期,但其他5个施行了有限准入制度渔业的证据则表明资源租金被浪费。4个出现了资源租金的渔业经常将渔具限制、禁渔区和禁渔期制度作为许可证制度的配套措施,诸如人工放流、与行业协商以及渔业的最新发展等因素或条件有可能使得许可证制度与资源租金之间的相关性变得更为复杂。基于这一考虑,因此,无法明确断定资源租金的出现一定是由实施许可证制度所引起的。

仅有2个渔业案例研究包含了渔具冲突的相关资料,但无证据支持许可证制度将诱发渔具冲突这一理论预期。

许可证发放问题在2个渔业中发生过,其中在阿拉斯加大麻哈鱼渔业的许可证发放过程中,出现过该制度有可能将土著人排除在外的担忧,且行政诉讼导致了许可证初始发放的行政成本增加。5个渔业的证据支持许可证发放中存在潜在的不平等和渔业行业对这一制度持抵制态度的理论预期,另外4个渔业的许可证发放则很好地解决了此类问题。

10个渔业案例中包含与许可证制度将降低执法成本、减轻渔获物报告和数据问题这一理论预期相反的证据,没有发现支持这一预期的渔业。3个渔业提供了与渔获物报告有关的证据,但没有支持引入许可证制度将诱发低报渔获物或统计数据质量下降问题的证据。许多渔业都同时采用了许多不同的管理措施,包括禁渔区和禁渔期制度、渔获努力量限制措施和航次限制。其中,在阿拉斯加多锯鲷和加拿大太平洋鳙鲽渔业中观察到不良渔获物报告的问题,这两个渔业均同时采取了总可捕量制度。该执法和监控成本和渔民不遵守行为似乎与特定的生物和市场条件有关。日本市场对鲍鱼需求的增加似乎是加拿大太平洋鲍鱼渔业中所发生的渔民不遵守管理规定的主要诱因,而圣劳伦斯湾雪蟹渔业中的社会和经济压力也触发了渔民的不遵守行为。盗捕在澳大利亚维多利亚鲍鱼渔业中发生过,而澳大利亚的维多利亚扇贝渔业则发生过违反禁渔区制度和产品泡水(product "soaking")的问题。

第五节 产出控制与总可捕量制度

一、产出控制

产出控制是直接限定渔获量这一捕捞死亡重要组成部分[1]的管理措施。产出控制措施可以用来限定整个船队或整个渔业的渔获量水平,例如总可捕量,也可以用来限定特定渔船(例如航次渔获量配额、个别渔船配额等)、配额持有人和个别渔民的渔获量水平,以确保个别渔民(包括个别渔民组织和个别捕捞公司)和个别渔船的实际渔获量之和不超出整个渔业的总可捕量水平。产出控制制度包括总可捕量制度、个别可转让配额制度和渔船渔获量限制制度。总可捕量规定了特定目标种群、特定作业渔场和在特定时间范围允许捕捞的最大数量。个别可转让配额和个别配额直接规定个别捕捞单元(例如个体渔民、个别渔船和个别渔业公司)获准捕捞的数量,其总和不超出总可捕量。渔船渔获量限制限定每一捕捞单元每一航次或较短一段时间(例如一星期)内的渔获量,但并不一定对捕捞单元或航次数量予以限制。美国也采用总可捕量制度来管理休闲渔业,具体方法是限定个别休闲渔业参与者一天或一年的渔获量水平。

产出控制(output control)是一种获得广泛应用的管理措施,但是,除非同时采用其他补充措施,产出控制手段不可能实现任何渔业经济目标。如不解决自由准入问题(即如果不限制个别渔民的渔获量),限制总可捕量就必然加剧渔民的竞争行为,包括购买或建造更大、装备更先进的渔船,采用更加有效的捕捞技术以及增加作业时间和强度,以便获得更大的渔获份额。这是因为,假定总可捕量的设定是正确的,执行、监督和执法也是有效的,通过总可捕量控制措施可以有效地保护渔业资源,但是,同自由准入条件下的竞争捕捞一样,总可捕量控制制度下的竞争性捕捞将使捕捞业最终达到捕捞收入等于捕捞成本这一点。一个最典型的例子是美国太平洋鳙鲽渔业,由于渔船船队的日益膨胀,该渔业的捕捞季节曾经从一年中的几个月降低到只有几天。由于捕捞季节缩短,大部分本来可以鲜卖或活卖的渔获物被加工成质量较低的冰

---

[1] 构成捕捞死亡的其他要素包括因兼捕和丢弃渔具所造成的捕捞死亡以及因捕捞作业所引起的生境退化。

货,结果,因消费者喜爱度的降低而大大降低渔获物的市场价格。因此,许多学者认为,该渔业因采用总可捕量控制制度而导致的经济浪费丝毫不亚于资源枯竭。

显然,避免这种有害的捕捞竞争的一种有效方法是把总可捕量按一定规则分配给个别渔船或从业渔民,这样管理措施就从总可捕量控制转化为个别配额控制或个别渔船配额制度(individual vessel quotas,IVQs)。在个别配额制度下,每位渔民都知道他可以捕捞多少鱼,因此就没有理由为获得更多的渔获份额而投资购买更大、更快的渔船,从而可以有效地避免过度投资的发生;另外,由于渔民个人的渔获份额已被固定,渔民将考虑如何通过降低捕捞成本和提高渔获物的质量,例如如何提高保鲜、保活技术,以便从固定的捕捞份额中获得更大的利润。

产出控制的效果取决于渔政机关有效监控总渔获量的能力,监控渔获量的方法包括利用可靠的上岸量记录确定总上岸量、渔港抽样数据和估计丢弃量或隐瞒未报的渔获量,或者通过派遣海上观察员或检查可以核对的渔捞日志来确定实际的总渔获量。

二、总可捕量制度

总可捕量制度主要是基于生物学考虑而采取的一种产出控制措施[1]。产出控制是直接限定渔获量这一捕捞死亡重要组成部分的管理措施,通过规定允许特定种类一定时期内(通常为一年)上岸的最大体重或数量(条数)来限定确定渔业的产出水平,并通过有效的监控和执法使实际渔获量不超过所规定的捕捞配额的一种管理手段[2]。以总可捕量为基础的管理(TAC-based management)要求有效监测渔获物的上岸情况,一旦确定鱼类的上岸量达到了所规定的总可捕量,以该种类为对象的捕捞作业活动即宣告结束。

要确定特定种群的可捕量,需要拥有该种群多年的渔获量、渔获努力量和捕捞死亡率等方面的渔业统计资料,需进行详细的资源调查,尽可能掌握种群分布、生长与繁殖、洄游规律等生物学特征。取得相关数据后,采用选定的数

---

[1]总可捕量制度最早在美国和加拿大的太平洋鲽鲽渔业管理中获得实际应用(从1930年开始)。当时的做法是,首先设定总可捕量,当实际渔获量达到所设定的总可捕量,即宣布禁渔。其主要弊端是,在总可捕量一定的情况下,各国为了获得更大的渔获份额而相互竞争,结果导致开捕时间大大缩短和渔业资源严重衰退,无法实现资源养护的预期目标。

[2]实际情况往往是只有监测已被上岸的渔获物才是可行的,因此,管理机构往往无法准确地估计出渔获物的实际丢弃率,即已被捕获但被渔民丢弃的渔获物在总渔获物(上岸量加上丢弃量)中的比率。

学模型,运用科学的拟合模型方法,预测该种群的最大可持续产量,进而确定该种群在特定时间、特定海域内的可捕量。渔获量统计资料的收集、资源调查和评估工作应连续或定期进行,确保及时充分了解该种群的资源变动情况,并根据种群变动的规律适时调整总可捕量。

根据种群评估结果和其他生物生产力指标,来确定特定渔业的总可捕量水平,所需数据一般来自独立的资源调查和对渔获物的上岸情况进行抽样检查。结合从渔民和水产品加工厂收集到的数据、渔港抽样调查得到的数据、海上观察员提供的数据和独立的资源调查获得的数据,根据一定的模型,鱼类生物学家能够相对准确地预测到总生物量、年龄分布情况和上岸数量。一般而言,所确定的总可捕量是特定种类或特定海区一年内允许捕捞的数量,然后将确定的总可捕量分解成季节可捕量。如果总可捕量的估计值相对准确,渔政执法非常有效,那么总可捕量制度就可以达到有效控制总捕捞死亡量的目的。但是,理论分析和各国经验均表明,单独采用总可捕量制度来管理渔业将加剧渔民竞争捕捞的行为,并因此导致渔业的过度投资。从长远看,如不采取配套政策,总可捕量制度将耗尽渔业的资源租金,造成严重的经济浪费和资源利用的社会不平等。

种群补充和种群规模之间的关系是计算总可捕量的一个关键因素。但是,由于种群补充往往是高度不稳定的,对于某些种类,种群补充似乎又不受产卵群体规模的影响,要准确确定种群补充和种群规模之间的关系是非常困难的。因此,通过给定一个既定的总可捕量来保证渔业养护目标的实现是极其困难的。但是,种群补充和种群规模之间的随机性和不确定性并不排除确定一个能够有效回避风险的总可捕量,因为可以采用预防性的方针来确定总可捕量。同确定一个预防性的总可捕量相比,在不确定总可捕量的情况下,发生过度捕捞的危险要大得多。

采用总可捕量作为控制手段要求有效监督渔获物的上岸情况,对渔获物按种类进行实时记录,采取适当措施防止海上丢弃或未经登记的海上转移。显然,这一管理方法要求有足够的监控和数据处理能力对渔获物的实际情况进行动态监测。但是,由于受管理能力和管理成本等因素的制约,管理机关往往很难掌握渔民在海上丢弃的那部分渔获物,通常只能对已经上岸的渔获物进行监控,一旦特定种类的上岸量或预期上岸量达到预先规定的配额,则立即禁止在一年内的剩余时间里继续在管理区域内捕捞该目标种类。

原则上,如果总可捕量的估计值相对准确,渔政执法非常得力,那么通过直接限定最大上岸量,总可捕量制度就可以达到有效控制总捕捞死亡量的目的。遗憾的是,只要渔业的本质仍然是自由准入,捕捞收入超过捕捞成本所带来的后果就必然导致渔业投资增加。即使总可捕量已经被固定,只要捕捞更大的可捕量份额就可以获得超过捕捞成本的收入,个别渔民和捕捞公司就会有充分的投资动机,通过购买或建造更大、装备更先进的渔船以及采用更加有效的捕捞技术,以获得更大的可捕量份额。所不同的是,自由准入条件下的捕捞竞争导致资源枯竭,总可捕量管理制度下的捕捞竞争将引起过度投资。在给定总可捕量的前提下,个别渔民或公司为获得更大的可捕量份额的最终后果必然是整个捕捞船队经济生存力的降低。因此,总可捕量管理制度不可能提高捕捞业的经济效率,更不可能使渔业资源租金最大化。此外,对于许多渔业,很难准确确定总可捕量和(或)有效落实管理措施。

简言之,理论分析和各国经验均表明,单独采用总可捕量制度来管理渔业将加剧渔民竞争捕捞的动机,并因此导致渔业的过度投资。从长远看,如不采取适当的配套政策,总可捕量制度将耗尽渔业的资源租金,造成严重的经济浪费和资源利用的社会不平等。为了进一步说明这一观点,我们将在下文中分别探讨总可捕量制度的作用机理并对该制度的施行效果进行理论预期和实证分析。

三、总可捕量制度的作用机理

为了说明总可捕量制度的作用机理,首先让我们假定某一渔业在产出水平 Y_{oa} 处达到自由准入均衡(见图 4.3),与这一产出水平相对应的是位于图 4.3 上端的长期平均成本线($LRAC_y$),管理机关决定改变该渔业的渔获努力量和产出水平,使其与最大可持续产量(MSY)所要求的渔获努力量和产出水平相一致。选择这种类型的渔业和管理目标,是因为这比较符合采用配额管理的渔业的实际情形,但是,上述两种假定对下面将要进行的分析并不重要。为了简化分析,我们同时假定,对于名义渔获努力量,收益递减规律不起作用。这一假定有两层含义,首先,可持续产量是一条抛物线形的曲线;其次,短期平均成本($SRAC_{y(pop2)}$)曲线和边际成本曲线($SRMC_{y(pop2)}$)重叠。

在图 4.3 中,与产出水平 Y_{oa} 相对应的是长期平均成本 $LRAC_1$ 和渔获努力量 f_1,这是一种自由准入均衡状态。现在让我们进一步假定,管理机关希望通过总可捕量制度的实施将该渔业的产出水平移至 Y_{msy} 处(即与最大可持续产量相对应的产出水平)。由于 Y_{oa} 是可持续产量,显然,只有当种群规模增加以后,才有可能实现 Y_{msy} 这一产出水平。因此,在实施总可捕量制度的初期(这一时期的长短将取决于种群恢复到正常状态所需要的时间),实际渔获量

将低于 Y_{oa} 这一原有水平。随着产出的下降,种群规模将逐渐增加,结果,短期产量曲线将逐渐向上移动且围绕可持续产量曲线上下波动,直至达到短期产量曲线 $SRY_{(pop2)}$ 的水平。与这一趋势相对应的是,短期平均成本曲线 $SRAC_{y(pop1)}$ 将逐渐下移到与短期平均成本曲线 $SRAC_{(pop2)}$ 相吻合的水平。在这一点上,与最大可持续产量相对应的产出水平,即 Y_{msy},在生物学意义上是可持续的。

但是,在这一点上渔业并没有达到均衡。尽管最大可持续产量在生物学意义上是可持续的,但图 4.3 明显表明这一产出水平在经济学意义上并不是可持续的,因为此时渔获物的市场价格为 P_{msy},而捕捞成本仅为 $LRAC_{msy}$,单位利润水平等于两者之间的差额,该渔业的整体利润等于 P_{msy}, X, Z 和 $LRAC_{msy}$ 所围成的矩形;同时,由于只控制了产出水平,该渔业的其他所有要素都不受管制,所以利润的出现势必吸引名义渔获努力量的增加,即吸引现有作业渔民增加渔获努力量和(或)其他渔民进入该渔业。

为了说明上述趋势的后果,让我们考虑一个简化的渔获量等式

$$Y = qfP$$

该等式表明,渔获量 Y 随种群规模 P、渔获努力量 f 和渔获系数 q (catchability coefficient)的变化而变化。但是,我们在前面已假定管理机关将该渔业的渔获量限定在最大可持续产量的水平上,因此 Y 为一常数(即最大可捕量),种群规模也是一常数,于是,我们可以将上述等式转化成

$$\overline{Y} = qf\overline{P}$$

Y 与 P 上面的横线代表的是"常数项"的意思。显然,在这种情形下,渔获努力量 f 的任何增加都必然意味着渔获系数 q 值的等量减小,因为随着渔获努力量变得越来越大,单位努力量的渔获量必然会变得越来越小。①

为了明晰起见,我们将分析的最后一部分加入到图 4.3 中形成图 4.4。渔获系数减少使得长期平均成本曲线向上移动(即从 $LRAC_{y1}$ 移动到 $LRAC_{y2}$)并使可持续产量曲线从 Y_{s1} 移动到 Y_{s2}。短期曲线也发生了移动,但是,为了避免使图 4.4 变得过于复杂,我们没有把它们表示出来。只有当渔获系数降低到使长期平均成本与平均收益在最大可持续产量处达到相等时,该渔业才能完全恢复其生物经济学均衡。应注意的是,此处的均衡本质上仍属于自由准入均衡。总可捕量的设定意味着捕捞产量已得到控制,至少理论上如此,但是,渔获努力量并没有得到控制。在图 4.4 中,渔获努力量的最终水平为 f'_{msy},超过了初始水平 f_1。实际上,f'_{msy} 也有可能小于 f_1,但肯定要大于未采

---

① 注意:在这里我们没有把渔获系数,即 q 值,作为船队技术效率的指标。

用总可捕量制度以前捕获最大可持续产量所需要的水平（f_{msy}）。因此，总可捕量制度实质上是通过使渔业变得人为无效率来发挥作用的，该制度的实施必然导致捕捞成本提高并改变渔民预期的产出水平。

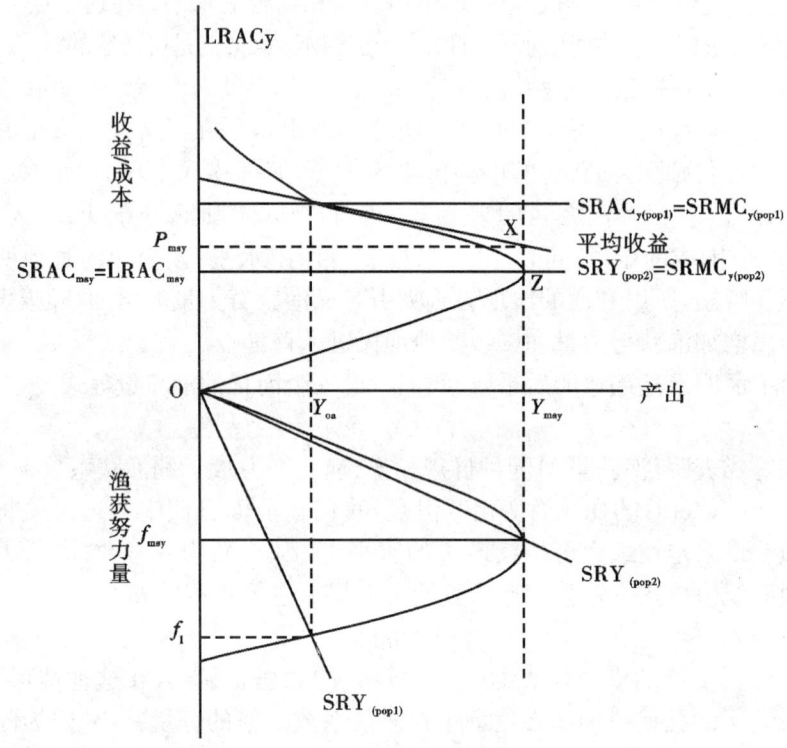

图 4.3 总可捕量制度作用机制的简单图示

尽管如此，总可捕量制度还是具有一些优点。首先，渔业产出水平增加，渔获物价格下降。同时，由于种群规模增加了，种群对环境变动的抗力有可能因此而增大，从而增强其对环境波动的抵抗能力。有人认为总可捕量制度导致渔业经济的低效率应视作获得这些收益所必须付出的成本，在配额管理实施初期的一段时间，上述观点可能并无道理。但是，这一观点有些过于天真，单纯采用总可捕量制度长期管理某一渔业，其经济绩效可能会非常不理想，这主要是因为随着时间的推移，大多数（如果不是全部）渔业总是表现出渔获物的实际价格上升和实际捕捞成本下降这样一种趋势。每当价格上升或捕捞成本下降、或当两种情况同时发生时，渔业就会产生超额利润。超额利润的出现势必吸引更多渔获努力量的进入，这意味着捕捞季节将因此变得越来越短。

因此,长期单独采用总可捕量制度来管理渔业,其结果极有可能是捕捞季节越来越短,渔获努力量越来越大。由于渔船渔具等要素所具有的资产专用性特点,这意味着大量稀缺资源将因此变成"沉没资本"而闲置,无法发挥其正常的作用。

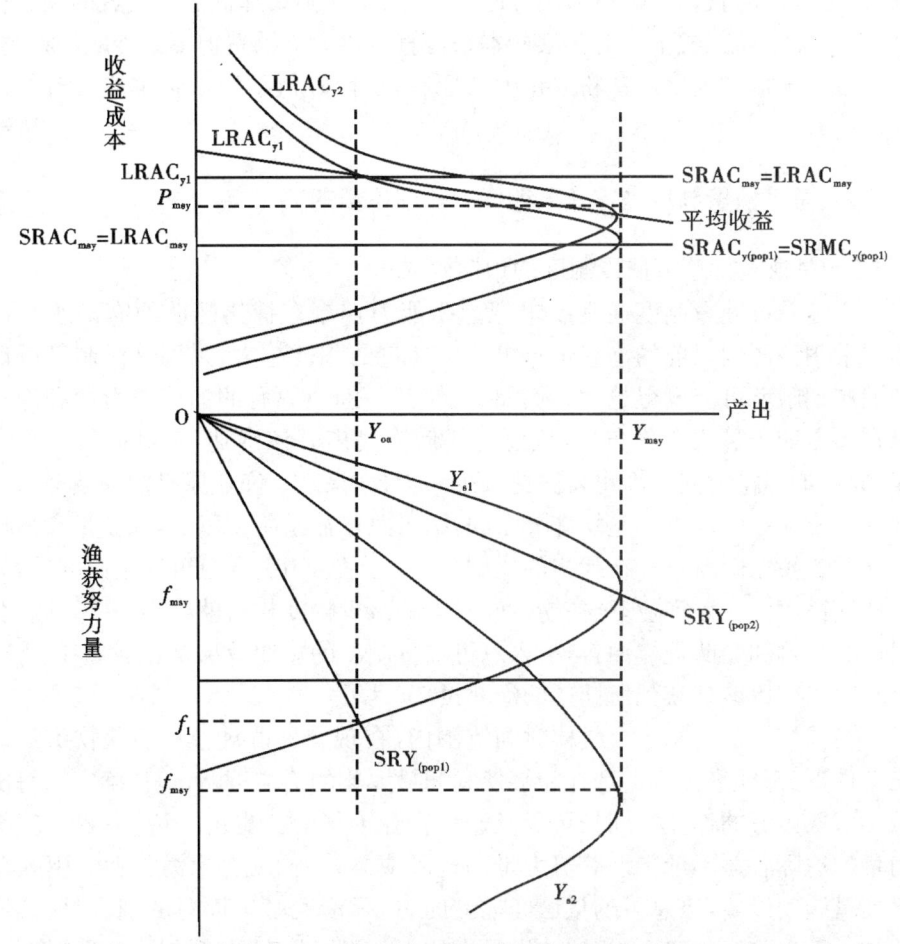

图 4.4 总可捕量制度作用机理的完整图示

因此,长期单独采用总可捕量制度管理渔业将产生一系列后果。首先,渔获努力量将出现过剩(即捕捞能力过剩),因为投资都具有机会成本,所以避免渔业过度投资、实现资源最佳配置显然是更正确的选择。① 其次,随着捕捞季节变得越来越短,就必然要扩大水产品冷藏加工等陆地设施,以便接纳短期内大量上岸的渔获物。如果这些设施在开捕期以外找不到其他用途,这显然也是对稀缺资源的浪费。再者,消费者能够买到鲜鱼和活鱼的季节将变得越来越短,更多的渔获物将被迫采用冷冻处理,其结果不仅降低了消费者的满意程度,也增加了加工成本。对于某些本来可直接供人类消费但不易冷藏的种类,将有可能被迫作为生产鱼粉或鱼油的原料,从而降低了渔获物本应具有的市场价值。

四、总可捕量制度施行效果评估——理论预期

1. 单独施行总可捕量制度的预期效果

实施总可捕量制度通常要求把捕捞能力控制在捕捞船队原有的水平以下。采用该制度以前的渔获量超出总可捕量的程度越大,采用这一制度以后的捕捞期限就可能变得越短。例如,如果某一渔业原有的渔获努力量和渔获量在一年四季是均衡分布的,且没有任何渔民离开该渔业,总可捕量减少一半,原有的捕捞时间长度也将因此减少一半;如果某一渔业原有的渔获努力量和渔获量在一年四季不是均衡分布的,引入总可捕量制度以后,渔获量和捕捞时间的长短之间就不存在严格的比例关系。当然,当引入总可捕量制度后,如某些渔民离开了该渔业,则捕捞时间长度的减少幅度相对就会小一些。因此,对原有种群和船队规模而言,引入总可捕量制度的短期效果是,某些渔民将很难在禁渔期以前捕获到所期望的渔获量。

在捕捞季节的每一个具体时间范围内,在现有种群规模和渔获物市场价格条件下,理性渔民都会选择能够使利润最大化的捕捞策略,包括确定出海次数和每次出海的作业时间长短以及选择作业渔场等。也就是说,只要渔获努力量的边际收益不低于渔获努力量的边际成本,他们就会出海作业。引入总可捕量制度以后,当总可捕量已经捕完时,边际渔民必须面对的现实是,其作业收入无法弥补固定成本,这些渔民中的部分渔民将有可能被迫离开该渔业。如果市场价格由于预期渔获物上岸量的减少而上涨的话,离开该渔业的渔民数量将会随之减少。还有一种不大可能出现的情况,即渔获物的需求曲线无

---

① 从另一方面看,当失业问题很严重时,鼓励渔业就业可能是一种迫不得已的社会或政治选择,这一问题在此不作讨论。

弹性①，在这种情形下，捕捞收入可能因导入总可捕量制度而增加，并因此吸引更多的渔船进入该渔业。一般情况下，采用总可捕量制度以前的渔获量超出总可捕量的程度越大，在一开始采用总可捕量制度时离开该渔业的渔民数量就会越大。

由于总渔获努力量在实施总可捕量制度的初期会有所下降②，种群规模将随之提高，继续从事捕捞的渔民的利润水平将因此而提高。但是，利润水平的提高有可能诱导现有渔民增加投资和（或）吸引新的渔民进入该渔业，其结果只能是渔获努力量的重新增加。下面，让我们看看这一过程是如何发生的。

采用总可捕量制度以后，继续从事捕捞并获得超额利润的渔民会发现，通过对渔船和设备投资可以提高单位时间的捕捞效率，并因此获得更高的利润。资本或任何其他生产要素的投入增加将达到这样一点，即要素的边际收益等于边际成本。正如前面所提到的，实施总可捕量制度的短期效果是增加种群规模，并可能因预期的渔获物上岸量减少而导致价格上扬，渔民追加投资的结果是所追加投资的边际收益增加，即投资是有利可图的。此时，渔民将试图通过投资提高渔获系数和（或）单位努力产量，以便尽量压低渔获努力量的平均成本或每一时期（例如每月）使用更大的渔获努力量。例如，通过投资来加大渔船马力，减少每次出航的航行时间，以争取每次出海可以有更多的时间从事捕捞作业，或投资购买更大的渔船来增加渔船容量和到更远的渔场捕鱼等。此外，渔民的投机心理也会激发出更大的投资狂热。

随着资本投入的累积，捕捞期将变得越来越短，越来越多的渔民不得不考虑要么通过投资提高捕捞竞争力，要么离开该渔业。打算进入该渔业的渔民也认识到，要想在该渔业中生存，必须通过投资获得比别人更大的竞争能力。因此，在没有控制渔业准入的前提下，总可捕量制度的最终结果只能是加剧渔民之间的竞争，以争取在禁渔期以前从总可捕量中获得更大的份额。

随着渔民不断采用新的技术，渔民之间的竞争将达到一种白热化的程度，高效捕捞渔船的数量将以更快的速度增加，捕捞季节将因此变得越来越短。为了比自己的竞争对手更快地找到鱼群，捕到更多的鱼，每一位渔民都会设法通过投资更新捕捞设备，提高捕捞技术，其结果是：为采用大型、快速渔船和高效渔具等进行过度投资增大了捕捞成本，大量资本将因此而变为"沉没资本"；

---

① 渔获物的需求曲线无弹性意味着价格上涨比例将超过渔获物上岸量的减少比例。
② 这是因为有些渔民在实施 TAC 管理措施的初期离开渔业，渔获努力量也由于捕捞季节的缩短而下降。

而渔获物短期内大量上岸势必降低渔获物的离船价格。同时，捕捞期限缩短和渔获物短期内大量上岸也将导致渔获物质量下降，捕获后的损失加大，加工能力和加工成本增大等。

单纯采用总可捕量制度可能出现的另一后果是，就业水平由于大量的大型渔船进入渔业而提高，但大大降低了就业稳定性。此外，捕捞季节缩短，鱼价波动加大，渔业经济势必表现出极度的不稳定性。然而，对于某些捕捞季节本来就很短的渔业，例如中国对虾，采用总可捕量制度不会出现上面所提到的情况。

从长期的角度来看，由于渔业准入不受限制和投资增加将消耗掉渔业资源租金，因此，单纯采用总可捕量制度所管理的渔业是不会出现租金的。另外，总可捕量制度不能有效地保护种群幼鱼，这是由于为了从有限的总可捕量中获得更大的份额，很难期望渔民会在捕捞过程中花费更多的精力去考虑鱼的规格。

在开捕期内，为了尽快找到鱼群和捕到更多的鱼，渔民往往在不适合出海作业的天气条件下冒险出航，也可能推迟渔船的维修和保养，其结果是海上作业安全系数大大降低。竞争性捕捞将导致渔获物中的兼捕种类比例和数量增加、渔具之间的冲突加剧和丢失渔具的数量增大、渔获物的质量下降和渔获物的浪费程度增加。

总可捕量制度对渔业中原有的不平等现象不会产生明显的影响，也不会引起行业本身对与此有关规定的反对。同时，总可捕量制度对渔获物优化、低报渔获量和数据的可靠性也不会产生影响，渔业行业本身也不会反对与此有关的规定。总可捕量制度有可能降低渔业执法成本和减少与其他管理措施有关的一些问题。除非有其他的补充性管理规定要求进行海上执法以外，总可捕量制度的渔业执法一般都是在渔港内进行的。由于正确确定总可捕量需要大量可靠的、与种群数量和死亡有关的数据，总可捕量制度对数据数量和质量的要求很高。

2. 总可捕量制度同其他管理措施共同使用的预期效果

采用总可捕量制度的大部分渔业大都结合使用其他管理措施，因此，在分析总可捕量制度的施行效果时，必须要考虑到其他管理措施的存在。单独采用总可捕量制度的最显著的特征是竞争性捕捞的加剧，并因此造成一系列有害的经济后果。将总可捕量划分成个别配额，即使不能完全消除竞争，也会大大降低竞争的程度以及消除伴随竞争性捕捞的一切不利后果。总可捕量制度同捕捞许可证制度、渔获努力量限制措施和(或)航次限制结合使用，也有可能起到缓和或降低竞争性捕捞程度的作用。对渔具和渔船加以限制以及采用禁渔期和禁渔区制度都不可能降低竞争性捕捞的程度。

五、总可捕量制度施行效果评估——实证分析

经合发展组织渔业委员会于 1993 年批准了一项研究项目,该项目旨在评估有关海洋生物资源管理的经济方面的问题。参与这一研究的 24 个国家中,有 18 个国家采用总可捕量制度作为渔业管理手段。在《共同渔业政策》的框架下,欧盟是总可捕量制度的主要应用者,包括管理西北大西洋底栖渔业的渔业管理机构 NAFO、波罗的海渔业管理机构 IBSFC 和国际太平洋鲽鱼委员会(the International Pacific Halibut Commission, IPHC)。其中,国际太平洋鲽鱼委员会保存了许多有关总可捕量管理制度实施效果的案例。表 4.4 列举了具有充分数据支持的、长期以总可捕量作为主要管理手段的一些渔业。[1]

由上述渔业所提供的证据清楚表明,总可捕量管理制度诱发渔民的竞争性捕捞行为以及与此相关的种种有害后果,其中投资过度和捕捞成本加大现象尤为明显,而实施总可捕量管理制度的其他预期后果不能从上述渔业所获得的数据中得到证实。尤其值得注意的是,总可捕量制度一般不能有效地防止资源的过度利用。下面我们将集中讨论经合发展组织成员国实施总可捕量制度所获得的主要经验。

从理论上讲,总可捕量制度应能够改善资源养护效果。但是,经合发展组织成员国的经验表明,只有很少几个渔业因采用总可捕量制度而改善了资源状况。大多数采用这种制度的渔业其资源养护情况都不是很好,许多渔业的资源养护情况反而变得更糟。在所考察的渔业中,实际渔获量维持在或低于总可捕量水平的渔业只有 7 个,而 14 个渔业的渔获量均超过了所设定的总可捕量。同 16 个实施总可捕量制度的渔业的种群规模都经历了衰退甚至枯竭的经历相比,仅有 6 个渔业的种群规模维持在稳定的状态。在加拿大的英属哥伦比亚、冰岛和欧洲,单独采用总可捕量制度都没有能够防止青鱼种群的枯竭。许多表层种类(例如青鱼和毛鳞鱼)和甲壳类(例如阿拉斯加的蟹类)的种群补充和自然死亡都表现出很高程度的自然变动,因此,种群衰退不应完全归因于管理措施。对于某些种类,例如青鱼,倾向于集群的生物学特性使其极易被大量捕获,因此更有可能发生枯竭的危险。

---

[1] 日本和韩国也分别于 1997 年和 1999 年起采用基于总可捕量的制度来管理其部分渔业。

表 4.4 经合发展组织成员国采用总可捕量制度作为管理措施的主要渔业[1]

国家	渔业	起始时间	航次限制	许可证	其他投入限制
澳大利亚	南部金枪鱼	1983	无	有	有
	东南渔业	1988/1989	无	有	有
	南部鱿鱼[2]	1985	无	有	无
	新西兰竹荚鱼	不详	无	有	无
加拿大	大西洋底栖渔业	1969	无	1978年开始有	有
	斯科舍芬蒂鲱鱼	1972	无	有	无
	鲍鱼	1979	无	1984年开始有	无
	裸盖鱼	1976	无	有	无
	陆蛤	1983	无	有	无
	鳙鲽	1930	无	1983年开始有	无
	青鱼	1936	无	1974年开始有	无
	底栖鱼拖网作业	1976	1985年开始有	有	无
丹麦	鳕鱼、黑线鳕、绿青鳕、青鱼、鲭鱼	1980	有	有	无
芬兰	大麻哈鱼	1991	无	无	有
	波罗的海鳕鱼	1976	无	无	有
冰岛	青鱼	1969	无	无	有
	毛鳞鱼	1978	无	1979年开始有	1979年开始有
	底栖鱼	1976	无	无	有
荷兰	舌鳎和欧鲽	1974	无	无	有
	圆体鱼	1975	1985年开始有	1981年开始有	无
	青鱼	1975	无	无	1977年开始有
	鲭鱼	1983	无	无	无
挪威	青鱼、鳕鱼和毛鳞鱼	20世纪80年代	有	有	有
葡萄牙	受《共同渔业政策》管理的种类[3]	1986	无	有	有

(续表)

国家	渔业	起始时间	航次限制	许可证	其他投入限制
西班牙	受《共同渔业政策》管理的种类	1986	无	有	有
新西兰	南部金枪鱼	1985	无	无	无
	银鲥鲳	1979~1986/1987	无	无	有
瑞典	波罗的海大麻哈鱼	1991	不详	不详	有
	波罗的海鳕鱼	1977	不详	不详	有
	波罗的海青鱼	1977	不详	不详	有
	波罗的海西鲱	1977	有	不详	不详
	水极甜虾	1977	有	不详	有
	S-K① 鲱鱼	1977	有	不详	不详
英国	青鱼和鲭鱼	1974	无	有	有
美国	北太平洋底栖渔业	1983[4]	无	无	有
	阿拉斯加鲨	1975	无	无	有
	阿拉斯加褐蟹	1974	无	无	有
	太平洋沿岸底栖渔业	1983	有	无	有
	加利福尼亚流刺网渔业	1980	无	无	有
	夏威夷甲壳类渔业	1988	有	无	有
	东海岸底栖渔业	1977~1981	有	无	有
	中大西洋浪蛤和美人蛤	1977	无	无	有
	东海岸和墨西哥湾沿岸表层鱼类	1983	无[5]	无	有
	南大西洋多锯鲷	1970	有	有	有

[1]本表所列举的只是那些具备足够分析数据且总可捕量一直都具有限制性作用的渔业。
[2]鱿鱼和新西兰竹荚鱼渔业的总可捕量制度不具有严格限制性,且大部分鱿鱼渔获量都是不受总可捕量制度约束的副渔获物,因此,这些渔业不在分析之列。
[3]在葡萄牙,除 1 或 2 个种类外,受《共同渔业政策》管理的 12 个种类的配额并未完全用尽,故在总可捕量的分析中未被考虑。
[4]从 20 世纪 70 年代早期开始,对外国捕捞船队实施总可捕量制度。
[5]海湾渔业为休闲活动专用,因而禁止商业性捕捞。

资料来源:OECD(1997),第 75 页。

---

① S 即 Skagerrak,斯卡格拉克海峡。K 即 Kattegat,卡特加特海峡。

总可捕量制度往往同其他管理措施一起被采用,这些措施包括鱼的规格选择性、禁渔区、渔获量或渔获努力量限制等。一般而言,这些措施结合使用并不能明显改善资源的养护效果。许多渔业都同时采取了有限准入措施(例如捕捞许可制度)、总可捕量制度和其他一些管理措施,包括鱼的规格选择性、禁渔区、渔获量限制或航次限制。同样,这些管理措施的结合对资源的养护效果也是不一样的,在 6 个取得了较好的资源养护效果的渔业中,有 3 个渔业始终采取了有限准入措施,而资源养护效果较差的 16 个渔业当中,有 8 个采用了有限准入措施。

经合发展组织的研究有力地证明了对总可捕量制度可能产生的后果所做的理论预期,即渔民之间的竞争加剧、捕捞季节大大缩短和捕捞能力过剩。显然,为了抢在禁渔之前从已被限定的总可捕量中获得更大的份额,渔民之间相互竞争的程度势必大大提高,这一预期在所考察的 20 个渔业中无一例外,差别仅在于激烈程度的不同而已。这种恶性竞争的最明显的例子包括美国和加拿大的太平洋鳙鲽渔业和裸盖鱼渔业、阿拉斯加的鲨类渔业和底栖渔业以及最近发生在褐蟹(tanner crab)渔业、美国的多锯鲷渔业、加拿大的陆蛤渔业和澳大利亚的南部金枪鱼和南短蛇鲭渔业。

正如理论预期所表明的,采用总可捕量管理制度必然导致捕捞季节缩短和捕捞能力过剩,这一预期在 23 个采用总可捕量管理制度的渔业中得到证实。许多渔业都同时采用了航次限制和(或)有限准入措施、个别渔获量限制措施,以控制渔民的竞争性捕捞行为和试图将捕捞季节分散到全年不同时期,但是,其效果却非常有限。在所考察的以总可捕量制度所管理的渔业中,没有任何一个渔业因同时采用航次限制或渔获努量限制而消除渔民的竞争性捕捞行为。在所考察的因采用总可捕量制度而加剧渔民之间竞争的 20 个渔业中,有 18 个渔业都采取了航次限制、有限准入或个别渔获努力量限制措施,在所考察的 23 个渔业中,有 20 个渔业并没有因为采取了航次限制、有限准入或个别渔获努力量限制措施而抑制了捕捞季节缩短和捕捞能力过剩的趋势。

有相当明显的证据表明,采用总可捕量制度作为渔业管理手段将导致渔业利润下降、成本上升和投资过剩。渔获努力量、渔船数量和捕捞能力的增加(通过技术进步,采用更大的渔船和马达等)是以总可捕量制度作为管理手段的渔业的一个共同特征,在竞争捕捞加剧的渔业中,这种现象的发生是理所当然的。瑞典波罗的海渔业采用总可捕量制度后,渔船数量和渔获努力量曾有所下降,美国阿拉斯加的鲨类(king crab)资源出现衰退迹象后,以其为捕捞对象的船队规模也开始减小,但当种群规模稍微有所恢复后,船队规模又开始变大。

当有限准入措施和总可捕量制度以及其他一些管理措施结合使用时,某些渔业的渔船数量曾有所下降,例如加拿大的大西洋底栖渔业、陆蛤渔业和比利时的某些渔业。但是,船队规模减小和膨胀速度下降并不意味着捕捞能力的必然下降,事实上船队规模减小往往伴随着资本沉淀的发生。这一现象曾经在加拿大的底栖渔业、陆蛤和鳙鲽渔业以及美国的浪蛤渔业发生过。在很多情形下,例如美国大西洋的多锯鲷渔业、美国和加拿大的太平洋青鱼渔业和加拿大太平洋的底栖渔业等,有限准入措施并没有导致渔船数量减少和捕捞能力下降。

经合发展组织的研究也表明,作为竞争性捕捞的一种后果,渔业就业有望增加,但是,就业形势将因此而变得不稳定,而就业增加只是暂时的现象,有8个渔业采用总可捕量制度后就业增加,但至少有两个渔业采用总可捕量制度后就业出现下降。

在所考察的渔业中,因总可捕量制度的实施,渔具损失在3个渔业中明显增加,在6个渔业中发生了渔具损失增加和作业安全下降的情况。有3个渔业出现了兼捕问题加重的现象,尽管这一现象更有可能是由于不允许某些种类上岸的规定所引起的,而非作业方式发生变化的缘故。芬兰大麻哈鱼渔业是唯一的例外情况,渔具损失在引入总可捕量制度前后没有发生明显变化。

只有有限的证据能够支持某些市场结果有可能加剧渔民的竞争性捕捞行为和使捕捞季节缩短,而从6个渔业中所获得的数据表明,采用总可捕量制度以后,渔获物质量下降,浪费增加。7个渔业报道了渔获物短期内大量充斥市场,5个渔业的渔获物价格下跌和6个渔业的经济稳定性变差。在所研究的所有渔业中,只有一个渔业在导入总可捕量制度后,渔获物价格有所提高,与理论预期的结果相反,但是,这种情况有可能是由于其他管理措施所造成的。

相对而言,采用总可捕量制度以后,渔业执法费用可能会有所下降,问题也会少得多,尽管缺少相关证据支持这一结论,但只有5个渔业出现与此相反的情况。由于证据很少,不足以支持采用总可捕量制度后将增大渔业执法费用的观点。

确定总可捕量和决定何时开始禁渔需要大量信息的问题仅在3个渔业中被提到,尽管这一问题对于许多渔业都是重要的,支持这一预期的强有力的证据实际上可能来自那些因缺少种群评估数据而从未采用过产出控制措施的渔业。这一理论预期曾被用来解释为什么澳大利亚没有采取产出控制措施来管理有限的几个渔业。没有证据表明,总可捕量制度的实施将降低渔业统计质量。

　　限制渔业准入、制定禁渔期或限制航次渔获量以及限制个别渔获努力量等措施被用于许多以总可捕量作为主要管理手段的渔业,可能是为了降低渔民之间相互竞争的程度、减少捕捞能力过剩和使捕捞活动更均匀地分散到一年四季中。如果成功,这些措施是有可能减少作业成本和增加渔获物的市场价值(例如通过减少渔获物短期内大量充斥市场等),但是,经合发展组织的研究没有发现这些措施是有助于实现上述目的的直接证据。因此,很难断言上述措施究竟是否有助于延缓或部分地减轻上述问题。

　　没有证据表明,其他诸如规格选择性、禁渔期和禁渔区等管理措施同可捕量制度配套使用能够实现不同于单独采取总可捕量制度所实现的效果。在大多数情况下,采用这些措施可能是为了改善资源的养护效果,但是,没有确定无疑的证据能够支持采取此类管理措施比不采取这些措施能够更好地养护渔业资源这一观点。这些措施可能会降低捕捞作业效率,但是,也缺少明显的证据来支持这一推测。

第五章 产权与基于权利的渔业管理

　　渔业管理的根本问题不是对渔业系统的科学理解不够充分，而是管理制度不妥当，这一认识正逐渐成为共识。简单地批评政府在管理渔业中曾有过的失误并不能有效改革这些管理制度，我们必须进一步了解：对渔业政策形成起决定作用的政治、社会和经济制度是否为所有渔业相关人员提供了适当的激励。大量的分析研究表明，要有效克服渔业问题，确保渔业可持续发展，必须从根本上变革渔业管理体制，而设计出可行的私有产权制度为资源所有者提供从事集体决策必需的结构成为许多渔业专家和学者、特别是经济学家孜孜以求的目标。[1]

　　综观世界经济，不难发现高产出和高生产力水平的实现往往都与广泛的、明确界定和有效实施的产权制度紧密相关。反之，在没有实行产权制度或所实施的产权制度不完善的国家和地区，经济活动一般都很萧条。此外，产权制度的落实几乎总是能够带来快速的经济增长，我国农村联产承包责任制对我国农村经济发展的贡献是最好例证。由于产权制度对于经济进步和社会福利提高是如此重要，所以经济政策(包括渔业政策)的主要内容应致力于完善产权制度。

---

　　[1] 作者译自 Townsend 的 *Beyond ITQs: Property Rights as a Managementool*。原文是"There is a growing consensus that the fundamental problems of fisheries management are not inadequate scientific understandings of these systems, but rather are inappropriate management institutions. Effective reform of these institutions will not come from simplistic criticism of past mistakes that governments have made in managing fisheries. Rather, we must ask if the political, social and economic institutions that determine policy provide appropriate incentives to all the participants. The inevitable conclusions is that fundamental institutional change is necessary. The present analysis leads to a quest for institutions of private property that provide structures for collective decision-making by the owners". (Townsend, 1998)

市场价格是市场机制以无形之手来使供求平衡的工具。价格制度发生作用的一个重要前提是产权界定明晰和产权制度的有效实施。试设想一下，如果不是一个完全的利他主义者且明确意识到养护资源的结果只能是"为他人做嫁衣"，渔民还会产生养护资源的动机吗？比较一下渔民和水产养殖业者的行为差异，分析其行为差异产生的各种原因后，就不难发现造成这种行为差异的主要原因在于，养殖业者可以相当有把握地收获其投资和其他努力所带来的全部收益，因为他享有利用和处置这些成果的排他权——产权的一种重要权能。

一般情况下，鱼类资源，特别是洄游性的有鳍鱼类，属于共有资源，即没有任何渔民能够拥有或控制它们。结果，渔民并不会考虑到其行动的所有成本，也缺少足够的激励为未来的利用而养护资源。正如过度放牧可以毁坏共有牧场一样，过度捕捞也可能导致具有商业价值的鱼类种群趋于枯竭。养猪业之所以能够成为一个可持续产业的一个主要原因在于养猪者们拥有他们所养的猪，他们能够把猪养到他们认为最适宜的规格。同养猪者相比，渔民不是养鱼者，而是"猎鱼者"，为了让海里的一群鱼繁殖或长到更加合适的大小而不打渔，对以捕鱼为生的渔民而言并不是理性的经济行为，除非渔民享有捕获这群鱼的排他性权利。遗憾的是，将鱼类种群捕到低于其最大可持续产量或不可恢复的程度对渔民是有利可图的，正是这一破坏性机制才是渔业问题的根源，无论是鱼类种群的枯竭（资源过度利用），或者是资本和人力资源投入大大超过了实现鱼类资源最优利用所必需的水平（渔业过度投资）。

本章的主要目的在于介绍基于权利的渔业管理的起源与演进、基本理念、类型、制度优势以及在各国的应用情况和应用过程中应注意的问题，同时，也介绍了资源稀缺性与配给制度、竞争与产权以及产权制度、激励效应、经济行为与经济绩效之间的关系，说明了明晰产权对于经济增长和自然资源保护与利用效率的极端重要性。本章第一节阐述了稀缺与配给、竞争与产权的关系；第二节详细探讨了明晰产权对市场经济运行和经济绩效提高的作用；第三节介绍了基于权利的渔业管理的起源与演进趋势、渔业权的概念和部分国家的法律实践、渔业使用权类型、选择渔业权应注意的基本问题、渔业产权定义与类型及设计渔业产权时应注意的问题、实施基于权利的渔业管理应注意的基本行政问题和渔业分配问题的经济学研究现状；第四节探讨了各国现行渔业产权制度；第五节比较了欧盟三国的渔业产权形态；最后一节介绍了基于社区的渔业产权。

第一节 稀缺、配给、竞争与产权

一、稀缺性导致配给制度

小至个人,大至国家,无论多么富有,稀缺总是随时随地存在的。也就是说,资源有限,而人们的需求却是无限的。以我国海产品的供需为例,我国海洋渔业经过了长达 20 多年的快速发展,产量从 1978 年的 359.5 万吨,增加到 2001 年的 2 572.15万吨。即使如此,我国水产品的生产能力仍然无法满足人们按预期的价格获得所需的水产品种类、数量和质量的愿望。人们的需求超过了人们能够得到的。稀缺既是大自然本身对人类无限欲望的节制,也是人类对其自身的节制——人口增长超出了自然及人类自身能够提供的满足水平。由于我们所生活的世界本质上就是一个稀缺的世界,一个人要想得到甲,就可能必须相应地放弃乙、丙、丁等。

面对欲望无限、资源有限但却具有多种用途这一客观现实,效率①问题也就成为任何经济活动都必须解决的首要问题之一。稀缺资源具有多种用途这一现实同时也意味着,为了生存和生存得更好,一切人类社会都必须面对和解决两个基本问题,即谁得到什么和谁做什么。前一问题与已经生产出来的产品的分配有关,后者则涉及生产。这两者实际上就好像一枚硬币的两面,但分别考察对分析是有帮助的。一个人多得到一点东西,留给别人的东西就少了一些。每次我们用一种资源生产某种东西,我们就放弃了用同一资源生产其他一些东西的机会。具体到渔业的情形,一个渔民多捕走海里的一条鱼,其他渔民就少了多捕一条鱼的机会;当我们投资 100 万元建造了一艘捕捞渔船,我们就失去了用这 100 万元修建养鱼池或水产品加工厂的机会;当我们捕走了一群正游向渤海湾准备产卵的中国对虾并投放市场供消费者选择时,我们就失去了让这群对虾繁殖后代以及以后捕走更多对虾的机会。

当一种资源变得稀缺时,就必须建立某种标准来决定谁可以得到和谁不能得到这种资源,稀缺性使配给成为必然。可以用各种可能的标准在那些想拥有更多特定资源的公民中配置数量有限的资源,无论最终选用何种配置原

---

① 效率是经济学中的一个基本概念,如果一项经济活动在不会使其他人的境况变坏的前提条件下,无法使任何人的经济福利变得更好,那么我们就说该项经济活动是有效率的。

则,一旦选定,配置原则通过其内含的激励机制将影响经济行为主体(个人和集团)的行为。如果采用"先来先得"(First comes first severed)原则,在秩序良好的社会里,资源将配置给排队最早或愿意排队等候的人;如果以漂亮为标准,物品将配置给被认为长得最美的人。政治过程也是决定配给的一种形式,以此作为资源配给机制,资源将被配置到在政治地位和政治过程中占据优势地位的个人或集团手里。当价格机制发挥作用时,资源将配置给那些为了得到该资源所有权而愿意放弃最大数量其他资源的人。总之,稀缺性意味着必须确立谁得到数量有限的资源的制度安排。但是,由于存在交易费用,不同的配给制度将导致不同的经济绩效。

二、产权是规范竞争的一种有效机制

竞争是资源稀缺性与人类改善其状况的欲望交互作用的必然结果。竞争存在于任何经济和社会形态中。无论用市场机制还是用其他制度配置资源,竞争都会存在,而配给原则则直接决定了有关竞争的游戏规则。人们从事能带来收入的活动,这种活动提高了他们的支付能力,市场制度鼓励人们为换取收入而为其他人提供物品和劳务;反过来,收入使他们具备了购买更多稀缺物品的支付能力。不同的配给方式激励出不同类型的行为。人们可以改变竞争形式,但无人能消灭竞争,因为没有哪个社会能够消除稀缺性以及由此引起的配给必要性。当那些想拥有更多稀缺资源的人努力使自己符合已确立的配置这些资源的标准时,竞争就产生了。

阿尔奇安提出了这样一个论点,即在一个社会中,当两个或更多的个人(或团体)都想得到同一种经济物品(或资源)的好处时,必然隐含了竞争。竞争引发的冲突要通过这种或那种方式来解决,阿尔奇安将限制竞争的规则称作"产权规则"。在给定一组产权约束的条件下,决定赢家和输家的规则也就出现了,当产权规则改变时,决定赢家和输家的规则也会发生相应的变化,因而财富的分配方式也就改变了。显然,产权制度是一个经济社会最基本的博弈规则,博弈规则和竞争环境不同,资源配置效率和经济绩效也就不同。科斯定理表明,在完全竞争、无(或较低的)交易费用和收入效应的条件下,只要界定清晰、实施有效,无论产权的初始安排形式如何,资源配置的均衡结果均不会受到影响①。换言之,资源配置效率不取决于权利的初始配置形式,重要的是权利的界定必须是明晰的。与其说科斯定理阐明了零交易费用之下效率与产权无关,尚不如说它揭示了在交易费用存在的情况下,产权制度或制度安排方式对经济绩效具有重要的影响,或者说,产权明晰是外部性内化的基本条件。

在市场经济中,产权用以界定人们在交易中如何受益、如何受损以及如何补偿的行为权利。现代社会依靠有效的产权制度,可以为经济增长提供强有力的支持。产权明确界定保证了交易的受益效应和受损效应都由交易当事人直接承担,这就决定了交易当事人拥有自由交易的权利。当大量的交易都在这种条件下进行时,整个社会的资源配置就会优化,并引致社会福利的增长。现代西方产权经济学家罗纳德·科斯从谈判理论出发,对产权有独到的见解。他认为,通过法律创设明确界定、有效实施的产权制度,将使交易双方能够通过博弈达成合作,并为双方带来收益;如对物质利益的排他性占有通过武力来维护,则其威胁远比依靠法律制约严重。

三、产权形态及其特征

产权存在需要两个基本条件:(1)排除所有的非权利所有者、相关的资源利用者或集团;(2)权威机构能够有效地保护这些权利。一旦这两个条件得到满足,权利或迟或早总会具有一定的价值,并有可能被转让。Bromley(1991)界定了四种宽泛意义上财产所有制形态以及暗含在有关权利中的约束条件。一是国有财产(state property),管理机构有权制定进入或利用资源的规则,个人在行使其进入或利用资源的权利时有责任遵守这些规则。上述原则也适用于市政财产或其他地方当局的财产。二是私有财产(private property),个人有权利以社会可接受的方式利用其财产,同时必须履行不以社会不可接受的方式利用其财产的责任;社区的其他成员应履行支持财产所有者以社会可接受的方式利用其财产的责任,并有权期望所有者对其财产的利用仅限于在社

---

①科斯举了个牛吃谷物的例子来说明这个问题。当 A 损害 B 时,到底应该阻止 A 的行为来保护 B 的利益,还是作出另外的选择呢?一般情况下,我们往往会选择采用前一方法,但是阻止 A 的行为或让其作出补偿却会损害 A 的利益。这就要比较阻止 A 所造成的社会成本与保护 B 所产生的社会收益的高低,并按照收益最大化或成本最小化原则制定出相应的制度安排,来明确责任原则。只要责任原则明确,不管是允许牛吃谷物,还是不允许牛吃谷物,在市场经济的情况下双方都会通过交易使资源配置效率达到最大化。也就是说,如果不允许牛吃谷物,那么为了避免惩罚所带来的损失,牛的主人会设法使牛远离庄稼;而如果允许牛吃谷物,谷物的主人则会设法使牛吃不到谷物。渔业资源过度利用问题也一样,只要责任界定清晰,总会有人设法防止过度捕捞,不是政府,就是渔民自己,这就涉及制度安排。

会可接受的利用限度内。这里所讲的"个人"(individual)同时也包括公司或商家。三是共有财产(common property),除了与私有财产有关的一些相关因素和以社会可接受的方式利用外,在利用和维持资源的个人行为方面,需要在集团和社区其他部分以及集团内部各成员间维持一定的平衡。四是自由财产(non-property)或称自由准入资源(open-access or free entry resource),个人不享有任何特定的权利,资源对所有人都是开放的,仅授予社会内部个别行为有关的一般性质和道德规范的约束,例如航行和安全管制,这实际上就是自由准入渔业的情形。

产权的上述概念在文献中并不常见。Christy(1969)在讨论产权时,只提到了"公共权"(communal rights)和"个人权"(individual rights),而没有提及国有财产。此外,他将产权称作"使用权"(use rights),也有学者将其称为"使用者权利"(users' rights)。对"共有财产"这一概念的使用也不相同。一些作者一直使用这一概念来描述"自由准入"情形,按照前述四点,自由准入实际上等同于"无财产",而非共有财产。Bromley(1991)对使用"共有财产"这一术语来描述自由准入的情形提出了批评,而 Ciriacy-Wantrup 和 Bishop(1975)也明确指出,"自由准入"这一术语比原先采用的"共有财产"这一词汇更为贴切,因为后者混淆了欧洲的"共有制度"(commons institutions)和纯粹的自由准入。

四、产权、激励效应、经济行为与经济绩效

古典经济学中生产与交换的标准理论建基于三个基本命题:一是所有资源的私有产权,即对所有资源的产权均得以明晰界定与有效落实;二是零交易费用;三是向右下方倾斜的商品需求曲线。第一个命题是市场经济所必须具备的,第二个只是一个假设,第三个命题则抓住了稀缺世界(即所有人类社会)中人类行为的本质。从这三个命题出发,生产与交换的标准理论极大地促进了人们对社会选择集合的含义、经济效率的结果、市场竞争的类型以及市场均衡的性质的理解。但是,这一标准理论中存在一个容易使人产生误解的观点,即产出在给定的技术知识下是一系列要素投入的成本的函数。这是因为,生产并不发生在制度真空中,如果一个经济的产出仅仅取决于要素投入的成本以及给定的生产函数,经济分析就无法解释各国经济发展水平的差距。

新制度经济学的研究已表明,产出是生产成本的函数,但成本除包括传统意义上的要素投入成本外,还包括交易费用。古典经济学中的生产与交换理论忽略了不同的产权制度对交易费用、收入分配和创新激励的影响。新制度

经济学则清晰地表明了如下观点:(1)制度,包括产权制度直接影响着稀缺资源的配置,并进而影响着经济活动的效率与效果;(2)不同的产权制度通过特定而又可预见的方式影响着资源配置和创新进程;(3)交易费用不可能为零,它包括谈判、签约和监督经济活动的成本、获取信息的成本、代理成本和维护现行制度的成本。不同的制度安排通过内含的特定激励机制,影响着"经济人"的行为,并进而对经济活动的效率与效果产生影响。

产权是对经济主体财产行为权利的法律界定。市场经济是一个具有不同利益取向的经济主体在产权明确界定的条件下进行公平自由交易的经济系统。在市场经济中,产权用以界定人们在交易中如何受益、如何受损以及如何补偿的行为权利。现代产权理论认为,产权的本质是一种排他性权利。在排他性权利制度中,各经济主体的权利边界是清晰的。各经济主体具有追求自身利益的权利,但要受到他人权利的约束,即人们的行为不能损害他人的权利。在这种对自己利益的最大化追求和受他人权利的制约下,经济活动趋于有序和高效。现代社会依靠有效的产权制度,可以为经济增长提供强有力的支持。美国著名经济学家保罗·萨缪尔逊曾在1950年预言,经济发展最快的地区将是南美洲,因为南美洲资源丰富,劳动力受教育程度较高。但事实证明他错了,20世纪下半叶是欧洲和太平洋地区经济发展最快。尽管欧洲和太平洋地区资源相对贫乏,但由于产权制度合理,引致了经济的高速增长。萨缪尔逊认为,他原先的预期所依据的条件并不是经济体制中最基本的东西,产权制度才是经济体制的基本要素。产权决定激励机制和人们的行为方式,因而对经济效率发生重要作用。

产权制度之所以是经济制度的基本要素,是因为它从以下几个方面影响或决定着资源配置效率和经济制度效率。第一,如果产权是界定明确的,那么交易的受益效应和受损效应在更大程度上对交易当事人发生影响,即交易当事人完全对自身行为的结果负责,从而减少交易的外部性,提高社会总福利水平。例如,专利法的保护使得创新收益向发明者集中,从而给予创新活动以有效的激励,并有利于社会进步。第二,现代产权制度是社会信用体系的基础。界定明确的、受法律保护的产权减少了经济活动中的不确定性,使经济当事人的利益预期和法律责任清晰化。市场经济是信用经济,而信用体系的健全和完善是依赖于产权制度的。如果产权界定不清和缺乏保护,交易主体的权利、责任、义务缺乏法律制度的约制,交易就没有安全性可言,经济的运行效率会深受影响。第三,现代产权制度保证了一种自由选择和公平交易的经济关系。产权明确界定保证了交易的受益效应和受损效应都由交易当事人直接承担,这就决定了交易当事人拥有自由交易的权利。交易当事人根据成本与收益的比较作出是否交易的选择。当大量的交易都在这种条件下进行时，整个社会的资源配置就会优化，并引致社会福利的增长。因此，所谓资源配置优化，就是交易主体通过自由交易行为而受益或避免受损的过程。在这一过程中，产权应当是明确界定的。产权明确界定保证了交易当事人的自由选择、收益激励和受损约束，使资源能够配置在效率更高的使用上。

产权通过一些重要途径影响经济行为。产权的排他性意味着所有者有权选择用财产做什么、如何使用它和允许谁使用它的权利，有权占有其决定所产生的收益，并承担由此而发生的成本。产权的排他性把选择如何使用财产和承担这一选择后果两者紧密地联系在一起。因此，产权使所有者有很强的动力去寻求带来最大价值的资源使用方法。支持这一论点的事例比比皆是：人们维护自己所拥有的房子与租来的房子、牧民对自己的羊群与猎人对待野生动物、渔民对自己鱼塘里的鱼与对待在海里洄游的鱼都表现出很大的态度与行为差异，因为人们对自己的家、自己的羊群、自己池塘里的鱼拥有更多的权利。

产权的可转让性意味着所有者有权按照双方共同商定的条件将财产转让给他人。也就是说，所有者能够将自己的财物出售或馈赠给他人，产权的这一权利具有什么意义呢？假设张三是一个渔民，他所持有的捕鱼权在扣除相关费用后，平均每年可以为其赚取1万元，李四利用相同的捕鱼权则可以赚取1.5万元。把捕鱼权从捕鱼效率较低的渔民手中配置到效率较高的渔民手中无疑将提高渔业整体的效益，因而对整个社会是有利的。产权的可转让性为资源流向能够利用该资源产生最大效益的人的手中提供了激励。为什么呢？假定利率为零，李四就有以不高于1.5万元的价格购买张三的捕鱼权的动机，而只要价格高于1万元，张三就会有卖掉捕鱼证的动力。

明确而得到切实保护的产权，有利于降低交易费用。交易费用可以简单地理解为社会经济运行中的摩擦系数，系数越小，社会经济运行效率就越高。产权不明确，或者不能得到切实保护，就会增大交易费用。如果政府的正规制度不给予切实保护，"黑社会"式的保护就有了可乘之机。科斯以土地的分配为例，指出了明确的产权对于市场运行的极端重要性。他说："土地可以通过价格机制分配给土地使用者，不需政府管制。但如果没有建立土地产权，任何人都可以占有一片土地，那么，显然将发生很大的混乱，价格机制不能起作用，因为没有可供购买的产权。"受科斯的启发，德姆塞茨(1964，1967)提出了产权的演进是为了降低交易成本。将这一观点加以引申，我们可以认为，"公共产权"节省了界定和实施私有产权的成本，但是与公共产权相关的"租金浪费"意味着另一种类型的交易成本。与此形成对比的是,私有产权有助于减少租金浪费,但界定和实施产权的成本可能超出所减少的租金浪费,即实施私有产权制度的成本有可能超过所带来的收益。因此,脱离具体条件谈论公共产权和私有产权孰优孰劣是没有现实意义的。重要的是,产权必须是明晰界定的,产权类型必须与具体条件相适应。

概言之,明确产权,无论是对经济活动效率的提高,还是对经济活动效果的改善,都是至关重要的。市场制度建立在交换的基础上,交换本质上是所有权的交换。如果所有权不明确或得不到有效实施,当然无法交换或无需交换,资源的优化组合和利用也就必然受阻。产权的排他性激励着财产所有者将其用于带来最高价值的用途,可转让性促使资源从低效率的所有者向高效率的所有者转移,两者都将提高社会整体的效率和总福利水平,使资源达到最优配置状态,即所谓的帕累托均衡。

第二节 作为经济活动组织方式的产权

一、经济目标

有些经济学家主张,完全可以将"社会目标是实现共有品(the common good)(其现代说法为'社会总福利')最大化"这一论断作为一个公理。这一主张并不武断,它深深地植根于西方社会哲学和伦理学中,例如,从洛克(Locke)、卢梭(Rousseau)、康德(Kant)以及最近的罗尔斯(Rawls)的社会契约理论就能够推导出上述论断。社会契约理论表明,合理的社会结构应当是由事先无法准确确定其未来社会地位但了解其他相关事项的自由和理性人经协商而达成的一种结构。在这样的"无知面纱"(veil of ignorance)遮掩下,这些人达成有关他们以及后人将生活于其中的社会组织形式的社会契约。社会契约理论认为,只有通过这种形式形成的社会组织才是公平、公正和合理的,因为它是自由、理性、不带有任何既定特殊利益的个人经集体协商后形成的。

这一社会契约显然应当包含两大内容:一是社会应按照能够使理想品的供应最大化的方式来组织;二是在个人之间分配所生产出的理想品时,应尽可能遵循公平原则。第一点几乎是不证自明的,因为没有任何理由减少理想品的绝对供应量。但是,有必要对第二点要求做进一步说明。首先,让我们考虑风险问题。显然,任何理性人都不会希望自己得到尽可能少的理想品,但是,在"无知面纱"遮掩下制定社会契约,谁也无法确切知道自己在未来的社会中将处于何种地位。取决于对风险所持的态度,人们对理想品的分配方式可能会有不同的选择偏好:"风险完全回避"型的人可能会要求采用"绝对平均分配"的模式,而"风险完全接纳"型则可能会要求采用"绝对不平均分配"模式。由于风险是中性的,所以很难说哪种方式更好或更坏。但是,假定人们对风险持有一定程度的回避态度,通过上述方式形成的社会契约肯定会对分配的不平等加以某种程度的限制。

理想品分配应考虑的第二个问题是理想品的供应量。在"无知面纱"遮掩下达成社会契约的人们可能会意识到,每一时期他们能得到的理想品数量将取决于这些理想品的分配方式。而长期采用平均分配模式则有可能削弱人们努力生产的愿望和积极性,因此,在契约中设定奖励条款来诱导人们为共同利益发挥自身的能动作用是一个好想法,这就要求理想品分配模式应带有一定程度的不平等性,以奖励那些为共同利益作出更大贡献的人。但是,为了避免利益集团和社会强势团体的影响,对理想品分配模式的任何特殊约定,都只能在一开始设计理想品的分配方法时就作出约定,而不应当在后来的财富积累过程中加以规定。

尽管上述结论建立在效用理论基础上,利用现代福利理论也能够推导出相同结果。根据现代福利理论,更准确地说,按照帕累托最优原则,福利最大化的一个必要条件是理想品净产出最大化,这里所说的净产出是指已扣除了包括劳动和自然资源在内的所有要素投入的成本以后的产量。福利最大化的另一必要条件是社会全体成员共享或合理地分配生产出的理想品[1]。

因此,不管是按照社会契约理论还是效用理论,正确的社会目标都应当是使理想品供应量最大化和合理分配所生产的理想品。但是,要使上述目标具有可操作性,就必须进一步说明理想品到底是什么。简单地说,理想品指的是人们认为有价值的一切物品,也就是说只要人们愿意花钱去买或者只有当获得了相应的补偿后人们才愿意放弃的那些物品都属于理想品。因此,在一切物品都能够自由交换的完全市场制度下,理想品就等同于商品。对于完全市场制度,实现了理想品供应量最大化就等同于一国国内生产总值达到了最大化。

当然,现实世界并不存在完全市场制度。也就是说,所有现实市场制度都是不完善的,只是不完善的程度不同罢了,所以不应把一国国内生产总值看做

---

[1] 在标准的福利理论中,推导平等结果的一种方法是假定存在凹形个人效用函数(concave individual utility function),这实际上就等同于假定了人们持有风险回避态度。

是一国理想品的总供应量。由于这一问题的存在,所以只能把国内生产总值看做是理想品总供应量的初步估计值,至少对于表现良好的市场经济来说是这样的。与此类似,生产部门对公共利益的贡献也可以用这些部门所生产的商品净产出来衡量。

有人曾断言,最理想的商品分配模式和商品产出最大化之间有时存在冲突。因此,"为了实现公平和公正就必须放松对最大净产出的要求"的观点非常流行。尽管并非毫无道理,但对这一观点的强调似乎有些过分。作为福利经济学理论最重要的结论之一,第二福利定理(the second welfare theorem)表明,人们所希望的任何一种利益分配方式同最大产量都是兼容的,并且也确实与市场制度相一致。由此看来,上述两种目标之间并不存在根本性冲突。即使在极端情形下,也几乎找不到为了更合理地分配净产出而牺牲经济效率的道理。但是,这并非说分配问题不重要,而是说分配问题只能在一开始设计分配制度时加以解决,因为根据不平等现象的出现不断调整分配方式将产生一种非常有害的激励,至少原则上如此。

显然,在假定了生产部门的社会目的是使商品净产出最大化的时候,我们就已经具备了相信人们会按照有利于实现这一目的的方式来组织生产活动和制定相应的社会制度的相当坚实的基础。为了实现这一目的,根据现有的技术知识,人们不断创造出新的制度,修改、完善或者完全放弃旧的制度,以便使社会制度更为有效。

显然,上述道理同样也适用于由各种个别生产活动所组成的整个生产部门,渔业当然也不例外。也就是说,我们应当采用能够使渔业商品净产出最大化的方法来组织和管理渔业活动。舍此他求,都将减少渔业商品的总供应量,并因此减少社会整体的经济机会。这就提出了如何选择渔业活动最佳组织框架的问题。

二、如何实现经济目标

经过 250 年的发展,经济学理论已积累了大量有关如何有效增加商品和服务供给总量的知识。其中,一种获得广泛认可的观点是,利用一定数量的稀缺投入、劳动和自然资源所获得的产出数量基本上是由两种因素决定的,即资本积累和专业化。当然,资本积累很久以来就被看做是扩大再生产能力的一个关键要素。对于一定数量的可变投入,例如劳动,资本增加可以使生产可能性曲线向上方移动,其结果是利用等量劳动可获得更多的产出,如图 5.1 所示。

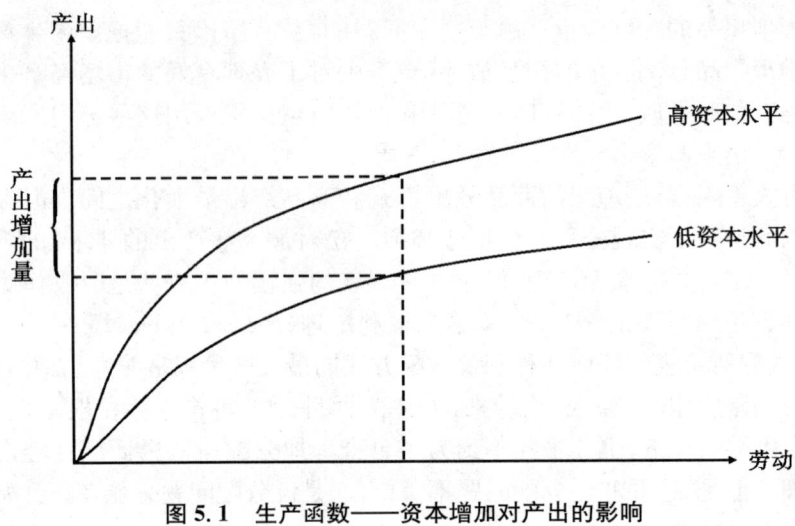

图 5.1　生产函数——资本增加对产出的影响

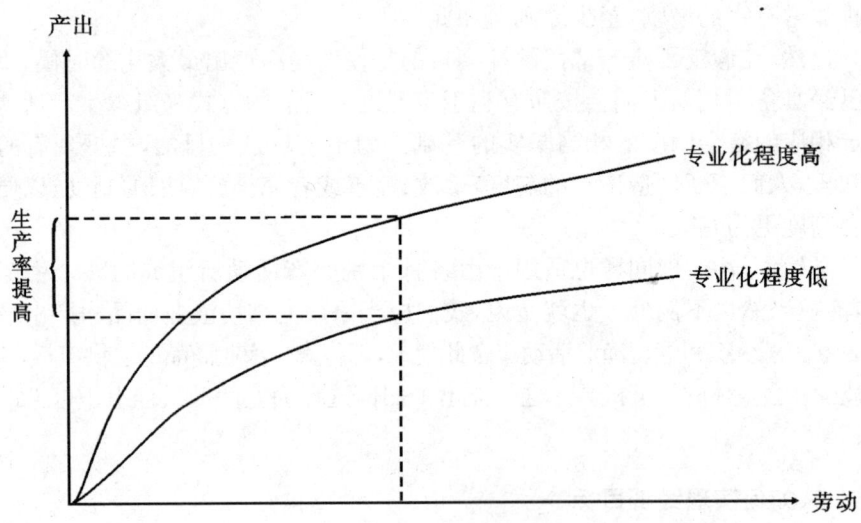

图 5.2　生产函数——专业化程度提高对生产率的影响

应说明的是,这里所说的资本不仅包括实物资本,还包括自然资本(即生产过程中所投入的各种自然资源)和人力资本(即用于生产过程的人类劳动的数量和质量)。实物资本积累的发生是通过对实物资本单元进行投资来实现的,而人力资本的积累则是通过教育、培训和知识积累来实现的。由自身性质所决定,人类不能生产自然资源。因此,要想增加自然资源对净产出的贡献,首先要增大对自然资源的利用程度,使它们更多地投入到生产过程中;其次,对经济的长期增长而言,合理利用自然资源是非常重要的,在可能的情况下,应当以可持续利用为前提来考虑如何对自然资源加以利用。

专业化使生产者能够集中精力从事他们最擅长的工作并不断增加熟练程度,正如图5.2所示,这两点都有助于生产率的提高。专业化的发生既可以是小范围的,例如在一个企业或一个社区内部,也可以是大范围的,例如在整个行业和国家之间。导致全球平均生产率提高并因此大幅度提高全球总产出水平的最重要原因之一,正是被亚当·斯密称之为劳动分工的专业化。

三、产权制度有助于经济目标的实现

上文已讨论了产出增加和经济增长的关键因素是资本积累和专业化。下面,我们将具体阐述为什么说产权制度,特别是私有产权制度是实现资本积累和专业化的先决条件。

资本积累的实现需要产权制度来保证。如果不能确保对其积累享有充分的支配权,人们一般不会储存以实物资本、自然资本或人力资本为表现形式的有价物品,其原因有二。首先,资本积累必然意味着放弃当前消费,为了放弃当前消费,人们必然要有充分的把握能够拥有所积累的资产并享受这些资产的增值效应(当然,这里假定了不存在完全利他主义者)。没有产权制度作保证,这显然是不可能的。再者,当意识到其积累可能会被他人夺走,本来已决定要进行积累的人也会改变储蓄初衷而转向消费,以避免其积累被他人夺走。因此,如果没有产权制度作保证,就不会有积累,本来应作为资本而存在的财产也就会很快地被消费掉。

另一方面,专业化需要交易机制与之配套,没有交易发生,专门从事单一生产过程的人们就无法获得其所需要的其他各种商品。因此,如果无法进行交易,人们就只能被迫从事自给自足式的生产,即生产自己所需要的一切产品。当然,这实际上就是原始社会的情形。在这种情形下,那些销售专一产品的公司就不可能存在。因此,从根本上讲,具有经济优势的专业化生产和专业化生产单位(即公司)的存在正是以交易为基础的[①]。但是,交易也需要产权制度做保障,从本质上来说,交易的进行过程正是产权的转移过程。没有产权制度,就不可能有交易发生。因此,我们只能得出如此结论:没有产权制度,就

[①] 在一个没有交易的社会里,考虑社会最可能的组织形式是有启发意义的。比如说,在联系密切的氏族里,人们在传统和社会压力下,从事先安排好的工作并共享劳动成果,以这种形式来组织社会似乎比较有利。当然,家庭正是此类组织方式的一个例证。

几乎不可能有经济活动的专业化。

不妨设想一下，没有产权制度，专业化能够达到什么程度呢？如前所述，没有产权制度，就不可能有交易。因此，在产权缺失的情况下，要利用专业化所具有的优势的唯一手段就是在一个较大的经济单元内部通过命令或惯例来进行劳动分工，这同现代公司有某些相似之处。这种经济单元将成为某种形式的公社，例如，它可能是一个村庄、一个部落或一个王国。换言之，它可能是一个命令式经济，例如20世纪的社会主义的中央集权计划经济。但是，应注意的是，对此类形式的组织正常运转来说，公社作为一个整体必须能够控制其产权。因此，这种方法所依赖的依然是某种产权制度。同时也应注意，要维持这种制度，就不可避免地需要某些强制手段，这就必然意味着强制者要具有一定的、类似于产权的权利。最后还要注意的是，由于个人积极性和创造性常常受到抑制，所以这种体制不可能是经济上最有效率的制度。

综上所述，我们可以得出如下基本结论：产权制度对于商品供给最大化或者说对于一般意义上的经济进步是一个必不可缺的前提。永远也不应低估这一结论的重要性，因为没有产权制度，就既不会有交易，也不会有资本积累。而没有交易，就几乎不可能有专业化。因此，如果产权缺失，人类社会似乎就注定要忍受贫穷。事实上，如果没有产权制度或产权制度极不完善，人类社会可能会依然停留在原始社会的状态，同比较高级的动物的现代社会形态也就不会有太大的差别。

产权制度对于经济进步是一个必要条件，这一条件对于经济进步是否充分呢？换言之，得到了明确界定和有效实施的私有产权制度是否能够必然地导致经济进步，即理想品供应量的增加呢？根据大量事实，我们似乎可以得出肯定的回答。任何产权制度的实际结果不仅取决于产权自身的结构和完善程度，而且也取决于某些其他社会制度的作用，最明显的是市场制度和产权执行制度，即监督和司法体系。比如，垄断可能主导市场体系，而腐败则可能使产权的实施制度成为"聋子的耳朵"，这两种情形都将导致社会生产受损。但是，如果产权制度是完善的，即每种有价物品都受到产权制度的有效保护，那么产出增加就能够达到技术上可能的极限。

四、产权、私有产权与市场经济体系

市场制度具有一些非常有吸引力的经济属性。除其他属性外，如果该制度是完善的，那么它就能够实现经济效率和最优的经济增长。更重要的是，这一切的发生并不需要中央集权的指导。正如亚当·斯密所指出的，就好像有

一只看不见的手在指挥人们(尽管这些人的动机是自私的)为公众服务。市场制度也表现出某些基本的伦理属性,至少社会契约理论和功利主义者是这样认为的。首先,市场制度使各个时期的理想品的供应量最大化。其次,正如第一部分所讨论的,通过对资源进行合理的初始分配,市场制度将能够维持任何社会和政治所期望的理想品分配方式。下面,我们将进一步阐明为什么说产权的存在对于市场制度的运转是至关重要的,更准确地说,为什么产权对于市场制度的运转既是充分的,也是必要的呢?

市场制度的核心是市场交易。显然,这种交易是以交易者对其用于交易的商品拥有产权为前提的。所以说,产权对于市场制度的正常运转是必要的。只要存在产权制度,人们从生产专业化和贸易中获得好处的机会就会随之出现。因此,只要个别企业存在,交易活动就会出现,市场制度就会形成。但是,相反的假设却并不成立:市场的存在不一定必然地产生产权制度。正确的顺序应当是产权的存在导致市场和交易,而不是相反。因此,相对于市场而言,产权制度的确是更基本的。只要假定人们有寻利的动机,且存在产权制度,市场就会应运而生。此外,虽然市场只有在产权存在的情况下才能形成,但是产权的存在却并不依赖于市场。所以说,产权比市场更重要。

私有产权和竞争市场是个人合作行为的基础。私有产权和竞争性市场为每个人(无论多么自私或心胸狭窄)提供了参与生产活动和与别人合作的信息和激励。当私有产权得到保护和加强时,每使用一种资源都需得到所有者的许可。换言之,如果你想使用一种物品或资源,你必须从所有者那里购买或租赁,这意味着我们每个人都要面对使用稀缺资源的资本。不仅如此,当人们的行为由市场价格信号所指引时,私人所有者更有动力考虑他人的愿望,以及以其他人评价更高的方式使用、开发他们所拥有的资源。所引起的市场交换就是F·A·哈耶克所说的"扩大的秩序"。哈耶克以此说明市场指导全球各地的人以互利方式合作的趋势,尽管事实上他们相互并不了解,他们的背景、生活方式和文化价值也有巨大差异。相反,在没有私有产权的社会里,任何人只要有权力或者政治权威,就可以不顾所有者和其他潜在使用者的意愿,轻易夺取任何东西。没有私有产权就要找到其他方法提供一种激励机制,来保证财产管理者和使用者对他人给予适当关注。

私有产权持有者不能对其财产为所欲为,不能因使用自己的财产而对他人造成损害。私有产权所有者控制着使用权,所以所有者要对控制的结果负责。正如汤姆·贝瑟尔(Tom Bethell)指出的,资源的私有产权能形成对社会有利的激励机制,因为:(1)私人所有者可通过有利于他人的方法使用自己的资源而获益,也要承担忽略他人愿望的机会成本;(2)私人所有者有强烈的激励关心并善待自己拥有的财产;(3)如果预期财产会增值,私人拥有者就有保存财产的激励;(4)私人所有者要对滥用其财产给别人造成的损失负责。正如汤姆·贝瑟尔所指出的,"私有制使人们对自己在物质产品领域内的行为负责。因此,这种制度确保人们亲身体验自己行为的后果。财产为我们建起篱笆,它也像镜子,反映出我们自己行为的结果"。

价格机制的一般经济分析,建立在私人"拥有"权利的现实基础上。对于资源,存在特别重要的两类行为,构成了对权利的所有权不可缺少的一个组成部分,即转让资源的权利(转让权)和获得权利转让所带来的收益的权利(收益权)。因此,市场上的交易对象,实际上并不是物质商品本身,而是依附于这些商品的权利束(或者说一组权利)。其结果是,在交易中形成的价格是权力束的价值,而不是物质对象的价格。这些权利的运用,受到"规制约束"(regulatory constraints)或私人契约的限制;构成权利束的各项权利与具有完整使用权的同等产权不同,将以不同的价格出售。财产有时也进行非法转移,例如偷窃、黑市交易、毒品和卖淫。当司法体系不是百分之百有效时,权利也不会百分之百的安全,结果,权利往往具有较低的价值,反映了权利被剥夺的可能性,即既有可能被非法剥夺,也有可能通过诸如没收或国有化等政治运动而被合法地剥夺。正是转让权利(alienable rights)的这一体系(经济学家一般称之为"价格机制"),激励着人们采取合理的行动①,促进了资源的有效利用,这就是亚当·斯密所说的"看不见的手"。

在对国家财富的开创性论述中,亚当·斯密极力称赞市场制度在协调极其复杂的个别经济决策和活动而没有造成巨大的商品短缺和过量供应问题以及使各种不同的活动和愿望为公共利益服务方面所表现出的能力。因为市场制度确实因私有产权的存在而存在,这实际上就是对产权制度的肯定。应当承认,有效的社会调节器是产权制度,而不是市场或市场力量。因此,现有市场经济体系或许更应当被称为产权制度或私有产权制度,而不是市场制度。

五、外部性与产权

外部性是市场制度所面临的一个主要问题,没有外部性的市场制度才是最有效率的。一个次要的问题是外部性和产权之间的紧密因果关系,基本上

---

① 当然,不存在外部性或垄断。但是,外部性本身正是权利的不完全界定和(或)不完全转让所造成的结果。

可以断言,外部性是产权缺失的"派生物"。为什么这样讲呢?如果产权缺位,人们可能想"拿"什么就能拿什么,只要社会习俗允许人们这样做(当人们不能随意取其所需时,实际上就可以说存在着产权制度)。当资源稀缺时,这就产生了外部效果,因为你"拿"走一份就相应地减少了其他人拿走同样一份的机会。换句话说,"拿"对其他人是不利的,对其他人产生了负外部性。有了产权制度以后,就不可能随便拿,其结果是外部性因产权的存在而消失。当资源稀缺时,其购买价格就表现为正值,这意味着原来的所有者将因放弃其产权而获得补偿。

用经济学的术语说,"拿"(相对于"买"而言)所产生的外部性属于"技术外部性"(technical externality),这种外部性将降低经济效率。实际上,产权不能根除外部性,资源仍然是稀缺的,一人对它的利用就减少了其他人可以继续利用的数量。产权的作用只是把技术外部性转变为经济上无害的货币外部性(pecuniary externalities)。货币外部性之所以无害,是因为交易活动既照顾了买方的利益,也照顾了卖方的利益。如果有人对一种资产的评价高于现在的所有者,现在的所有者就可以因顺从别人意愿而受益。只有当私人拥有且易于交换的时候,潜在的买者和卖者才有动机寻找对双方都有利的交易,而一旦发现了交易机会,交易才可能完成。也就是说,只有当资源对买方比卖方更有价值时,交易才可能发生,这当然同时满足了买卖双方的共同利益。

所有类型的经济都受技术外部性的困扰,唯一差别仅在于外部性的普遍程度和严重程度不同而已。一般而言,外部性对以自然资源为基础的经济比对其他类型经济的影响更大。矫正负外部性的传统做法是对产生负外部性的活动征税,即所谓的庇古矫正价格(Pigouvian corrective prices)。以这种方法矫正了所有负外部性的经济称之为林达尔均衡(Lindahl Equilibrium)。林达尔均衡只是一种在现实中不可能实现的理论构想,因为不可能计算出经济体中的所有影子价格。然而,人们能够做到的是通过创设产权制度,让市场来解决价格问题。因此,给定适当的产权,市场制度就可能使经济趋近于充分的林达尔均衡。当然,这正是现代市场经济中大部分稀缺资源利用的制度安排,而对于产权缺失的稀缺资源利用,技术外部性仍然存在。

六、产权特征

产权并不是一个单维变量,正如 Scott(1988)所指出的,它实际上是不同属性的一组权利的集合。虽然可区分的特点很多,但构成产权的最主要特点包括安全性(security)或权益质量(quality of title)、排他性、持久性(permanence)或者说时效(duration)和可转让性(transferability)。此外,产权还有可执行性(enforceability)、可分割性(divisibility)等属性。一般而言,产权的质量越高,越有利于经济进步,但确保产权制度有效落实的执行成本就会越高。因此,法律并非总是以确立最优质量的产权体系为目标。下面,我们将简单地讨论产权的上述特征。

1. 安全性

一种产权可能会受到其他个人、团体或政府的挑战。安全性在这里指的是所有者能经受这些挑战并最终保有其产权的能力,或许最好是把它看做所有者能保护其产权的可能性。这种可能性在 0 和 1 之间变化,安全性等于 1 意味着所有者能够绝对掌握其财产,而安全性等于 0 则意味着所有者将必然地失去其财产。

2. 排他性

这一特点指的是在没有外来干涉的情况下,产权持有者利用和管理其财产的能力。像自己的衣服一样的个人私有物品一般都有很强的排他性,而人们逛公园的权利则几乎完全没有排他性。个别可转让配额的持有者享有在特定时空范围内从特定种群中捕获特定数量的渔获物的权利,在既定的传统法律保护下,这种权利是完全排他的。但是,当具体到实际的捕捞过程,排他性问题指的就是他能够按照自己喜欢的方式捕获其配额的能力,并阻止他人干涉他的这种能力。显然,政府的任何捕捞管理条例都将削弱他的这种能力,而干预他以各种方法收获其配额的能力的其他渔民的行动也会产生同样的效果。因此,一般而言,个别可转让配额这一权利只能保证其持有者对有关资产,即鱼类种群及其环境,具有极不完全的排他性。应当注意的是,强制性(即实施排他权的能力)是排他性的一个重要方面。

3. 持久性

持久性指的是产权的时效。产权的有效时间范围可以是 0,具有零时效的产权实际上毫无价值。租借权是在有限时间范围内有效的产权的实例。由于传统原因,所有权通常代表的是一种永久的、或在所有者愿意的时间范围内有效的产权。不确定的持续时间并没有具体规定产权的持续时间,而永久产权则明确规定可永久地拥有其产权,应注意这两者之间的重要差别。一种产权的持续时间似乎与其安全性有关,一种产权的失去在一定意义上就意味着该产权已被终止。因此,持久性和安全性是相当明显的两种特点,比如,租借协议就可能代表一种在有限时间范围内相当安全的产权。

4. 可转让性

可转让性指的是可以把自己拥有的产权转让给其他人。对于稀缺资源来说，这一特点在经济上是非常重要的，因为它有助于使资源在最有竞争力的使用者和最有竞争力的使用之间进行最优配置。可转让性的一个重要特点是可分割性，即可以根据转让目的将产权分割成更小的单位。

准确把握转让权在市场中的功能，有助于理清它在组织经济活动中履行的几个重要功能，所以，在分析市场和经济活动的组织时，要特别重视构成产权这一权利束不可或缺的转让权。转让权由两种有效的权利构成，即出售或转让权利的权利和通过交换获得收益的权利。转让权不仅是市场交易的必要条件，也是市场和制度设计的基础。通过转让权，市场把知识和决策权对应起来，并能够对决策者加以控制。

交易不仅是为了完成物品和服务的转让，而且也为了实现被交易商品中的权利束的交换而存在。这一点很重要，因为它强调了产权与经济价格之间的关系。如果捕捞许可证的持有人有权以有竞争力的价格将许可证出售的话，捕捞许可证将会具有更高的价格。私人性物品本身就是一种有价值的物品，需要花费一定的成本才能够买到。我国渔业法不允许捕捞许可证转让，亦即限定了持证人选择用捕捞许可证做什么的权利，因而削弱了持证人对捕捞许可证的所有权。对所有权的排他性所做的大多数限制缩小了交易的范围。对所有权的可转让性所做的大多数限制（例如限制许可证转让）使作为谁得到什么这一问题的解决手段的价格竞争不能完全发挥其效能。

转让权解决了权利的安排问题。当决策权[①]可转让时，资源交易产生了这样一个过程：在这个过程中，通过行为最大化的个人，权利的购买和出售会使知识和决策权相匹配，最终拥有知识的人将获得决策权。在市场体制下，决策权通过交易被拥有知识的人所获得，而自愿交易保证了决策权由那些能够高效利用其价值的人所获得，这些人拥有专门知识，也具有充分运用权利的能力。

转让权解决了控制问题。控制是指用来衡量个人行为绩效并给予奖励与惩罚的程序和规则。在组织分析中，控制与知识是互补的。个人所拥有的知识和决策权以及环境状况，决定了单个决策者能够选择的机会集合。个人对其机会集合进行权衡取舍时，控制制度发挥着重要作用。通过使决策权及其资本价值相匹配，转让权既可为单个决策者提供绩效度量，又可为他们提供奖励与惩罚措施，以激励他们有效地使用其决策权。

---

①决策权是指决定并采取行动的权利，决策权是拥有资源的个人或团体作出决定和采取行动的"权利"的基础，"权利"意味着"由当事人作出的一项决定是有效的"。

转让权的市场价格揭示出,在可供选择的各种用途中,财产价值对于权利的现实所有者和潜在所有者没有什么不同。当资源能够产生未来收益流或消费服务时,且在这些权利可以被转让的场合,价格则表明这些预期流量的所有权的现值。这种资本化了的价值在控制人的行动方面,具有两大作用:(1)对于有权决定如何使用资产或产权的当事人,它们起了度量绩效的作用;(2)对于权利所有者的决策后果,它们提供了相应的奖励或惩罚。

因此,决策权与由转让权所体现的资本价值机制的匹配既衡量了个人绩效,也使个人所作的决策产生的结果资本化了。当决策者选择了可能降低分配给他的权利的价值的行动时,他就必须承担因此而发生的所有成本。相反,当他采取行动增加权利的价值时,他就会获得增加的价值。一旦法律或技术进步没有考虑权利的界定或分配,使个人对其行为负担全部成本和(或)获得全部收益时,就会引起外部性问题,污染与共有渔业资源的利用问题就是一个极好的事例。

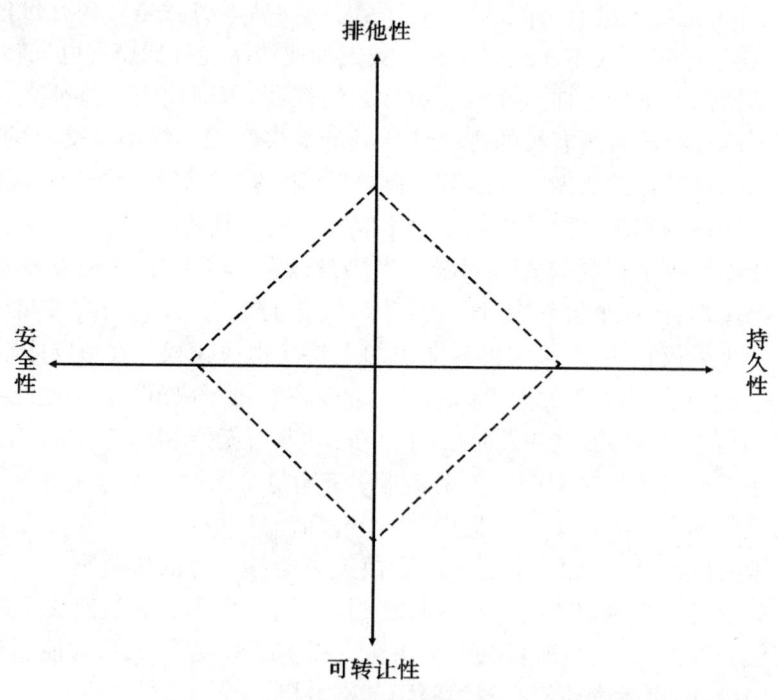

图 5.3 完全产权的特征

七、产权质量

有些产权可能显示出上述所有四种特点,此类产权称之为完全产权(a perfect right),而其他一些产权可能只是不同程度上表现出某些特点,此类产权是不完全的、残缺的产权。产权是一个可以度量的多维变量,可以用下式表示,

$$Q = f(X_1, X_2, X_3, \ldots, X_n)$$

其中 Q 代表产权,X_n 代表产权的各维变量,每一变量都代表产权的一个本质属性。Scott(1988)用四维空间的坐标轴来衡量产权的这些特点,Arnason(1999)用产权的四种特点组成一个正方形的空间(见图 5.3),并将其称为产权的特征足迹(the characteristic footprint of a property right)。图 5.3 例示了产权的四个基本的本质属性,图中四边形的丰满程度和面积大小表示产权质量的高低。一种产权所包含的属性越多,该产权的质量就越高;反之,则该产权的质量就越差。法律或政策规定通常通过限定产权的这些属性,来实现社会的效率和平等目标。

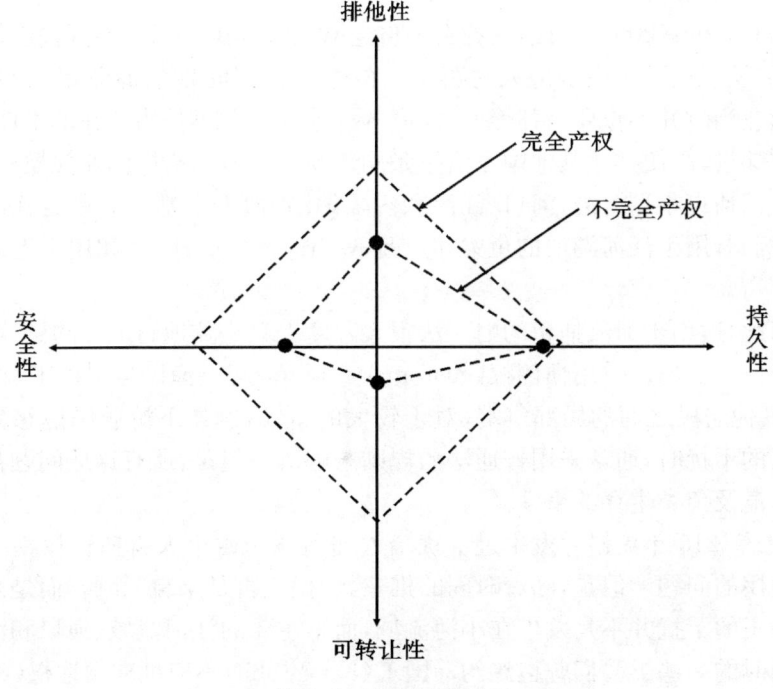

图 5.4 产权质量图示

显然,对于所有产权的质量而言,一个完全产权的特征足迹所代表的是正方形的外部边界,实际的产权在同样的特点空间里的相应特征足迹必定包含在这一正方形内。有些产权可能显示出其所有的四种特点,而其他一些产权可能只是在不同程度上表现出其某些特点,用带有从 0 到 1 的刻度标尺来衡量则更方便。刻度 0 意味着产权完全不具备这些特点,刻度 1 代表产权完全具有这些特点,任何实际的产权的特征必定介于 0 和 1 之间,相应特征足迹必定完全包含在如图 5.3 所示的正方形内。图 5.4 表示的是一个实际产权在一个完全产权的特征足迹里的特征足迹,由两幅图形围成的两个区域间的差别表示了实际产权的相对质量(详见 Arnason,1999)。

第三节 基于权利的渔业管理

一、基于权利的渔业的早期历史与演进趋势

1. 基于权利的渔业的早期历史

据 Charles(2000)考证,在源自中世纪欧洲和英国普通法的现代法律体系中,可以发现追溯至诺曼底人对英格兰的军事征服时期的渔业组织的痕迹。海洋渔业当时并不重要,冒险到达深海的少数渔民并不是为了在那里捕鱼,只是匆忙穿过,以便到达其他国家沿岸张网作业。当时的沿岸渔业规模很小,渔获物大都捕自小型海湾、河口、江河和内陆湖泊,似乎大都是利用定置渔具捕获的,例如,用于江河湖泊的鱼梁和鱼簖(weirs and barriers)和用于近海的陷网。

因此,适用于河流捕鱼的财产法很大程度上只是陆地财产法的延伸,也就毫不奇怪了。通常采用惯例权(customary rights)解决渔民与同一庄园(manor)内其他居民之间的局部争端,对于较大的争端,例如下游居民抱怨受到上游居民的干扰时,通常采用普通法的规则来解决。但是,所有这些问题都是侵渔而非危及鱼类生存的事件。

公元 1215 年英格兰发生过干扰个人捕鱼或妨碍个人将捕鱼权租给其他渔民使用的问题。但是,随着时间的推移,干扰不再是来自"邻居"而是来自国王。国王的干扰并不是发生在小河流域,而是主要的江河流域、河口和沿岸渔业。当时的一些男爵们曾抱怨约翰国王(King John)不应批准领地权(territorial rights),因为他们因此失去了在邻接其土地的河流里安置定置渔具的权

利。约翰国王屈服于男爵们的压力,在《大宪章》中添加了一章,承诺不再在有潮水域批准更多的皇室领地。

当时,普通法和法庭几乎没有发挥任何作用。文献记录的几个法律案例要解决的是有潮河流(tidal rivers)和牡蛎床的岸线争端,在开放水域里(open waters)尚未发生过与捕鱼权有关的争端,因此没有积累过任何有关财产的案例法的材料。法官和律师从未批准过海洋遗产。因此,在19世纪或20世纪立法介入之前,从来也没有界定过对咸水渔业的产权,该类渔业的产权也没有发生过任何变化。

当时的英国政府当然有权制定关于在有潮水域和海洋水域从事捕捞活动的相关法律及其细则,但是,利用这一权力的大都是地方政府,主要目的似乎是为了排除外来渔民,以便主导或垄断当地的水产品市场。地方政府在行使这一权力时,大都采用"关闭"渔业、限制渔具和鱼类上岸规格及实施入渔限制等措施,此类捕捞规则使得当地渔民能够利用当地需求弹性和市场波动来安排作业活动,地方政府也制定了一些有关渔获物质量的规则。简言之,大部分早期议事程序和管理规定都不是为了防止资源种群的过度捕捞,而是为了保护当地渔民,使其免于遭受外部竞争。在任何情形下,执行这些规则都是很困难的,也没有做到严格执法。

当时的英格兰中央政府似乎从未针对潮间带渔业作过专门立法,尽管为保护钓鱼者的特殊利益诉求,曾为防止盗捕而通过了声名狼藉的狩猎法(game laws or Black Laws)。当然,英格兰中央政府当时的权力是无限的,它能够确实也同意对大麻哈鱼和某些河流的贝类渔业实施垄断,主要是为了获得货币报酬或取得皇家公爵或政治亲信的好感。其中,最著名的一个事例是,都铎王朝曾将纽芬兰渔业(the Newfoundland fishery)作为礼品赠与他人。但是,这种特殊礼品并没有创立一般性的普通法权利,这样做也还是为了商业目的,即禁止外人捕捞和维持特定市场的鱼价。

此外,在法国、西班牙、斯堪的纳维亚半岛诸国、波罗的海沿岸诸国和低地国家①也存在不同的有潮水域捕鱼权(tidal-waters fishing rights)。罗马法是基础,在 Colbert 之前,不像《大宪章》那样,为寻求对海洋渔业的支持以维持海军兵员来源而结束了法国沿海的私权制度。

个人进入海洋并从事捕鱼的公权几乎没有发生任何变化,也不存在对捕鱼活动的任何管制,这种情形持续了几个世纪。有关公海权力的大部分变化

---

① 低地国家在这里指荷兰、比利时、卢森堡三国。

都是从17世纪开始发生的,似乎在每一个世纪几乎都有压力集团(pressure groups)向政府游说,劝说政府将"外国人"从"他们"的渔业中赶出去,其目的几乎都是通过垄断沿岸渔业来控制市场。例如,从事捕捞鲱鱼的英国渔民利用战争和外交手段,为自己创立了一个专门的市场,爱尔兰和冰岛渔民曾无法在他们自己的沿海捕鱼。当然,当时捕鱼活动同贸易活动的重要性相比要逊色得多。但是,当围绕西班牙、英国或荷兰是否应宣称对公海拥有主权的论争发生时,作为国家应当控制海洋的一个重要论据,如何保护本国渔业利益这一问题被提出来了。

在伊丽莎白时代,该论据的缺点是有关各方似乎都认同海洋资源是不可枯竭的这一观点。1609年,《万国法》(the law of nations)的主要起草者Crotius曾断言,除鲟鱼、鲸鱼、大麻哈鱼、海豚和其他一些价值极高的种类外,海洋中的其他鱼类种群都是不会枯竭的。他用这一"事实"来支持其海洋自由的观点,主张无需设立排他性的国家权力(exclusive national rights)。因此,17世纪的海洋自由原则支持了13世纪的国家捕捞公权原则(national public rights of fishing doctrine),不存在要求个人的海洋捕捞产权的问题。

从英国内战到美国内战这一时期,只考虑捕鱼公共权和海洋自由的人认为无需采取行动养护潮间带渔业。但是,事实上,有些渔业当时已开始受到管制,管理的主要目标在于种群的生物学养护需要。过去的400年间,渔获物价格和质量始终是决定鱼品何时上市的重要因素。严格的科学意义上的渔业管理始于20世纪,但价格因素一直都是规则制定和修正的主要原因。随后,渔业资源利用的准排他权(quasi-exclusive rights)出现了。再后来,也就是目前所广泛采用的各种针对上岸量和针对种群的个人和集体权利,这些权利逐渐具备了产权的属性。

2. 基于权利的渔业的历史演进

根据长期研究渔业历史的结果,A. Scott(2000)将渔业市场化演变过程划分为五个阶段。他认为,从第一阶段到第五阶段的过程表现为"制度的循环过程"(institutional cycling):产权曾一度被废除,随后又被恢复;资源种群被置于无人过问的状态,随后又被纳入管理。同样地,在这一过程中,个人主义曾一度泛滥,随后受到了压制,随后又被恢复,目前正步入"联合行动的新时代"(an age of joint action);市场曾主导一切,随后被遗忘,而目前市场机制成为推动渔业管理发展的主要驱动力量。

第一阶段大约发生在诺曼底人对英格兰的军事征服(the Norman Conquest)前后。当时,英格兰人大都用定置渔具在江河流域从事捕鱼活动,潮间带渔业许可制也是一种普通的做法。英格兰人的"公共捕鱼权"(public right of fishing)始于公元1215年,但是,某些私人捕鱼权也受到宪章、垄断或地方管制的保护,其目的在于获得较高的鱼价或控制市场,几乎没有考虑到资源种群的养护需要,大麻哈鱼和贝类渔业或许是例外情况。

第二阶段发生在19世纪,人们开始意识到海洋渔业资源也可能枯竭,西方沿海资本主义国家的一些国内政客开始将地方性的大麻哈鱼和牡蛎法的适用范围扩大到底栖鱼类,采用禁捕和网目规格限制措施。但是,当时人们已预感到保护资源的必要性,满足质量和市场供给开始成为次要的管理目标。

第三阶段可回溯至20世纪50年代,各地均开始实施渔业管制。管理规则渐趋详尽,但规则的内容往往受到试图满足市场对渔获物的特定规格、质量、上岸时间的偏好的影响。随着渔业管理活动的强化,捕鱼执照逐渐被许可证取代,因而入渔权开始具备产权的某些特征。

第四阶段始自20世纪70年代,许可证制度逐渐被类似于产权的个别可转让配额制度所取代,捕捞成本将因此下降的理论预期确实得到了验证,但最重要的变化还是渔获物质量的显著提高、鱼品供应状况的改善和市场价格的提高,持有配额的渔民重新恢复了迎合市场需求的自由。

第五阶段的主要特征是,随着渔业正在被转变成一种"渔民自我管理的单一所有制"(fishermen-governed sole ownership),个别可转让配额的持有者们正逐渐形成封闭性的"捕鱼俱乐部"。渔业"所有者"正逐渐从"狩猎者"的角色向"种植业者"的角色转变,他们的主要目标不再是"维持鱼类种群的可持续产量",而是"低成本生产和在价格适意时卖出适销对路的优质产品"。Scott(2000)曾预言,这一阶段将成为21世纪渔业管理的主要特征。

二、渔业权概念与部分国家的法律实践

如前所述,渔业权概念有着久远的历史,在罗马法中可以找到其根源[①]。从国际上渔业权法理和综合世界各国的立法来看,渔业权的概念是指在特定

[①] "渔业权"这一词汇目前可考证的汉字来源是日本1901年明治时代的《渔业法》,后为"中华民国"《渔业法》直接引用。

水域①上设定的从事生产经营活动的权利。这种活动主要指利用水域直接进行养殖或捕捞水生动植物资源的行为。在大陆法系国家,这种权利通常被视为物权。

世界主要渔业国家大多以详尽的立法规定了有关渔业权的法律制度,以此来保护渔民利益、养护与合理利用渔业资源,其中尤以有着悠久的渔业发展历史的大陆法系国家如日本、韩国最为典型。我国台湾地区也以日本为范例,立法确立了渔业权制度。这些国家或地区《渔业法》均专门大篇幅规定了渔业权的定义、种类、性质,并对其取得、变更、消灭、时效、转让、补偿等事项作了详细规定。

在日本、韩国、中国台湾地区的渔业法中,渔业权是指如下几种权利类型:(1)定置渔业权,指经营定置渔业的权利,相当于我国的定置捕捞作业;(2)区划渔业权,指在一定的水域划出区域并利用设施从事水产养殖的权利,相当于我国的水产养殖业;(3)共同渔业权,指专用一定水域,从事养殖以及使用渔船采集、捕捞贝类、藻类及其他鱼类的权利。另外,在此基础上,还有一个入渔权的概念,即根据约定,在属于他人共同渔业权的渔场或特定区划渔业权的渔场经营其渔业权范围内所有或部分渔业的权利(孙宪忠,2003)。

三、渔业使用权类型

不同学者采用不同的渔业权分类方法,此处沿用了 Charles(2000)的分类方法。他认为,渔业权属于一种使用权,它赋予权利持有人进入渔业和捕捞渔业资源的权利,这一权利或许会受到社会对捕捞活动、捕捞行为等的制约。渔业使用权制度可被看做是对渔业因自由准入而引发出的问题的一种回应。目前,采用使用权制度来确保渔业管理绩效已成为全球渔业管理中的一个备受关注的焦点,这一趋势与对管理权(management rights)的强调平行发展。管

---

① 关于特定水域,从多数国家的立法来看,被界定为公共水域。也就是说,渔业权它所占有的水域不是私人水域或者民法上有明确所有权的水域。所谓公共水域,它指国家能行使主权的一部分水域,包括内水以及领海,甚至在某些意义上包括专属经济区水域。这些水域从法律规定的基本原则来看,被定义为公有物,也就是说为公共水域的支配所划定的物的范围,公用物在法律的定义上就是为了本国人的公共利益所设定的物。就此利益,本国人都可以进入,都可以使用,外国人或者境外人则不可随便进入和随便使用。在这个领域主要体现的是一种主权。对公共领域权利的划分,有些国家认为,在公共领域里有国家的所有权,把国家的所有权就当做主权的一种表现方式。但是,在有些国家,强调公物上不能设置私利,即使是国家所拥有的财产权利,也不能设立在公共领域上。如公法法人的财产、个别政府部门的财产也不应设在公共领域上,所以公共领域只能是国家拥有主权。世界各国的立法不是完全一样,但是这些特定水域大多被定义为公共水域(孙宪忠,2003)。

理权指的是参与渔业管理决策的权利,一般通过采用共同管理机制,目的在于克服渔业集权式管理①的弊端。

使用权和管理权都是产权的形式。从这个角度看,使用权所强调的问题与Ostrom和Schlager(1996)所定义的一组"集体选择权"(collective choice rights)形成了对比,后者包括管理权以及"排除权"(exclusion rights,或译作"除外权",即决定使用权的持有资格)和"转让权"(alienation rights,即允许转让其他权利属性)。使用权制度绝非是一种新颖的想法,事实上,渔业使用权已经存在几个世纪了,此类权利似乎大都基于用益权,即使用他人财产并从这种使用中受益而不减少或破坏这种财产的权利。

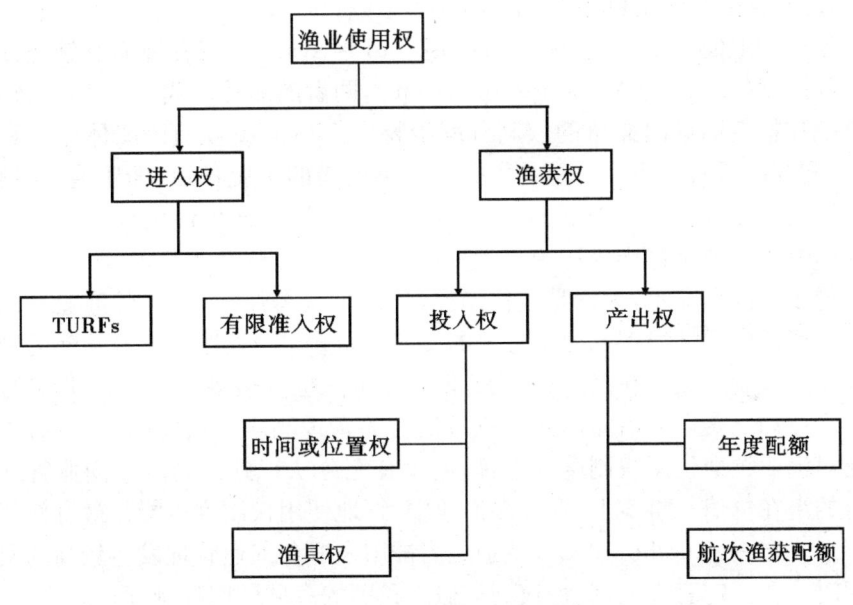

图5.5 渔业使用权分类

Charles(2000)将渔业使用权分为两大类,即"进入权"(access rights,或译作准入权)和"渔获权"(withdrawal rights,或译作捕获权)(图5.5)。进入权指的是有权"进入渔业并参与捕捞活动"的权利,通常受到诸如如何、何时以及在何地"进入渔业并参与捕捞活动"的制约。进入权主要包括以下形态:(1)渔业领地使用权,指的是在特定的地理区域范围内从事捕捞的权利;(2)有限

---

① 集权式管理与分权式管理形成对比。前者一般是自上而下、组织严密的管理,权力高度集中,而后者更强调广泛参与。

准入许可证(limited entry licenses),通过颁发捕捞许可证或其他方法来限制参与捕捞作业,有效证件持有人有资格从事捕捞活动的权利。渔获权通常指"利用资源的强度,正如捕捞强度(投入权或称渔获努力量权)和捕获数量(产出权或称渔获权)所反映的一样"。渔获权包括(1)投入权界定了捕捞活动的强度,例如开捕时间长短、渔船大小和渔具数量等;(2)产出权指的是可捕量,通常以捕获特定数量的鱼表示,例如一定份额的总可捕量。

应说明的是,不同的渔业从业者(例如,一个渔业部门、渔业组织、渔业社区、渔业公司和个体渔民)可能持有各种不同形态的渔业使用权。正如下文将要讨论的一样,每一种权利都可能受到各种限制。

1. 渔业领地使用权制度(TURFs)

渔业领地使用权制度(territory use rights system)或者说渔业领地使用者权利制度(territory users' rights system),两者的缩写形式均为 TURFs,指的是把在特定渔场内捕鱼的权利分配给特定个体渔民或渔民团体的一种制度,分配标准通常但不一定总是依据其从事捕捞的历史长短(即所谓的"习惯利用",或者说"历史使用权"),Christy(1982)提供了该种使用权制度的一个很好的例子。他是这样描述的:"随着对渔民社区文化和组织的研究的深入,越来越多的证据显示,无论是现代渔业,还是传统海洋渔业,一些渔业领地使用权制度的应用情况都比原来想象的要普遍得多。"[①]虽然研究者发现的渔业领地使用权制度大都在发展中国家,但发达国家也有很多此类案例,例如日本沿岸渔业和北美东北沿海的龙虾业所实行的管理制度。遗憾的是,政府往往缺乏对渔业领地使用权制度的理解,也没有充分认识到该制度对渔业管理所具有的潜在价值。事实上,在许多渔业中,领地使用权制度可能是最有效率的管理形式之一(Ruddle,1992),特别是当被用来避免渔业管理发生较高的交易费用时。在一定意义上,此种权利类似于我国的海域使用权制度。

2. 有限准入权

渔业有限准入制度通过发放有限数量的捕捞许可证创设了一种渔业使用权,即从事渔业活动的权利。有限准入制度在众多渔业中一直都是一种很成功的管理制度,该制度的实施通常能够降低捕捞能力的膨胀速度,为持证人带来可观的利润,表现在许可证具有较高的市场价值上。然而,单独采用有限准

[①]笔者译自 Christy 的 *Terrtorial Use Rihgts is Marine Fisheries*(1982)。原文是"As more and more study is given to the culture and organization of fishing communities, there are indications that some forms of TURFs are more pervasive than previously thought to be the case, in both modern and traditional marine fisheries",笔者译。

入制度不可能解决所有渔业问题,特别是不能克服"抢捕"问题(每一持证人都想最先捕到和尽可能捕到更多的鱼),也不能消除由此引发的过度投资激励(将每艘渔船的捕捞能力扩大到超过对渔业整体最为有效的水平)。但是,这些问题的存在不应成为否定采取有限准入措施的理由,而应作为必须采取"管理组合"(management portfolio)的依据,即将有限准入制度同诸如定量投入或基于总可捕量的制度配套使用。

3. 渔业投入权

渔业投入权包括把诸如捕捞期限、渔船规格、渔具数量和渔具种类等经核准的投入水平直接分配给个体渔民、渔民团体或渔业社区,这是一种可行的管理方法,特别是当管理机构试图解决以下两方面的问题时,尤为可行。第一,渔民存在"投入替代"和增加不受管制的投入品数量的动机,以期获得更大的渔获份额。这意味着有必要采用多元方法来界定投入权,即投入权不应仅针对一种投入而是针对系列投入作出界定。第二,伴随着捕捞技术的进步,渔业投入效率会不断提高,如果无法准确评估技术进步所带来的后果并及时作出相应调整,就有可能低估捕捞活动对资源造成的影响,导致资源过度利用。因此,投入控制措施应考虑到捕捞效率提高可能产生的潜在影响,并通过降低投入总量的许可水平来作出调整,以抵消因捕捞效率提高而产生的影响。

4. 渔业产出权

渔业产出权制度包括年度配额制度和航次渔获配额制度。应注意的是,总可捕量只是一种资源养护措施,而非渔业产出权的一种形态,因为总可捕量的确定与捕鱼权的划分并不直接相关。但是,一旦将总可捕量划分为若干份额并分配给个体渔民、渔民团体或渔业社区,总可捕量的这些份额就代表定量产出权,即对相应的总可捕量份额的集体或个体使用权。定量产出权可能表现为各种不同的形态,可按渔业作业类别分配定量产出权,并要求同一作业类别的渔民集体管理该产出权,例如通过特定的分配方案将渔获配额按小型渔船和大型渔船、垂钓类和网捕类等进行分配,也可按渔业社区(例如渔村)分配定量产出权,即采用"社区配额"的方式分配,以便同时达到社区集体控制产出权和明确体现社区价值和目标的目的;还可直接将定量产出权分配给个体渔民,既可以采取诸如航次限制的方式按捕捞季节分配配额,也可以通过个别配额(IQs)的方式按捕捞年度分配配额,可以允许配额持有人转让其配额(ITQs),也可以禁止配额转让(INTQs)。正如渔业投入权制度内含许多非预期的激励机制一样,渔业产出权制度也存在类似的问题,例如该制度可能诱发渔民低报或不报渔获量、优化渔获物构成、丢弃低质规格或种类的行为等。

四、选择渔业权应注意的基本问题

选择渔业权制度时应注意三个关键性问题：一是意欲引入渔业权制度的渔业是否已存在渔业权制度；二是如果现存渔业权已经失效，选择何种渔业权或选择何种渔业权组合更适合于目标渔业的具体情况；三是应如何实施所选择的渔业权制度。

1. 渔业权制度的存在与否

对于现有渔业，特别是那些历史悠久的渔业，极有可能的一种情形是，随着时间的推移，渔业权制度已自然地得到确立，由渔民自己或其社区负责实施。因为界定哪些渔民有资格在特定渔场从事捕捞作业具有明显的好处，无论是对渔民自身还是他们所生活的社区而言都是如此，所以倘若渔业权制度业已存在，也是毫不奇怪的。在发现和记录业已存在的"土著人"的渔业权制度和历史上一直存在但被"现代"中央政府所取代的渔业权制度方面，社会科学家一直都在发挥着重要的作用，他们的研究发现使人们逐渐了解了许多地方的渔业权制度。假如渔业权制度业已存在，了解这些权利制度的效用和效果以及是否能找到可行的机制强化其效用（例如从法律上予以"确权"）是非常关键的，因为接受并强化现存权利制度比试图创立和实施一种全新的渔业权制度可能会更为有效。

2. 何种组合的渔业权制度最好

假如特定渔业并不存在渔业权制度，或者渔业权制度已存在但明显需要对其改进，那么，应首选何种渔业权制度呢？要解答这一问题必须首先认识到：(1)不同渔业在生物、经济和社会属性方面都是高度不同质的；(2)各种渔业权制度所固有的各种优势和局限性对不同渔业的相对影响也是不同的。

因此，要解答采用何种渔业权制度或采用渔业权制度的何种组合才最合适这一问题，首先应考虑不同渔业的不同情况，正确理解各种渔业权制度对特定渔业的适应性。显然，不可能出现一种单一渔业权制度对各种不同渔业都能够产生最优结果这一极端情形。因此，一种理性的选择是，采用不同渔业权制度的最佳组合，即将最容易被接受且有助于渔业正常运营和获得最大收益的渔业权制度结合起来使用。要作出合理的选择，首先就必须理解特定渔业的结构及其根本性质，包括：(1)该渔业的社会目标；(2)该渔业的构成、历史和传统；(3)该渔业的相关社会、文化和经济环境；(4)该渔业赖以存在的资源种群和生态环境的基本特征。

正确理解上述问题对渔业制度的选择具有非常重要的意义。例如，定置生活的渔业资源可能特别适合采用渔业领地使用权制度来管理,生物量估计值非常不可靠的种群或正常的渔获量监测代价过于昂贵的种群则可能比较适合采用渔获努力量权制度来管理,而高度洄游性或跨界且其总可捕量已被分配给相关国家的种群,则更适合采取渔业产出权制度来管理,捕捞技术相对同一渔业采用渔业投入权制度管理可能更为适宜,而使用不同渔具类型的渔业采用渔业产出权制度来管理可能更好。当然,在特定情形下,在找到理想的解决方案之前,衡量渔业诸特征的重要性必须要考虑到支持或反对引入特定渔业权制度的各种观点。

3. 制度安排的选择问题

在考察渔业权制度时,必须重视以下两类问题:一是渔民个人权利(individual rights)与集体权利(collective or group rights);二是基于市场的权利(market-based rights)和基于社区的权利(community-based rights)。下面,我们将分别考察这两类问题。

与渔业权制度有关的一个关键方面是建立在个别渔民基础上的渔业权与建立在集体基础上的渔业权之间的差异。渔业集体使用权可以建立在社区基础上(例如渔村、使用相同渔具的渔民、以相同的种类为捕捞对象的渔民或利用相同渔场的渔民),也可以建立在渔民生产者组织的基础上。在这些权利类型中作出选择既要考虑到特定渔业的历史背景,也要考虑到渔业的社会目标。例如,在新开发的工业渔业(industrial fisheries)中,采用渔民个人渔业权制度可能会成为一种自然倾向。另一方面,渔民集体渔业权历史上在传统渔业中是一种最重要的权利形式。渔民集体渔业权制度是否可行将取决于相关社区的凝聚力强弱、地方自我管理的经验和能力、社区地理界线的明晰程度、社区规模大小和范围等。例如,通过道德压力和采用可行的管理制度,对于所利用的资源,社区自身能否诱发出一种主人翁精神和自我管理的集体激励?

与渔业权制度有关的另一个关键问题是如何在决定谁有权参与渔业的两种制度安排中进行选择,一是基于市场的制度安排(a market-based approach),二是基于多重目标战略规划的制度安排(a multi-objective strategic planning)。基于市场的制度安排依靠市场力量,例如个别可转让配额制度,通过权利的买卖来确定谁有权参与渔业、分配总可捕量和总渔获努力量,基于市场的权利体系可能相对容易实施。与此形成对比的是,战略规划的方法通过一种多重目标决策过程(a multi-objective decision making process)来分配渔业权,战略规划一般是由相关的各级机构(例如社区、地方政府和中央政府)来完成的,通过立法、政策和传统的非正式规则来指定渔业权的性质和归属。

何种制度安排可能更为适宜是一个实证性问题,取决于管理机构意欲达到的政策目标。例如,在基于市场的制度安排下,单个渔船可能会具有更高的效率,而在基于多重目标战略规划的制度安排下,社区甚至区域整体经济效益可能会成为优先考虑的问题。如果社区团体具备自我管理、缓解冲突和提高管理绩效,或如果市场的方法有可能引发社会混乱和降低区域整体收益,那么,采用基于多重目标战略规划的制度安排则更为适宜。虽然特定渔业的特殊状况是不容忽视的重要变量,但是,Berkes(1986)认为以下参考性原则还是具有一定的指导意义。

一是对于小规模、以手工作业为主的渔业,渔民及其社区之间存在明确的关系,那么采用基于多重目标战略规划的制度安排是比较合适的,而对于大型商业渔业和资本密集的渔业,则应考虑采用基于市场的制度安排。

二是如果历史和传统在捕捞活动和渔业管理中发挥着重要作用,则应当优先考虑基于多重目标战略规划的制度安排,而如果当地沿海社区并不特别地依赖于渔业,采用基于市场的制度安排可能更合适。

三是对于多种类渔业缺乏明确的政策目标,应采用基于多重目标战略规划计划编制的制度安排,而当追求利润的目标高于社区和社会经济目标(例如平等、就业和地方经济的健康发展)时,基于市场的制度安排则更为理想。

应当注意的是,有时需要考虑采取介于上述两种制度安排之间的制度安排,包括基于渔民个人的非市场方法,例如采取社区集体管理,将配额分配给社区成员并规定不得转让所分得的配额的社区配额机制,或者利用集体制定的政策管理以个人投入权为主体的当地渔业。采用混合制度安排的目的在于更好地平衡个人使用权制度的优越性和社会、社区的稳定性考虑。

五、渔业产权的定义与类型

如前文所述,渔业产权常常被定义为一组属性。产权是个相对的概念,很难区分出哪种产权绝对是属于私有、共有或国有(Christy, et al,1998)。Scott(1988)认为,产权的最重要属性包括转让性、排他性、持久性和安全性。以上四种特性为考察世界渔业中现行财产权制度的特点提供了基础。根据特定渔业的管理需要,这些特性可能被制约。可转让性要求进行所有权登记,要求有与之相配套的制度以及贯彻制度所必需的手段;排他性需要有效的监管和执法体系来保证;而维护财产权的安全则必须具备高效和诚实的司法体系。

以权利为基础的渔业管理制度应首先解决的基本问题是如何定义产权,也就是说要准确规定所有者到底拥有什么和所有权究竟代表哪些具体权利,这对于管理成功与否是非常关键的。所依据的判断标准通常是此类决策可能对渔业资源、经济效率、分配目标和管理措施的实施和具体运作所产生的影响。有三种定义渔业产权的方法，即地域定义法、投入定义法和产出定义法。

首先，权利可以表现为有权利用某一特定地理区域。关于此类形式的渔业产权，Christy(1982)曾经作过详细地讨论，他把此类产权称为"渔业领地使用权"。虽然渔业领地使用权确实属于这种情形，但是使用某一特定地理区域的权利通常包括有权决定捕获多少和如何收获。这种权利对于诸如软体动物一类的某些固着生活种类可能是合适的，因为此类生物一般都生活在较小的、可以分别管理的区域内。比较理想的情况是，所有者有权单独享有通过放养、海底环境处理和延迟收获等措施所增加的全部收益，并独自承担因使用不当而发生的成本。即使在这种情形下，仍然需要注意与水体的其他用途有关的一些重要事项，例如高度洄游种类的捕捞和水上交通问题。在某些特殊情形下，比如小型海湾，渔业领地使用权也适用于自由运动的种类。采用此类产权制度必须注意的一个关键问题是，所确定的地理区域范围是否大到足以保证所有者能够有效地对这一种类加以适当控制，而且这种权利不应对地方社会的潜在分配问题带来负面影响。

其次，权利也可以根据渔业投入品来加以定义，即允许所有者在特定的时间范围和指定的地理区域内使用某些投入品来从事渔业生产活动。这种权利的一般表现形式是渔业许可制度，即限制渔业的从业人数。然而，这种权利通常是以实际捕捞能力为基础，根据渔船的数量、属性（例如排水量或马力数）、渔网的多少和网目的大小以及海上作业的时间等来衡量捕捞能力。赋予此类权利的目的在于通过限制渔业生产的投入来实现渔业管理的生物学目标，除此之外，权利持有者也可能要受到诸如禁渔期或者总可捕量等管理措施的制约。

最后，也可以根据渔业产出来定义权利。在这种情形下，所有者享有每年收获一定数量渔获物的权利。这种定义方法也就是所谓的个别可转让配额制度。

最"强"的渔业产权制度应当是那些具有最充分的"Scott特性"的渔业产权制度。通过了解各国和各地区如何制定和完善其不同的渔业管理机制以及如何限定产权的上述特性，将有助于理解如何才能创设一种最"强"的渔业产权制度。取决于何种标准更受重视，可采用下列方式来构建渔业产权制度：一是个别可转让捕捞配额制度；二是社区配额或集体配额制度，例如渔村配额、渔业乡镇配额制度；三是领地使用者的渔业权；四是渔业投入权制度。下面，我们将对这四种形式的渔业产权制度加以简单的介绍。

1. 个别可转让捕捞配额制度

个别可转让捕捞配额制度实际上就是人们通常所说的ITQs（详见第六章），许多渔业管理人员对ITQs这个术语可能并不感到陌生，尽管不一定充分理解其含义。取决于实际应用情形，各种不同的术语曾被用来描述个别可转让配额，大部分学者都倾向于使用ITQs这个术语。例如，国际海洋开发理事会（ICES1997）在解释ITQs时，用"个别"这个词代表拥有配额的个别渔民、个别渔船、个别社区、个别企业或个别其他形式的集体组织。同时，该委员会还认为，"配额"既可用产出单位来表示，例如可捕捞多少吨或多少条鱼，也可用投入单位来表示，例如可使用多少渔具。按照上述解释，我们可以把许多不同于ITQs这一表现形式的渔业管理措施纳入ITQs的范畴，或者将它们看做是ITQs的变型，例如个别渔船配额（IVQs）、个别社区发展/捕捞配额（CDQs或CFQs）、个别企业配额（EAs）、个别兼捕配额（IBQs）或个别渔船兼捕配额（IVBQs）等。不允许渔民转让手中所持有之配额的管理制度就是人们通常所说的个别配额（IQs）。有时，人们将不能自由转让的个别配额称之为个别捕捞配额（IFQs），即将IQs等同于IFQs，也有人认为个别捕捞配额是指配额的发放对象为渔船，即将IFQs等同于IVQs，但大部分学者都倾向于将ITQs和其他配额形式的管理措施、渔业领地使用权制度（TURFs）和捕捞许可证制度等都看做是"基于权利的渔业管理"在实际应用过程中的不同形态。①

2. 社区配额制度

除了特别规定谁可以持有这种配额以外，社区配额具有ITQs的大部分特征。对配额持有资格的限定主要是为了限制配额的转让范围，例如，不允许把这种配额卖给甚至出租给社区以外的成员。在某些国家，社区配额的存在有其特定的法律基础，在这种情形下，捕捞配额通常带有附加条件，即从法律意义上来讲，该配额只能由社区成员所拥有（详见本章第六节）。

一个相关的问题是如何定义社区。从传统的角度来讲，社区是一个地理概念，但是，在某些管理领域，社区的定义可能采用完全不同的方法。在渔业管理中，社区常常被用来代表具有相似利益或兴趣的人的集合。例如，在加拿大的沿海地区有九个社区，其中的两个社区拥有捕捞配额，所采用的定义方法

---

① 从更广泛的角度来看，个别可转让配额属于"封顶和交易"（the cap-and-trade approach）这一在西方非常流行的、以市场为基础的共有资源管理方法的范畴（common-pool resources，CPRs）。从1975年开始，美国开始采用这一方法管理废气排放并取得了成功，随后这一方法很快就被德国和日本所采用。

就是根据它们所使用的渔具类型。

3. 渔业领地使用权制度

这种渔业权制度规定在某一特定地域捕鱼的权利属于该地域的"所有者"。这种渔业权本质上同ITQs没有区别,除了这一权利代表的是在某一特定地域捕鱼的权利,而不是捕捞多少鱼的权利以外。这种渔业权也可以具有可转让性、可持续性或排他性。

4. 渔业投入权制度

除了所代表的是可以使用的渔具数量以外,渔业投入权的产权属性也完全类似于ITQs,采用渔业投入权作为管理手段的一个著名的例子是西澳大利亚的龙虾渔业。在该渔业中,所有权的单位是一个龙虾陷网(lobster trap)。另外,澳大利亚北部对虾渔业采用的也是渔业投入权管理制度。该渔业刚开始采用投入控制措施时,所限制的是渔船的总吨位(GRT)和渔船发动机的功率,后来才改为控制拖网数量。

六、设计渔业产权应注意的问题

除了权利的定义问题,权利的其他方面也可能影响到以权利为基础的渔业管理制度是否能够成功实施。所有权包含多方面的属性,有的属性比较微妙,不易觉察,有的属性则比较明显,一目了然。管理者可以通过改变或者限定所有权的某些性质来实现渔业管理的生物养护、经济效率、社会平等和渔政可行性等多种目标。这里的关键是正确决定取舍问题,即通过比较达成某些特定目标所实现的收益和因限定产权的某些属性而降低了渔业从业者的决策灵活性所必须付出的代价以后,再正确决定取舍。现将设计渔业产权应注意的一些基本问题总结如下。

1. 渔业产权的持有资格问题

即是应当允许任何法人都可以拥有渔业产权,还是把渔业产权的持有人限定为自然人,亦或是规定只有属于某些特殊类型或某些特殊集团的人才能持有渔业产权呢?以个别可转让配额的持有资格为例,一方面可以规定来自渔区以外的公司和个人无权拥有,以便维持现有渔业和渔区的社会稳定,并通过限定个人或个别公司可以拥有的配额最大数量,来防止垄断和完全雇用他人捕捞的船东的出现。另一方面,施加上述限制有可能使配额持有者们失去按照最有利的方式组织捕捞活动的机会,并对种群的有效利用和其他管理目标的实现造成不利影响。也就是说,在决定谁能拥有配额以及可以拥有多少配额这一问题上,管理者必须正确处理诸如"公平"与"效率"这样的两难选择。

在处理这一问题上,可选择的方案包括:(1)只允许公司法人或船主持有配额;(2)只允许现有渔民个人持有配额;(3)明确规定配额持有人的资格,例如禁止非本国公民和非本国公民拥有公司持有配额等。

2. 渔业产权的有效时限问题

渔民个人和渔业捕捞公司所拥有的渔业产权是应当永久有效,还是只在一定的时间范围内有效,在这方面各国的具体规定也不相同。例如新西兰规定配额所有权是永久有效的,冰岛的情形与新西兰基本类似,而美国则规定只要个别可转让配额制度有效,个人或公司所持有的配额就有效,如果渔业管理委员会决定用新的管理措施来取代个别可转让配额制度,且这一新的管理措施符合法律规定,并认为其实施将有助于改善渔业现状,配额所有权就应当和个别可转让配额管理制度同时失效,政府不应为此向配额持有者提供任何补偿。

通过明确规定配额所有权和个别可转让配额制度具有相同的有效期限,配额持有者们就有了一个安全的计划期限,就可以决定是否应该对渔船设备和加工设施等进行投资或是否应当开发新的营销渠道。否则,如果渔民总是担心他们所持有的配额随时都可能失效,在作出此类长期投资决定时他们就可能会犹豫不决。另外,可以想象的是,如果配额的有效期限很短,也就不利于调动渔民养护资源的积极性。但是,渔业管理机构可能希望对配额所有权的有效期限加以限定,以便保留对某一渔业的长期控制权,当发现现有配额持有者们没有适当运用他们的权利时,就可以重新分配配额。但是,这样一来,管理机构势必面对重新分配配额这一棘手的问题。为了解决这一难题,澳大利亚政府采用了一种冠名为"Drop-Through system"的机制,运用该机制可有效协调配额有效期限太短往往引起投资不足和资源养护不力,而配额有效期限太长又容易使管理机构失去灵活性的问题。

在加拿大、澳大利亚、新西兰、冰岛和美国等,个别可转让配额制度已成为这些国家渔业法的一部分。这些国家的渔业法对配额的有效期限等问题都作出了明确的规定。它们的具体做法各不相同,主要包括以下几种类型:一是规定配额所有权是永久有效的;二是规定配额所有权与个别可转让配额项目具有相同的有效期限;三是规定配额所有权在一定的时间范围内有效;四是规定在个别可转让配额制度的试行阶段,配额所有权暂时有效,当试用期满后,再决定配额所有权的有效时效。

3. 是否应允许渔业产权的转让

基于权利的渔业管理制度所面临的基本理论分歧之一,就是是否应允许权利持有者自由转让所持有的权利。有些学者认为,允许渔民自由转让所持有的渔业权是不适当的。以个别可转让配额制度为例,学者反对配额转让的理由是,配额所有权是永久有效的,且这一权利往往是从公共所有无偿转化为私人所有①,所以配额持有者们不应将无偿获得的配额有价转让出去。但是,禁止配额自由转让将极大地降低配额持有者们的决策灵活性,而这种灵活性正是个别可转让配额制度所具有的潜在制度优势之一。另外,如果不允许配额持有者们自由转让手中的配额,渔业管理机构就必须要找到重新分配因持有者死亡、退休或改行而出现的配额的方法。也就是说,如果配额不能自由转让,渔业管理机构势必要不断地面临重新分配配额的问题。解决上述问题的可选方案包括:(1)允许配额持有者们通过买卖、出租、礼品馈赠和继承等形式自由转让手中的配额;(2)允许自由转让配额,但是禁止出租年度捕捞权(annual harvesting rights, AHRs);(3)允许出租年度捕捞权,但禁止配额转让;(4)完全禁止配额转让。

大部分经济学家都主张,应当允许配额转让,但是,在某些特殊情形下应当限制配额交易的形式。在初始分配过程中获得配额的渔民的构成成分可能非常复杂,渔民构成的不同质性可表现在所使用的渔具、渔船的类型和大小、公司规模和船籍港等方面都不相同。允许配额在这些不同的渔民之间自由转让有可能导致渔业结构和文化特征发生显著变化,有些变化往往是管理机构所不愿意看到的。然而,需要指出的是,限制配额自由转让将不可避免地降低配额持有者们的决策灵活性,从长远的角度来看,限制配额自由转让可能会直接影响到渔业的整体发展和渔业资源的最优利用。解决这一问题的可选方案包括:(1)明确规定配额不得在不同类型的持有者之间自由转让;(2)首先对配额持有者进行严格分类,然后对配额转让有针对性地作出某些限制。

4. 防止渔业产权的过度集中问题

也有人担心,实施渔业产权制度有可能导致个别渔民或公司占有过多的渔业资源。那么,究竟拥有多少产权才算"占有过多"呢?虽然对此还没有形成明确的标准,但一般认为,如果个别持有者的渔获物数量、最终产品或所持有的配额份额能够对市场力量产生相当的影响,或者能够改变渔业的历史、行业和文化特征,就可以说他占有过多。渔业管理机关可以采取一定的措施来防止个别渔民或个别公司占有过多的渔业产权,或者借助于其他相关法律来

---

① 在采用个别可转让配额制度的国家里,在实施该制度以前,渔业资源一般是归全体国民共同所有,实施该制度以后,本来属于全体国民所有的渔业资源转变为配额持有者们集体所有,并且所有权形式的这种转变往往是无偿的。

达到这一目的。例如,许多国家都颁布了防止出现行业垄断的《反垄断法》,这一法律当然也适用于渔业。如果担心现行的《反垄断法》不能有效地遏制配额集中到少数人手里,渔业管理机构也可以在制定渔业产权制度时直接解决这一问题。但是,如果一定要这样做的话,管理机构就应当充分地考虑到市场力量的积极和消极作用,全面地衡量各种方案的成本和收益以及清楚地了解实施各种方案所必须克服的困难。防止出现产权过度集中的方法包括:(1)通过《反垄断法》来解决;(2)在制定渔业产权制度时,明确规定个人或个别公司可以拥有的资源百分比范围;(3)明确规定渔民可以采用何种方式集中利用他们个人持有的渔业产权以实现渔业规模效益。

七、实施基于权利的渔业管理应注意的基本行政问题

由于特定渔业的特殊性质以及管理者的预期目标不同,以权利为基础的管理制度的实际应用可能并不是一件容易的事,尽管其基本原理并不复杂。可采用多种方法来设计以权利为基础的管理制度,在广泛的渔业管理背景下,没有也不应武断地说哪一种方法本来就正确或错误。在修正与权利性质有关的某些因素时(这种修正通常是为了实现其他管理目标或纠正权利本身的缺陷),准确地把握取舍问题(要放弃什么和要得到什么)是非常重要的。这里有个底线,如果要利用以权利为基础的管理措施所具有的制度优势,在具体的设计过程中,就不应废除这一措施所赋予的权利,这一点是非常关键的。

在采用以权利为基础的管理制度,特别是个别可转让配额制度时,对所有权的范围及其可转让性的程度加以限制通常将增加管理项目的复杂性,并因此而减少渔业个别参与者的决策灵活性。如果一定要限制所有权的范围及其可转让性的程度,就应当确信为达成其他渔业管理目标而作出的权衡取舍有可能实现更大的收益,这种收益至少应超过因管理复杂程度提高而导致管理成本增加和因灵活性降低而造成收益减少之和。

以权利为基础的渔业管理制度不一定总是能够比传统的管理方法更好地达成某一特定渔业的管理目标,但是,有许多合理的理由可以说明以权利为基础的渔业管理制度确实能够实现很多巨大的潜在利益,正如前面讨论的一样,因此,这一方法值得我们考虑。其他各种类型的渔业管理方法也同样存在许多缺陷,针对以投入为基础和以产出为基础的管理体系所进行的比较分析表明,建立在控制产出基础上的个别可转让配额管理这一渔业产权制度确实具有许多理论优势。

首先,个别可转让配额制度是建立在总可捕量这一传统管理措施基础之

上的，如果所确定的总可捕量正确反映了种群及其生态系统的客观规律且在实际捕捞过程中总可捕量措施又得到有效贯彻的话，以总可捕量为基础的管理制度就确实有潜力充分实现渔业管理的生物学养护目标。而其他管理措施（诸如渔具限制、禁渔区和禁渔期）和实际的总渔获量之间的关系则非常复杂，特别是当渔民有充分的时间和能力改进渔船和渔具性能以及调整作业时间（即所谓的投入替代）以便避开管理措施的制约时，它们之间的关系将变得更为复杂。另外，采用个别可转让配额制度可以诱导渔民选用最有效的投入组合进行捕捞作业，以便最大限度地提高渔获物的附加价值，例如增加活鱼和鲜鱼的比例、对渔获物进行详细的分类和加工、选择市场价值最高的时机出海作业和渔获物市场价值最高的地点上岸等。而投入控制因其自身的性质所决定，限制了渔民灵活选择生产投入的能力，诱导渔民为了增加渔获量而不断采用不受限制的投入来替代受到限制的投入。可以想象，这样做的结果势必使捕捞成本上升，增加了出海作业的风险和降低了渔获物的质量和价格等。

尽管如此，当确定总可捕量确实非常困难，或当渔获物有很多上岸地点以至于无法进行有效监督时，个别可转让配额制度的理论优势不一定总是能够发挥出来。因此，究竟采取哪种定义产权的方法才能更好地发挥以产权为基础的渔业管理措施的作用，将取决于渔业自身的特性和渔业管理所要达成的目标。

概而言之，实施基于权利的渔业管理制度应注意解决好如下行政问题。

一是一旦决定采用基于权利的渔业管理制度，首先应确定到底哪些权利可以直接发放给渔民，同时也应考虑采取适当措施以防止渔民想方设法地影响渔业权的分配。

二是登记注册和其他管理成本所必需的资金。经验表明，实施基于权利的渔业管理能够使获得渔业准入权的渔民从该体系所管理的渔业中得到更大收益，因此能强化渔民保护渔业资源的责任感。该制度的实施需要资金保证，这部分资金一般是通过对渔获物征收某种形式的费用来获得的。

三是适当增加渔业权的产权属性。强化渔业产权的一个重要方法就是设法使渔业产权变成一种资产，使其变成类似于其他财产或固定资产。例如，取决于渔业产权的法律定义，离婚以前夫妇共同拥有的渔业产权可以适当分割，分别给予要求离婚的双方，或者用其作为贷款抵押等。

四是资源管理是与渔业产权制度有关的一个最重要的功能属性。除个别例外情况,为防止增长型过度捕捞①,或者为了应付可能出现的种群补充量的减少,从渔业中获得最大收益的理想渔获量应该是一年一调整。否则,除非降低种群死亡率,种群数量将减少到可接受的最低生物学水平。在采用产出控制措施所管理的渔业中,拥有配额的渔民只能捕捞与其配额相对应的、一定百分比的总可捕量,因此,渔民每年的实际渔获量将随总可捕量的变化而变化。虽然在以权利为基础的渔业管理制度下,配额持有者们常常正式参与总可捕量的确定过程,但是,总可捕量的确定方法通常跟渔业产权的类型无关。因此,为了保证实际渔获量不超过总可捕量,渔业监管和执法是必要的。

五是对于采用投入控制作为管理手段的渔业,为了控制捕捞的死亡量,经常调整渔获努力量是必要的措施之一。投入控制手段所限制的投入对象因渔业而异,例如,西澳大利亚的龙虾渔业限制的是龙虾网数量,而澳大利亚北部对虾渔业限制的则是拖网数量。对于前者而言,控制捕捞死亡量意味着必须取消一定百分比的作业虾网;而对于后者,如果要减少总可捕量,则必须相应地按一定比例减少配额持有者的对虾拖网数量,在这种情况下,如果个别渔民希望保留原来的拖网数量,就只能从其他渔民手里购买相应的配额。

六是与渔业产权有关的另一个功能属性,或更严格地说,在制定渔业产权制度时必须正确处理的另一个问题是,是否应当征收资源租金或征收多少?

七是除了权利的定义问题,权利的其他方面也可能影响到以权利为基础的渔业管理制度是否能够成功实施。所有权包含多方面的属性,有的属性不易觉察,有的属性则一目了然。管理者可以通过改变或者限定所有权的某些性质来实现渔业管理的生物养护、经济效率、社会平等和渔政可行性等多种目标。然而,正如前面所提到的,这里的关键是正确决定取舍问题,即通过比较达成某些特定目标所实现的收益和因限定产权的某些属性而降低了渔业从业者的决策灵活性所必须付出的代价以后,再正确决定取舍。

八、渔业分配问题的经济学研究现状

虽然经济学家一直主张采用基于权利的渔业管理机制,但是已经或将对渔业资源流的权利进行明确配置作为捕捞业管理基础的渔业在数量上还是有限的。实际上,计划采取严格的准入限制和将捕鱼权限定在一定的渔民范围内的计划常常遭到强烈的反对。例如 Scott(1996)的研究表明,从 20 世纪初

---

① 鱼类种群生物量的多少取决于种群生长率和因捕捞或其他自然原因所引起的死亡,而种群生长率本身又是种群个体年龄和数量的函数。如果死亡率过大,所捕获的鱼的年龄就会偏小,这将降低渔业的潜在产量。

开始,在各种国际协定的框架下,全球范围内已设立了许多旨在协调各国渔业政策和管理措施的国际委员会。虽然这些委员会往往实施国别配额制度,但各成员国通常并没有将分得的配额进一步分配给个别渔民,而是通过发放许可证的方法让本国渔船参与国际渔业。最近,针对渔业管辖权扩大以后所带来的后果进行的评估表明,增加各国对渔业的控制并没有带来预期的"各国将加强对渔业准入的限制"这一结果。此外,已采取配额管理措施的渔业所提供的经验表明,要获得渔民对配额配置方法的支持往往需要花费很长时间。

出现上述问题的原因似乎都与财富分配问题相关。采用任何形式的准入控制或试图改变现有准入控制机制,都会导致利益分配格局发生变化,一些人将因此而受益,而另一些人将蒙受损失,由此引发的冲突被某些学者看做是实现海洋渔业有效治理的主要障碍。学者们一直按照下列两类一般分析方法来解释渔业冲突的性质。第一类分析方法考虑的是公平和公正原则。例如,有证据表明,同基于产出的准入权的配置相比,渔民更希望管理机构采用投入控制方法。解释这一现象的理由之一是,渔民通常认为,投入控制使每看做是一位参与者都获得了利用其捕捞技能和奖励最有技能的渔民的平等机会,他们认为这样才是公平的。第二类分析方法所注重的是寻租行为。例如,学者已证明,作出有关财富分配决策的能力同渔业历史上形成的既得利益的程度负相关。Christy(1996)认为,这至少部分地解释了为什么采用最先进的捕捞配额管理机制的国家,其渔业往往都很"年轻",例如冰岛和澳大利亚,而渔业历史悠久和较好地解决了当地就业的地区,实施捕捞配额制度所引发的问题则相对较多,例如东北大西洋地区。

因此,无论如何解释上述现象,分配问题势必对渔业管理制度,特别是那些用来克服过度投资问题的管理制度产生极大的影响的这一观点都得到广泛的认可。文献检索表明,经济学家一般都很清楚地意识到渔业管理的社会和政治目标的重要性,例如捍卫固有的生活方式、维持劳动力流动程度低而就业机会相对不足的地区的就业稳定等。但是,这些经济学家一直不愿意将这些目标包括在他们对渔业管理的分析中。相反,这些目标一直被包括在对渔业政策问题的更广泛的讨论中,或者被包括在对特定渔业管理制度的分配含义的实证研究中。

20多年以前,Bromley和Bishop提供了一个分析框架,该框架试图将分配纳入渔业政策选择的经济评估中。他们强调了这一事实,即单纯考虑效率因素将导致不完整的评估。借助标准的福利经济学理论,他们论述到,无论是从理论还是实践的角度来看,分配的首选结果这一概念都应当予以考虑,并为此定义了选择政策方案时应参照的一组合意分配指标。

如果采用这一框架,就必须要克服如何从分配的角度评估政策选择的社会可接受性这一难题,这或许正是经济学家在应用分析中不愿意考虑分配问题的原因。这是因为,"为了试图改善福利,我们同时面对试图增加'馅饼'大小和以社会意义上更平等(即有价值)的方法分配这一'馅饼'的问题。这是一个既让人难以胜任又含糊不清的任务,因为按价值标准衡量的馅饼的大小和构成的变化,是财富、收入分配、生产和市场价值相互变化的结果。追求更大的馅饼(即更大的产值)和以对社会更有价值的方式进行分配是相互依赖的,但并不充分兼容,结果是实现社会福利最大化的任何想法都要求规定出一种理想的权衡取舍"[1]要接受什么应作为社会首选的资源配置的标准已发展出许多不同的理论,并因此导致一些作者从这一角度至少得出不存在评估政策选项的统一标准,在实践中,不同的情形可能要求不同的分配标准。Bromley 和 Bishop 也承认存在这些困难,但他们建议,即使经济学家不能给出明确和更好的有关分配政策选择的建议,在经济评估中也应尽可能搞清楚可供选择的行动路线的分配含义。给定分配问题的现实意义,此类评估应当有潜力成为渔业管理者考虑的对象,亦可作为对经济研究的实质性贡献。

第四节 各国现行的渔业产权制度

一、基于权利的渔业管理在一些国家的应用情况

表 5.1 列出世界各国采用"强"财产权制度所管理的一些重要渔业,虽然该表格没有囊括所有采用产权制度来管理的渔业,但还是能够说明渔业产权制度在全球范围内的应用和发展情况。

---

[1] 原文译自 Copes 的 *The Economies of marine fisheries management of the Oceans*(1979)。原文是"In attempting to improve welfare we are faced simultaneously with trying to increase the size of 'the pie' and distributing it in a socially more equitable (valuable) way. The task is rendered difficult and ambiguous because of changes in size and composition of the value-measured pie consequent to interdependent changes in wealth and income distribution, production and market values. pursuit of greater size of the pie (i. e. greater value of output) and socially more valuable distribution are interdependent, but not fully compatible, so that any notion of maximizing social welfare requires a designation to be made of an optimal trade-off"。

表 5.1 基于权利的渔业管理在一些国家的应用情况

国家	起始时间	产权类型
澳大利亚		
南部金枪鱼渔业	1984	个别可转让配额(ITQs)
东南拖网渔业	1992	同上
龙虾渔业	1964	从20世纪70年代早期开始采用龙虾篓许可证可转让制度
对虾渔业	1969	捕鱼权与渔船挂钩,允许买卖渔船许可证(固定的渔船和船首缆)
	1983	可转让的许可证制度扩大到35个渔业(因渔业而异,要么采用渔具单位或配额的限制,要么采用时间和渔具的限制)
加拿大		
温尼伯湖渔业	1972	个别配额(IQ),从1986年开始转变为ITQs
东海岸企业分配制度(EAs)	1982	把作为可转让财产权的捕捞配额分配给各个公司
大西洋鲱鱼渔业	1983	个别可转让配额(ITQs),但配额直接与渔船挂钩
伊利湖渔业	1984	个别可转让配额(ITQs)
近海扇贝渔业	1986	企业分配制度(EAs)
北部对虾渔业	1987	企业分配制度(EAs),没有限定入渔的渔船数量
太平洋陆蛤渔业	1989	个别可转让配额(ITQs)
东海岸底栖鱼类渔业	1990	把个别可转让配额(ITQs)分配给拥有捕捞许可证的渔民(有的渔民也可能同时还是加工者)
英属哥伦比亚①的太平洋鳙鲽渔业	1991	个别配额(IQ)
智利	1992	当资源枯竭、资源恢复管理项目启动以后,商业渔业和新开发的渔业开始采用个别可转让配额制度(ITQs)
荷兰		
鲽鱼和舌鳎鱼渔业	1976	采用个别配额(IQ)制度,把欧共体分配给荷兰的国家配额分配给个别渔民或公司,从1985年开始允许配额转让
鳕鱼和小鳕鱼渔业	1981	从1994年开始允许配额转让

---

①英属哥伦比亚的鲱鱼子渔业、底栖鱼类拖网渔业、红海胆(red sea urchins)、鲍鱼、绿海胆(green sea urchins)、鲱鱼子(roe herring)和海参渔业也是采用个别配额制度来管理的。

(续表)

国家	起始时间	产权类型
冰岛	1976	采用个别渔船配额管理鲱鱼渔业
	1979	开始允许配额转让
	1981	采用个别可转让配额制度管理鳞鱼渔业
	1984	采用个别可转让配额制度管理底栖鱼类渔业
	1985	引入渔获量配额制度
	1986	开始允许鳞鱼渔业的个别渔船配额进行转让
	1988	所有渔业开始采用个别渔船配额制度
	1990	对所有渔业的管理制度进行了规范统一
新西兰	1983	开始采用个别可转让配额制度管理新开发的大西洋胸棘鲷渔业；从1986年开始正式引入个别可转让配额制度
美国		
阿拉斯加裸盖鱼和鳙鲽鱼渔业	1994	个别捕捞配额
浪蛤/美人蛤	1990	开始采用个别可转让配额制度
多锯鲷	1992	开始采用个别可转让配额制度

一个值得注意的发展趋势是各国政府一直在试图让渔业行业自身进行管理。例如，早在1993年，当允许配额出租时，荷兰政府就开始进行这种尝试。这一发展解决了政府必须对所有的配额交易进行监控的问题，但要求每年9月份以后必须禁止配额出租，以便账目平衡。目前，配额管理正朝着私有化的方向发展。新西兰、加拿大和美国等国家目前正试图将个别可转让配额这一管理手段和共同管理这一管理过程纳入同一的制度框架，以期充分利用两种管理模式所具有的互补优势，改善渔业管理的效果和提高渔业管理的效率。

二、权利持有者的性质

关于究竟谁可以拥有渔业权这一问题，各国的具体规定也不相同，有的是本国国民，有的是本国企业，也有的是渔船船东（见表5.2）。

表 5.2 权利持有者的性质

国家	所有者
澳大利亚	
南部金枪鱼渔业	渔船船东
东南拖网渔业	拖网渔轮的经营者
加拿大	因渔业而异,可能是渔船船东(英属哥伦比亚的鲽鲽渔业),注册渔民(加拿大东海岸底栖鱼类渔业);而在企业分配体系(EAs)中,配额所有者必须是企业
智利	配额拍卖中成功中标的个人或公司
冰岛	只有拥有捕捞许可证的渔船,才有资格获得配额。捕捞许可证只准转让给具有相同捕捞能力的渔船
新西兰	本国公民、居民和由新西兰公民控股75%以上的公司
美国	
阿拉斯加州	美籍渔船船东或满足特定法律要求的公司
浪蛤/美人蛤渔业	任何美国公民或有资格拥有渔船的商业实体都可以购买或租用捕捞配额。拥有配额的渔船标有特殊的标志,只有带有这些标志的渔船,才能参与该渔业,拥有渔船不是参与该渔业的先决条件

三、权利的初始分配方法

在初始分配中必须首先解决的问题是,如何确定每个具有资格参与配额分配的渔民的配额份额。确定渔民配额份额的方法通常有两种:一种是根据配额管理制度实施以前一段时期内渔民的捕捞业绩,另一种是按照渔船的尺寸大小(见表5.3)。

表 5.3 权利的初始分配方法

国家	方法	所有者
阿根廷①	所依据的部分标准是捕捞许可证持有者在1989~1996年期间的平均捕捞业绩	捕捞许可证持有者

① 阿根廷的这一方法仍然处于实施过程中。

(续表)

国家	方法	所有者
澳大利亚		
南部金枪鱼渔业	在年渔获量大于5吨的前提下,渔民自主选择两年中其中1年的捕捞业绩,渔民配额份额的75%由该捕捞业绩所决定,剩下的25%由独立评估机构所认定的渔船投资额来决定	拥有渔船的渔民
东南拖网渔业	以渔民的历史捕捞业绩和渔船投资额为依据,决定渔民应分得的配额份额。对于大部分鱼类,从1984年到1989年,这5年中最好一年的渔获量在配额分配中将占80%;而对于新开发的渔业,历史捕捞业绩只占50%。配额的具体分配因种类的不同而有所变化。渔船投资额的确定是以渔船尺寸和马力大小为依据的	捕捞许可证持有者
加拿大		
英属哥伦比亚大比目鱼渔业	配额份额的70%是以1986～1989年期间的渔获量为依据,剩下的30%由渔船的全长所决定。	公司
东海岸企业分配体系(EAs)	刚开始的时候,只要政府和其他公司同意,配额可以转让,但不得出售	
斯科舍架底栖鱼类渔业	1986～1989年这四年中最好两年的平均渔获量决定个人所分得的配额多少	
北部对虾渔业	所有从业渔民平均分配总可捕量(由于没有达成其他形式的分配方案)。到了1997年,分配方案有所改变,其中的7家公司获得了一些额外的临时配额	
智利	在公开拍卖中招标	中标者
荷兰	按照公司的历史捕捞业绩和渔船马力的大小,分配从欧共体所分得的国家配额(Hoefnagel,1998)	
冰岛	分配方法因渔业而异。在底栖鱼类渔业中,龙虾和深海对虾(deep-sea shrimp)配额的初始分配所依据的标准是渔民在基准年限①(the base years)中的捕捞业绩;对于鲱鱼和近海对虾(in-shore shrimp),配额在从业渔民中平均分配;对于磷虾渔业,2/3的配额在从业渔民中平均分配,剩余部分的分配与渔船的容量成比例	

①基准年限通常是3年,如果渔船在这3年当中没有从事捕捞作业,就没有资格参与配额分配。

(续表)

国家	方法	所有者
新西兰 近海渔业	根据渔民3年期间中最好两年的捕捞业绩,决定渔民的初始配额份额。如果渔民对配额的分配方案不满,可以提出申诉	渔船船东
美国 阿拉斯加州	对于鳙鲽/裸盖鱼渔业,渔民的初始配额份额等于渔民在1984~1996年期间捕捞业绩最好的5年的渔获量,划分了许多管理区域(management area)	有资格参与配额初始分配的渔民在1988~1990年期间必须是渔船船东或租船者
浪蛤/美人蛤渔业	浪蛤渔业:以渔民在9年期间(1979~1988)的捕捞业绩为依据,9年中最好两年的渔获量加倍,扣除最差两年的渔获量。美人蛤渔业:仅以捕捞业绩为依据,配额在捕捞这两种鱼类的渔船中分配,允许更换渔船	配额的分配对象是渔民或商业实体,不是渔船

四、权利时效

产权的程度越强意味着产权越具有持久性,在以权利为基础的渔业管理体系中,可找到确保所有权长久有效的许多方法(见表5.4)。

表5.4 权利时效

国家	配额所有权的有效期限
美国 阿拉斯加	在特定条件下,阿拉斯加州有权废除配额所有权。按照法律规定,阿拉斯加州无需因收回所发放的配额而对配额持有者进行赔偿。配额所代表的是一种捕捞特权,这种特权的有效期限也可能是无限期的。但是,这种特权只是一种使用特权(a use privilege),渔业管理委员会有权随时修改或废除渔民所持有的捕捞配额,而不给以任何补偿
冰岛	所发放的配额或总可捕量份额是永久有效的
智利	初步规定配额的有效期限为10年

(续表)

国家	配额所有权的有效期限
荷兰	短期权利有保障,而长期权利则没有保障。只有在渔业部注册的渔船船东,才有权转让配额。渔民不能卖掉所拥有部分的配额(即配额不可分割),但购买者却可以一份一份地购买配额。只有经过分管部长批准并登记,配额方可转让
新西兰	从配额制度开始实施时,即规定渔民所分得的配额是永久有效的。但是,后来为满足毛利人的捕捞权利,对捕捞配额重新进行了一次分配,为此政府花费了很大一笔支出以补偿渔民因配额重新分配而遭到的损失
英国	配额权利长期有效,但政府不给予保障

五、防止权利过度集中而采取的控制措施和权利转让规定

一旦从业渔民已经确定他们在新的、以权利为基础的渔业管理体系中将获得多大的配额份额,在新的渔业管理体系中会不会形成垄断自然就成为另一个所关心的问题。实际上,各国已采取了各种各样的措施,以防止出现权利垄断(见表5.5)。

表5.5 防止配额过度集中而采取的控制措施和权利转让规定

国家	防止形成垄断的措施
澳大利亚	
西澳大利亚的龙虾渔业	每艘渔船所允许使用的虾网数量不得少于63口,最多不得超过150口。渔民可以拥有多艘渔船,但渔船船东必须像正常渔民一样参与捕捞作业①
加拿大	
英属哥伦比亚的鳙鱼渔业	在配额管理制度开始实施的前两年,不允许配额持有者从其他持有者手里购买配额,以便配额持有者适应新的管理制度。
沿海底栖鱼类渔业	在任何特定的管理区域内,配额持有者所拥有的捕捞配额都不得超过任何一种鱼类总可捕量的2%
沿海近海扇贝渔业	最大配额拥有量不得超过该种类总可捕量的50%

①澳大利亚人一般认为渔船船东不亲自参与捕捞作业对渔业是有害的。

(续表)

国家	防止形成垄断的措施
北部对虾渔业	公司之间不允许存在永久性的配额转让
阿根廷	分配给冰船船队的配额不得转让给加工拖网船船队(the factory-trawler fleet)
智利	10%的配额必须经过"零收入拍卖(zero revenue auction)"①,允许配额持有者购买的配额数量不得超过配额总拍卖量的50%
冰岛	可捕量的份额和渔船的年度配额是可以转让的,对总可捕量的份额的转让不加限制,但是渔船年度配额的转让只能在同一地区内的渔船之间进行。如果要把配额转让给某一地区以外的渔船,则必须获得主管机关的批准,但经过申请,主管机关原则上都予以批准
新西兰	原则上,任何配额所有者个人都不得拥有或租用超过某一特定鱼类在所有管理区域内的总可捕量的35%的配额。有鳍鱼类的最大配额拥有量不得超过5吨,无脊椎种类的配额拥有量不得超过1吨
美国 阿拉斯加的浪蛤和裸盖鱼渔业 浪蛤/美人鱼渔业	配额拥有量不得低于160蒲式耳,配额最大持有量受美国反垄断法的限制(国家研究委员会,1999)

六、基于权利的渔业管理制度的实施与执法

保障渔民所享有的权利是成功实施产权制度的关键,表5.6列出了各国在执行产权制度时所采取的一些措施。

---

① 在零收入拍卖活动中,拍卖所获得的收入将退给配额出售者。这种拍卖形式的功能是,通过拍卖决定配额的市场价值。虽然拍卖对资源使用权的分配具有很多理想的特点,但是,由于资源使用者不愿意为享有资源的使用权而付费,这一方法的实际应用一直受到许多限制。为了解决资源使用者不愿付费的问题,人们设计了零收入拍卖机制。目前,美国在其"清洁空气法"的酸雨项目(the Clean Air Act's Acid Rain Program)中采用了这一机制控制含硫废气的排放。利用零收入拍卖机制,美国政府每年收回大约3%的含硫废气排放配额用于拍卖。拍卖标的的供方可以重新买回所提供的配额,但是要想成功,他必须是出价最高的竞买者,而拍卖收入将返还给提供拍卖标的的供方。

表 5.6 基于权利的渔业管理制度的实施和执法

国家	落实产权制度的措施
澳大利亚	
东南拖网渔业	在渔船的靠岸地点对渔获物体重进行抽查,检查渔获物的销售记录。渔民上岸后必须在 24 小时以内向主管机构提交渔获物记录,为了监督渔业海上捕捞作业,许多渔业都设立了渔船监控系统(VMS)
加拿大	
英属哥伦比亚鳙鲽渔业	渔船在靠岸之前必须通知主管机构,以便对渔获物进行检查,每 24 小时更新一次信息,渔民违反管理规定,其捕捞特权可能会被取消
近海扇贝渔业	在渔船靠岸地点对渔获物进行检查,在渔港对渔获物进行抽查,在渔船上安装跟踪渔船活动的黑盒子
新西兰	主要手段是对渔获物的上岸记录、销售记录和运输记录进行审计,渔获物的销售或转让必须当场完成记录,经营水产品必须首先获得政府许可证。在所有的配额管理区内和配额管理区之间都设有功能正常的渔船监控系统(VMS)
美国	
阿拉斯加州	通过立法,建立监控和执法机制,对违规渔民的处罚包括没收其持有的配额,只有注册经营者才能从渔民手里收购渔获物。
Surf Clam/Ocean quahog 渔业	在渔船的靠岸地点检查渔捞日志,检查渔船和水产品加工者的记录,违规者按商业欺诈论处,对违规者的处罚包括没收渔获物、渔船甚至所拥有的配额

七、基于权利的渔业管理的成本恢复

权利和责任就像一枚硬币的正反两面,享受权利就要承担责任,反之亦然。因此,享有渔业捕捞特权的渔民必须承担与其权利相对应的管理费用。表 5.7 列出了各国在财产权管理制度中所采用的各种管理成本恢复(cost recovery)方法。

表 5.7 有关国家渔业管理成本的恢复方法

国家	管理成本的恢复方法
澳大利亚	国家渔业管理政策规定 90%的渔业管理费用必须由渔业行业承担,该规定适用于所有渔业,不管是否采用个别可转让配额管理制度

(续表)

国家	管理成本的恢复方法
加拿大	
英属哥伦比亚鲽鲽渔业	因渔业管理、监控和执法所产生的成本都由捕捞许可证持有者承担，包括在渔港检查渔获物的费用、管理人员的工资和差旅费等。2/3 的管理费用以许可证费(license fee)的形式预先征收，剩余部分通过向每艘渔船征收 250 加元、每磅渔获物 0.09 加元的形式来收取
近海扇贝渔业	每年向加拿大渔业海洋部(the Canadian Department of Fisheries and Oceans)缴纳 290 万加元的管理费用
冰岛	个别配额持有者所缴纳的最高费用不超过渔获物估计值的 0.2%，用作个别可转让配额制度的监管和执法成本
新西兰	所有的渔业管理成本均由渔业行业自身承担
美国	
阿拉斯加州	配额持有者必须向国家海洋渔业管理机构(National Marine Fisheries Services)缴纳个别捕捞配额制度所管理的种类的渔获物的离船价的 3%，用作渔业管理费用、执法费用和贷款基金(NMFS, 1999)
浪蛤/美人蛤渔业	征收配额分配许可费(allocation permit fees)，用来弥补部分行政管理成本，包括网笼标签的生产和发放费用

第五节 欧盟三国渔业产权的形态比较

一、欧盟总可捕量的确定与国别配额的分配机制

欧盟各沿海国自 1976 年起相继设立了 200 海里专属经济区。在实施总可捕量制度以前，欧盟采取限制渔获努力量的渔业管理制度，但未能有效保护管辖水域内的渔业资源。结果，资源状态持续恶化，导致单位努力量渔获量下降，作业成本提高，渔民的渔业利益减少。欧盟于 1976 年开始实施总可捕量制度，并以最大持续产量(MSY)理论为设定总可捕量的标准。经过一段时间的讨论与咨询后，通过 1983 年发布的《共同渔业政策》(CFP)开始全面实施总可捕量制度，此制度为欧盟渔业管理制度的基础。CFP 两个主要部分"养护

政策"和"结构政策"的相关规定为各国渔民创设了一种"收益流",即产权。总可捕量是养护政策的主要手段,而"多年度指导计划"(Multi-annual Guidance Programs,MAGPs)旨在管理渔业结构,以便使捕捞能力与鱼类种群的丰度变化相适应。

欧盟委托国际海洋开发理事会(ICES)负责相关资料的收集与分析,每年在东北大西洋水域对各区域的对象鱼种资源种群进行评估,并以最大持续产量为基准计算出对象鱼种的总可捕量,紧接着提出总可捕量的建议报告并呈报给欧盟委员会。每年12月在比利时的首都布鲁塞尔举行的部长会议上讨论总可捕量及其分配,总可捕量的确定也考虑了渔业经济、技术和经济委员会基于经济因素的考虑。总可捕量和MAGPs的目标首先经由欧盟部长会议确定,随后将总可捕量按比例分配给各成员国,从而构成各成员国配额(见图5.5)。

国别配额的分配以各成员国对象鱼种的历年实际渔获量为依据,并按鱼种协商各国的应得配额。欧盟委员会在各国渔业部长会议的许可范围内分配总可捕量。国别配额的分配综合考虑以下三项指标:(1)传统渔业类型,以各国历年的渔获实绩为计算标准;(2)各国对渔业的依赖程度,对渔业依赖程度较高的国家和地区,如冰岛、英国北部地区和苏格兰地区等,根据其实际需要,由欧盟委员会制定优惠标准;(3)维护渔业经济的稳定发展,200海里专属经济区制度的实施对各成员国所造成的影响是不一样的,为了维护各成员国渔业经济的稳定,将成员国在他国海域内的历史捕捞实绩作为决定国别配额的部分依据。上述三项因素决定欧盟各成员国所获国别配额的多寡。上述分配方法的目的在于使渔业资源在各成员国之间取得相对平等的分配,尽量降低总可捕量制度的实施和其他社会经济结构等因素对各国渔业稳定所造成的影响。

有关成员国随后将总可捕量和MAGPs的目标转化为国内管理措施,来分配所获得的国别配额并负责具体实施欧盟相关规定。根据各自的具体情况,各国可能选择将分得的配额进一步分配给本国渔民、渔船或渔业团体。上述机制解释了为什么欧盟各国具有不同形态的渔业产权。下面我们将分别考察丹麦、荷兰和英国渔业的产权形态、特点及演变趋势。

二、丹麦渔业产权制度

丹麦渔业船队的一个显著特征是其目标种群的多样性,这一性质使得丹麦渔船船队很容易从捕捞一个目标种群转向捕捞另一个目标种群。这不仅意味着渔场和目标种群的改变,同时也意味着丹麦渔业是混合型渔业,或者说多种类渔业。换言之,丹麦渔船在一个捕捞航次中可能会以多个种群为捕捞对象。

丹麦渔船船队包括以下几种主要类型：一是拖网渔船和装备有丹麦式围网的渔船，主要捕捞鳕鱼和其他圆体鱼类、鲱鱼和欧蝶以及其他一些被加工成鱼粉和鱼油的种类，例如挪威大头鱼类（Norway pout）等；二是刺网渔船，主要捕捞鳕鱼和一些比目鱼类；三是围网渔船，主要捕捞鲱鱼和鲭类。

由于丹麦的缘故，《共同渔业政策》特别规定了通过发放渔船许可证的方法在欧盟范围内全面采取有限准入措施，并以此来区分商业渔民。这两项权利具备产权特征，因为具有这两项权利意味着具备了参与捕捞并获取"收益流"的资格。

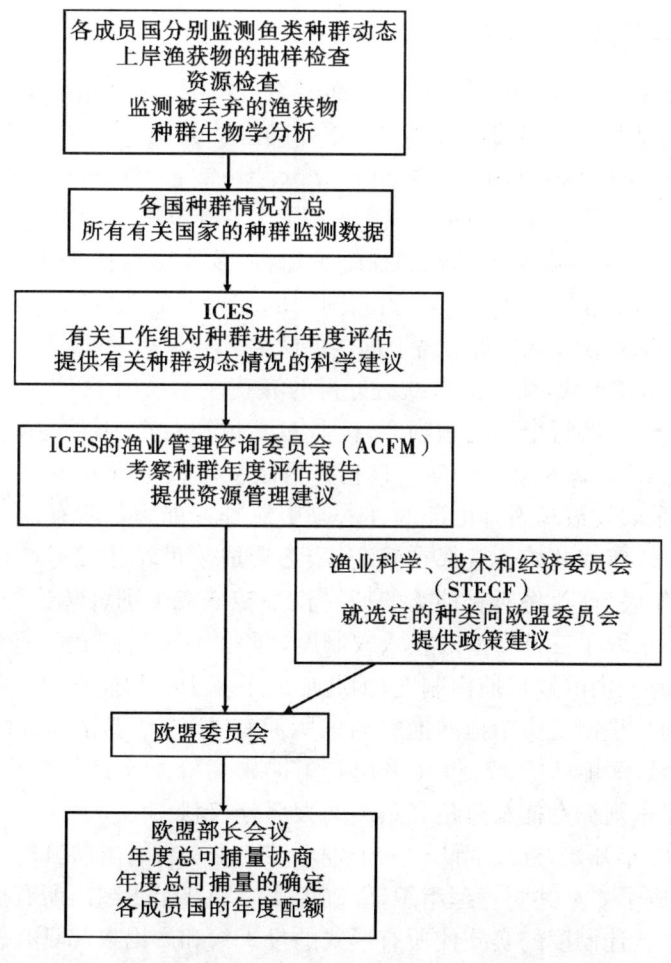

图5.6　欧盟总可捕量的确定程序

丹麦将获自欧盟的国家配额进一步分解成季节配额，以便将捕捞活动分散到一年四季。季节配额被进一步分解成个别渔船配额,所有有权从事捕捞的渔民都有获得一份配额的权利,但渔民不得转让所获得的配额。配额份额的大小取决于参与特定渔业的渔民数量。从上述规定看,此项权利并不具备产权特征,这种定量配给制度赋予给渔民的只是一种使用权。针对渔获努力量制度和个别可转让配额制度,丹麦已进行了一些试验,但丹麦能否最终实施这些新的管理制度,目前还不清楚。从1987年到1996年,丹麦已实施了几次渔船退役计划,大幅压缩了船队规模。从产权角度看,这意味着现有每一作业渔船在捕捞活动所产生的总收益流中都占有了更大份额。

三、荷兰渔业产权制度

荷兰海洋渔业船队由以下几部分渔船类型构成。一是桁拖网渔船(beam trawler),这是荷兰海洋捕捞船队中最重要的渔船类型,主要以比目鱼为捕捞对象;二是远洋冷冻拖网渔船(distant water freezer trawler),主要在欧洲水域捕捞鲱鱼和鲭鱼和在其他水域(作业范围几乎覆盖了全球各大洋)捕捞表层鱼类;三是小型多作业类型渔船和捕虾渔船,主要在沿海捕捞比目鱼、圆体鱼类和虾类。第一和第三类作业渔船共同构成了近海船队(near water fleet or cutter fleet),而第二类渔船则属于远洋船队。

20世纪80年代,荷兰对自欧盟分得的渔获配额采用了不同的管理方案。对鳎类和欧鲽类实行个别配额制度管理,对鳕鱼和欧洲小鳕鱼则采取授权捕捞的管理形式,对鲱鱼和鲭鱼实行捕捞许可制度。这一期间,由于MAGPs的启动,荷兰采取发放马力许可证的办法来限制捕捞能力。所有这些管理措施从20世纪80年代开始一直都在演变,最终形成了可转让私有产权制度。截止到1996年底,荷兰将所有种类的捕捞权都转变成个别可转让配额。此外,荷兰当时还采取了三种类型的投入权制度,即马力许可证制度、捕虾许可制度和沿岸12海里内的授权捕捞制度,因此形成了基于权利捕捞的管理格局。所有这些权利几乎都是由桁拖网渔船船东所拥有的,这些船东拥有的马力许可证数占整个近海船队的85%,几乎拥有了捕捞高价值比目鱼类的全部权利。远洋渔船船东则拥有捕获鲱鱼和鲭类的大部分权利。

从1993年开始,近海船队中的个别可转让配额持有者将其配额所有权集中起来,组成了8个共同管理组织,以确保实际渔获量不超出所有成员拥有的配额总量。转让制度的实施使所有形式的投入权和产出权都具有较高的市场价格,特别是在1988年的强化执法期间。

市场价格的提高鼓励了荷兰渔民从国外买入捕鱼权,一些渔船从1993初开始改挂其他国家的国旗,特别是英国、德国和比利时的国旗。采用这种被称之为"quota-hopping"的形式,渔船船东从这些国家中获得了捕捞配额。渔船改挂他国国旗的行为极大地压缩了荷兰本国近海船队的规模,这一时期所启动的渔船退役措施从1988年开始对近海船队规模的压缩也发挥了相当大的作用。申请渔船退役的船东获准在市场上出售所持有的渔获配额,从而进一步促进了渔船退役计划的实施。

四、英国渔业产权制度

同丹麦和荷兰一样,在欧盟《共同渔业政策》确立以前,英国渔业基本上也是处于自由准入状态。《共同渔业政策》实施后,越来越多的船队类型和鱼类种类被纳入了限制性的许可证制度管理范围。目前,英国渔业的管理措施因鱼种和船队类型的不同而变化,英国捕捞船队主要由以下四种类型渔船构成。

一是底拖渔船(demersal trawler)和围网渔船(seiner)。从经济重要性的角度看,这部分渔船是英国捕捞船队中最重要的部分,鳕鱼、黑线鳕和欧洲小鳕鱼等底栖种类的大部分上岸量都是这部分渔船捕获的。无论是从作业范围和目标种类的多样性,还是从作业方式来看,这部分船队都具有很强的机动性。由于这一原因,这部分渔船要么在一年当中持有各种不同的捕捞许可证,要么获准进入各渔场。

二是囊网渔船(purser)和冷冻拖网渔船(freezer trawler),主要捕捞鲱鱼、鲭鱼和表层鱼类。1977年禁止在北海捕捞鲱鱼,此举导致英国从1980年开始实施非常严格的捕捞许可证制度。后来,鲭鱼种群和鲱鱼种群的状态有了很大改善,要求批准单一集团入渔的压力随之增大。但是,大臣们在20世纪80年代中期除了批准为另外5艘渔船发放许可证外,上述要求基本上被否决了。目前的状态是,所有被许可渔船都持有个别渔船配额(IVQ)。

三是桁拖网渔船,对鱼类种群养护的关心和对比目鱼的高效捕捞方法产生的威胁的担心使这部分渔船获得了相当大的利益。严格的捕捞许可制度限制了在英国西南海域、英吉利海峡和北海作业的桁拖网渔船的数量。对分配给捕捞公司和渔民生产者组织的配额所采取的管理措施非常灵活,配额持有者在一定程度上可以转让所持有的配额。但是,这一方法与管理表层鱼类的虚拟个别配额(the virtual individual quotas)制度还不完全相同。

四是一种被称之为Nephrops的拖网渔船,对这一部分渔船的目标种类采取了配额管理措施,这些种类被认为是还没有经受过度捕捞的压力。在许多情形下,有关渔船都仅持有一个"非压力种群许可证"(a non-pressure stock license),尽管一些渔船确实也持有"充分压力种群许可证"(a full pressure stock license),有时可以从捕捞 nephrops 种类转向捕捞底栖种类。

一般而言,许可证按五大类型予以发放,取决于目标种群是否正经受过度捕捞压力和(或)是否已采用配额管理措施。所有捕捞许可证都是由大臣支配的,这意味着此类产权的质量和时效仍然是不确定的。

生产者组织(POs)代表其成员管理着英国的大部分渔获配额,因此渔获配额不是直接发给个别渔民,而是发放给渔民生产者组织,只有表层鱼类的渔获配额是一个例外。

同欧盟的"多年度指导计划"的要求相比,英国国内捕捞力量在《共同渔业政策》生效后的最初几年一直也没有得到有效的管理。从 1992 年以后,英国《海洋鱼类(养护)法案》才要求所有捕捞渔船必须申领捕捞许可证,在此以前,10 米以下(包括 10 米)的渔船是不需要申领捕捞许可证的。按照欧盟的"多年度指导计划"的要求,英国目前正采取淘汰部分渔船的措施,设法解决捕捞能力过剩问题。

五、三国渔业产权形态比较

从上述介绍中可以看出,丹麦、荷兰和英国分别采用了不同形态的渔业产权制度。丹麦渔业产权制度基本上还没有朝着个别可转让配额制度的方向发展,国有财产事实上是丹麦渔业产权的主导形式。丹麦渔民个人所获得的权利实际上是对其作为一名商业渔民和持有捕捞许可证的一种授权,这两项权利使渔民能够从捕捞配额种类所产生的收益流中受益。此外,按照 Bromley (1991)的产权定义,其他所有人都有尊重这一收益流赖以存在的条件的责任。通过限制入渔,丹麦政府保护了捕鱼权,因此,上述两项权利符合 Bromley (1991)的产权定义。但是,由于不能买卖,所以,这两项权利不具备产权的全部特征。然而,全面限制入渔措施的实施为丹麦式入渔权创造了价值,价值的高低取决于利润最低的渔业的经济绩效。

荷兰渔业产权制度的表现形式是针对所有配额种类和马力许可证实施的个别可转让权利制度,这一权利形式正是 Christy(1996)所力主采取的渔业产权制度形式,用他的话讲就是,这种产权制度是"较大的单一所有制公司或集体组织的内核"。荷兰的渔民集体组织通过共同管理形式,负责保证本组织的实际渔获量不超出其组织成员个人所拥有的配额之和。经过了 20 多年的发展,该制度取得了很好的制度绩效。

英国渔业产权制度介于丹麦和荷兰渔业产权制度之间。在大多数情形下,权利(捕捞许可证、渔获物记录和渔船功率单位)都是与渔船相关联的。但是,卖掉渔船时,权利可以被识别并与渔船相分离。同样,权利可具有相当的价值。很大程度上,权利是直接分配给渔民个人的,但也存在生产者组织(POs)所有制的形态。目前,这一制度仍在不断发展,或许已走到了十字路口:一种选择是转向个别可转让配额制度,另一种选择是演变成共有产权制度。

六、渔业产权的影响因子

对不同产权制度进行比较以后,人们或许提出这样一个问题:究竟哪一种产权制度是最好的呢?对此,Christy(1996)有着明确的答案。他认为,"渔业产权制度的转变正在发生,这一转变的速度,我想,人们还没有充分认识到。这一过程是不以人们的主观意志为转移的"。他对"命令与控制"式的渔业管理范式已完全失去信心,认为应转而采用基于产权的管理范式。

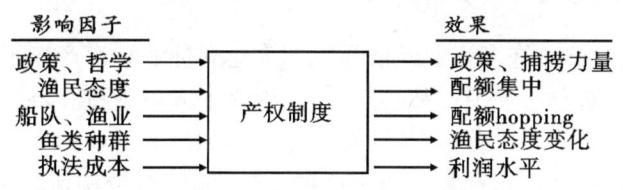

图 5.7 渔业产权的影响因子和效果

从这一角度看,丹麦的命令与控制式渔业管理制度在一定程度上已变成了一种过时的渔业管理体制,应逐渐向荷兰式的渔业产权制度转变。荷兰式的渔业产权制度很大程度上符合 Christy(1996)所建议的"新范式",因为荷兰的所有配额种类都已采取了个别可转让配额制度,由渔民生产者组织自我管理,荷兰政府的目标是逐渐降低其对渔业管理的干预程度。但是,应采取批判的眼光来对待 Christy(1996)的观点,因为不应当孤立地看待产权制度,产权制度受到很多因素制约(见图 5.7)。

1. 政府政策。政府政策有可能不支持私有产权,就像丹麦的情形一样,法国和比利时也不支持私有渔业产权。政策制定者可能会持有如此观点,即如果将权利分配给个人或组织,政府将在很大程度上丧失对渔业的控制。此外,政策制定者也不希望看到权利被过度集中到某些人或某些集团手中。

2. 渔民态度。渔民可能会反对私有产权制度,因为他们担心,一旦采用这一制度,个别大公司会垄断大部分权利。

3. 船队结构和渔业。不同类型的船队和渔业适合采用基于产权制度的管理（例如ITQs）的程度不尽相同。在这一方面，荷兰的桁拖网船队的构成相对单一，而英国和丹麦渔船船队的构成则相对复杂。

4. 种群状态。例如，需要大量削减总可捕量的濒危种群，同自由准入的情形相比，因限制措施和权利制度的实施可能产生一些不同于健康种群的其他后果。

5. 执法成本。采用基于个人权利的管理制度可能会增大执法成本，这是因为保护权利可能导致额外的诉讼费用。

所以，考虑产权制度必须要在产权制度的"环境"中进行。丹麦、荷兰和英国渔业产权制度可能更适合各自渔业的具体情形，并反映出各自国家内部的政策和渔民态度。这是因为只有得到政府和行业的最大支持，一项制度才能正常运行。

七、渔业是否应转向私有产权

正如前文所述，许多渔业经济学家都为建立渔业私有产权辩护，以便尽可能减少政府对渔业的干预。私有产权，无论是个人单独持有，还是社区或其他类型的渔民组织共同持有，在长期都可能会得到渔业行业的支持，因此在管理鱼类种群中可能会更加有效。通过这种方法，渔民对资源流将拥有一种合法利益。这将激励渔民更多地参与渔业管理，因此，有必要考虑一下上述三国渔业产权制度是否会转向更大程度的私有产权。

Davidse(1999)等人对渔业产权的研究包括运用理论模型评估丹麦个别配额(IQs)制度对渔业经济效果的影响。尽管这种权利似乎已产生相当的经济收益，但丹麦采用这一制度的动机却并不十分强烈。这一研究注意到了丹麦针对渔业私有产权进行的试验，该试验始自20世纪90年代，现在仍在继续进行。这些私有产权是波罗的海鳕鱼渔业、斯卡格拉克海峡及北海鲱鱼和鲭鱼渔业的个别年度不可转让配额(individual annual non-transferable quotas)。丹麦议会已经宣布，针对新的渔业管理制度的试验应当进行，作为现有管理制度的备选方案。但是，丹麦渔民协会更喜欢限制海上作业天数这一渔获努力量控制方法，表明权利私化还不是一个主要问题。丹麦渔民坚信，允许所有渔民自由进入捕捞水域——必要的时候规定渔民能够从事海上作业的最多天数——是一种有效的管理方法。因此，丹麦渔业产权似乎不大可能完全转化为私权。

与此相反，荷兰渔业管理制度正向着更大程度的私权化方向发展。荷兰从1976年开始对入渔实施管理，对鳎类和比目鱼类采取了个别渔船配额

(IVQs)制度的管理方式,从 1985 年开始正式允许转让个别渔船配额,尽管非正式的配额转让事实上早已存在。渔船马力许可证是从 1984 年开始发放的,从 1985 年开始成为一种有价值的可转让权利。

英国政府和渔业行业对这一问题的立场一开始时是避免创设私有产权,随着认识到有必要使渔业结构调整同资源养护结合起来后,立场开始转变。因此,最近几年,捕捞许可证制度正逐渐演变为不仅包括赋予渔船参与既定渔业的权利,也包括明确限定渔船容量即获准捕捞的渔获量。同样,将这些权能转让给其他渔船的能力打破了渔船与渔获量之间的原有联系。捕捞一方的动力学,即渔船类型和渔船规模的变化,表明了渔船近几年的捕获实绩可能被用来作为确定各渔船未来权能的一种主要参考指标。英国政府于 1997 年就是否应将发放给个别渔船的配额固定下来征求了渔业行业的意见。此外,英国政府已宣布 1998 年的配额发放将参考各渔船在 1994 年到 1996 年这一期间内的捕捞实绩。这表明,英国政府很可能在不久的将来对英国渔业实施一种类似于个别可转让配额的渔业产权制度。

第六节 基于社区的渔业产权

一、有关背景

白令海海域北接白令海峡,南连阿留申群岛,西临俄罗斯东北海岸,东靠美国阿拉斯加州西海岸,其面积大约为 81 万平方千米,是世界上生物生产力最高的海域之一。白令海最明显和最重要的生态特征是其广阔的大陆架,水深高达 200 米,大陆架面积占整个白令海海域面积的 44%,白令海东部和北部海域所覆盖的大陆架占整个白令海大陆架面积的 88%。

大约有 300 多种鱼类分布在白令海,其中大部分鱼类都生活于底层或靠近底层的水域,因此这些鱼类通常被称为底栖鱼类。商业渔业在这一海域捕获的主要种类有青鳕、太平洋鳕鱼、裸盖鱼、多线鱼(Atka mackerel)、各种比目鱼(flatfish)和鲉类(例如寡平鲉等),其中青鳕资源相当丰富,占商业渔业从白令海东部海域所捕获的全部底栖鱼类的 60% 以上。

在白令海东部海域,最早开发的商业捕捞对象是太平洋鳕鱼,大约起始于19 世纪后期,该渔业在第一次世界大战期间达到高峰。美国和加拿大渔民从1928 年开始在这一海域捕捞鳎鲽,日本渔民从 1930 年开始在白令海东部海域寻找底栖鱼类,而俄罗斯的白令海渔业则是从1958年开始的,但很快发展成为7个从事白令海东部海域底栖鱼捕捞作业的国家中的第二大国家。白令海渔业的发展很大程度上得益于渔业技术的进步,技术的进步使得许多大型拖网渔船能够在远离船籍港的海域从事捕捞作业,进行船上加工或将渔获物转移到加工母船上。

二、扩大管辖权以后的白令海鳕鱼渔业

美国《Magnuson渔业养护和管理法》在1976年颁布以后,东白令海渔业得到了快速发展。这一法律确定了邻接美国领海的宽达200海里的专属经济区,设立了八个区域渔业管理委员会,负责制定各自管辖海域内的渔业管理政策。区域渔业管理委员会的政策通过渔业管理计划及其修正案体现出来,这些计划和修正案一旦得到商务部长的批准,将以联邦规定的形式实施。北太平洋渔业管理委员会制订了针对白令海和阿留申群岛海域的底栖渔业管理计划,该计划获批准并从1981年开始实施。

针对西阿拉斯加的白令海渔业,美国北太平洋渔业管理委员会(the North Pacific Fishery Management Council,NPFMC)从1992年12月开始实施社区发展配额(the community development quotas,CDQs)计划。该计划将一定份额的某些商业种类的年度配额直接分配给邻近的村庄,并要求这些社区将从配额中赚取到的全部利润作为投资用于渔业相关的行业、基础设施和教育。这主要是考虑到这些村庄地理位置偏远,相对缺少其他经济机会,因而主要依靠捕鱼为生的特点。该计划极其富有革新精神,试图以此实现西阿拉斯加沿海农村地区的经济发展。从很多方面来看,这一计划都是相当成功的。该计划的主要贡献在于,它使沿海农村地区的居民能够继续从事捕捞作业,并因此获得相当大的社会和经济收益。但是,这并不等于说该项目没有问题。问题产生的主要原因在于该项目是一种全新的尝试,而大部分参与者又都缺乏经验。总的看来,该项目似乎正沿着实现预定目标的轨道运行,即为沿海农村渔业社区提供了可继续从事商业捕捞的途径,保障了沿海农村居民的就业,吸引了相当的投资流入,改进了渔业及其相关产业的基础设施以及全面改善了社区的社会和经济条件。

三、社区发展配额的定义

社区发展配额是分配给个别渔业社区的捕捞配额,其目的在于强化渔业社区以捕捞业为基础的经济活动,确保沿海渔业社区从海洋渔业资源的利用

中获得相应的收益以促进沿海农村地区的发展。实际上,社区发展配额同个别配额(IQs)制度并不存在实质性的差别,如果允许转让,社区发展配额也可以看做是个别可转让配额(ITQs)。唯一的差别仅在于,"个别"这一词汇对于前者所代表的是个别渔业社区,对于后者则既可以代表个别渔民、个别渔船或个别渔业公司,也可以代表个别渔村和个别渔业社区。另外,如果把不可转让看做是可转让的一种特殊形式,那么我们就可以把个别配额和社区发展配额统统纳入个别可转让配额的范畴,或把它们看做是后者的变型(详见本书第六章第二节)。

除了特别规定谁可以持有这种配额以外,社区配额具有ITQs的大部分特征。对配额持有资格的限定主要是为了限制配额的转让范围,例如,不允许把这种配额卖给甚至出租给社区以外的成员。在某些国家,社区配额的存在有其特定的法律基础,在这种情形下,捕捞配额通常具有一个附加条件,即从法律意义上来讲,该配额只能由社区成员所拥有。美国西阿拉斯加地区所实施的社区发展配额项目规定,社区发展配额的捕捞收入应全部用于强化以渔业为基础的经济活动,利润被重新用于投资建造母船式拖网渔轮、港口设施、货物处理设备和具有多重功能的渔船(例如,可同时用于蟹类、大麻哈鱼、鳙鲽和鳕鱼的捕捞作业)以及用于促进海洋服务业的发展等。

四、社区发展配额的起源

作为一个概念,社区发展配额项目从20世纪80年代中期开始出现。当时,白令海底栖鱼类渔业刚刚从外国捕捞船队手里转移给美国国内捕捞船队,这一渔业是一个利润非常丰厚的行业。但是,该地区渔业社区中有一部分人几乎享受不到该渔业的任何利益,他们大都是生活在西阿拉斯加农村地区的土著渔民。

社区发展配额计划是在1990年举行的一次国会听证会上被提出来的,这次听证会主要是关于是否应将生活于西阿拉斯加农村地区渔民的入渔权写进《Magnuson-Stevens渔业养护和管理法》。但是,该计划并没有被包括在最后的提案中。1992年开始实施的白令海渔业社区发展配额把7.5%的walleye pollock配额分配给了沿海农村渔业社区,并要求它们必须把从这部分配额中所赚取的利润全部用于改善与促进商业捕捞和相关产业的发展。应说明的是,同这一计划启动之前的自由入渔相比,从事捕捞青鳕渔业社区发展配额作业的渔船实现了较高的产品恢复率(product recovery rates)和较低的兼捕率。

在围绕两个相关问题——即是否应将青鳕配额的分配划分成近海和外海

加工作业两部分以及鳙鲽和裸盖鱼渔业是否应采用个别捕捞配额制度来管理——所展开的辩论期间，美国北太平洋渔业管理委员会又重新讨论了社区发展配额这一议题。在随后的修正案中，太平洋鳙鲽和裸盖鱼被纳入了社区发展配额计划，而根据《东白令海底栖鱼类管理计划》(the Eastern Bering Sea Groundfish Management Plan)，其他底栖鱼类和蟹类也于近期被包括在该计划之中。1996年修正的《Magnuson-Stevens 渔业养护和管理法》授权制订针对西太平洋渔业的社区发展配额计划，并委托国家研究委员会开展一项关于社区发展配额的研究。

五、社区发展配额项目所面临的问题

由于社区发展配额项目仍然还是一个相对新鲜的事物，所以详细评估该项目所需的数据还不充分，也无法预测其长期的发展趋势。由位于西阿拉斯加沿海的 56 个合乎既定标准的农村社区（后来扩大到 57 个）所组成的 6 个社区发展配额组具有不同的规模，采用不同的捕捞技术收获其配额，且按照不同的方法分配所获得的收入。尽管不是所有的社区发展配额组都是相当成功的，但是，它们确实都从该项目的实施中得到了许多实实在在的好处。所有六个社区组都把增加就业机会作为一个首要目标，把捕捞和加工渔船上以及水产品加工厂内的工作岗位优先安排给当地居民。这些社区发展配额组还都为当地居民提供了各种教育和培训机会，尽管程度和强调重点各有不同。这一计划的另一好处是，定期性的捕捞作业和相关工作为当地居民提供了一种选择，使他们能够继续保留原先的生存性生活方式中的某些成分，而社区发展配额所提供的收入也使得当地社区可以更好地掌握其未来。

当然，美国西阿拉斯加所实施的社区发展配额计划并不是完美无缺的，其最大的缺陷或许在于公开性较差、社区发展配额组及其所代表的社区之间的沟通不够充分，特别是缺少一种能够使这些社区有效参与管理过程的机制。另外，该计划的宣传工作做得也不够好，未能使有关社区充分了解这一计划的性质和内容及如何参与这一计划。按照美国国家研究委员会的说法，社区发展配额计划的成功与否很大程度上将取决于是否建立了一个组织严密、运作高效的管理结构，这一管理结构必须能够促进社区发展配额组的决策人员、他们所代表的社区以及监督该计划实施的州政府和联邦政府工作人员之间的信息交流。

围绕社区发展配额计划所展开的辩论中，有些争议主要集中在该计划的预期收益方面所存在的不确定性这一问题上。持反对观点的人认为，该计划

没有明确说明是否只是针对西沿海渔业社区中的土著阿拉斯加居民所设计的,如果不是,那么是否应当修改其管理结构以便将当地非土著的作业渔民也包括在内。另外,捕捞行业中那些没有直接作为参与者被包括在该计划之内的渔民也表示不满,他们认为该项目是不公平的,只满足了特定群体的利益。这种冲突是难以避免的,因为社区发展配额计划本身就是特别设计的,主要是为西阿拉斯加沿海农村渔业社区提供经济和社会发展机会的,这一政策选择特别规定了哪些人将被包括在这一计划内以及哪些人不应得到帮助,也就不应被包括在内。

由于设立社区发展配额的初衷就是帮助当地渔业社区,使其能够在资本密集的捕捞业及其相关行业中占据一定的地位,因此,在该计划一开始实施的时候,就明确规定所得利润应全部投资用于渔业相关活动是合理的。尽管如此,随着时间的推移,有关利润分配的规章制度还是应该逐渐趋于灵活,比如说,仍然规定大部分利润应用作渔业和渔业相关活动的投资,但允许将一定比例的利润用于社区发展活动。这更符合该计划的长期目标,即为西阿拉斯加沿海农村社区提供发展经济和社会的机会。

社区发展配额的定义本身就说明了该计划的长远目标是促进社区发展,因此,该计划需要一定的持续时期,并加强相应的监督和管理工作,使社区发展配额组的决策者们能够制订出可行的经营计划,避免单纯追求短期利益。虽然社区发展配额是一个长期计划,但这并不意味着该计划是无限期的。相反,应当定期对该计划作出评估,并根据需要修改相应的规章制度和程序。这里有个"度"的问题,即如何平衡该计划的稳定性和灵活性的问题。一种可行的做法是,明确规定该计划将持续一定的时间(比如说 10 年),但在这段时间里对该计划作出任何重大调整时都将预先公布,并给予充分的准备时间(比如说 5 年)用以分阶段引入新的措施(这一机制类似于澳大利亚所采用的"Drop-Through" System)。当然,适当的时间范围将根据变动的大小和性质而定,作出重大调整时要留出足够的时间,使决策者和相关社区能够有所准备和作出相应的调整。

另一个长远目标是环境保护问题。目前所实施的社区发展配额计划主要考虑的是经济发展问题,但是,渔业社区经济发展的可持续性必须有坚实的渔业资源基础作保障。因此,要想获得长期成功,社区发展配额计划就必须重视渔业资源及其环境保护工作。

六、社区捕捞配额

社区捕捞配额(community fishing quotas,CFQs)是建立在社区发展配额概念的基础之上的,因此,也可以采用这一配额形式使渔业活动所产生的经济和社会利益流向沿海社区。新西兰个别可转让配额项目中包含两个社区配额的例子,其中一个是由位于新西兰东海岸 400 海里以外的查塔姆群岛(the Chatham Islands)上的 Local Authority Trading Enterprise(LATE)所拥有的配额。LATE 代表 Chatham 群岛这一地理意义上的社区拥有大约 1 200 吨的近海鱼类配额,这些配额只能出租给 Chatham 群岛上的居民。在社区捕捞配额的另一个例子中,社区这一概念是根据利益和文化特性所定义的。按照新西兰于 1992 年所颁布的新"渔业索赔法协定"的规定,新西兰将其全部个别可转让配额的 40% 的所有权转让给了当地土著毛利人,该配额的大部分是由为管理这些配额特别设定的一个委员会所拥有的。为了延缓解决将这些配额永久分配给各个部落的毛利人这一问题,该委员会将这些配额按年度出租给当地的毛利人部落,让毛利人自己决定如何捕捞这些配额,他们可以选择自己下海捕捞这些配额,也可以把这些配额出租出去,或让其他渔民代表他们来捕获这些配额。

另外,加拿大大西洋沿岸的斯科舍劳地区最近也开始采用社区配额这一管理形式,主要是由于当地一部分小型作业渔民和沿海社区反对采用个别可转让配额制度。第一个采用社区配额的例子发生在 1995 年,当时有关各方达成了一个协议,同意将总可捕量的一部分分配给当地的一个地理社区(Sambro,Nova Scotia),由它自己决定如何分配这部分配额,而不是像当地其他社区那样采用个别可转让配额制度。后来,经过当地群众的抗争(包括各种示威活动和几次占据政府的办公机构),以社区为基础的管理原则被扩大到芬地湾(the Bay of Fundy)地区的商业渔业中的定置性渔具部分。1996 年,上述地区设立了两个社区管理委员会(community management board),加拿大渔业和海洋部根据它们集体捕捞的历史业绩将一定的底栖鱼类配额分配给这两个委员会。经过与有关成员协商以后,社区管理委员会制订出具体的配额管理计划。管理计划的制订要求所有许可证持有者都要参与,必要时也可以由代表社区利益的咨询委员会、环境保护组织代表和专家组三方共同协商,社区管理委员会只能根据所达成的共识才能确定管理计划的具体内容。管理委员会无法定权利强制实施所制订的管理计划,但是,它们可以运用合同法,要求渔民签订一份遵守管理计划和违犯时接受处罚的书面合同,不愿意这样做的渔民可以接受政府的直接管理。上述管理委员会也是渔民参与渔业研究的一个主要平台以及负责整个芬地湾地区的渔业管理委员会的两个地方性组织。

第六章 渔业产权化管理——ITQs范式研究

深受种群崩溃打击的各国正转而采用激进的解决方法,即采用极具争议的"使海洋归私人所有"的解决方案,其想法是将捕捞配额的永久份额给予或卖给个别渔民,获得配额的个别渔民随后自由决定如何利用这些份额,包括有权决定是否将个人拥有的配额卖给他人。新西兰和冰岛已采用这种方法完成了其管辖权范围内的大部分渔业种群的私有化过程,甚至有人已开始谈论"国际捕捞配额的股份交易"问题。美国的一些渔业也已开始采用此类"个别配额"制度,阿拉斯加鳙鲽渔业将从1995年开始实施私有化管理,以期让市场机制发挥作用,"挤出"大量过剩渔船和渔民,使渔民的个人利益与资源养护效果直接联系起来,使渔业从竞争捕捞造成的无序状态中恢复过来。①

"个别可转让配额"(ITQs)这一概念是在海洋资源的有限准入实践与"海洋自由原则"(the principle of freedom of the seas)的长期冲突的历史背景下,伴随着20世纪70年代后期各沿岸国普遍要求对海洋拥有更大管辖权的愿望实现以后而出现的。个别可转让配额理论的形成,曾被誉为20世纪伟大的制度变革之一,其本质是在国家管辖权范围内对海洋共有资源进一步实施"圈海运动"和"私有化运动"(可视作17世纪所发生的陆上"圈地运动"的海上翻

---

① 原文是"Already, though, nations hit by stock collapse are turning to radical solutions—most notably controversial schemes to 'privatize the ocean'. The idea is to give or sell to individual fishermen a permanent share of fishing quotas, which the fisherman is then free to use or sell. New Zealand and Iceland have already privatized many of their fish stocks this way, and there is even talk of an international fish-quota stock exchange. Several American fisheries have been turned over to such 'individual quota' systems, and the Alaska halibut derby will go private in 1995. The hope is that the market will shake out the enormous excess in boats and fishermen, give fishermen a personal stake in conservation and restore order to the race for fish". (Newsweek, 1994)

版)。这一理论在20世纪80年代和90年代被新西兰、澳大利亚、冰岛、加拿大、美国、智利和荷兰等国家用来作为渔业管理的主导框架,它是扩大和深化市场作用以及对经济激励在保护环境和管理自然资源方面所具有的重要性的认识日益加深的历史进程中的一个必然结果。正如Squires等(1995)所指出的"个别可转让配额是目前市场在全球范围内扩张和整合的一部分,并延伸到渔业行业"[①]。

本章旨在探讨个别可转让配额制度的基本理念、作用机理、各国采用该制度意欲达成的政策目标,以及在实施该制度的过程中应注意的主要问题,同时也比较了渔业管理经济学研究中两大学派的基本观点。本章第一节介绍了个别可转让配额理论及其经济学理性,第二节考察了个别可转让配额理论的起源与发展,第三节剖析了个别可转让配额制度的作用机理并评估了该制度的施行效果,第四节分析了各国决定施行该制度的基本依据,第五节说明了施行个别可转让配额制度应注意的一些问题,最后一节分别介绍了新古典经济学和新制度经济学对渔业管理主要措施的一些基本看法。

第一节 个别可转让配额理论及其经济学理性

一、渔业产权研究的经济学逻辑

考虑到自然群体动力学的基本特点,持续而又富有成效的渔业管理就能够把渔获量控制在种群的剩余产量的范围内,从而达到对种群的可持续性利用,使种群避免随着时间的推移而逐渐减少甚至枯竭。但是,在不受管制的自由入渔情形下,渔获量不可能被限制在种群剩余产量的范围内。当渔获量超过剩余产量时,群体数量开始减少,在某些情形下,甚至可能使种群规模下降到其最低限度以下,从而导致种群处于失去任何商业捕捞价值的"商业绝种"状态。例如,曾经是我国四大主要捕捞对象的大、小黄花鱼早在20世纪60年代就已严重枯竭,虽然我国政府已经采取了很多补救措施,但直到现在这一资源也没有得到明显的恢复。而世界渔业史上这方面的例子更是不胜枚举,例如,曾经是世界上最著名的商业鱼种之一的大西洋鳙鲽已经枯竭到不具有任

[①] 笔者译自Squires(1995) *Individual transferable quotas as a fisheries management tool*。原文是"ITQs are part of the current global expansion and integration of markets, extended to fisheries",笔者译。

何商业捕捞价值的程度。

正如本书前文反复提到的,运用经济学的"外部性"理论,可以很好地解释渔业自由准入所带来的诸多问题。在自由准入制度下,通过改进捕捞技术、增加作业次数等方法,每个渔民都可以获得其个人努力所带来的全部直接收益,但因此而发生的(环境和社会)成本却由全体渔民共同分担。结果,个人合乎理性之行为的集中效果,却对全体渔民及其后代的共同利益造成损害,这种损害有时甚至可能波及整个社会。出现此类问题的原因在于,渔民个人活动所产生的私人收益高于社会收益,而渔民个人所承担的私人成本却低于社会成本。

海洋生物资源经济学研究建基于可更新自然资源利用的自由准入模型。该模型以有效作业水平为分析重点,有效作业水平被定义为同把相同投入用于其他经济活动领域相比,能够为要素投入提供最大净回报的作业水平。渔业经济学家试图确定实现经济效率最大化的渔获量水平,并企图辨明在面对市场失灵的情况下,要实现这一水平需采取何种政策措施。引致市场失灵的因素包括缺乏对资源的权利的明确界定,因权利缺失造成的市场缺位或不完全,以及因市场缺位或不完全而引发的外部性问题。

许多经济学家都认为,基于产权的渔业管理制度为全球各地试图使渔业避免出现"共有财产悲剧"问题的渔业管理者提供了一个理想的解决方案,因为该制度的实施意味着海洋生物资源被转变成一种市场商品,从而形成渔业资源利用的产权制度。例如,Gordon(1953,1954)和Christy(1969,1973,1975)的分析均揭示了,在自由准入体制下,为什么渔民之间的相互竞争会激励渔民过度利用渔业资源,他们的观点后来成为政府干预渔业的一个主要理由。沿着与外部性研究有关的早期理论研究思路,经济学家对如何将"矫正税"(corrective taxes)应用于渔业政策进行了广泛深入地探讨。但是,到目前为止,矫正税或补贴这一方法还不具有可操作性。采用税收政策管理渔业的最主要障碍在于,这一方法需要及时获得大量信息和进行极为繁琐的计算工作。首先,必须能够确定对应于每一生物量水平的税率。在生态系统背景下,这意味着大量不同的税率。其次,税率是动态变化的,如果要保持最优的税收水平,就必须不断调整税率。显然,运用税收政策管理渔业,仅计算税收和搜集税率计算所需的信息就构成了一道难以逾越的障碍。此外,运用矫正性税收政策极有可能引发渔民的反对,因而这一方法在政治上也很难行得通。

鉴于上述原因,大部分经济学家转而研究如何创设渔业产权,以构建适当的激励机制,这一倾向起源于Scott(1955)的"单一所有制"(sole ownership)

建议。但是，大多数经济学家都认为单一所有制在政治上是行不通的。结果，经济学家设计了两种主要的替代制度，即有限准入和个别可转让配额。目前，大部分渔业经济学家都认为个别可转让配额是替代自由准入的主要制度选择，这是因为无论是对于自由准入，还是对于有限准入，个别可转让配额的设计和应用都明显是一种制度进步，因为只有个别可转让制度才能弱化，甚至消除对渔业过度投资的有害激励。

此类研究一直试图解释这样一类特殊现象，即在仅限定总可捕量的渔业中，渔民为何总是为获取更大的渔获量份额而展开恶性竞争呢？渔业专家，特别是渔业经济学家目前已充分认识到，此类管理措施确实将引发浪费性竞争，"太多的人追逐太少的鱼"，并因此导致经济无效率。例如，Christy(1973)认为，为了解决自由准入渔业所普遍存在的无效率问题，应将对渔业资源流的捕捞权(fishing rights to resource flows)明确分配给个别渔民，以便使渔民能够确信无疑地、合法地捕到固定份额的渔获量，从而消除渔民恶性竞争的诱因，使渔民无需采取自由准入条件下不得不采取的竞争方式。这种管理体制对实现渔业效率目标是非常有利的，因为该体制使渔民能够根据市场需求，在某些情况下还可以充分利用渔业的其他特点，有计划地安排捕捞作业时间和场所，而恶性竞争诱因的消除则有助于降低捕捞作业成本。让渔民在公开市场上讨价还价来确定捕鱼权的后续配置方式，就能够使渔业进一步实现经济合理化。这里暗含着这样的假定：如果能够在完全竞争条件下自由买卖，捕鱼权最终将被配置到那些对捕鱼权估价最高的渔民手中，即无论其初始配置如何，市场过程将使捕鱼权最终落到那些能够最有效地利用它们的人的手中，亦即从整个社会的角度来看，实现新古典经济学意义上的资源最优配置，正如科斯定理所阐明的道理一样。

这一结论基于一系列理论假设和现实基础。从理论角度看，捕鱼权市场原则上同其他私有品市场是相同的，这一理念通常被经济学家看做是可用以替代"命令与控制"式的渔业管理机制的一种主要方案，或者作为替代基于税收的公共干预方法的一种主要备选方案。市场要有效，就必须满足一系列的条件，包括权利的可分割性和可转让性，以及足够数量的个别权利持有者（完全竞争市场）。此外，为了使初始配置维持其中立性，就不应当存在与权利的创设、执行和交换有关的成本，也不应存在与权利交易相联系的收入效应。从实践层面看，实施此类基于权利的管理机制可能碰到某些障碍，例如监管和执法问题，以及外部性问题，例如副渔获物丢弃或将捕捞能力转移到其他渔业，这些障碍有可能减少从这种管理机制中可获得的预期总收益。

许多经济学家都非常明确地阐述了产权的这些优点①,他们强烈主张渔业管理应从基于"命令与控制"的传统模式中解放出来,转而采用基于产权的渔业管理制度。Townsend(1995)从另外的角度阐述了渔民自我管理的重要性,并主张在公司治理制度的框架下,对配额份额进行初始分配。

二、ITQs 的概念内涵与外延

ITQs 制度属于经济学的渔业管理方法,也可以说属于产出控制的范畴(参见本书第四章第二节)。ITQs 的基本概念是首先把总可捕量(TACs)划分成较小的单元,然后把它们分配给个别渔业生产单位,包括个别渔民、个别渔船、个别捕捞公司、个别渔村或其他各种组织②,并允许个别渔业生产单位在法律许可的范围内自由买卖、租出或租用配额,其目的是使配额所有者能够更加灵活地安排捕捞作业活动。ITQs 制度的基本概念比较简单,从构成个别可转让配额这一概念的三个词汇中,即个别(individual)、可转让(transferable)和配额(quota),我们基本上就可以把握其本质。

1. 个别

ITQs 制度同其他基于总可捕量的管理体制的最大差别在于,前者把总可捕量划分成许多小的单元并分配给个别渔业生产单位,而不是像后者那样让渔民通过自由竞争决定各自的实际渔获量。配额个别化的主要目的在于改变"游戏规则"及其内含的激励机制,即将"谁最先捕到归谁所有"这一传统捕捞规则转变为"谁该捕多少就捕多少",从而能够从根本上消除渔民的竞争性捕捞心理,使渔民从"猎鱼者"转变为"牧鱼者"这样一种制度环境。大部分传统渔业管理措施允许渔民参与捕捞作业,但通过限定作业渔场、作业时间和作业方法来间接控制渔获总量,或者当总可捕量消耗殆尽时完全禁止作业。与此形成对比的是,ITQs 制度管制的只是个别渔民可捕捞的渔获物数量,而允许他们自由选择作业渔场、作业时间和作业方法。这样就可以避免传统渔业管理体制(包括投入控制措施、其他产出控制措施和技术措施)所造成的盲目竞争以及这种竞争可能带来的各种消极后果。另外,一般的观点是,如果采用

---

①但是,人们可能会提出下列问题,即明晰界定的完整产权是否总是与社会目标相一致。拥护这种经济模型所暗含的一个规范性假定是,经济增长是好的。完善的产权制度使经济和剩余增长成为可能。对于一个几乎所有资源已得到充分利用和人们渴望可持续发展的时代,将经济增长作为人类唯一选择的模式也受到了人们的质疑。

②这正是作者为什么将 ITQs 译成"个别可转让配额"而非"个体可转让配额"或"个人可转让配额"的原因。

ITQs 制度作为渔业管理手段,就没有必要再采取诸如渔具限制、禁渔区和禁渔期等繁琐的管理规定(对此尚有争议)。无论是盲目竞争,还是此类繁琐的规定,都可能对渔业经济效率、渔获物质量和种群生物学特征产生负面影响。

2. 可转让

为了提高个别渔业生产单位的决策灵活性,ITQs 制度允许配额持有者们在政策许可的范围内自由决定是否转让或出租所拥有的配额或者是否租用他人的配额。由于配额是可转让的,渔民就能根据自身需要,按照最有利的方式来安排作业规模和时间以及选定作业渔场。例如,如果某一渔民认为利用较大规模的渔船可提高作业效率或因一年四季都能更好地满足客户的订货要求而获得更高的鱼价时,他就有可能买进或租用更多的配额。相反,如果他愿意从事小型捕捞作业,就有可能卖掉或租出部分配额。如打算退休或改行,他就可能卖掉或租出所拥有的全部配额。而对于那些原来没有配额的人,如愿意从事捕捞作业,他们就可以通过购买一定的配额而获得入渔权。

3. 配额

ITQs 制度是根据种群现有规模的评估结果以及现有规模将如何随时间变化的生物学考虑,确定出各年度最佳捕捞死亡总量,以此作为当年的总可捕量,然后将总可捕量划分成较小的单元,分配给各个具体的渔业生产单位。配额一般是以总可捕量的百分比来表示的,每一配额持有者只拥有每年收获与其配额数量相当的渔获物的权利。应当说明的是,渔民拥有的配额本身(这种配额一般是永久有效的)和年度捕捞权(AHRs:告诉渔民每年获准实际捕获鱼的数量)是两个不同的概念。另外,就总可捕量的确定方法和程序而言,ITQs 制度同其他任何基于总可捕量的渔业管理体制基本一致。

简言之,ITQs 制度是一种管理手段,运用该手段可在实现渔业管理者所设定的生物学养护目标的同时,解决了传统渔业管理措施所存在的诸多弊端。对渔民而言,由于拥有更大的决策灵活性,渔民可通过发明更有效的捕捞技术来降低捕捞成本,也可通过选择在鱼价最高的时间出海作业或选择鱼价最高的地点卖出鱼货,这样都可以提高利润水平,从有限的渔获物中获得更多收入。对渔业管理者而言,由于无须担心渔民为获得更多的渔获物份额而加剧恶性且往往是盲目的竞争,也无须过多考虑如何才能有效控制捕捞能力以避免过度投资和过度捕捞,渔业管理所必须解决的双重问题——即捕捞多少和如何捕捞(包括何时、何地以及使用何种渔具和采用何种捕捞技术的问题)——事实上已被分开处理了。而捕捞多少和如何捕捞问题的分离为渔业从业者提供了足够的诱因,去自觉实现实际捕捞能力与资源生产力的最佳平衡。另外，由于渔业资源的养护效果将直接影响到每一配额持有者的实际渔获量的水平和配额市场价值的高低，所以 ITQs 制度也包含了能诱导渔业从业者积极主动养护资源的激励机制。

应说明的是，取决于投入定义的准确性质，采用一种类似于个别可转让配额制度的管理措施也是可行的。例如，如果把渔网数量或海上作业天数作为渔获努力量的衡量单位，就可以设计出一种以个别可转让渔网配额或个别可转让海上作业天数配额为基础的管理方法，个别渔民或捕捞公司也就可以通过增加或减少所拥有的配额这一方法使其渔船的捕捞能力和所期望的作业水平相吻合。但是，按照渔船或其他宏观生产要素来定义投入就不具备上述潜力。

三、ITQs 范式的基本假设

大量的理论与实证研究均已表明，要有效克服渔业问题，确保渔业可持续发展，必须通过制度创新，从根本上消除海洋渔业资源利用事实上的自由准入状态。运用 ITQs 制度管理渔业实际上意味着将捕捞配额转变为一种市场商品，通过创设渔业资源的产权，ITQs 制度内含确保资源长期可持续利用的激励。正如本书前文所提到的，许多经济学家都认为，该制度为全球各地试图使渔业避免出现"共有财产悲剧"问题的渔业管理者提供了一个理想的解决方案，因为该模型包含着如下的假定。

一是通过建立渔业资源私有产权，ITQs 制度有可能形成确保资源长期可持续利用的强大激励。因为在这种管理体制下，渔民不再把自己看做是"猎鱼者"，而是把自己作为类似于农场主的"牧鱼者"。

二是配额可转让性最终将使配额市场达到这样一种均衡，即通过购买效率较差的渔民所持有的配额份额，最有效率的渔民将获得足够的配额份额，从而达到优化利用其拥有的捕捞能力的目的。从理论上讲，随着过剩的捕捞力量被"挤出"，市场机制将大幅提高渔业经济效率。

三是一旦渔业种群恢复到最优规模，捕捞能力减少到最优水平，渔业就有可能获取其潜在的巨大资源租金。

四是一旦资源租金被获取，则存在租金分配的不同选择。一种方法是使资源租金成为在渔业内部积累的私人资本，所积累的资本反过来可投资于其他有利可图的行业，促进其他经济部门的增长。另一种方法是就渔民获得的租金收入征收租金税，税收收入可被重新分配，用以弥补潜在的弱势群体和（或）改善公众的经济条件。

五是配额市场价格将反映出渔业能够产生的资源租金多寡和对资源未来租金的预期。其中,配额永久转让所获得的价格能够代表对资源未来租金的预期,而配额的出租价格则能够反映出渔业在当前状态下所能产生的租金。因此,种群规模扩大与理想的渔获努力量水平被预期为能够使配额产生较高的市场价格,而种群规模缩小和渔获努力量过剩则被预期为将使配额产生较低的市场价格。

六是因为个别可转让配额制度管理下的渔业将更有利可图,所以因讨价还价地位获得改善,船员就能够要求更高的工资报酬。

四、各国对 ITQs 性质界定所持的立场

20世纪的最后20年,在有关资源管理的辩论中,个别可转让配额制度一直是一个富有争议性的议题,围绕渔业管理是否应采用 ITQs 制度和其他有限准入措施所展开的辩论,是建立在到底谁应拥有具有共有性质特征的自然资源,以及应如何分配和管理这些资源这一更一般的辩论基础之上的。经过近30多年的实践,个别可转让配额(ITQs)制度已成为一个成熟的管理概念。最近10年,人们所关注的焦点是,应否将个别可转让配额及其变型,例如个别捕捞配额(IFQs)和个别渔船配额(IVQs)等看做产权,或者应否通过立法防止将个别可转让配额作为产权。

Ciriacy-Wantrup,Bishop(1975)和 Hanna(1990)均指出,大多数经济学家使用的产权这一术语,不是一个单维概念,可区分为三种类型:一是私有产权,指所有者在使用、赚取收入和出售一种资产方面享有不受限制的权利;二是公有或国有财产;三是共有财产,即属于团体和(或)团体内部每个人的财产,因而也就不属于任何特定个人和(或)团体的财产。但是,只采用这些狭义的分类方法来定义产权,标准的经济理论就无法涵盖其他各种类型正式和非正式的使用权,人类学文献对这些种类众多的产权形式都作了详细地描述。关于自然资源的产权问题,新制度经济学已经研究出了一种更为详尽的分析方法(例如 Christy Field, Schlager, et al,1998)。

许多渔业经济学家,例如 árnason(1991,1996,1999),Pearse(1992)和 Scott(1988,1999)都主张,不应将共有渔业资源的私有化视为 ITQs 制度的副作用,而应视作该制度意欲达成的首要目标。事实上,他们将海洋生物资源私有化看做是一个伟大的远景,"个别可转让配额是当代的伟大制度变革的一部分,是针对海洋共有资源的'圈海运动'和私有化,这些资源的大部分现已成为

各沿岸国专有财产"①。他们希望"看到这些财产被进一步划归为个人或公司所有,使渔获权成为无可争议的和不可撤销的私有财产"(Neher, et al, 1989)。

Scott(1988,1989)同时还将ITQs制度看做是海洋生物源伟大的私有化方案之基础,"……管制者确定的总可捕量(TAC)的个别永久捕捞配额(ITQs)只是从许可证制度发展到私权的一个阶段。这一过程有可能继续演变到所有者有权参与确定可捕量这一管理决策,并进一步发展到所有者,作为管理者,享有管理生物量及其环境的权利"②。

尽管如此,当被作为一项政策提供给政府和渔民组织时,ITQs制度意欲实现海洋生物资源私有化的企图却一直没有得到强调。例如,在冰岛所发生的政治辩论中,支持ITQs制度的政治家仍然试图使公众相信,无论从任何角度看,ITQs制度都不意味海洋渔业资源的私有化③;美国在围绕是否应实施ITQs制度所展开的辩论中,也出现过类似现象(参见本章第二节第二部分)。

各国在实施以配额为基础的管理手段时,采用了不同的用语来说明其配额管理的具体形式,这些具体形式对渔民和渔业管理者具有不同的法律含义。例如,美国现有的联邦渔业立法反映了与上述问题有关的政策辩论结果,从法律角度将配额描述为"可废止的特权"(revocable privileges),澳大利亚采用了

---

①笔者译自Neher等的 *Rights-Based Fishing* (1989)。原文是"ITQ's are a part of one of the great institutional changes of our times: the enclosure and privatization of the common resources of the ocean. These are now mostly the exclusive property of the coastal states of the world"。(Neher, et al, 1989)

②原文是"... individual permanent catch quotas of a regulator determined TAC (total allowable catch) are only a stage in the development of management from licensing to private rights. This evolution can be expected to continue until the owner has a share in management decisions regarding the catch; and further still until he has an owner's share in management of the biomass and its environment",笔者译。

③冰岛于1990年颁布了《渔业管理法案》,该法案使ITQs制度得以全面实施。该法案第一款规定冰岛渔业资源属于"(冰岛的)国有财产(national property)",分配给个别持有者的配额份额并不是不可吊销的产权。即使认为这种产权不是针对资源本身,而是针对渔获权,或这种产权不是"真正的"产权,而只是一种"模拟"产权,上述说法仍然提出了一系列与产权定义有关的问题。例如,上述提法已产生了一些严重的、与冰岛税收立法有关的现实问题。因为根据上述法案,持有者所持有的配额不应被视为一种私有财产,对配额所进行的投资就不应被视为"支出"。此外,不应对配额征收财产税。但是,按照上述法案的规定,配额可以被出售、租出和继承,这些特征实际上正是私有财产才具有的基本特征。冰岛最高法院于1993年11月所作出的判决最终明确规定,购买永久配额份额(permanent quota shares)应被视为等同于"资本投资(capital investment)",购买配额应征收财产税。即使面对这种情况,冰岛渔业部长仍宣称,最高法院的判定是仅适用于税收机关的"技术事项(a technical matter)",冰岛渔业资源属于冰岛国有财产,试图以此应对公众的批评。

"法定捕鱼权"(statutory fishing rights)这一术语,而新西兰则采用了标准的产权概念来定义其实施的个别可转让配额制度。上述情形很容易引起混淆。各方好像完全基于不同的依据来阐述各自的立场,互不认同对方的观点。不同渔业可能需要设计出不同的管理机制,但这并未说明各国所采用的具体管理手段的一般特征差异。上述三国在定义个别可转让配额和各自宪法对取消这一产权所作的规定中存在某些相关性,但是,从这种相关性不能得出令人满意的解释。下面,我们将简单地勾画一下围绕个别可转让配额所展开的讨论和各国在实施该制度时所持有的各种立场的特点。应当说明的是,下列分类的边界并不是固定的,因为存在着一个"各种可能性的连续统一体"。

一是完全私有化渔业模型(fully privatized fisheries model)。持这一观点的人认为,ITQs 制度是朝着实现渔业完全私有化所迈出的第一步。经由这一步骤将使某些鱼类种群或海洋生境转变为包括管理权在内的私有产权。但是,为了保护"剩余公权"(residual public interests),政府还应保留一定的干预权力。

二是捕捞产权模型(property rights in fishing model)。赞同这一模型的人认为,ITQs 应当被定义为"完整且无衰减产权"(full and unattenuated property rights),即永久的、可转让的、可分割的、受第三方权益登记约束(permanent, transferable, subject to registration of third party interests)等。该模型主张,一旦持有的配额被吊销,持有人应得到补偿,但持有人不应因总可捕量或其他可持续性管理行动发生变化而要求补偿。ITQs 制度所赋予的只是"捕捞权"(rights in fishing),而非"对鱼类种群本身的权利"(rights in the fish themselves)。对鱼类种群的所有权归国家所有(新西兰目前实行的配额管理制度即属于这一类型)①。

三是定量许可证模型(quantified license model)。赞同这一模型的人认为,ITQs 本质上是一种被认可的捕捞许可证,允许持证人捕捞并上岸特定数量的鱼或有权捕获特定份额的总可捕量。可转让许可证和配额,两者有时是相互独立的,配额可被分割。但是,一旦违背某些条件,带有配额的许可证可

---

① 在实际实施过程中,模型一和模型二之间还有一定的距离。新西兰配额管理制度已将消除这一差距作为其配额制度的发展目标,即将现有配额管理制度发展成为"单一所有制公司模式"(the sole ownership corporation model),使配额持有者成为基于个别种类、种群或配额管理区域的管理公司的股东。

被吊销,在这种情况下政府将不予补偿(例如澳大利亚联邦政府的规定)①。

四是可废止的特权模型(revocable privileges model)。持这一观点的人认为,ITQs是国家机关批准一部分人享有利用属于全体公民之资源的一种特权,政府只享有全体公民委托其管理此类资源的权利,无权让渡其所有权(例如美国的联邦制度)②。

五是To Hell with the Model,这一观点在挪威较为盛行。持这一观点的人认为,个别可转让配额制度根本就不应当出现,它是新自由主义改革论思潮(neo-liberal progressive ideology)的一种表现形式,这一思潮危及社区和生态构造,把劳动和自然资源转变成商品,以一种对社会有害的方式重铸人际关系,通过将资源资本(resource capital)赋予现有男性从业者来维护"家长式统治",以至于将妇女拒之于捕捞业"大门"之外。目前,将自由捕捞视为宝贵传统的挪威渔民极力反对这一制度。

五、多元观点的解读

有人也许会问,ITQs性质界定的多元性本身是否会变成一种问题呢?首先,对于正考虑采用ITQs制度的国家,在应如何构建这一制度框架方面可能还存在混乱。其次,权利时效和安全性是相关利益者及其是否能产生为可持续利用进行投资的激励的关键性问题。最后,性质界定的多元性有可能只是某种深层次问题的表面征兆。那么,如何解释ITQs性质界定的多元性这一问题呢?一种解释是,每一具体渔业都有其特殊问题,因而需要特殊的解决方案。但是,渔业政策制定通常都是在国家层面上进行的,例如,在加拿大,各种不同的"准产权"(quasi-property rights)制度事实上已被用于管理各种不同

---

① 从1991年确立"授权立法"(the empowering legislation)后的7年间,澳大利亚联邦政府所管辖的渔业中唯一采用ITQs制度管理的东南拖网渔业(the South East Trawl Fishery)刚一开始的时候就采用了这一模型。1998年,立法规定了更安全的权利,即"法定捕鱼权"(Statutory Fishing Rights)来替代开始时采用的"已背书许可证"(endorsed permits)这一做法,但是这一规定是以在特定要求基础上达成的渔业管理计划为条件的。"法定捕鱼权"是一种更为安全的权利,法律上用了"绝对所有权"(absolute ownership)这样一种术语。但是,在澳大利亚渔业政策和立法中却故意地避免使用"财产"这一词汇,且法律明确包含了"自由吊销"条款。"法定权利模型"应为介于模型二和模型三之间的一种模型。

② 赞同这一模型的人认为,美国应极力阻止将ITQs发展成产权的企图。他们坚持如下立场:对捕捞活动所创设的任何形式的私人利益都包含了对信托资源的让渡。将ITQs列为"非财产"(non-property)的法定解释(statutory construction)似乎是要表明"ITQs事实上已体现出财产特征"(the characteristics of property are in fact exhibited by ITQs)这样一种信念,因为如果不加以这一法律解释,ITQs就极有很有可能被法庭宣布为财产。

的渔业,但在政策宣示中使用"产权"这一术语在政治上却是不允许的。显然,这一解释并不能说明多少问题。

另一种解释是政府权力受到了法律制约,例如,在美国,"宪法没收条款"(constitutional takings clause)和公益信托原则①就是专门针对政府而设定的两个法律原则。ITQs 的上述定义与实际应用存在许多相互冲突的地方,特别是模型三和模型四中的定义。上述模型都花费了大量努力以避免将 ITQs 等同于产权,且事实上,各国政策宣示也都试图防止"产权"字眼在普通法中出现,否则 ITQs 就有可能早已被作为产权而得到承认。上述法定行为(statutory action)显然是为了回避美国宪法第五次修正和澳大利亚宪法第 51 节中所规定的没收条款可能产生的问题,因为"没收条款"规定"没收财产必须予以补偿"。但是,可能导致这一情况发生的情形极少,特别是对于"成比例的配额"(proportional quotas)(详阅 Connor,1999)。即使采用了非常谨慎的措辞和定义,在强制性法定权利(the mandated statutory rights)生效之前,澳大利亚联邦政府也曾因东南拖网渔业的配额初始分配规则的变动而对受其影响的渔民实施过补偿。

普通法的公共信托原则(the common law public trust doctrine)在美国得到广泛应用,最近也出现在澳大利亚的判例法(case law)中。尽管对此仍有争议,但这一原则在美国普遍适用于各种公共资产(public assets)。公共资产指的是"公众对此具有如此普遍的利益,以至于国家绝对不应当让渡此类财产,政府因此只能以全体公民受托人的身份予以妥善保管"②。在美国判例法

---

①公益信托学说源于罗马法律。罗马法律规定,某些资源,例如"空气、流水、海洋和海岸带",是不能划归为私人所有的。随着这一理论的发展,渔业也被列入非私人所能拥有的资源范畴。正如中世纪的一位学者 Bracton 所说的,"按照自然法,流水、空气、海洋和海岸带是由所有人共同享有的……因此,在港湾或河流里从事捕鱼的权利是人人都有的权利"(原文是 By natural law, these are common to all: running water, the air, the sea, and the shores of the sea... *hence the right of fishing in a port or in rivers is common*,转引自 NRC,1999:40,斜体字是添加的)。在英国,国王代表国家拥有公益信托资源。当英国在美国的 13 个殖民地相继独立时,这些殖民地认为他们已经继承了英国国王对这里的潮间带及其下覆土地和其他航运水道所具有的君权。他们对这些水域所拥有的权利,包括捕鱼权,被描述成其主权的一种本质属性,为了国家利益管理这些公益信托资源则被看做是一种责任。1821 年,美国新泽西州法庭在处理美国历史上首批牵扯到公益信托资源的一个案例时,重申了"空气、流水、海洋、*鱼类和野生动物*"(斜体字是添加的)是"共有财产"(common property),声称君主(the sovereign)拥有这些资源,为了公众共同使用和利益管理这些资源。新泽西州法庭的判决依据后来被美国联邦最高法院所采纳。

②笔者译自 Connor 的 *Are ITQs Property Rights?* (1999)。原文是:"... there is such universal public interest that they should never be alienated by the state. They are thus held in trust by the government for the citizenry."

中,针对"对鱼的财产诉求"(claim to property in fish)中,这一原则得到了不断的应用。这也部分地解释了,为什么 ITQs 制度没有在美国率先得到实施。但是,随着渔业资源稀缺程度的加重,自 20 世纪 90 年代以来,美国极为重视相关研究,并加快了 ITQs 制度的实施步伐(NRC,1999)。

为了实现渔业经济效率和解决资源利用冲突,许多国家都已经尝试了或正在尝试各种不同的渔业管理制度安排。显然,正如 Connor(1999)所指出的,在这一过程中,法律对渔业资源和捕捞的产权规定也必然会发生相应的变化;在过渡期间,公益信托原则一直被一部分人用作反对承认"对鱼的产权"(property rights in fish)的理由。但是,把这一原则作为反对"承认个别可转让配额是一种财产"的观点并不完全令人信服。

我们认为,渔业治理效果的改善不仅取决于实际上采用的是何种类型的产权制度,更重要的是取决于特定产权运行于其中的制度环境:一种在明晰界定的产权背景下有利于行使渔业管理机能的制度环境,其中,产权可以是国有的、集体所有的或者私人所有的,也可以是混合产权。重要的是,选定的资源产权类型必须同资源的生物物理属性和产权运行于其中的社会环境相吻合。部分地基于上述理念,我们提出了我国限额捕捞制度应采取的路径(参见本书结语部分)。

第二节 个别可转让配额理论的起源与发展

一、ITQs 理论的建构背景

围绕渔业管理是否应采用个别可转让配额制度和其他有限准入措施所展开的辩论是建立在到底谁应当拥有具有共有性质特征的自然资源以及应当如何分配和如何管理这些资源这一更一般的辩论基础之上的。虽然个别可转让配额理论的形成与发展历史不超过 30 年,个别可转让配额制度所依据的理念却深深地植根于西方思想和政策的长期传统中。对于西方经济学家来说,市场是效率、经济增长和社会福利的最终源泉,而排他的、可转让的、明确界定和有效实施的产权制度则被视为市场机制发挥作用的基础条件。按照某些西方经济学家的诠释,对共有资源的过度利用和不当使用在于缺乏明确界定和(或)有效实施的产权制度,并因此导致市场发出错误的信号而造成的。例如,著名的渔业管理理论家 G. Waugh(1984)曾指出,"在安全产权缺位的情况下,渔民们所追求的只是平均生产率,而非边际生产率"①,而 18 世纪著名的经济学家亚当·斯密和 19 世纪不太有名的 William Forster Lloyd 在其著作中也清楚地表明了这一观点。

因此,诺贝尔经济学奖获得者科斯(Coase,1960)主张,在交易费用为零或交易费用不高的情况下,政府应当做的事情只是明确界定和有效实施产权制度。正是受到后者的启发,Hardin 于 1968 年在《科学》杂志上发表了其影响深远的短文《共有财产悲剧》或者说"共有资源悲剧"。他们所表达的是一种特殊的政治哲学和社会心理学,并以此来诠释西方文化的现代历史,即人类和人类社会的发展都是由追求自我福利最大化的个人所驱动的。因此,当技术进步和其他方面所发生的变化,使产权制度的有效实施成为可能,以及能够将实施产权制度所花费的社会成本降低到可接受的程度,而围绕共有资源的利用所产生的矛盾和冲突也日趋激化时,采用排他的产权制度来管理海洋渔业资源就仅仅是一个时间问题了②。这里有两个问题值得注意:第一,这一过程为何如此漫长?第二,人们到底是如何想到要利用产权制度来管理海洋渔业资源的呢?

二、有限入渔权和海洋自由原则的对立

排他的捕鱼权之所以直到最近的 30 年才被用来管理海洋渔业资源,其中的一个主要原因在于要确定海洋生物资源的界限确实存在许多实际困难。特别是在人类开发利用海洋的早期过程中,相对于当时的经济条件和技术水平,界定和实施这种权利需要花费的交易成本简直就是一个天文数字。

事实上,随着经济、社会和技术条件的变化,"海洋自由原则"在历史上一直都在经受着挑战。Clarkson(1974)的研究表明,罗马人在 2 世纪把海洋看做是人类的共有财产,声称所有人都享有自由利用海洋的权利。但是,在中世纪的欧洲,捕捞技术的改进和对水产品需求的增加使来自不同民族的渔船之间的接触逐渐增多。随着各民族渔船之间的接触增多和联邦法的发展(按照联邦法的规定,所有权利和财产都属于国王),各国开始声称拥有对某些渔业的权利。但是,还没有哪个国家声称拥有范围广大的海域,因为在当时的技术

---

① 笔者译自 Waugh 的 *Fisheries Management*(1984)。原文是"Fishermen, in the absence of secure property rights, look to average rather than marginal productivity",笔者译。

② 用类似的观点同样可以解释土地使用制度的历史变迁。随着人口密度的增加,土地资源变得越来越稀缺,土地使用制度也就相应地发生了转变。这种转变的结果使土地资源完成了从无财产状态到共有财产,最后转变为私有财产的历史演变过程。(Demsetz,1967)

条件下,要界定和实施这种权利是很困难的。到了15世纪,英格兰利用其在海洋活动方面的比较优势和较低的执法成本,开始声称对其沿岸12到28海里以内的海域享有专一捕鱼权。到了17世纪,技术的进步极大地降低了海洋捕捞和海上执法成本,各国先后宣布领海主权,并在国际法中得到确认。

另一方面,西方各国的普通法一般都规定,对于像鱼类、鸟类和野生动物一类流动性极强的动物,在它们被实际捕获到以前,是不属于任何特定的个人或集团的。例如,雨果·格老秀斯(Hugo Grotius,1608)曾强调,"财产自身不可能存在于海洋之上,因为持有产权的一般条件并不适用于海洋"①。他进一步指出,由于鱼类是不可枯竭的资源,因此任何人都可以在不冒犯其他人的情况下自由捕捞,没有必要实施所有权制度或采取其他管理措施。海洋生物资源不可枯竭的神话、西方各国的法律规定和当时海洋强国主导国际事务的现实②等因素都构成了海洋渔业资源私有化的直接障碍。

但是,水生动物的私有化并不是不可能的。事实上,在世界各地,基于非成文法或习惯性协议的渔业产权制度早已存在。这些协议通常规定谁可以在何处捕鱼,有时也规定可以使用何种渔具,尽管没有用文字来表述,这些权利在当地社会中实际上已得到广泛认可和严格执行,其效力程度或许不亚于某些法定权利。在这种情形下,当地的社会或文化传统自觉或不自觉地按照产权的性质确立了渔业产权制度。而封建时代的地主、渔霸、庄园主、寺院以及其他个人或团体为了保护其利益,常常声称拥有某些渔场。在日本的德川时代(1603～1868),封建地主拥有渔场,渔民必须通过提供无偿劳动或交税才能获得入渔权。定居性的贝类可以被"圈"起来,并作为私有财产,个人或集团拥有被人们用来作为运动或休闲活动项目的某些内陆或洄游性种类,在历史上也有记载,很多此种类型的所有权制度甚至延续至今。

实行海洋资源的排他性准入制度的另一个更大的障碍是来自社会各方面的抵制,有的是由于对产权的认识存在着严重分歧,有的是由于利益分配问题,还有的是由于具有不同的世界观。这些问题至今在一定程度上依然存在,并对是否应采用个别可转让配额制度所展开的讨论产生着影响。在英格兰的江河流域设置鱼梁曾被1215年的《大宪章》(the Magna Charter)宣布为非法,该宪章后来成为大英国民要求自由的政治和法律依据。在许多西方国家,随着时间的推移,支持商业、航运和渔业的公共所有权而非私有权的不可分割

---

① 原文是"property itself cannot exist on the oceans because the usual conditions for the holding of property rights do not apply"引自 Lushing,1998,笔者译。

② 这是因为一国要有效地行使其海洋主权,就必须要拥有强大的海上军事力量。

性的法律原则逐渐确立。例如,尽管美国主流社会信奉私有化对于市场经济是不可或缺的条件,曾经流行美国的公益信托原则却至今盛行不衰。这一法律理论通过规定国家代表公众拥有潮间带和适用于航运的水域、水体自身以及水体中的鱼类和贝类,来保护公众在海洋和江河流域自由捕鱼的权利和其他利益。公益信托理论保护公众共同拥有潮间带、可用于航运的江河湖泊以及其中的资源的权利。在某些地方,这一理论也被用来证明国家或者国王有权忽视、或者取代地方在分配这种权利方面所形成的习惯或制度。这一理论发展的结果使得当地社会很难整合所有资源使用者的利益,因为这些资源被看做是公共资源而非仅仅属于地方所有。

在某些太平洋岛屿,传统文化常常把对渔场的利用、捕捞某些种类甚至使用某种特定类型渔具作为个人或者家族所特有的、排他的权利。例如,20世纪 40 年代初期,英国的殖民官员在西太平洋的吉尔伯特岛屿编撰与土地和海洋资源有关的习惯法时,就发现大英律法和当地的习惯法之间存在很多冲突。例如,按照大英律法,潮间带和海床都属于国王所有,公众享有自由航行和捕鱼的权利;而在吉尔伯特岛屿的地方法中则规定,每一块暗礁、每一个珊瑚岬和每一个浅滩,只要是鱼类的摄食场所,都属于个人所有。在 Chuuk 和巴布亚新几内亚岛国的习惯法中也可以发现类似的规定,巴布亚新几内亚的习惯法甚至规定,个人或家族可以私自享有使用某些特定的捕捞技术捕获某些特定鱼类的权利。然而,由于长期作为西方的殖民地和后殖民地以及这些岛国后来所经历的各种深刻的政治、经济和文化变化,已经削弱、甚至彻底摧垮了很多此类海域所有权制度。结果,尽管不是作为普遍的准则,自由捕鱼的理念还是得到了广泛传播。

在美国,主张自由捕鱼的人和那些要求拥有排他的产权以便发展渔业的人围绕位于河口的牡蛎和滩涂贝类渔业所展开的竞争表现得尤其明显。与此类似,在加拿大的西北太平洋渔业中,渔场和鱼类的专一使用权是由氏族、部落和家族所控制的。19 世纪中叶,在哥伦比亚流域,土著美洲人的传统捕鱼权制度的崩溃曾触发了一种经济学意义上极其浪费的竞争性捕捞,对此,Higgs(1982)曾经给予了深刻的分析。到了 19 世纪末期,人们围绕这一问题所开展的讨论得出了如下结论:自由捕鱼的后果是可怕的,而采用某种私有化机制以激励人们关心贝类渔业,为贝类资源的未来利用而投资,这与当代经济学家的看法基本一致。这一结论促使美国很多州为保护贝类资源制定了租赁权或私有产权制度。另外,以政府为主体的渔业管理开始了以孵化放流为基础的资源增殖活动,或者通过总可捕量制度、禁渔期、渔具限制或其他管理手段来管理渔业。然而,渔业资源事实上的自由准入状态依然存在。

三、ITQs 理论的形成与发展

20 世纪初,要求重视经济激励在渔业管理中的作用的呼声又一次出现,但是,在 60 年代和 70 年代以前,这一呼声并没有引起人们太多的注意。Scheiber 等(1997)的研究表明,可以在一份第二次世界大战期间提交给马里兰州的、要求限制切萨皮克湾(the Chesapeake Bay,位于美国弗吉尼亚州东南部)渔业许可证发放数量的计划中找到个别可转让配额这一概念的雏形。通过渔具的限制来管理渔业所产生的问题长期困扰着该地区的渔业管理者,渔具的控制导致渔业效率低下,这在贝类渔业中表现得尤其明显。该计划提出了"经济租金"(economic rent)的概念,建议根据渔民的历史捕捞业绩分配入渔权,并设法淘汰过多的渔船。

当时,美国联邦政府的渔业管理是以最大可持续产量(MSY)为目标,试图通过生态系统的方法(an ecosystem approach)来实现渔业的最大可持续产量。太平洋鲆鲽国际委员会(the International Pacific Halibut Commission,IPHC)成为当时渔业管理者进行辩论的一个中心平台。通过制定和分配年度配额,该委员会使已经枯竭的太平洋鲆鲽种群得以恢复的成功经验,经常被持有"渔业管理应集中力量加强资源养护,而不是解决入渔权分配和其他经济问题"这一观点的人作为论据。

受马里兰州限制捕捞许可证的发放数量这一做法的启示,加拿大经济学家 H. S. Gordon(1953,1954)首次发表专文论述渔业产权理论。该论文的主要观点是,只要把渔业资源作为"共有财产",社会就不可能获得大自然所赋予的经济租金,竞争性捕捞导致捕捞成本日益增加的过程将浪费掉所有的经济租金。Gordon 的分析表明,如果特定的个体(个人或公司)拥有某一种群,他就会采用能够使该种群所提供的经济租金最大化的方式来安排捕捞作业的时间和强度。在 Gordon 追随者的论文里,备受其他经济学家推崇的某些组织(例如,太平洋鲆鲽国际委员会)的著作常常被讥讽为渔业经济效率低下的始作俑者,而最大可持续产量则被贴上了"对社会毫无意义的目标"的标签。

在专属经济区制度确立以前,种群枯竭速率的增加和过多渔业资本的"沉淀"使人们对渔业的经济效率产生了怀疑。随着可替代或尚待开发种类逐渐得到充分利用,渔获物的边际价值(the marginal value of yield)却越来越低。当高价值种类(例如鲆鲽)的渔获量开始降低时,捕捞力量则转向原先被用来生产鱼粉一类的低值种类。尽管许多渔业的渔获努力量日益增大,而渔获量的增加却非常有限,有的甚至还有所下降(例如,阿拉斯加大麻哈鱼和太平洋鳙鲽)。据粮农组织估计,北大西洋和北太平洋的鱼类种群中,在1958年只有像大麻哈鱼、比目鱼、鲽鱼和黑线鳕一类生命周期较长的六种鱼类被过度利用。到了1960年底,数据表明过度利用的种群数量急剧增加,渔获努力量已经超过了维持渔获率所需要的水平。

常常被引用来说明在专属经济区制度确立以前30多年渔获努力量的过度累积、种群的过度利用并最终导致专属经济区制度得以确立的原因,包括对捕捞产量的过高期望、捕捞和加工技术的进步、远洋渔业的急剧扩张、鱼蛋白需求的增加、来自各国国内的政治压力、禁渔和配额制度等管理措施的成效有限以及缺乏明确界定的产权制度。在40年代后期和50年代早期,海洋科学领域的一些研究者估计,海洋中还有相当数量的渔业种群尚未被开发利用。当时,对海洋渔业总可捕量的乐观预测是2亿~10亿吨不等,所依据的是已发表的、远远超出实际海洋渔获量的潜在生物产量估计值。由于过高地估计了全球海洋渔业的潜在产量,所以在20世纪的60年代,仍然有相当一部分人坚持"海洋自由原则"。

到了70年代中期,经济学家反对把追求渔业最大产量作为渔业管理主要目标的一些理由已经成为评估渔业管理效果的部分标准。经济学家及其所关心的问题在改变国际海洋法的内容方面也发挥了重要作用,并因此导致冰岛、美国、加拿大以及后来几乎所有其他沿海国家都相继宣布200海里专属经济区,并修改其国内政策和设立相应的管理机构,以期充分利用因国家管辖权的扩大而带来的经济发展机遇。许多经济学家在其著作中详细地论述了如何运用有限准入措施来克服自由准入的弊端。例如,Christy等在1965年发表的论文中阐述了自由准入问题和有限准入措施的必要性,Crutchfield等在1969年出版的专著则详细分析了自由入渔制度对大麻哈鱼渔业带来的经济损失。

也是在这一时期,通过经济学家以及其他试图把实现经济效率作为渔业管理目标的一些人的指导,加拿大和另外一些国家的渔业管理也朝着有限准入的方向发展。1968年,加拿大的英属哥伦比亚省开始采用有限准入措施管理大麻哈鱼和鳙鲽渔业。于1977年宣布专属经济区以后不久,加拿大渔业海洋部成功地开展了一次把所有的商业渔业纳入有限准入框架内的运动。与此形成鲜明对比的是,尽管阿拉斯加的大麻哈鱼渔业和鲱鱼子(the herring roe fishery)渔业、某些五大湖渔业已经成功地实施了有限准入措施,而华盛顿州早在1934年即以投票的方式决定采用有限准入措施,但美国渔业部门对这一措施仍然采取了相当的抵制态度。有限准入措施似乎常常被用来作为保护当地渔民免受进入当地水域的外来渔民，特别是外国渔民竞争的一种手段，因此，当有限准入措施的实施与宪法保护州际间贸易的条款发生冲突时，美国法律规定必须通过法庭复审才能决定是否采用该措施。

渔业经济学家围绕渔业问题的讨论从20世纪50年代开始一直持续到70年代，在讨论过程中所形成的很多重要思想促成了个别可转让配额理论的最终出现。在粮农组织于1960年在加拿大渥太华举行的一次会议上，经济学家J. Crutchfield建议设计一种能够使捕鱼许可证（而非种群）具有产权性质的制度，并称之为"有限产权"（limited property rights）。也是在这次会议上，曾经多次建议采用专一所有权而非有限产权的A. Scott提出，如果某一机构能够完全拥有渔业资源的所有权，让它把捕鱼权分配给每艘渔船并允许配额转让，就有可能极大地提高渔业效率，并因此而减少过度投资。这一想法实际上就是后来所采用的个别渔船配额（IVQ）的原型。华盛顿大学的一批学者把上述建议和其他一些相关考虑综合到一起，于1963年提交了第一份有关美国渔业有限准入的报告。

此后，经济学家通过各种会议、专著和期刊等形式继续发表与渔业管理经济理论有关的研究成果，研究的重点则集中在"效率和海洋资源的产权归属之联系"的新古典原则上。F. Christy（1969）撰文指出，排他的使用权利对于实现经济效率是至关重要的。到了1973年，这一想法被进一步表述成把可以转让的配额分配给个别渔民、个别渔船或者个别公司。Christy（1973）还建议每一位渔民，不管他是不是船东或船长，都应分得一份配额或一定百分比的总可捕量。在防止配额过度集中在所规定的范围之内，配额可以被自由出租或租用，但只能卖给渔业主管机关。但是，为了促进效率，渔民在决定如何捕捞其配额方面应享有充分的自主权。这里所依据的前提是，在一定程度上，有限数量的渔民共同拥有渔业可能会表现出想象中的专一所有者才具有的"租金养护行为"。

从Gordon（1953，1954）到Scott（1955）再到Christy（1973，1977）的个别可转让配额概念，这一过程所遵循的基本逻辑是，在自由准入的体制下，渔民之间的相互竞争将消耗掉所有的资源租金，而资源的单独所有者（作为唯一的垄断者）则能够收获资源租金。Scott把Gordon所开发的模型推广应用到动态的环境，也推导出同样的结果。这一理论的进一步发展表明，个别渔民如果能够确信无疑地收获其预先分配到的配额，就会采取类似于资源的单独所有者所采取的捕捞策略。导出上述结论的基本假设是，因为渔民享有的收获权是排他的、安全的，欺骗性捕捞行为就不会发生，也不存在诱发竞争性捕捞的时间和空间因素,并可以实现捕捞活动的规模经济。

在论文的脚注和旁注里,Christy(1973)承认捕鱼权的初始分配是比较困难的,而且同自由准入体制相比,有限准入的捕捞许可证制度还存在其他一些缺陷,包括容易导致大公司的形成,并因此使渔业失去其他许多有价值的属性。例如,在自由准入体制下,某些渔民崇尚独立、个人主义和冒险的生活方式。以后的实践也表明,个别可转让配额制度确实存在此类问题。然而,渔业管理的发展趋势仍然是把个别配额制度(IQs)应用于实际渔业加以检验。1976年,加拿大开始采用个别渔船配额管理芬地湾的鲱鱼渔业,这些渔船的船东在政府渔业管理部门的支持下,建立了一种共同管理机制。在渔业领域相当有影响力的《加拿大渔业研究委员会杂志》于1979年专门发行了一期特刊,刊登了在英属哥伦比亚的鲍威尔河(Powell River)举行的一次关于渔业和经济学的会议上所发表的重要论文,这些论文反映了上一年度在西雅图、丹佛和华盛顿的原野湖(Lake Wilderness)等地举行的一系列会议上所取得的重要成果,回顾了当时已被采用的各种有限准入制度以及由于单纯采用限制性准入措施而没有采取其他相应手段来防止过度投资和效率低下所产生的问题。其中有几篇文章特别强调了有必要进一步完善有限准入措施,对每一捕捞许可证允许捕捞的数量加以具体限定,或者允许捕捞许可证自由转让,这实际上就等同于个别可转让配额制度。

形成这些讨论的最根本原因是对世界渔业技术的不断进步和越来越大的捕捞能力的与日俱增的忧虑[①]、对渔业管理把追求渔业最大可持续产量作为主要目标之合理性的怀疑和20世纪70年代中期各沿岸国纷纷划定其专属经济区。尽管美国在1976年就已经颁布了《渔业养护和管理法》,但是美国渔民和渔业管理者当时仍然认为有限准入措施主要是为了把外国渔船从美国声称具有管辖权的水域中驱逐出去。除此以外,对美国公民而言,则应当捍卫渔业自由准入原则,因为这一原则在美国历史上具有深厚的政治和法律基础,美国宪法的商业条款常常被用来作为这一观点的依据。美国社会对有限准入措施所表现出的普遍抵触情绪有效地遏制了人们对个别可转让配额制度所产生的任何兴趣,由于这种抵制,美国中大西洋海区的浪蛤渔业成为仅有的一个采用

[①] 在20世纪的60年和70年代中期,某些国家开始行使扩大了的渔业管辖权,技术进步和新的市场机遇导致渔获努力量的急剧膨胀,例如,采用作为母船的尾拖拖网渔船(stern trawler)来满足市场对冻鱼的日益增大的需求,利用围网渔船(purse seiner)和尾拖拖网渔船供应鱼粉生产用鱼(Cushing 1988)。60年代开发的利用围网替代流网捕捞公海鲱鱼(herring)的技术产生了相当大的经济影响;渔船越来越大,所携带的渔网也因人造合成纤维材料的采用而变轻变大。

有限准入措施（从1978年开始）来管理的联邦渔业，这一现象一直持续到20世纪80年代后半期。这一时期，美国各区域渔业委员会所考虑的主要问题是，如何使专属经济区确立以前曾经由外国渔船所主导的本国渔业尽快完成本土化的转变过程。新英格兰底栖渔业曾经采用过总可捕量（TACs）管理制度，但持续的时间很短，且引起过相当大的争议。此后，有些地区强烈反对采用这一制度，尤其是美国北部的一些地区。这些地区在1992年通过了一项暂时停止批准新的渔民进入底栖鱼类渔业的规定，并通过限定渔船的海上作业时间来控制渔获努力量，但直到现在也没有采用总可捕量管理制度。

到了20世纪70年代后期，特别是80年代以来，美国国家海洋渔业署（National Marine Fisheries Services）的主要科学家和官员们开始赞同采用有限准入措施和实施个别可转让配额制度。但是，正如前面所提到的，到80年代初期为止，浪蛤渔业一直是美国联邦管辖水域中唯一采用有限准入制度的渔业。该渔业的具体管理办法是，暂停批准新的渔民进入该渔业，同时采用总可捕量控制手段并限制渔船海上作业时间。该渔业后来迅速成为美国渔业的一个反面典型，用来说明有限准入制度是如何造就出排他的、疯狂进行过度投资的组织。在加拿大，采用有限准入制度管理的大麻哈鱼和鳙鲽渔业也出现过类似问题，而从1976年起就开始采用个别渔船可转让配额制度的加拿大大西洋鲱鱼渔业也因监管和执法不力等原因，似乎也面临着失败的命运。

与美国的情况相反，80年代初期，同许多正在扩大渔业管辖权的其他国家一样，澳大利亚和新西兰两国之间的渔业部门和有关政府机构经常为从事个别可转让配额制度研究的渔业管理者和经济学家提供相互交流的机会，并最终导致个别可转让配额制度首先在这两个国家付诸实践。同样，冰岛、挪威和加拿大的渔业管理者、渔业专家和经济学家之间也进行过类似的人员交流，使得个别可转让配额制度或个别配额制度最终成为这些国家渔业管理的主导框架。

四、ITQs理论仍处于发展和完善中

当然，作为一种崭新的制度，个别可转让配额理论的发展和具体项目的设计本身一直就是一个不断试验和完善、边实践边学习的过程，这体现了近年来在西方国家非常流行的适应性管理模式的思想。例如，人们从新西兰的个别可转让配额项目的实施过程中得出这样的教训，如果不是用一定百分比的总可捕量，而是用一定量的鱼来表示个别渔民所分得的配额，那么该项目的风险代价就很大。冰岛个别可转让配额项目的经验则表明，只是将配额分配给渔民和渔业公司，并允许持有者自由转让手中的配额，而不考虑渔业社区的具体情况,部分渔村则可能会出现"空心化"现象,进而影响到传统渔村的社会稳定和触发其他社会问题。正是注意到了这一问题并接受了冰岛的教训,美国阿拉斯加在设计个别可转让配额项目时,采用了社区发展配额(CDQs)来防止个别可转让配额项目的实施可能引发的区域经济变化问题,以便保持区域经济和就业稳定。加拿大芬地湾鲱鱼渔业的试验则表明,要保证项目的成功,有效的监管执法以及构筑一种能够把渔业行业和渔民纳入渔业管理过程并分担管理费用的共同管理机制是非常重要的。作为美国联邦水域中首批采用个别可转让配额制度的渔业,浪蛤/美人蛤(SCOQ)渔业和多锯鲷渔业的个别可转让配额项目的制定就借鉴了新西兰和加拿大的这些经验;而 SCOQ 渔业的经验反过来又提醒人们必须要注意配额的过度集中问题,因此美国后来在制定阿拉斯加鳙鲽和裸盖鱼渔业的个别可转让配额项目时,就采取了适当的预防措施。另外,在阿拉斯加鳙鲽和裸盖鱼渔业的个别可转让配额的初始分配过程中,没有适当考虑受雇船长和渔民对配额初始分配权的要求,这一点可能影响到后来所形成的墨西哥湾红鳍笛鲷(red snapper)渔业项目(已经被批准但还没有实施)的决策,因为该渔业的个别可转让配额项目规定,签订了某种特殊形式合同的船长可以享有配额初始分配权。该项目的经验反过来则凸显了运用个别可转让配额制度管理具有大量且日益增多的休闲渔业参与者的渔业所要面临的挑战,而新西兰渔业管理的经验也说明了这一点。

此类问题和其他一些在实践中所出现的问题,包括如何改善渔政过程和提高渔政效率、如何进行渔政权力下放、如何将渔民和渔民组织纳入渔业决策和执法过程、如何进行渔业管理成本的恢复、渔业管理应如何应对生态系统和市场行为本身存在的不确定性和信息不完整问题以及如何处理多种类之间的相互影响和相互作用和如何维持生态系统的完整性等问题,在粮农组织于 1999 年在澳大利亚举行的两次会议上以及在 2001 年在冰岛雷克雅未克举行的海洋生态系统负责任渔业会议上,都作了大量的研究,并提出了许多富有建设性的意见。本书作者建议,我国海洋捕捞业限额捕捞制度应采取个别渔村配额、个别休闲渔业俱乐部配额和个别商业可转让配额"三位一体"的管理模式,这一模式充分汲取了国际社会在实施个别可转让配额管理制度时所取得的经验和教训,并考虑到我国特殊的社会、政治和经济现实,特别是海洋捕捞业的现实(参见本书结语部分)。

第三节 个别可转让配额制度的作用机理与制度效果

一、ITQs 制度的作用机理

为了说明 ITQs 的作用机理,让我们想象有这样一个渔业:在采用 ITQs 制度以前,该渔业处于自由准入状态,在产出水平 Y_{oa} 处达到均衡,此时渔获努力量水平为 f_1(见图 5.1),而边际渔民的捕捞收入此时刚好弥补其从事捕捞作业的机会成本。现在我们假定,管理机关决定采用 ITQs 制度来管理该渔业,为获得渔民支持,只是按照自由准入状态的情形将配额分配给所有从事捕捞作业的渔民。显然,总可捕量将等于现有产出水平 Y_{oa},该渔业也几乎没有发生任何变化。

有人也许会想,由于自由准入渔业通常都处于过度投资状态,渔民们将有足够的动机自己将渔获努力量调整到合理的水平。问题是,尽管利用渔获努力量水平 f_3 就足以实现 f_1 所能够获得的渔获总量(由于 $f_3 < f_1$,所以该渔业显然处于过度投资状态),但这代表的仅仅是一种长期均衡结果。从短期看,由于种群规模已下降到如此低的程度,所以渔获努力量水平 f_1 只能实现与产出水平 Y_{oa} 相对应的渔获量。只有等该种群逐渐得到恢复后,渔获努力量水平 f_3 才能够实现与 f_1 相对应的渔获量水平 Y_{oa}。在这种情况下,很难想象渔民自己能对渔获努力量水平作出如此长期大规模的合理化调整。因此,仅按照自由准入的情形来分配 ITQs 是很难期望该渔业发生任何实质性变化的。

现在让我们进一步假定,管理机关决定维持自由准入条件下的产出水平,但计划将该渔业较高的长期平均成本压缩到较低的长期平均成本上。显然,为了实现这一目标,管理机关必须首先设法将实际渔获量降低到 Y_{oa}(自由准入条件下的可持续产量)以下,以便使种群规模能恢复到较高水平。为实现这一目标,管理机关从市场上买回了一定数量的配额,以便将总可捕量从 Y_{oa} 降低到 Y。要实现这一产出水平,只需要与此相对应的渔获努力量水平,此时的利润水平等于平均收益减去短期平均成本。利润的出现使得该渔业更加有吸引力,某些渔民就有可能想增加其渔获量水平。但是,要这样做,他们只能从其他渔民手中购买配额,这样,势必抬高配额的市场价格。

此时,配额表现出一定的价值,这种价值实际上代表的是一种机会成本,因为渔民可以选择卖掉手中的配额,把获得的收入用于其他投资。在决定是否卖掉配额之前,理性渔民至少要考虑两种机会成本,即同可供选择的第二最佳职业相比,继续从事捕捞作业的机会成本和继续拥有配额而不是卖掉它们的机会成本。对此,不同的渔民可能会作出不同的选择,这是因为不同的渔民不可能有同样的其他就业机会,他们也不可能有同样的投资机会来使用配额销售所获得的收入。因此,个别渔民一般是在综合考虑了这两种机会成本以后,再作出卖还是不卖自己拥有的配额这一决定。

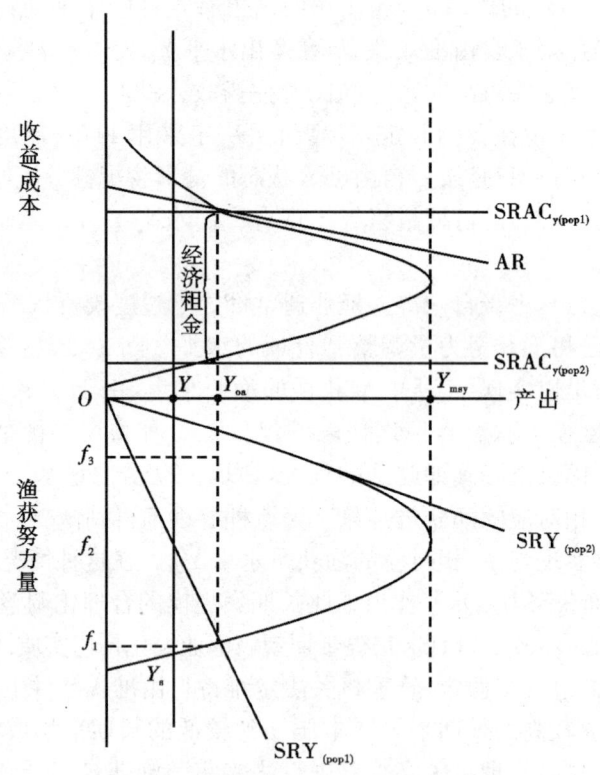

图6.1 个别可转让配额制度的作用机制

如果某位渔民可以找到理想程度几乎等同于从事捕捞作业的其他就业机会,并且能够将配额销售收入投入到非常有利可图的项目中,同不具备这些条件的渔民相比,他就极有可能以较低的价格卖掉手中的配额,不再继续从事捕捞作业。相反,那些对其他职业不感兴趣、又不能为配额销售收入找到理想投资渠道的渔民,无论别人出多么高的价钱,恐怕他也不会卖掉自己拥有的配额。当然，不大可能会有这种极端情况。一般而言，对某一特定渔民来说，上述两种机会成本的综合系数越低，能够让他心甘情愿地卖掉手中持有的配额的价钱就可能越高。由于上述原因，所有渔民作为一个整体就能够以最低的机会成本收获管理机关所确定的总可捕量，对该渔业而言，这意味着资源配置达到了最优状态。

究竟在哪一点上配额的市场价格不再继续升高呢？如果不考虑其他因素，这将取决于配额持有者获得配额以后的时间间隔长短。如果配额发放刚过一年，其市场价格就已达到均衡，此时该渔业所产生的租金刚好等于边际渔民一年当中从其第二最佳职业中所获得的收益。如果持有者所得到的配额是永久性的，那么，我们就可以预期配额表现出更高的市场价格。实际上，配额价格将代表其预期的未来租金的贴现值。在上述两种任一情形下，只要从事捕捞作业的边际渔民刚好能弥补其综合的机会成本，均衡就已达到了。对所有持有者而言，配额持有权的期限越长，其机会成本也就越高。

在图 6.1 中，随着种群的逐渐恢复，短期产量曲线将不断向上靠近新的、对应于种群规模 2 的短期产量曲线（$SRY_{(pop2)}$），而短期平均成本曲线则逐渐向下靠近对应于种群规模 2 的短期平均成本曲线（$SRACY_{(pop2)}$）。随着这一过程的持续，经济租金将不断增加，结果，配额的市场价格也将因此而提高。给定管理机关所确定的产出水平 Y_{oa}，在某一点上，管理机关就必须卖掉先前从市场上所购买的配额（或者至少应该以某种形式重新发放出去）。由于相对于其购买价格而言，此时配额已升值了，所以管理机关实际上应该能赚钱了。但是，实际情况却不一定如此。一般而言，这将取决于渔获量的初始水平和目标水平之间的差异。例如，如渔业管理机关的长期目标是将渔获量从产出水平 Y_{oa} 降低到 Y，管理机关为购买配额支出的费用就不一定能直接得到补偿。但是，由于 ITQs 制度是一种产出控制方式，相对于控制渔获努力量的捕捞许可证制度而言，前者仍具有明显的制度优势。

此时，渔业管理机关已达到预先设定的目标，因为该渔业已在新的条件下达到均衡：给定与种群规模 2 相对应的短期产量曲线（$SRY_{(pop2)}$），这意味着渔获努力量水平已经下降到 f_3，而短期平均成本曲线也已从对应于种群规模 1 的短期平均成本曲线（$SRAC_{y(pop1)}$）下降到对应于种群规模 2 的短期平均成本曲线（$SRAC_{y(pop2)}$）。平均收益曲线和对应于种群规模 2 的短期平均成本曲线（$SRAC_{y(pop2)}$）之间的差异代表的是产出水平 Y_{oa} 下的经济租金。虽然经济租金的出现对渔民具有很大吸引力，但这种吸引力只能表现在配额具有更高的市场价格上，非配额持有者不可能进入该渔业，现有作业渔民的实际渔获量也不可能超过其持有的配额水平（假如对该渔业的监管和执法都是有效的）。因此,即使利润水平再高,该渔业也不会出现过度投资问题。

上述过程说明了为什么管理机关可通过ITQs制度实现渔业管理的既定目标。事实上,管理机关运用了自由市场的运作原理,就像中央银行在证券市场上的做法一样。应说明的是,这样一种调整过程不会使渔民受到过大的短期冲击,只有当发现卖掉手中所持有的配额更为有利可图时,渔民才会退出捕捞行业。否则,他可以继续从事捕捞作业。同渔业自由准入状态下的相互竞争相比,他每年都可以相当有把握地获得与其所持有的配额相当的渔获物,因此也就可以相当从容地安排捕捞作业生产。

应当说明的是,在上述过程中,我们假定了管理机关是以一定数量的渔获物来表示配额的。事实上,ITQs制度的实践已表明,用一定百分比的总可捕量来代表个别可转让配额是更明智的。例如,不同于冰岛在一开始实施ITQs制度时就采用一定百分比的总可捕量来代表个别配额的做法,新西兰在开始实施这一制度时是用一定数量的渔获物定义个别渔民所拥有的配额的,后来的实践迫使新西兰转而采用冰岛的做法。

二、ITQs制度施行效果评估——理论预期

1. 单纯采用ITQs制度的预期效果

同TACs制度一样,如果能够对种群作出相对准确的评估,确定出适当的TACs并确保实际渔获量不超出所设定的TACs,ITQs(包括IQs)制度通过直接控制捕捞死亡量就能够使资源免遭过度利用的厄运。但是,在TAC的设定和遵守方面,ITQs制度与TACs制度都面临着同样的问题。

在ITQs制度实施初期,渔业管理机关必须首先就如下问题作出决策:是无偿还是有偿发放配额,如果决定有偿出售配额,那么,采用何种方式？如何定义配额的性质,包括配额持有人的权利及其时效？配额持有者应具备哪些资格以及如何将配额分发给有资格持有配额的个人或团体？解决上述问题的方式可能会对实施ITQs制度的经济、社会和行政后果产生重大影响。

配额初始分配有可能是一项非常困难、耗时费力的工作,往往最容易出现问题和发生争议。这是因为配额初始分配实质上就是财富分配,它将决定谁有权从ITQs制度的实施中得到收益以及得到多大收益,获得配额的个人和团体将因此获得一笔有价值的资产。各国所采取的配额初始分配方式大都将渔民个人或团体的历史渔获实绩(catch history,即实施该制度前的渔获量情况)作为配额分配的主要依据,实际采用的分配规则可能会对有资格享有配额

的个人或团体以及同一渔业的不同部分产生完全不同的影响。许多人可能会要求得到或得到更多的配额,管理机关往往不得不因此而推迟ITQs制度的生效日期。

一旦解决了配额初始分配问题,大部分持有者所得到的配额都有可能低于其从事捕捞作业的理想数量。如果不允许配额转让,按配额持有量从事捕捞作业,某些持有者可能会无法实现"收支平衡"(即渔获物销售额低于捕捞作业的可变成本)。如果允许配额转让,就有可能形成配额交易市场,市场机制最终将使配额逐渐集中到在捕捞作业方面具有比较优势的个人或团体手中[①]。无论是否允许配额转让,整个船队规模都有可能下降,所设定的总可捕量低于实施ITQs制度前的总渔获率的程度越大,船队下降的幅度越大。

可以预期,持有者将设法使其配额价值最大化,因此,他们将集中捕捞和上岸市场价格最高的种类和规格,以鱼的尾数而非质量来定义配额将加重这一倾向。

ITQs制度的最大优势在于该制度能够有效消除渔民竞争性捕捞的心理与行为这一大部分渔业管理措施(包括全部的生物学渔业管理方法和经济学渔业管理中的直接法)无法解决的问题,这是因为ITQs制度保证了每一持有者可上岸并销售与其配额数量相当的渔获物,因而从根本上消除了竞争性捕捞的诱因。此外,由于配额持有者无须为在禁渔之前捕到更多的渔获物而竞争,因而ITQs制度本身也内含了诱导渔民减少渔获努力量、发现并运用能够以最低的成本捕获与其配额数量相当的渔获物的作业方法以及选择能够使其渔获物实现最大价值的上岸时机与地点的激励机制,因此市场机制将有可能使整个船队的规模减小。由于允许配额交易,随着时间推移,配额将逐渐集中到捕捞效率最高的渔民或团体手中,这将进一步降低整个渔业的捕捞总成本,上述因素综合作用的结果将提高作业渔民的整体利润水平。

竞争性捕捞诱因的消除同时还意味着,配额持有者将花费必要的时间对渔获物进行分类、整理和加工,以便实现渔获物价值的最大化,从而避免了"奥林匹克"式抢捕行为对渔获物所造成的浪费和损失。由于整个渔业的渔获努力量较小,整个船队也就能够降低对非目标种类的兼捕程度,如果对兼捕渔获物的处理要花费一定的成本,渔民在作业过程中也就会更加仔细,以减少对非目标种类的兼捕。如果同时包含了对兼捕的规定且管理机构能够对兼捕予以

---

① 从效率的角度看,这是ITQs制度的一大优势,但是,如果对配额转让性完全不加限定,ITQs制度将有可能引发出包括公平在内的一些社会问题。

有效监控，那么，ITQs制度也就为渔民避免兼捕提供了另外一种激励。由于有权捕获与其配额数量相当的渔获物，渔民将避免在危险（例如船舶需要维修或海况天气状况不适合出海作业）的情形下出海作业，因而ITQs制度有望显著提高海上作业的安全系数。

在ITQs体制下渔获努力量将分散到更长的一段时间内（例如为避免渔获物短期内大量上岸而降低市场价格），因此，特定时间范围内在渔场作业的船只数量也会下降，从而减少渔场拥挤程度和冲突的发生几率，而整个船队规模的减小，将进一步减少从事作业的船只数量。由于整个渔业的捕捞能力下降了，渔民将能够更好地保养与维修渔船和选择在最有利的捕捞条件下出海作业，因此渔具损失数量或丢失也会减少。

由于ITQs制度为渔民提供了在更长的捕捞季节内均衡供应市场以回应市场和资源条件、避免在作业成本较高和危险的情况条件下出海作业的激励，渔业经营稳定性和投资气候都可以得到改善。同时，由于渔民持有的配额是一种有价资产，市场交易将实现其价值。配额持有者拥有捕捞权类似于拥有其他财产，因此，通过出售全部或部分配额，不想继续出海作业或想减少对捕捞业的依赖程度的渔民就可以得到相应补偿。ITQs制度将显著提高捕捞经营的稳定性，减少渔业投资的不确定性和风险，渔民将更容易得到改善设备所需的贷款，特别是当配额可用作贷款抵押时。

实施ITQs制度后，捕捞业的就业和船员整体的收入将有可能下降，即使继续被雇佣的船员的收入也有可能减少，前者是因为该制度内含减少渔船数量的激励，后者则因为由于捕捞季节的延长，渔获量变动和渔民收入都将减少，同时因渔获物短期内大量充斥市场情况的发生也会减少，渔民的经济风险也就相应地减轻了，因此配额持有者支付给船员的风险酬金也就相应地减少了。因为允许配额交易，从事作业的船只数量减少，但作业船只在一年内的作业期限将延长，因此，对于继续从事捕捞作业的渔民，他们获得充分就业的机会将增多，收入也就更为稳定。

实施ITQs制度后，随着时间的推移，通过市场交易，少数渔民或捕捞公司有可能控制总可捕量的大部分份额并因此获得较大的市场垄断力量，这对于鱼类消费者、其他渔民和捕捞公司都是有害的。但是，只有容易形成纵向或横向整合的渔业上述情况才有可能发生。也就是说，允许配额转让既不会促使也不能防止配额的过度集中。

由于捕捞作业和渔获物上岸都被分散到更长的季节，渔获物短期内大量充斥市场（即所谓的市场供过于求）的情况将不大可能发生。渔民会根据市场需求决定何时捕鱼和捕多少鱼，因此，水产品的市场供应状况将变得更为稳定，而水产品质量的平均水平也会得到改善。这对于消费者和渔民都是有利的，因为消费者可以在更长的时间里买到质量更好的水产品，而渔民则可以降低加工成本和获得更高的鱼价。

运用ITQs制度管理的许多渔业，初始分配都采取了将配额无偿或收取很少一部分费用的方法分发给那些具有历史捕捞业绩的船东。由于配额从此具有了价值，这意味着持有者因此获得一笔"横财"(a windfall gain)，而不拥有渔船的其他从业者（例如船长和船员）则不会获得此类额外收益，除非采用拍卖方式进行配额初始分配。此外，渔业资源往往被视为全体公民共同拥有的"公共资源"(a public resource)，因此，如果将捕鱼权作为一种特权分配给少数人、特别是渔业资本所有者（例如船东），就很容易引起人们对这一做法的公平性的质疑。

一旦实施IQs和ITQs制度，一个新的社会阶层将因此形成，因为配额持有者获得了利用渔业资源的排他性权利，而无资格参与配额初始分配和在初始分配中有能力购买配额的人将因此失去入渔权。相反，在自由准入体制下，任何渔民都可以自由地尝试他或她是否能够依靠捕鱼为生。

也有一些人担心，小型作业和位于偏僻渔港的渔民将因IQs和ITQs制度的实施而失去继续从事捕捞的机会。他们认为，由于可以像其他商品一样在市场上进行交易，配额最终将被有资本实力的个人或大型捕捞公司所控制。这种担心似乎是基于如下观点，即水产品收购和加工业的所有权一般都控制在少数人手里，他们很可能通过垂直整合而控制捕捞业。但是，理论预期表明，在IQs和ITQs制度下，只有最有效率的捕捞作业规模才能够生存，而大型捕捞公司不一定是最有效率的，相反，以家庭为基础的小型作业可能更有效率。

IQs和ITQs制度内含诱导渔民优化其渔获物构成（即仅保留市场价值最高的种类和规格，而将其他渔获物丢弃）、谎报和（或）不报渔获物的激励机制。按渔获物的数量而非质量计算配额的IQs和ITQs制度对渔民优化其渔获物构成具有更大激励效应。如果严重到一定程度，渔获物丢弃和谎报行为将降低数据质量，从而对资源评估结果和管理机关控制捕捞死亡量的能力产生极其不利的影响。

由于需要监控每一渔民的实际渔获情况，因此实施IQs和ITQs制度有可能加重渔政执法负担。同时，实施IQs和ITQs制度通常将增加管理措施组合的构成，从而增加了管理费用。

IQs 和 ITQs 制度的实施有望使渔业产生资源租金,即捕捞作业总收益有可能大于总成本,这就为渔政管理机关"俘获"一部分租金用于弥补渔政执法、渔业科研和其他管理成本或对作为资源所有者的全体公民予以补偿提供了可能。因此,政府应尝试征收一部分因 IQs 和 ITQs 制度实施而产生的资源租金。

IQs 和 ITQs 制度实施之前,渔业行业有可能采取相当的抵制态度。此类制度同传统渔业管理相比,两者存在着根本性的差异,大部分人可能都会感到陌生,因此,渔民产生抵触是可以理解的。而边际或赢利状况较差的从业者(marginal producers)有可能会因 IQs 和 ITQs 制度的实施而被"淘汰出局",对于这部分人而言,许多人参与捕鱼活动可能获得很多的"非货币收益"(non-monetary benefits),或者说从事捕鱼活动对他们的经济价值远远低于其他方面的意义(例如休闲、美学或宗教意义)。此类从业者的数量有可能很大,他们可能会认为 IQs 和 ITQs 制度的实施威胁到了他们的生活方式,因而可能会更喜欢自由准入式的入渔机制。另一种担心是,一旦实施 IQs 和 ITQs 制度,更为开放式的入渔制度可能很难再被恢复。尽管不都是合理的,上述担心都是真实存在的,也是渔业行业对 IQs 和 ITQs 制度采取抵制态度的潜在原因。无论是基于何种原因,渔业行业的抵触都会使 IQs 和 ITQs 制度的有效实施变得异常困难,即使能够实施,管理机关往往也要付出很大代价。

同 IQs 制度相比,ITQs 制度(即允许持有者转让其配额)有可能产生更大的经济收益,因为允许配额转让,随着时间的推移,配额最终将被最有效率的渔民所获得,从而使捕捞总成本最小化和渔业资源租金最大化。允许配额转让同时也有可能起到降低丢弃和谎报渔获物、渔具冲突和损失的作用。但是,允许配额转让有可能是船队规模变得更小,从而降低渔业就业水平和引发渔民的阶层分化,使人们对资源配置的社会公正问题产生质疑。

2. ITQs 制度同其他管理措施配套使用的预期效果

ITQs 制度通常同影响渔获物的规格和性别构成的管理措施(例如网目规格、陷网逃逸出口大小、怀卵亲鱼禁捕等)配套使用。为了使配额价值最大化,渔民不一定选择捕获大到可避免补充型过度捕捞的规格的鱼。因此,渔获物规格限制可强化资源养护效果,使经济绩效超过单纯采用 ITQs 制度可实现的程度。

如果幼鱼和成鱼分别生活在不同的海域,禁渔区制度可有效限制渔获物的最小规格。如果幼鱼和成鱼价格之间的差异不足以使渔民避免捕获幼鱼的话,对幼鱼生长的海域实施禁捕能够强化资源养护效果,提高渔业经济绩效。

如果同捕捞作业捆绑在一起，其他管理措施通常将降低渔业的经济绩效。许可证制度有可能使更有效率的渔民失去捕鱼机会，从而减少渔业资源租金和利润，但许可证制度有可能导致渔业管理收益的更为平等的分配。渔具和渔船限制措施（即非渔获物规格和性别限制的其他措施）也将降低渔业绩效，但有可能减少渔具冲突和社会不平等问题。诸如限制海上作业日、渔具单元的数量和（或）规格或船员数量一类的限制措施可便利渔业监测和执法，但有可能使从业者的经济绩效降低到低于其潜力。

总之，ITQs制度（包括IQs制度）的实施有可能对渔业资源起到很好的养护效果和最大或较大的经济收益，如果渔业监管对总渔获量的控制得力的话。但是，该制度的实施易引发一些社会和渔政问题。

三、ITQs制度施行效果评估——实证分析

在这一部分我们将以经和发展组织成员国中已采用ITQs制度进行管理的24个渔业作为案例研究对象（见表6.1），具体分析ITQs制度的施行效果，于表5.1中列举的只是那些具有充分数据供分析的渔业。

表6.1 ITQs制度[1]在经合发展组织部分成员国渔业中的应用情况[2]

国别	起始时间	是否可转让
澳大利亚		
珍珠贝（W. Aus. N. T.）	1982（西澳），1988（NT）	是
南部金枪鱼	1984	是
南部鲍鱼（塔斯马尼亚，维多利亚）	1985（T），1988（V）	是
南部拖网渔业	1989	是
加拿大		
大西洋外海龙虾	1984	是
圣劳伦斯湾雪蟹	1990	是
斯科舍芬蒂湾鲱鱼	1983	是
外海底栖鱼类	1982	是
底栖鱼类	1987	是
大西洋纽芬兰近海渔业	1984	是
圣劳伦斯湾拖网渔业	1989	是
斯科舍芬蒂湾近海拖网渔业	1991	是
外海扇贝	1986	是
北部虾类	1987	否

(续表)

国别	起始时间	是否可转让
太平洋鲍鱼	1979/1980	是
黑鳕	1990	是
陆蛤	1989	是
鳊鲽	1991	是
丹麦[3]		
鳕鱼、鲱鱼、鲭鱼		否
冰岛		
鲱鱼	1976	是
毛鳞鱼	1981	是
底栖鱼类	1984	是
龙虾	1988	是
扇贝	1988	是
虾类	1988	是
荷兰		
舌鳎和欧蝶	1976	是
圆体鱼[4]	1993	否
鲱鱼	1993	是
鲭鱼	1983	是
挪威		
鲱鱼和毛鳞鱼	20世纪80年代	否
鳕鱼	20世纪80年代	否
葡萄牙		
NAFO和斯瓦尔巴特群岛	1992	是
新西兰		
蛇鲭	1986/1987	是
蓝鳕	1986/1987	是
唇指鲈	1986/1987	是
牙鲆	1986/1987	是
鲻鱼	1986/1987	是
新西兰无须鳕	1983/1984~1986/1987	否
新西兰无须鳕	1986/1987	是
新西兰竹荚鱼(两处海域)	1987/1988	否
新西兰竹荚鱼(两处海域)	1987/1988	是

(续表)

国别	起始时间	是否可转让
海鲂	1986/1987	是
长身鳕鱼	1986/1987	是
大西洋胸棘鲷	1983/1984~1986/1987	否
大西洋胸棘鲷	1986/1987	是
仙海鲂	1982/1983~1988/1989	否
仙海鲂	1988/1989	是
鲍鱼	1985~1986/1987	否
鲍鱼	1986/1987	是
Rig	1986/1987	是
大螯虾	1990/1991	是
笛鲷	1986/1987	是
蓝牙	1992	否
南部对虾	1992	是
鱿鱼	1983/1984~1986/1987	
	1986/1987	否
鱿鱼	1986/1987	是
英国		
鲱鱼和鲭鱼[5]	1985	是[6]
美国		
中大西洋浪蛤和美人蛤	1990	是
南大西洋多锯鲷	1992	是
裸盖鱼	1995	是
鳙鲽	1992	是

[1] 此处所说的 ITQs 这一概念采用了本章第一节的定义,即将 IQs 视为 ITQs 的一种特殊形式。
[2] 本表所列举的只是那些具备足够分析数据的渔业。
[3] 丹麦从 1993 年开始采用共同管理有效地管理其实行了 ITQs 制度的圆体鱼类渔业,但这一机制从 1994 年开始正式生效。
[4] 除鳕鱼是按航次设定外,荷兰渔船的个别配额一般是按周或按月设定的,因此很难判定究竟应将其视为个别航次限制,还是个别配额制度。
[5] 1977 年,西部鲭鱼渔业采用了个别渔船配额制度,每位船员每天最大的渔获量不得超过 3.5 吨,因此,将其视为个别航次配额制度。1985 年,年度个别配额制度开始被引入表层鱼类渔业,生产者组织也开始首次介入配额管理。
[6] 生产者组织所分得的配额可以在组织成员间转让。

资料来源:OECD(1997),第 81~82 页。

该研究获得的一些重要证据表明，ITQs 制度对于控制资源利用、减轻渔民捕捞竞争及其相关后果、产生渔业资源租金、增加渔业利润水平和减少从业渔民的数量都是一种非常有效的方法。证据同时表明，配额初始分配以及 ITQs 制度实施后的渔政执法和渔民守法都存在一些问题。对于理论预期的其他结果，要么缺少足够数据支持的证据，要么所得到的证据具有混合性质，即有符合理论预期的证据，也有不符合理论预期的证据。下面，我们将详细讨论经和发展组织成员施行 ITQs 制度的详细情况。

ITQs 制度对渔业资源的养护效果有好有坏。对于所考察的大部分渔业，ITQs 制度对于将渔获量控制在或低于总可捕量的水平方面都是非常有效的。所考察的 31 个渔业中，有 24 个渔业的渔获量都被限定在或低于所设定的总可捕量水平。加拿大裸盖鱼、鳎鲽和陆蛤渔业曾发生过渔获量超出了总可捕量的情况，但 ITQs 制度实施后这一情况没有再发生过。有 8 个渔业曾重复发生过渔获量超出总可捕量的情况。在大多数情况下，渔获量超出总可捕量都是由于监管和执法不力造成的。加拿大鲱鱼渔业曾经发生的渔获量超出总可捕量情况是因为鲱鱼子具有较高的市场需求和价格、鲱鱼难以称重（因成本、时间和准确性问题）以及渔获物买方和卖方共谋造成的。加拿大和澳大利亚的一些市场价值较高的种类曾发生过因非法捕捞而造成的过度捕捞。至少是在加拿大鲍鱼渔业中发生过配额持有者隐瞒不报渔获量的非法行为。

一些渔业曾发生过总可捕量被高估的情况。在考察的 37 个采用 ITQs 制度作为管理手段的渔业中，有 24 个渔业也曾出现过种群规模暂时下降的情况，且有一些表层鱼类几近枯竭。设定总可捕量要求高质量的鱼类资源数据。但是，在引入 ITQs 制度初期，新西兰几乎没有任何有关渔业资源状况及其生产力的数据，即使是在现在，新西兰仍有许多运用 ITQs 制度管理的渔业缺少相关数据。

新西兰不是缺少有关种群状况数据的唯一国家，由于缺少相关数据，澳大利亚曾推迟了对某些渔业实施 ITQs 制度管理的时间，甚至反对对某些渔业实施 ITQs 制度。即使积累了许多质量不错的相关数据，数据的不确定性仍然是一个很大的问题。加拿大底栖鱼类种群、特别是鳕鱼实施 ITQs 制度管理后，种群规模曾出现过连续下降的情况。事实上，种群衰退在实施 ITQs 制度以前已经开始，且存在许多复杂因素，包括种群的跨界性质和种群补充变异。尽管 ITQs 制度的实施可能不是导致这些种群下降的原因，但 ITQs 制度的实施并未能扭转种群规模下降的趋势。

许多采用ITQs制度管理的渔业,都同时采取了其他管理措施。这些措施包括最小网目限制、最小上岸规格限制、禁渔区和禁渔期制度以及其他渔具限制。通过保护种群、对种群的某些部分提供保护或保护某些关键的时期(例如产卵期),这些措施可能会改善资源养护效果。许多渔业在实施ITQs制度以前都采取了最小网目限制或最小上岸规格限制措施,但是实施ITQs制度后这些措施是否被保留还是被取消往往不清楚。在有文件记录的24个种群规模下降的渔业中,至少有20个渔业采取了渔获物规格或渔具选择性限制措施,且有许多渔业还采取了其他管理措施,例如渔获努力量限制、航次限制、渔船限制和禁渔区制度等。理论上,共同采用禁渔区和(或)禁渔期与ITQs制度有可能有助于资源养护,但是,在10个采取了此类管理措施的渔业都经历过种群衰退的情况。一般而言,似乎并没有证据能够表明,采用这些额外措施能够对资源起到显著的养护作用。大部分配套采用ITQs制度、最小上岸规格和最小网目限制的渔业都曾有过种群衰退的经历。究竟是由于过度捕捞,还是由于渔具缺乏规格选择性造成了种群衰退,往往是不清晰的。

引入ITQs制度有可能消除或防止渔民的竞争捕捞及其相关后果,包括过度投资和捕捞能力过剩、浪费、危险的作业方式、渔具冲突和损失以及渔获物质量下降。证据表明,许多渔业采用ITQs制度后都克服了这些问题。12个渔业采用ITQs制度后消除了原先存在的捕捞竞争。两个最成功的例子是加拿大鳙鲽和裸盖鱼渔业。在总可捕量制度或有限准入管理措施下,捕捞季节被减少到只有几天的渔业,采用ITQs制度后捕捞季节都延长到了全年的大部分时间。

实证研究表明,ITQs制度的实施不总是能够消除竞争捕捞。荷兰的鳎类和欧鲽采用ITQs制度和挪威的鳕鱼渔业采用IQs制度管理后,竞争捕捞并没有消除。这可能是由于受欧盟《共同渔业政策》相关规定的影响,即当国家配额用完后,即使渔民的个人配额没有用完,渔业也将关闭。在冰岛的底栖渔业中,在个别渔获努力量配额或个别渔获配额的权利导致渔业投资增加。在新西兰,比目鱼渔业资源丰度较低的一些年份里,一些局部海区也发生过捕捞竞争的问题。存在捕捞竞争问题的大部分渔业大都同时采用禁渔区和禁渔期制度,不管总可捕量是否捕完,这可能是引发捕捞竞争的更为直接的诱因。

有些渔业运用IQs制度,即不允许渔民进行配额交易。IQs制度的实施可能导致许多类似于ITQs制度的效果,但是限制配额转让有可能降低渔业经济绩效。大多数渔业一开始时采用的都是IQs制度,但最终都允许配额交易,允许配额交易后发生的变化凸显了配额可转让性的重要作用。在加拿大鳙鲽渔业中,渔船数量在 IQs 制度下并没有减少,当转为 ITQs 制度后,渔船数量从 135 艘减少到 53 艘。

在允许配额转让的大多数渔业中,配额市场价值都增加了,这证实了 ITQs 制度能够使渔业产生资源租金这一理论预期,有 22 个渔业实施了 ITQs 制度后都出现与这一预期相符的结果。出现租金的大部分渔业都运用了 ITQs 制度而非 IQs 制度,但这可能是由于大部分证据都取自于配额交易记录的原因。

有 23 个渔业在采用 ITQs 制度或 IQs 制度后,渔业收益性(profitability)都改善了,至少也提高了成本有效性。加拿大的 Scotia Fundy 鲱鱼渔业是与理论预期相反的唯一事例,ITQs 制度的实施并没有改善该渔业的成本结构[1]。但是,该渔业的收益性在引入 ITQs 制度之前的一段时间曾获得改善,当时该渔业共同运用了 ITQs 制度和共同管理机制。

实证研究提供的证据有力地支持了 ITQs 制度将减少渔业就业的理论预期,19 个渔业出现的情况符合这一预期,有三个渔业出现了相反的情况。

只有几个渔业实施 ITQs 制度后减轻了渔获物浪费、渔具冲突和丢失问题,但没有反面的事例。加拿大斯科芬蒂地近海拖网渔业、大西洋鳙鲽渔业和陆蛤渔业实施 ITQs 制度后,海上作业安全状况都得到了改善,但是,加拿大外海底栖渔业(offshore groundfish fishery)实施 ITQs 制度后,海上作业安全状况反而变差。由于支持理论预期或与理论预期相反的证据数量都很少,因此很难推导出一般性的结论。

兼捕问题在少数几个实施了 ITQs 制度的渔业中减轻了,在大多数渔业中兼捕问题都变得更为严重,但只有几个渔业保留了有关兼捕情况的详细记录。在加拿大鳙鲽渔业中,作为兼捕种类的岩鱼在实施 ITQs 制度以前被作为渔获物上岸,而不是被丢弃。鲅鱇鱼是加拿大外海扇贝渔业(offshore scallop fishery)的兼捕种类,但是该种类也可直接在市场上出售。在底栖渔业中,由于要选择性的捕获目标种类很困难,所以兼捕仍然是一个问题,例如,加拿大大西洋的底栖鱼类、澳大利亚的东南多种类渔业(multi-species Southeast fishery)和新西兰比目鱼(flatfish)渔业、荷兰的鳎类和欧鲽渔业。

许多渔业实施 ITQs 制度后,优化渔获物构成的问题都是令人担忧的,但只有 10 个渔业保留了相关证据。渔获物构成的优化对冰岛渔业不是非常明

---

[1] 但是,该渔业的成本增加有可能由其他因素造成的,与加拿大鲱鱼(herring)渔业引入 ITQs 制度同时发生的是在日本形成了非常有利可图的鲱鱼子(herring roe)市场。鲱鱼需求的增加诱发了新的渔业投资,许多本来想退出该渔业的渔民选择了继续从事作业。

显的问题。通过派遣随船观察员,且将丢弃量计入个人配额中,渔获物构成的优化问题在加拿大北部对虾渔业(northern shrimp fishery)中得到了很好的控制。一些渔业同时采取渔具选择性措施有可能减少优化渔获物构成的问题,但缺少明显证据支持这一推论,但至少有8个同时采取网目规格限制的渔业发生过渔获物优化问题。

实施ITQs制度后,渔获物质量有可能提高,这是因为渔民可更为从容地从事捕捞作业,同时,为了使渔获物的价值最大化,渔民在捕捞和处理过程中自然都会格外小心。加拿大鳙鲽渔业实施ITQs制度后,更多的渔获物被鲜卖。13个渔业都有渔获物质量提高的记录,没有渔获物质量下降的任何证据。产品质量改进主要是由于鱼品(即以鱼为原料的食品)的改变,而不仅仅是由渔获物处理方法和过程的改进。在加拿大的陆蛤渔业中,渔获物销售逐渐从过去的人造蟹肉(surimi)产品和价值更高的蛤片产品形式发展到直接鲜卖。

很难找到与市场相关联的其他理论假设相反的实证材料。其中,实施ITQs制度后,8个渔业很少出现渔获物短期内大量充斥市场的情况,6个渔业的经营状况变得更为稳定,5个渔业的投资环境得到了改善。

至于社会和渔政效果,既有支持理论预期也有与理论预期相反的证据,但大部分证据都不是很充分的。18个渔业出现过渔政执法费用增加和执法难度加大的问题,而5个渔业的渔政执法状况得到改善。实证研究表明,对于渔获物价值高的渔业、多种类渔业和跨国渔业,渔政执法尤为困难。配额持有者支持渔业执法的情况是非常普遍的,因为他们认识到非配额持有者的非法捕捞活动将降低其配额价值,因而产生了协助渔政管理机关执法的激励。在许多渔业中,ITQs制度的实施提高了渔民与渔政管理机关之间的合作,包括新西兰的所有渔业、美国的多锯鲷渔业。在加拿大鳙鲽渔业中,实施ITQs制度后,渔民遵守管理规定的程度得到了明显提高,而转向更为有效的渔业执法过程似乎对澳大利亚鲍鱼渔业的非法捕捞活动起到有效的遏制作用。

渔业因实施ITQs制度而产生的租金为渔政机构提供了弥补渔政成本的收益来源。在澳大利亚、加拿大、冰岛和新西兰的许多采用ITQs制度的渔业,政府都向配额持有者征收一定的费用,用于弥补渔政管理和执法成本。在1993年和1994年,新西兰龙虾渔业的配额持有者自愿地向政府交纳了因加大执法力度而花费的管理成本。

12个渔业发生过渔民低报渔获量以及渔获数据质量下降的情况,但有6个渔业渔获数据质量反而因ITQs制度的实施而提高。引入ITQs制度遭到渔民反对的渔业有 8 个,得到渔民支持的渔业有 5 个。有 10 个渔业在进行配额初始分配过程中发生过问题,但都没有保留相关纪录。几乎没有支持小型作业渔民会因引入 ITQs 制度而被"淘汰出局"的证据。12 个渔业发生过配额过度集中问题,但另有 5 个渔业却发生过与此相反的问题。冰岛曾因引入 ITQs 制度而导致渔民阶层分化的问题,尽管缺少相关证据,其他国家的渔业也有可能发生过此类问题,实施 ITQs 制度后配额持有者的财富积累大幅增加可作为这一推断的证据。

第四节 各国决定实施 ITQs 制度的基本依据

一、ITQs 制度在各国应用的基本情况

由于长期的过度捕捞,冰岛近海的渔业资源不断衰退。为了扭转这一趋势,冰岛于 1976 年首先在鲱鱼渔业中实施了个别渔船配额(IVQs)制度,但不允许配额持有人转让其配额。该制度实施三年后,即从 1979 年开始允许持有人转让其配额。随后,又相继在毛鳞鱼、龙虾、扇贝等渔业中实施了基于配额的管理制度。从 1991 年开始,冰岛随所有渔业的管理措施进行了统一规范,正式将个别可转让配额制度作为冰岛渔业的主导管理框架。截止到 1997 年,冰岛渔产数量比 1991 年下降了 25%,渔船总吨位维持在120 000吨左右。

新西兰是世界上最早引入个别可转让配额制度的国家,也是实施该制度最成功的国家。新西兰从 1983 年开始,首次采用个别可转让配额制度管理其大西洋胸棘鲷渔业,从 1986 年开始正式将个别可转让配额制度作为该国渔业管理的基本制度框架。目前,以在笛鲷、蓝鳕、牙鲆、蛇鲭、大西洋胸棘鲷、鱿鱼、大螯虾和南方扇贝等 32 种主要渔业中施行了个别可转让配额制度。就目前的资源状况看,新西兰近海资源量较 20 世纪 80 年代中期有了明显的增加。

美国于 1990 年开始在中大西洋和新英格兰水域的浪蛤和美人蛤渔业中实施个别可转让配额制度,此后又分别于 1992 年和 1995 年在南大西洋的美洲多锯鲷渔业和阿拉斯加的裸盖鱼、鲽鲽渔业实施了个别可转让配额制度。根据美国国家海洋渔业局(National Marine Fisheries Services,NMFS)1999 年的报告,在施行个别可转让配额制度管理的渔业中,资源水平呈现稳定恢复。目前,美国正积极筹划在其他渔业中推广这一管理制度。

澳大利亚的南方蓝鳍金枪鱼、东南拖网、珠母贝、龙虾、对虾和南方鲍等渔

业,加拿大的大西洋鲱鱼、近海扇贝、北方长额虾、太平洋陆蛤和东海岸底栖鱼类渔业等,以及英国的鲱鱼和鲐鱼渔业也都与20世纪80年代或90年代采用了个别可转让配额制度。

此外,加拿大、澳大利亚、荷兰、西班牙、葡萄牙、德国、法国、挪威、芬兰、波兰、智利、阿根廷、秘鲁、日本、韩国、马来西亚、印度尼西亚、泰国和南非等国家也都开始运用或正考虑采用个别可转让配额制度。本书表5.1列出了各国采用ITQs制度所管理的一些重要渔业,虽然没有囊括所有渔业,但通过该表还是能够看出ITQs制度在全球范围内的应用和发展情况。此外,表6.1特别列出了部分经合发展组织成员国采用ITQs制度所管理的一些重要渔业[1]。

尽管各国决定采用ITQs制度管理渔业的原因可能不尽相同,但最普遍的理由通常是为了消除自由捕捞或有限准入管理制度,特别是总可捕量制度所产生的不良后果。在单独采用总可捕量制度而不限制个别渔民具体作业行为的管理体制下,渔民具有足够的动机在禁渔期以前抢捕到尽可能多的渔获物。这样就必然导致捕捞船队能力过剩、渔获努力量越来越大和捕捞作业时间越来越短,正如本书反复强调的一样,许多渔业之所以采用个别可转让配额制度来管理,主要目标就是要避免这种恶性竞争可能带来的有害效果。

采用ITQs制度的另外三个特定的理论依据是:(1)通过提供诱导渔民自愿减少任何过多的收获和加工能力的激励机制来提高渔业经济效率;(2)通过提供诱导渔民自觉地减少兼捕、渔具丢失和从事其他有利于资源养护活动的激励机制来改善资源的养护效果;(3)通过提供能够减少渔民在危险的海上情况条件下出海作业的冲动之机制来增加海上作业安全系数。尽管计算ITQs制度可能带来的许多收益和成本是以经济学原理为依据的,但是,该制度所具有的潜在社会效果也可能成为设计具体的个别可转让配额项目时所必须考虑的主要问题,而其他各种各样的因素也可能对具体的个别可转让配额项目的制定和形成产生影响(NRC,1999)。下面,我们将具体讨论实施ITQs制度的三大基本依据,并对这一管理形式可能产生的潜在成本和收益提供一个概括性的说明。

---

[1]随着个别可转让配额项目的成功实施,一个值得注意的发展趋势是各国政府一直在试图让渔业行业自身进行配额管理,或者允许渔民或渔民组织代表直接参与总可捕量的确定、渔业科研和渔业参与执法过程并分担一定的管理费用,其目的在于增加渔业管理的合法性和减轻政府负担。例如,新西兰、加拿大和美国等国家目前正试图将个别可转让配额这一管理手段和共同管理这一管理过程纳入同一的制度框架,以期充分利用两种管理模式所具有的互补优势,改善渔业管理的效果和提高渔业管理的效率。

二、提高渔业经济效率

采用ITQs制度意味着把总可捕量划分成许多较小的单位,然后把它们分配给个别渔民、个别渔船、个别渔村或个别渔业公司,让他们自己决定何时利用和如何利用所分配到的配额,从而达到提高经济效率的目的。这里所说的让渔民自己决定如何利用所分得的配额包括在政策许可的范围内他们有权决定是否转让、出租或租用配额。

正如本书反复提到的,竞争性捕捞会带来许多严重的经济后果。首先,竞争性捕捞将导致必须通过增加捕捞作业强度(包括出海作业次数的增多、航行距离的加大和作业强度的增加),使用更多的渔具和花费更大的人力、物力投入才能收获同样数量的总可捕量。这实际上就等于浪费稀缺资源,因为如果不需要为了有限的可捕量而进行激烈竞争,渔民就可以花费较低的成本获得同样的捕捞产量;对于某些渔获物而言,如果渔民能有仔细处理的时间,或者可以延长捕捞作业时间的话,捕获同样数量的鱼就可以获得更大的市场价值,例如鲜卖、活卖或者寻找更好的买主等。已经采用个别可转让配额管理制度的很多渔业所取得的经验也已经证明了这一点(参阅 NRC, 1999)。其次,竞争性捕捞将迫使渔民为了获得竞争优势而进行代价昂贵的渔船改造(例如,安装功率更大的马达、购买更好的探鱼仪器、扩大渔船的规模等),以期比竞争对手获得更多的渔获物。再者,渔业加工能力的扩大本身既是竞争性捕捞的结果,反过来又能进一步激化捕捞竞争,这是因为加工者一方面相互竞争以期吸引更多的渔货,另一方面必须扩大加工能力和开发流通渠道以便接纳、加工和销售短期内大量上岸的渔获物。渔获物短期内大量上岸也直接影响到消费者所能购买到的渔货的质量和价格。例如,本来可以买到活鱼或鲜鱼的季节变成了只能买到鲜鱼、冷冻鱼、腌制品或干品等。另外需要说明的一点是,如果不能有效控制渔船和渔民的大量涌入,单独采用总可捕量制度就不可能提高渔业的经济效率,而ITQs制度通过消除渔民的过度投资和投入过多人力的动机则能够极大地提高渔业经济效率。

然而,提高渔业经济效率可能会显著地改变渔业的特性,并因此产生重大的社会影响。例如,如果要去除某渔业原来具有的收获和加工能力,曾经在竞争性捕捞中占据优势地位并以该渔业为主要经济活动的地区就可能因此而失去这一渔业所提供的就业机会和收入来源(但是,如果不能有效地遏制对该渔业的竞争性捕捞,依赖该渔业的地区必将最终失去这一就业和收入基础)。因此,在确定具体的个别可转让配额制度时,要特别注意配额的初始分配形式和配额的可转让性这两个极具争议的、能够使渔业的社会经济属性发生深刻变化的问题①(参阅 NRC,1999)。

使渔业经济效率这一问题变得复杂化的一个主要原因在于,不是商业渔业的所有组成部分都严格按照公司理论的一般经济逻辑来运作的。大量的实证研究表明,公司理论所依据的假设不是总是能够成立的。在研究美国东北地区的渔业时,Doeringer(1986)等曾把该地区的渔业划分成两部分,分别称之为以亲属为纽带的渔业(a kinship sector)和资本主义渔业(a capitalist sector),他们指出,以亲属为纽带的渔业是在对资本主义渔业发展有害的条件下繁荣和发展起来的。Apostle 等(1992)也作了类似的区分,但他们的研究不仅限于捕捞部门,也包括了渔业加工部门,并把研究的范围扩大到加拿大大西洋渔业。Durrenberger(1996)在研究美国的墨西哥湾渔业时,也发现了同样的现象。以亲属为纽带的渔业部分的存在意味着,渔民个人将以严格的经济学理由为依据进行决策的假定可能难以成立,因此,诸如 ITQs 制度和其他有限准入制度一类的管理措施可能会产生不同于依据纯理论推导所得出的结果。因此,在设计新的渔业管理方案时,渔业管理者应当考虑到以亲属为纽带的渔业部分的存在,这一点对于我国具有长期历史的、以小型渔船作业为特征的渔业和地区尤为重要。

三、改善资源养护效果

实施 ITQs 管理制度所依据的另一理论依据是该制度能够增强渔民养护资源的积极性。而实际经验也已表明,如果监管执法得力,使实际渔获量保持在总可捕量的范围内,维持好捕捞作业秩序、有效限制捕捞竞争、严厉惩罚实际渔获量超出个人配额的那些渔民,ITQs 管理制度确实能够有效地促进对资源的养护。事实上,在新西兰、冰岛和其他国家,采用 ITQs 制度作为渔业管理措施的大部分渔业在维持实际捕捞量低于总可捕量方面都是成功的(至少所记录的实际捕捞量是低于总可捕量),而对于同一渔业,在没有采用 ITQs 管理制度以前,实际捕捞量则经常超过其总可捕量(NRC,1999)。在 ITQs 制度下,渔民可以从容而谨慎地选择出海作业时间和地点,可以使用较少的渔具,并因此减少渔具丢失和所丢失的渔具对鱼类(所谓的 ghost fishing)和海

---

① 这也是我们为什么提出我国海洋捕捞业的配额管理制度应采用个别渔村配额形式和适当限制配额转让的理论依据之一,其他的理论依据则主要来源于新制度经济学,特别是共有财产理论和集体行动理论等,而新西兰、冰岛、加拿大和美国等国家在实施个别可转让配额制度时所取得的经验和教训也给予了我们一定的启发。

洋环境可能造成的潜在危害；另外，拥有配额的渔民可以在一年四季（政府规定的禁渔期除外）的任何时间合法地收获配额规定的种类和数量。由于不需要抢捕，他们就可以选择在最有利的捕捞条件下出海作业以减少对非目标种类的兼捕，或者有时间采取能够减少兼捕的捕捞方法；再者，因为有相对充裕的捕捞和加工时间，同样数量的渔获物可以加工出更多可实际销售的产品，从而降低渔获物的丢弃数量，减少对海洋环境的污染效果。

最重要的是，为了使自己的配额持续有价值或有所增值，就像股民期望自己手中握有的股票能够增值一样，配额持有者具有充足的动机来保护与其配额价值密切相关的渔业资源基础和环境。某些学者和一些渔业专家认为，配额持有者的这一动机将促使他们自觉地养护资源、从事必要的研究和协助渔业监管执法机构保护种群的健康以实现配额的未来价值，包括举报偷捕和其他违法行为(Neher, et al, 1989)。类似的假定既暗含于许多围绕渔业管理所展开的讨论中，也清楚地出现在美国、加拿大、新西兰等国家为是否采用ITQs制度而举行的听证会上(NRC, 1999)。对ITQs制度的政治支持大都源于这样一种假设：私有化是保护生态敏感性的有效途径。这一论点所依据的前提是，对于跟个别可转让配额有密切关系的渔业资源，配额持有者们通常把自己看做是这些资源的唯一所有者(Gordon, 1953, 1954; Scott, 1955; Christy, 1973)。还有一种观点认为，有效限制准入的ITQs制度能够积累渔业的价值，所积累的价值将转变成对个人配额价值的投资。因此，渔业管理越成功，个人所拥有的配额价值就越高。

但是，渔民拥有的个人配额并不代表享有任何特定种群的所有权，因此，无法保证其他配额所有者也都不从事有害于种群可持续利用的捕捞活动，即投机取巧的心理和行为依然存在。有些人认为，由于ITQs管理制度能够让渔民从容地进行捕捞活动，所以渔民可能会选择只捕捞具有较高经济价值的种类或类型，即所谓的渔获物高级化现象。可以想象，当渔获率很高或者当不同规格、性别或不同性成熟度的鱼之间存在较高的市场价格差异时，渔获物高级化现象最有可能发生；而当所允许捕捞的总量是以鱼的总条数而非总质量来表示的时候，就可能极大地激起渔民优化其渔获物的动机（参阅 Squires, et al, 1998)。还有一些人认为，鉴于难以有效地对渔民海上作业进行监管和执法，谎报实际渔获量（即所谓的 quota busting）的诱惑可能要远远超过害怕被抓到的恐惧。把总可捕量分配给一定数量的渔民意味着，如果个别渔民为了养护资源而放弃某些渔获物，他就必须单独承担被他放弃的渔获物的全部边际成本，而只能获得其养护行为所带来的全部未来收益中与其个人配额相对应的一部分,这是因为每个配额持有者只能够享受到与其个人配额份额成比例的未来收益。实际上,这就是典型的、在经济学上被称之为外部性的现象,即某一经济活动所带来的成本或收益不是由该活动的主体全部承担或获得。因此,个别可转让配额的持有者只能具有低于社会最优水平的资源养护动机,尤其是当存在大量配额持有者时,因为人数越多,未来的平均收益越小。上述分析也说明了,为了实现个别可转让配额制度所具有的制度优势,有效的监管和执法以及严厉处罚违规者同样是非常重要的(参阅 Crothers, 1999; Edward, 1999)。

ITQs 制度对资源养护所产生的净效果将取决于三种因素的相互作用,即该制度所能够激发出来的渔民养护资源的积极性的高低、执法效果和个别配额所有者采取欺骗手段的动机强弱。选留优质鱼类而丢弃低值鱼类的渔获物优化现象必然导致作业成本的增加,因此,只有当预期收益大于选留过程和重新捕获到合乎品种、规格要求的鱼类所发生的成本之和时(包括时间的机会成本和被发现后可能的罚款数量或其他惩罚的程度),渔获物高级化行为才可能发生。在美国于1990年举行的一次关于各种不同的管理手段对兼捕、共捕兼捕和丢弃行为之影响的研讨会上,与会学者一般认为,对解决这些问题而言,个别可转让配额管理制度和其他管理手段之间不存在孰好孰坏的关系(Dewees, et al, 1990)。除了在太平洋鳙鲽渔业中(Gilroy, et al, 1996)存在一些证据表明ITQs管理制度能够明显降低"管理丢弃"(regulatory discards)以外,很难再找到其他与该项管理措施究竟是否可以提高渔民养护资源的积极性有关的资料(NRC, 1999)。

四、降低海上作业风险

实施 ITQs 管理制度的第三个理论依据该制度能够显著改善渔民海上作业安全状况。正如前面所提到的,ITQs 制度具体规定了每个渔民一年四季可以捕获的渔获物总量,由于这一权利是受法律保护的,因此渔民可以自由决定具体的捕捞时间,选择在天气状况、船舶性能和其他安全因素都有利的条件下出海作业,避开各种危险情形,因而可以有效地提高海上作业的安全系数。美国、新西兰和冰岛等国的实践也表明,采用 ITQs 制度以后,海上作业安全系数明显地提高了。

五、其他理论依据

其他各种理论依据也曾经被用来说明制定和实施 ITQs 制度的必要性。

例如,美国采用 ITQs 制度作为浪蛤/美人蛤类渔业的管理措施,其中的一部分原因是想通过该制度来降低行政和执法负担;而对于当时还处于初期发展阶段、但捕捞能力膨胀速度过快的多锯鲷渔业,美国决定采用 ITQs 管理制度作为管理手段的主要目的则在于防止该渔业出现过度投资问题(参阅 NRC,1999)。

第五节　应用 ITQs 制度应注意的一些问题

一、适用 ITQs 制度的渔业的特征

如前文所述,理论和许多实践经验均表明,ITQs 制度可以用来处理渔业管理中各种社会、经济和生物学问题,其他各种管理制度也可以实现 ITQs 制度可实现的管理目标中的某些目标。没有既定标准可判断在何种情形下采用 ITQs 制度更为合适,是否采用 ITQs 制度应根据具体渔业的实际情况来决定。ITQs 制度既可以作为一种防止渔业种群过度利用的预防性措施,也可以用来矫正现有渔业的过度捕捞和过度投资问题,还可以作为一种反激励机制,抑制渔民在危险的海况条件下出海作业的冲动。美国国家研究委员会的一份研究报告(NRC,1999)指出,如果能满足下列条件的话,ITQs 制度的实施会更容易成功。一是对所确定的总可捕量有相当的把握。如果不能实施以总可捕量为基础的管理措施,采用其他一些诸如个别可转让努力量配额的管理制度可能更适宜。二是提高经济效率和减少渔业公司、渔船以及从业人员数量属于渔业管理目标中的优先选项。三是广大渔民的支持和参与。尽管不一定达成共识,有关利益群体积极参与个别可转让配额制度的设计、实施和运作过程是十分重要的。四是易于对渔业实施成本有效的监管和执法。五是渔业相关数据比较充分。由于个别可转让配额制度能够产生长期的影响和具有潜在的不可逆转性,因此,需要有充分的相关数据来评估并尽可能缓和因实施个别可转让配额制度对渔民个人和渔民社区所带来的各种潜在的社会和经济影响。六是辨明渔业活动"外溢"到其他渔业的可能性,且能够将其不利影响降低到最低程度。

当过度投资已成为渔业的严重问题时,ITQs 制度可以作为一种非常有效的矫正措施,但对 ITQs 制度的设计和行政也会因此变得异常困难。当用于已经出现过度投资的渔业时,ITQs 制度的实施有可能减少从业人数。但

是,当用于还没有出现各种严重问题的渔业时,采用ITQs制度作为一种预防措施则更有价值。

二、渔业管理目标设定与利益协调

管理目标不明确或相互冲突是一些渔业管理制度、包括一些国家所实施的ITQs制度的一个主要问题。不能准确把握或衡量管理目标的相对重要性常常使政策制定者在拟定渔业政策和管理措施时感到无所适从,结果,往往制定出无法有效贯彻和落实的政策或措施。对ITQs制度的相对重要性和价值的理解存有混淆、相互冲突或模糊不清的看法,很容易导致出台在管理目标上相互矛盾或缺乏连贯性的管理计划,在实际应用过程中发生许多预期不到的后果,并最终以失败而告终。明确所要达成的目标对于制定ITQs计划是至关重要的,如果把提高经济效益和迅速压缩船队规模作为主要目标,就应当允许配额所有者自由转让手中所持有的配额、对配额份额的可分割性尽量不加限制和规定配额所有权是长期有效的;如果把其他目的作为主要目标或存在相互冲突的目标,就应当适当地在各种目标中作出权衡取舍。

应当注意的是,不同地区往往具有不同的渔业管理目标,即使是同一地区的不同渔业,其管理目标也可能不尽相同。因此,在决策过程中应注意充分征求有关利益群体的意见,明确每一渔业管理计划的生物、社会和经济目标以及所确定的管理措施,包括ITQs制度能否实现这些目标。同样,在渔业管理计划的拟定阶段,应明确弄清楚各种可供选择的管理措施所具有的潜在制度效果。

一旦开始实施ITQs项目,各种事件就可能接踵而至,并因此导致各种意想不到或无法预期的后果发生,这些后果往往难以扭转或缓和。各种渔业管理措施的实施不同程度上都会发生此类情况,但是,对于各种有限准入措施,包括ITQs制度,上述情况尤为严重。这是因为ITQs制度的实施,势必导致各种社会经济关系的重构并有可能因此造成重大的利益冲突。取决于特定渔业的具体情况和ITQs制度的具体内容,伴随着ITQs制度的实施,可能会形成新的利益群体,即拥有配额的那些个人和组织。这一新的利益群体同现有利益群体在利益和观点方面可能会有很大分歧,这是因为现有利益群体中的相当一部分人可能会因为无资格拥有配额而不得不退出捕捞作业。更有甚者,如果相关利益群体认为实施的ITQs制度是不公正或不平等的,这就势必影响到他们与未来管理过程的互动方式。

另外,尽管一般都认为配额所有权只是一种法律上可能被取消的有限特权,但是,为了保护其投资利益,许可证或配额持有人势必极力反对取消这一特权,这在其他利用自然资源的行业中已得到了证明,例如采矿业和畜牧业。

大量的文献材料均表明,在决定采用ITQs制度之前,对于该制度的社会经济影响评估都未能给予足够的重视,也没有投入充足的资源来评估实施此类项目可能造成的社会经济影响。因此,在决定实施ITQs制度或其他替代性管理措施之前,对可能产生的社会、经济和生物后果问题开展研究,应当给予高度的计划优先。这就要求应尽可能以严格的政策评估为基础对可能发生的后果进行预测,并监督和定期评估政策的实施效果。

ITQs制度应当包括有关如何监控该制度实施后可能产生的各种长短期影响的规定,并将必要时作出改变以实现预期目标所需要的政治、财政和行政能力作为"制度配套"的重要内容。因此,管理机关至少应确保在制定管理政策以前,必须对将要采用ITQs制度管理的渔业之有关社会经济因素作出初步评估。

三、机构间协调与权力下放

针对隶属于不同管理机构管辖的海区和种类实施ITQs制度,实施该制度的一方有可能因实施该制度而对各方产生重大影响。如果相关管理机构之间相互协调不力,就可能极大地削弱诸如ITQs制度一类管理措施的实际效果。管理措施缺少连贯性可能造成管理出现漏洞,并因此而导致配额发生异常变动、瞒报实际渔获量和出现其他一些问题。相关机构的管理人员之间的协调和合作可以提高有限的渔业执法力量的实际执法效果,扩大渔业数据收集项目的范围和改善所收集到的数据质量。

因此,当采取ITQs制度来管理跨越不同管理机构管辖海域的鱼类种群时,采用这一制度的管理机构应当将这一决定尽可能迅速地正式通知其他有关渔业管理机构,并设法得到其他管理机构的配合,采取连续一贯的措施,来控制好未被个别可转让配额计划所包括的休闲渔业和其他渔业,包括协调执法活动、统一开捕期限、针对跨界种群签订合作协议和制定适当的有限准入措施。这是因为某一管辖区内采取的渔业管理措施可能达成的效果很大程度上取决于相临管辖区内所采取的管理措施。

采用ITQs管理制度并不影响将某些管理决策下放到分区域或地方管理机构,在某些情形下,管理下放可能有助于ITQs管理制度的执行。对于地方性和相对分散的种群以及具有明确地域界限的渔业,将管理权限下放给相关地区可能会带来一定的生物、经济和社会收益。

四、数据收集与反投机行为

美国国家研究委员会(NRC,1999)收集到的许多证据都表明,在项目酝酿、开始收集某些数据、进行相关研究和采取有限准入措施期间,部分参与者进行了大量的投机活动,并因此导致许多非渔业人员在个别可转让项目启动之前大量涌入即将采取ITQs制度的渔业中,造成捕捞能力短期内大幅度上升。推迟或延缓所规定的截止日期限制势必造成投机心理和行为的泛滥和大量投机资本的涌入,这些因素可能成为后来对项目的公平和公正性提出质疑或抱怨的基础。

如果配额的初始分配主要依据渔民的历史渔获实绩(catch history),那么,改变原定的截止日期势必牺牲原有的早期作业渔民的利益,而有利于抱有投机心理而从事捕捞作业的后来者。美国国家研究委员会获得的证词表明,上述问题的发生是非常普遍的,曾经对鳙鲽和裸盖鱼渔业的ITQs制度项目、已经得到提议的太平洋裸盖鱼ITQs制度项目和浪蛤/美人蛤项目产生过重大的影响。随意更动截止日期必将导致大量投机资本的涌入和捕捞能力过剩,而这些问题往往正是采用ITQs制度项目所要解决的问题。上述证词同时也表明,延迟或改变截止日期似乎不仅仅是由于期待着更大程度的公众参与,往往也由于各种不必要的行政惰性。

因此,为了减少各种潜在投机资本的涌入机会,渔业管理机关应当确保数据收集和相关研究作为一种长期的、制度性的常规业务,将此类工作同所要采取的特定管理措施分离开来。定期收集到的数据将便利于评估各种资源配置行动,包括个别可转让配额的分配可能产生的社会、经济和生物学影响。另外,尽早采取并严格遵守所确定的截止日期和暂停发放许可证将极大地减少投机性涌入的心理和行为,如果后来决定取消实施ITQs制度措施,则可以解除暂停发放许可证的做法,假如新的渔民进入特定渔业是必要的。

五、渔业管理单元的确定

确定管理单元是任何渔业管理计划都必须首先解决的一个主要问题,个别可转让配额制度当然也不能例外。个别可转让配额制度的管理单元通常是某一特定种类、特定种群、某些种类或种群的组合,这将取决于总可捕量究竟是如何确定的和捕捞配额究竟是如何分配的。例如,美国在采用个别可转让配额制度管理其浪蛤和美人蛤渔业时,划分了两个管理单元,即浪蛤的整个分布区域和美人蛤的整个分布区域分别构成了一个独立的管理单元。而阿拉斯加裸盖鱼美人蛤和鳙鲽渔业的个别可转让配额项目则根据每一种群地理分布区域的不同,将它们划分成许多管理单元。

正确确定管理单元是决定个别可转让配额制度能否成功实施的非常关键的一步,要确定管理单元必须首先回答两个问题。第一个问题是,究竟有多少种类应当被包括在同一的个别可转让配额项目里呢？如果打算采用个别可转让配额制度来管理某一特定种类,那么,与该种类有着密切的生物学或商业关系的其他种类也就应当被包括在这一管理体系中。这里,要特别注意两个相关问题,即所捕获的种类是同类渔具或同一个船队的兼捕种类还是目标种类？这些种类之间是否存在生物学关系或产卵关系？

在选定种群或种类作为个别可转让配额管理项目时,应当谨慎行事以避免发生以下两种错误。第一种错误是"不当排除",即某一种群或种类与采用个别可转让配额制度管理的种群或种类有着相当密切的关系,但却被排除在这一管理体系之外。如果发生此类错误,那么,无论是被包括在这一管理体系之内、还是被排除在这一体系之外的种类,就都有可能很难得到适当的管理。例如,如果某一种类是 A 渔业的目标种类,对于 B 渔业却是一种重要的兼捕种类,在这种情况下,对 B 渔业实施个别可转让配额制度时将该种类排除在外,那么,就很难正确估计这一种类在 B 渔业中因兼捕所造成的死亡数量。在选定种群或种类作为个别可转让配额管理项目时可能发生的第二种错误是"不当包括",即在采用个别可转让配额制度来管理某一渔业时,一种与该渔业的主捕种类毫不相关的种类也被包括在内。在这种情况下,因确定该种类的总可捕量和确保这一总可捕量不被突破所增加的工作量和管理难度可能会远远超过管理该种类所产生的实际收益。

要确定管理单元必须回答的第二个问题是分组问题,即应当如何对被包括在个别可转让配额制度管理体系内的各个种类进行分组呢？例如,相同种类可能存在几个不同的种群或地理分布上明显不同的单元,在这种情况下,最好是分别确定每一种群或地理单元的总可捕量。另外一种情况是,可以把某些种类看做一个集合体共同采用个别可转让配额制度来管理,但是,从技术角度来看,这一集合体却是由不同种类组成的,美国阿拉斯加的石斑鱼等就是这一情形的典型例子。如果是这种情况,就可以把它们作为一个整体确定一个总的可捕量标准,无需分别确定每一种类的总可捕量。

在处理分组问题时同样需要谨慎,以避免发生以下两种错误。一种错误是"不当集中",即本应区别对待在生物学上存有明显差别的两个或两个以上的种群,却进行了集中处理。例如,如果把两个明显不同的种群看做一个整体,确定了一个总的可捕量,那么,其中一个分布于离渔港较近的渔场或具有较高的单位努力渔获量的种群势必要承受更大的捕捞压力。与此相反,则可能犯"不当专一"的错误,即把不同的种类划分成太多的种群,结果降低了管理计划的灵活性,难以实际操作。

在解决上述两种问题时,作出相应的折中处理有时是必要的。一般而言,被包括在个别可转让配额项目里的种群越多,该制度的包容性也就越强,采用其他措施管理那些尚未被纳入到个别可转让配额项目里的种类的需要也就越小。受个别可转让配额制度管理之种群的地理区分越详细,管理机构就越容易对各个种群或种类组加以集中管理。地理划分越细,个别可转让配额项目的设计也就越复杂,实际操作过程中所面临的困难也就会越多。这是因为,地理划分的结果势必要求分别确定各个种群或种类组的可捕量,相应的监管工作也就必须要能够区分出渔民的渔获物究竟包括了哪些种类,以及这些种类都是来自哪些海区的。

如果某一海区只有一种鱼类,或者有很多鱼类,但事实上它们是彼此相互独立的,那么,个别可转让配额制度的实际应用相对地就变得容易多了。然而,对于大部分渔业,问题的核心是首先确定哪些种类适合采用个别可转让配额制度来管理,以及一旦形成决策如何确定和控制可捕量。另外,运用个别可转让配额制度管理多种类渔业时,许多具体的操作问题也会发生。

六、ITQs 制度与多种类渔业

个别可转让配额正日渐成为一种越来越受欢迎的渔业管理方法。通过向渔民提供一种渔获权利(a harvesting right),配额个别化有可能消除渔民的过度竞争和过度投资心理,而过度竞争和过度投资在自由准入渔业和采用有限准入手段管理的渔业中是一种普遍的现象。允许配额持有者转让其配额则有助于提高渔业经济效率,因为更有效率的渔民将获得总可捕量的大部分份额,同时个别可转让配额也为相对无效率的渔民提供了退出渔业的激励。

然而,渔业管理者必须面对的一个主要问题是,如何采用个别可转让配额管理混合渔业,多种类渔业问题也存在于多种群渔业(multiple stock fisheries)中。当非目标种类的兼捕是非常普遍的时候,或当渔业的捕捞对象本来就是混合种类而实际捕获的每一种类的比例又不确定时,此类渔业应如何管理呢?如何提高渔民避免捕获非目标种类和丢弃已捕获的非目标种类的积极性呢?渔获物的优化问题,即丢弃价值较低的渔获物的问题,如何才能得到有效的解决呢?如何管理配额超标(即实际渔获量超出配额持有量)问题呢?如何确定混合种类(即不同同类混合在一起的情况)的总可捕量,才能同时确保种群的可持续性和渔民的收益性呢?哪些种类适合采用个别可转让配额制度来管理呢?其他问题包括个别可转让配额制度实施后,渔业结构可能发生哪些变化和对社区的产生哪些影响(例如,出现少数几家公司控制大部分配额和渔业社区的社会结构发生较大变化的情况)?

借助于现有文献和世界各地已实施个别可转让配额制度的渔业的经验,Squires等(1998)试图对上述问题作出解答。他们考察了多种类渔业的捕捞技术,分析了个别可转让配额制度下可能发生的丢弃、渔获物高级化和配额超标问题并列举了可能的解决方案,详细阐述了个别可转让配额制度可能对其他渔业产生的冲击,讨论了个别可转让配额制度对渔民作业灵活性的影响,分析了个别配额价格在多种类渔业中的形成机制和与配额份额有关的交易成本问题,评估了个别可转让配额将如何影响经济效率和过度投资,描述了采用个别可转让配额制度后可能出现的租金的性质,回顾了监测和执法问题,提供了个别可转让配额制度的设计方案。

第六节 渔业管理经济学研究中两大学派之基本观点比较

不受管制的渔业或渔业管制失灵倾向于以种群的过度利用为特征。对此,人们一直都在试图找到能有效减少捕捞力量的管理措施。许多新古典经济学家坚持认为,可以通过两种手段来达到有效减少捕捞力量的目的,即税收的方法和个别可转让配额的方法。其他方法,包括不可转让的个别配额制度、总可捕量制度和渔获努力量控制措施,都不可能实现帕累托效率。制度经济学家对新古典理论则一直持批判态度,认为新古典理论忽略了政治因素、执法问题和交易成本。制度经济学家认为,由于存在这些问题,把税收和个别可转让配额制度作为渔业管理的首选方案是值得怀疑的。下面,我们将简单概括一下两大学派的一些基本观点。

一、新古典经济学的观点

在这一部分,我们从新古典经济学的视角对现有渔业管理措施进行评估。对每一管理措施所作的分析,都从渔业不受管制的情形开始,其基本特征为种群过度利用和渔民只能赚取到正常利润。渔业税率被看做是等同于对其他经济部门所征收的税率。

首先,让我们考察ITQs制度。原则上,引入ITQs制度意味着,渔获量在短期内将有所减少,渔获量的减少将引起利润下降,一些渔民将卖掉所持有的配额,不再从事捕捞作业。其结果是,该种群在长期内将恢复到较高的生物量水平上,总可捕量将可能因此而增加。种群生物量的增加将提高单位努力渔获量(CPUE)的水平,降低单位渔获量的捕捞成本(CPUC),因此,经济租金也将增加。此时,如果政府以市场价格卖出配额,政府将获得这些经济租金。ITQs制度之所以有效,是因为个别渔民可以通过买入或卖出配额来优化作业规模,而最缺乏效率的渔民将卖掉所持有的配额,离开捕捞行业。

现在让我们考虑税收,也从渔业不受管制的情形开始。开征新税或提高税率将使渔民遭受损失,某些渔民将因此选择停止捕捞作业,捕捞力量将会减少。仅从这一方面考虑,由于存在沉没成本(sunk costs),征税对渔获努力量的长期影响要大于短期影响。经过一段时间以后,种群的状态将会因渔获努力量的减少而得到改善,结果,单位努力渔获量(CPUE)增加,单位渔获量的成本(CPUC)下降,总渔获量也可能会有所增加。渔民不再遭受损失,但也不可能赚取超额利润,因为所产生的经济租金被政府通过税收的形式所攫获。同ITQs制度一样,税收也是一种有效的管理工具:渔民只能以最有效的方式从事作业,缺乏效率的渔民将被迫离开捕捞行业。

在一个封闭型的经济中,税收对产出的影响和税收对要素投入(税收均匀作用于所有投入)的影响没有差别。但是,如果仅对一部分要素投入品征税,而对其他要素投入不征税的话,要素投入组合将发生变化,无效率将因此发生。在一个开放型的经济中,对产出征税和对投入征税可能会产生不同的效果。例如,水产品增值税(VAT)并不影响出口水产品的利润率,而投入税对此却有影响。

对渔业部门征税对其他经济部门将产生积极影响,在渔业经济学文献中,这一点往往被忽略了。根据最优税收理论,大多数税种将导致次优的产出和消费水平。但是,有些税种对产出和消费不产生影响,有些税种甚至还会产生有利的影响(渔业税就是一个很好的例子)。从这一角度看,对渔业征税有一种额外的优点:渔业税产生收益,所产生的收益可以用来减少其他经济部门的税收扭曲。结果,其他经济领域的产出和消费水平将接近其最优水平。政府售出的个别可转让配额也具有类似的优点。

如果政府掌握足够的信息,就可以将税率或配额确定在渔业社会效益最大化的水平上。遗憾的是,有关种群规模和生产以及有关渔民行为的知识非常有限。这意味着,很难准确确定最优可捕量水平和最优税率水平。无论是税收的方法,还是 ITQs 制度,都不可能是一个完美的管理机制。税收和 ITQs 制度能有效压缩捕捞力量,但一般不会将捕捞力量准确压缩到其最优水平。

由于自然原因,鱼类群体随年份不同而变化。考虑到这一因素,最优渔获量也应随群体的变化而变化。配额在不同年份中很容易被改变,而税收则不能用于渔获量的年度调整。在这一意义上,配额是有优势的,但是,只有基于可靠数据的年度调整才会产生积极影响。如前所述,易得信息还远远不够准确,这就必然对配额的年度调整带来负面影响。尽管如此,生物学家仍然认为,渔获量的年度变化还是可以作为判断标准的,因此配额的上述优点在一定程度上仍然是适用的。

同 ITQs 制度和税收相比,所有其他的管理方法都不够有效。如采用不可转让的个别配额制度(Non-ITQs),渔民无法通过买卖配额来实现捕捞作业的目的,缺乏效率的渔民缺少离开渔业的激励,因为不能卖掉所持有的配额。通过暂时禁渔的总可捕量制度更是无效,因为该制度势必引发竞争性捕捞行为,迫使渔民提高投资水平,以便在较短的时间范围内迅速获得更大的渔获量。考虑到资本的稀缺性及其机会成本和捕捞设备的资产专用性特点,从整个社会的角度看,这种投资是没有价值的。管制捕捞努力量措施的缺陷也是很明显的,由于渔民很容易采用不受管制的投入来替代受管制的投入,所以控制渔获努力量对于捕捞力量的压缩效果往往是非常有限的。同时,控制渔获努力量往往使渔民无法选用有效的投入组合,阻碍渔业技术进步,从而降低渔业效率。尽管如此,在某些特定条件下,渔获努力量控制可能产生经济租金,但所产生的租金将低于税收政策和个别可转让制度所能产生的租金水平。

上述讨论与渔业管理现实还存在很大的差别,因为到目前为止,还没有任何一个国家通过高税收政策来解决过度捕捞问题。尽管 ITQs 制度已被一些国家所采用,渔业管理中最常用的方法还是限制渔获努力量、总可捕量制度与禁渔措施配合使用。理论与现实之间所存在的差距是如何产生的呢?下面,我们将运用新制度经济学的原理来解答这一问题。

二、新制度经济学的观点

新制度经济学的两个中心概念是制度和交易成本。经济制度指的是能够对人们的经济活动产生影响的一组权利和义务,包括产权制度、法律、契约类型、规范和习俗。交易成本是达成协议和执行协议所发生的成本。达成协议的成本可以划分为搜寻成本(即寻找达成协议或者说交易机会所花费的成本)和商谈成本(bargaining costs)。协议可以是商业合同,也可以是决定引入新的政策工具的政治决策。对于贸易合同,搜寻成本可能包括比如为获得有关商品价格和数量、潜在卖者和买者的信誉和行为的信息所花费的成本。商谈成本是协商合同条款所花费的成本。执行成本可能包括当签约一方违背合同条款时采取法律行动所花费的成本。对于决定采用新的政策工具,搜寻成本包括旨在评估实施该工具可能产生的后果所发生的科研成本。商谈成本是将各种冲突的利益转变成政治决策的政治体制成本的某些部分。执行成本可能包括例如付给警察或税务官员的薪水。一般而言,新制度经济学研究两类问题:一是制度如何影响经济绩效,分析制度如何促进和调整协议以及相关的交易费用;二是如何才能解释制度的发展。

具体到渔业管理的情形,新制度经济学家认为,渔业管理措施的新古典分析本身并没有错误,问题是新古典分析是否遗漏或忽视了某些重要因素。首先,采取任何措施都要花费搜寻成本和商谈成本。其次,所采取的措施在政治上可能是完全行不通的。再者,实施管理措施必然要花费执行成本。最后,措施可能难以得到严格落实。当然,这些成本和问题会受到现行制度的影响。

现在让我们考虑第二点,即政治权力在消费者、纳税人和生产者之间的分布是一个重要的变量。消费者和纳税人是两个庞大的群体,相对于两者而言,渔业行业的重要性是微不足道的,因此旨在改善渔民地位的集体行动的成本也相对较小。同时,渔业对于每一位渔民都是非常重要的。从理论角度看,上述情形意味着政治权力与有利于渔民的政策的分布是不对称的。与此相关的是,实际实施的政策可能不会总是帕累托最优的政策。

如何根据上述四点来评价管理措施的优劣呢?首先让我们考察ITQs制度,引入该制度在政治上是否行得通呢?因为是将配额分发给渔民,所以渔民不大可能认为该制度在政治上是不可接受的。各国实施ITQs制度时(除智利和波兰外),还没有出现过将配额卖给渔民的情况。正如上文所阐述的,将配额卖给渔民这一类型的ITQs制度对渔民实质上将产生与税收政策一样的后果。正如下面即将讨论的一样,税收政策目前在政治上仍然是行不通的,因为该政策对渔民将产生不利的后果。因此,政府出卖配额的做法也不大可能行得通。

个别可转让配额制度的搜寻成本和商谈成本是很大的。如要引入该制度,必须首先确定总可捕量的初始水平,并将总可捕量分配给渔民。对于多国渔业，首先应确定相关国家的配额（即国别配额的确定）。欧盟《共同渔业政策》的实施历史表明，这是一个非常耗时费力的过程。此外，总可捕量必然随年份的不同而变化。因此，每年都需要确定当年的最优可捕量，而协商年度可捕量水平的过程也需要耗费大量的时间。例如，在欧盟，各种对立利益的存在使得有关年度各鱼种的可捕量水平的协商都要花费大量的时间。这一政治情形的另一后果是，最终确定的总可捕量水平往往都不是最优的。这意味着，尽管 ITQs 制度在政治上可能行得通，但该制度可能并不总是建立在最优水平的总可捕量的基础之上。

个别可转让配额制度的执法成本也是很高的，且该制度很难得到完全的落实。在欧盟，一个特殊问题是，本国渔民获得较高的渔获量是符合各成员国的利益的，结果，某些国家对本国渔民的控制并不是很严格的。另一个问题时，该制度导致渔获物丢弃量的增加。总之，从制度的角度看，ITQs 制度也存在着严重的缺陷。因此，新古典经济学家所宣称的 ITQs 制度优于除税收政策以外的其他各种渔业管理措施的观点，仍然是一个存有争议的问题。

现在，让我们考虑税收政策。从新古典经济学的观点看，税收政策是有效的，但是建立于税收基础上的渔业管理体制还没有得到实际应用。之所以如此，主要原因在于该政策对渔民将产生不利的后果以及对渔民组织的政治影响。在欧盟，引入基于税收政策的渔业管理体制将涉及另外一些复杂的问题。总可捕量在成员国之间的现有配置方式是基于"相对稳定"的原则，这意味着每个国家每年将得到与前一年相同比例的总可捕量份额。如果用基于税收政策的渔业管理体制取代现行的管理体制，几年以后，渔获物将有可能集中到那些拥有最有效率的捕捞船队的国家，显然，这一结果对某些"输家"是难以接受的。考虑到政治因素，欧盟部长委员会（the Council of Ministers）最近宣称，在可预见的未来，该委员会不会采取任何税收措施管理欧盟渔业。总之，无论在欧盟还是其他发达国家，基于税收政策的渔业管理措施目前在政治上都是难以行得通的。

就执法问题而言，基于单一税或仔细选定的几种税的渔业管理体制可能会具有许多优点。例如，将对鱼品征收的荷兰增值税（the Dutch value-added tax，VAT）从目前 6％的关税水平增加到对其他商品征收的 18％的水平将产生积极的效果。首先，附加税很难被渔民所逃避，因为渔业链条中的其他环节（交易商和加工商）一定会很愿意加入。其次，在渔业市场征税将有可能降低经济中其他部门的税。这意味着将减少其他部门的逃税行为和执法成本。因此，理论上，基于税收政策的渔业管理制度的执法成本将有可能为零或负值。

　　现在简单讨论其他管理措施最显著的制度特征。大部分国家都采用总可捕量制度与暂时禁渔措施的配套使用，这与实施该措施需要较低的交易成本有关。例如，该制度的执法成本比个别可转让配额制度所涉及的执法成本要低。然而，该制度在执法方面也不是没有问题，违规现象也确实时有发生。世界各国渔业也大都实施了渔获努力量管制制度，理由之一是该制度的执法相对容易，至少比个别可转让配额制度的执法费用低。在一些国家，个别可转让配额制度同渔获努力量管制措施结合使用，以便于个别可转让配额制度的执法。但是，尽管就执法的难易程度而言，两者结合使用比单纯采用个别可转让配额制度可能更为优越，这一改进只有在牺牲了相当程度的新古典经济学意义上的效率后才有可能实现。

　　在许多国家，政府与渔民组织在渔业政策的设计和实施上的相互合作是非常普遍的，尽管合作程度上有着很大的差别，政府与渔民组织的合作有许多优点。首先，渔民与政府之间相互交流信息有助于政策设计的改进。其次，如果政策设计受到了代表渔民利益的渔民组织的影响，渔民可能会更愿意遵守这些公共政策。再者，在许多情况下，渔民组织积极参与渔业管理的执法过程，因而有可能减少执法问题和降低执法费用。渔民与政府合作的一个缺点是，消费者和纳税人的利益在政策形成过程中可能不是总能够得到应有的重视。

　　例如，在荷兰渔业，创立了一个所谓的"Biesheuvel groups"以帮助政府管理个别可转让配额制度。每个团体都包括大约20~90位渔民，该团体的责任之一就是揭发哪些成员有超配额捕捞行为。理论上，这确实是一种有效的监控办法，因为正是渔民才最了解其同伴的行为。但是，这一机制是建立在如下假设上，即渔民将揭发来自同一团体内的同伴的违法行为，而违法行为将主要对团体外部产生危害。因此，这一机制究竟是否有效仍然是一个疑问，由于这一体制只是在几年前才被采用的，要得出一个最终结论仍然为时过早。但是，不考虑其他方面，实际效果已清楚表明这一机制具有一些明显的优点。例如，这一团体可以作为希望租用或租出配额的渔民的中间调停人，因而起到增加个别可转让配额制度的灵活性的作用，这正是渔民所期望的。

　　总结本文前述部分所作的讨论，可以得出如下主要结论。首先，个别可转让配额在新古典经济学意义上是一种有效地减少捕捞能力的措施。事实上，这一结论同样适用于基于税收政策的渔业管理措施，但是不同于个别可转让配额制度，基于税收政策的管理措施不能用于渔获量的年度调整。在新古典经济学意义上,所有其他管理措施都是无效的,尽管在程度上有所不同。但是,从新制度经济学的角度看,无论是个别可转让配额,还是基于税收政策的渔业管理措施,都存在一些严重的缺陷。个别可转让配额制度的执法活动需花费较高的交易成本,且很难将执法活动委托给渔民。税收政策和政府出卖配额的个别可转让配额制度存在的最大问题是,它们在政治上是否行得通。其他管理措施也存在一些制度性的缺陷,尽管程度上有所不同。

结语——我国海洋捕捞业的困境与出路

一、我国海洋捕捞业的困境

尽管渔获量在20世纪70年代末和80年代初曾有所下降,但从50年代初开始,我国海洋捕捞产量基本上都保持着强劲的增长趋势。然而,这种表面上看似旺盛的海洋捕捞活动,很难掩盖我国海洋捕捞业面临巨大压力这一现实。目前,事实已经明显表明,我国海洋捕捞业的发展已经到了一个非常关键的时期。大部分——如果不是全部——海洋渔业种群已被充分利用,有的甚至已经枯竭。近海鱼类种群的相对比例也已发生了重大变化,这直接反映在渔获物的构成上,例如上岸鱼类已经历了从大规格高价值种类向小规格低价值种类、从底栖和肉食性的上层种类向浮游生物食性的上层种类以及从成熟个体向不成熟个体的转变过程。除了带鱼以外,像乌贼、大黄花鱼和小黄花鱼等历史上的主捕对象在商业上已经不那么重要了。而某些新开发的种类,例如20世纪70年代后期开发的马面鲀,一旦进入商业捕捞阶段,其群体很快就表现出衰退的迹象。更有甚者,由于受过度开发、利用不当和海洋环境污染等多种因素的影响,许多沿岸和近海渔场已经完全消失或移向外海。

另一方面,尽管一种普遍的看法是我国近海捕捞能力已远远超过了可持续渔业所能够承受的水平,其增长趋势依然没有得到有效的遏制。虽然中央政府已采取了严格控制渔船数量和渔船马力增加的"双控"措施,但收效甚微。渔业法规本身存在的制度性缺陷以及渔政执法能力的先天不足和组织结构的松散低效导致非法捕捞和违规作业屡禁不止,渔业管制失灵已成为一个不争的事实。现有渔业管理制度安排和渔业资源固有的生物经济特性的不相吻合,是导致捕捞竞争失控,渔民缺乏养护资源的基本诱因。

作为海洋渔业船队过度投资和海洋渔业资源过度利用的一个不可避免的后果,越来越多的海洋捕捞渔船难以靠捕捞为生,这对于国有捕捞船队的冲击尤为明显。中日、中韩和中越北部湾渔业协定的生效极大地压缩了我国渔民的作业空间,这对于步履艰难的我国海洋渔业船队无疑是雪上加霜,不仅进一步恶化其经济现况,也极有可能触发沿海渔业乡镇的社会稳定问题。

我国已成功地加入了世界贸易组织,如何提高我国渔业的国际竞争力问题吸引了诸多学者和渔业管理者的极大关注。我们认为,增强我国渔业国际竞争力的关键因素在于提高我国渔业整体的经济效率。无论是理论分析,还是世界各国的渔业管理经验均已表明投入控制不利于渔业技术进步,并可能因此极大地削弱本国渔业的国际竞争力。与此形成对比的是,如果在设计具体的应用方法时把其他管理目标加以适当考虑,个别可转让配额制度可以有效地解决过度投资、提高经济效率和克服资源利用方面所存在的诸多问题。对于这些问题,正如本书分析已经表明的,其他管理措施往往难以奏效。

二、衡量渔业管理措施是否有效的一个必要条件

就渔业问题的本质而言,一种获得广泛认可的观点是,只要某一有价值的种群处于自由准入的状态,资源的过度利用甚至枯竭就在所难免。应当指出的是,存在两种意义上的"自由准入"。按照产权理论的解释,如果没有任何个人或者团体可以拥有某种资源的产权,该资源就属于自由准入资源,任何个人或者团体都可以合法地消费该资源。例如,学者们一般认为空气和公海渔业资源是典型的自由准入资源。但是,依据产权的定义,我们认为在这个星球上根本就不存在严格意义上的自由准入资源,因为即使是空气和公海渔业资源,也存在一系列的国内和国际立法约束其利用。尽管不存在法理上的自由准入资源(open access de jure),但是,由于没有相应的制度规范准入和利用,或者由于各种原因所导致的制度失败,许多共有资源事实上确实处于自由准入状态(open access de facto)。例如,按照我国渔业法的规定,只有持有必需证件的渔船才能从事捕捞作业,但是,由于各种原因非法捕捞渔船却大量存在。另外,尽管不是由于贯彻或执法不力所造成的,制度本身的缺陷也可能导致事实上的自由准入。例如,由于捕捞许可证只告诉持证人可以从事捕捞,并没有限制其捕捞多少,在这种情况下,即使非持证人被有效地排除在外,但是,由于大量持证人的存在,渔业资源对于他们来说,仍然是事实上的自由准入。因此,我们认为,渔业问题产生的根本原因在于制度失灵。换言之,如果一种资源枯竭,要么是不存在管理这一资源准入和使用的制度,要么是因为各种形式的制度失败而造成这一资源处于事实上的自由准入状态。反过来说,成功的渔业管理制度的一个必要条件是:该制度必须能够真正地避免资源利用的自由准入状态,从根本上消除渔民的竞争性捕捞心理。

按照这一标准来考察目前存在的各种渔业管理机制，包括生物学家围绕资源养护所提出的各种技术措施、经济学家根据市场作用规律所倡导的管理手段以及社会学家所建议的以"社区"为中心的管理方法，只有以产权为基础的管理，以赋税原理为依据的管理和共同管理可以有效地达成上述目标。给定以赋税原理为依据的管理因信息的制约和政治上的不受欢迎而难以实施，以产权为基础的管理和共同管理成为管理机构可以选择的两种基本方案。

三、构筑基于产权的共同管理模式

以私有产权为基础的渔业管理和共同管理所具有的制度优势，已经获得了渔业管理学者的广泛认可。对于原先处于自由准入状态的资源，一个明确界定和有效实施的私有产权制度可以有效地"内化"渔业活动的外部性，消除个别使用者为获得更大份额而竞争的心理，对此并不存在多少异议。但是，对于洄游性的渔业资源而言，不可能有真正意义上的"私有化"。即使采用诸如个别可转让配额一类的制度能够使某一种群的总可捕量转化成私人配额，也会因个别渔民所拥有的份额太小而无法实际操作，或者难以实现捕捞的规模和范围经济（economy in size and scale），特别是在像我国这样的渔民多资源少的国家。

共同管理的主要目的在于，通过把渔民纳入"游戏规则"的制定和实施过程，使渔民能够真正认识到规则的内容和制定及实施的程序是合理的，从而强化渔民对渔业管理合法性的认识，增强其遵守管理制度的自觉性。另外，渔民的实际经验也可以弥补渔业专家和管理人员专门知识的不足。但是，共同管理的根本问题是产权问题，产权决定了资源优化利用和养护的机制及结构。理论分析和渔业管理实践均表明，如果国家不明确资源的产权归属，资源使用者就无法排除外来者享有同样的资源，因而也就缺乏养护这一资源的动机。因此，界定、立法和有效落实产权制度是保证共同管理成功的关键。

对以私有产权为基础的管理和共同管理的一般看法是，前者的主要意图在于实现渔业经济效率，而后者主要关心的是社会平等。正如所有领域的政策和管理都不可避免地要面对权衡取舍一样，渔业管理也必须处理好效率与公平问题。但是，把渔业资源的可持续性利用和渔政的可行性作为前提，渔业管理应当设法在实现渔业的经济效率和资源分配的平等之间取得平衡。因此，一个逻辑性的问题是，是否能够利用这两种管理机制所具有的制度优势，而避免其分别使用所带有的局限性呢？

答案是肯定的。按照我们的理解，共同管理和其他管理机制的最大不同点在于,前者实际上指的是管理过程。正因为是一种过程,而不是一种管理工具,所以共同管理可以和其他各种管理工具结合使用,当然也包括以产权为基础的管理。因此,我们认为可以把以产权为基础的管理和共同管理纳入统一的制度框架。在这一框架下,产权将定义资源优化使用和养护所必需的机制及结构,而共同管理将规定规则制定和实施的方法和程序。我们把这一模式定义为"基于产权的共同管理"(the property rights-based co-management)。正是基于上述理论思考,我们提出了我国海洋捕捞业应采取的捕捞限额管理模式,该模式有效地整合了个别可转让配额制度和共同管理机制(参阅下文第五部分)。

　　基于产权的共同管理模式的提出考虑了我国渔业的特殊现实。尽管个别可转让配额制度是一个很好的想法,却不应当把它的传统理论作为教条。不同于定置性的资源,要完全实现洄游性的渔业种群的私有化是很困难的(鉴于这种资源的生物学特性和空间分布特点以及现有技术水平)。更重要的是,正如前面所提到的,即使私有化是可行的,捕捞活动的规模和范围经济要求仍然是一个重要的制约因素。另外,渔业管理不可能仅仅追求最大可持续产量(即养护目标)或最大经济产量(即实现渔业经济租金的目标);相反,资源利用的社会平等和维持就业往往也是渔业决策的重要参考变量。

　　任何制度改革要获得成功,必须得到大部分人的支持。因此,在决定采用何种形式的配额管理模式之前,必须考虑到我国的政治、经济和社会现实,特别是沿海渔村的具体状况,以及所采用的制度可能带来的各种影响。和其他已经采用个别可转让配额管理制度的国家相比,我国沿海地区众多依靠捕捞为生的渔业人口和渔业作业方式的多样性,决定了很难按照个别可转让配额的传统理论来设计我国海洋捕捞业的限额管理制度。由于大部分沿海渔村可以提供有限的其他就业机会,所采用的任何制度必须能首先保证沿海地区以捕捞为生的渔业人口的生存条件至少不会因新制度的实施而恶化。

四、对新《渔业法》有关条文的解读

　　按照个别可转让配额理论的假定,当渔民获得了排他性的使用权,他们的个人利益和资源的可持续利用就直接挂起钩来,从而增加其养护资源的积极性。由于个别可转让配额可以有效地消除渔民为获得更大份额的资源而进行竞争性捕捞的动机,通过允许个别配额转让,就能够最终实现捕捞能力和渔业资源的规模相适应。充足的国际经验也已经表明,如果在设计具体的应用方法时,把其他的管理目标加以适当考虑,个别可转让配额制度可以有效地解决过度投资、经济效率和资源利用方面所存在的问题,而对于这些问题,其他的管理手段往往难以奏效。但是,个别可转让配额制度是否符合我国《渔业法》的基本要求呢?

我国已于 2000 年修改了从 1986 年开始生效的《渔业法》,新《渔业法》在第三章第 21,22 条对捕捞限额制度作出了规定。其中,第 21 条规定,"国家……根据渔业资源的可捕捞量,安排内水和近海捕捞力量",也就是说,内水和近海捕捞能力的确定将以资源的可捕量为依据。第 22 条首先明确了总可捕量的确定应采取"捕捞量低于渔业资源增长量的原则",并进而说明限额总量将以总可捕量为依据。应当注意:第一,这里用了"低于",说明实际确定的总可捕量将"低于"而非"等于"或"超过"所谓的最大可持续产量(MSY);第二,从现有渔业管理英文文献中,还找不到与"限额"相对应的术语,笔者将其译为"limited quota",应属于"基于总可捕量的管理"(TAC-based management)的范畴。但是,结合下列条文,"……捕捞限额总量由国务院渔业行政主管部门确定,报国务院批准后逐级分解下达",限额捕捞制度也可以被理解成"基于配额的管理"(Quota-based management),渔业管理文献中所说的 EA,ICQ,IQ 或 IVQ 等管理方法都可以纳入该范畴。考虑到我国现有行政架构,即中央政府—省(直辖市或自治区)政府—市政府—县级市或县政府—乡或镇政府,逐级下达的最后一级应是乡或镇,因此,可将限额捕捞制度理解成个别乡镇捕捞配额。如个别乡镇选择将所分配到的配额进一步分配给辖区内的个别渔村、个别渔业公司、个别渔船或个别渔民,则可以将限额捕捞制度理解成个别渔村配额(ICQ,如果将我国的渔村看做等同于英文文献中地理概念上的"社区")、个别企业配额(EQ,看做等同于加拿大对某些渔业所采用的"企业配额")、个别渔船配额(IVQ)或个别配额,即传统意义上的 IQ。按照"法无明文禁止即为允许"的原则,个别渔村、个别渔业公司、个别渔船和个别渔民应有权转让自身所持有的配额。按照某些西方学者的理解,例如 McCay(1999)等,可以将 EQ,ICQ,IQ 和 IVQ 看做是个别可转让配额(ITQ)的变型,那么,单纯从渔业法的上述规定来看,也可以将我国的限额捕捞制度理解成渔业发达国家(例如新西兰、澳大利亚、冰岛、加拿大和美国)目前所广泛采用的"个别可转让配额"(ITQ)管理制度。换言之,个别渔业乡镇如要选择个别可转让配额制度,在法律上是没有障碍的。

综合上述考虑,某些专家学者将捕捞限额制度理解成"总可捕量制度"是没有道理的。正如本书所阐明的,总可捕量制度在渔业管理上属于生物学方法,而个别可转让配额制度则属于经济学方法。两者基于完全不同的理念,前者主要是以生物学养护为目的,而后者则不仅考虑到生物学养护的需要,更注重渔业经济效率和资源租金的实现。如按总可捕量制度的理念来设计我国捕捞限额的制度安排,其结果将不仅不能改变我国海洋捕捞业过度投资和过度捕捞的现实,反而将加重这一趋势,并可能因此而诱发资源配置中严重的不平等现象,触发新的社会危机(参见本书第二章第二、三节和第四章第五节的相关内容)。

五、我国限额捕捞制度应采取的路径

我国捕捞限额制度实施细则尚未出台,因此目前有理由提出如下问题:我国如何才能完成从沿袭已久的投入控制和以政府为主导的渔业管理传统到产出控制和以市场为基础的管理机制这一转变?采用何种制度安排才能既符合理性思考的逻辑,又适应我国目前社会、经济和政治现实?将维持海洋生态系统的健康状态和资源基础的可持续性利用以及渔政可行性作为前提,我国应如何在资源配置的社会公平、渔业行业的经济效率和商业捕捞船队的国际竞争力之间作出最好的权衡取舍?更为现实的问题是,采用何种战略才能更好地满足我国沿海地区巨大的、以捕捞为生的渔业人口的生存需要,有助于增强而不是削弱我国商业捕捞船队的国际竞争力,同时又能满足国民对休闲渔业的爱好,不至于威胁到我国海洋渔业的资源基础呢?

要有效地解决上述问题,就必须精心设计一套适当的制度安排,综合考虑渔业资源的特有性质、渔民的心理和行为(包括渔民社会所特有的社会、经济和文化特征)以及政府和市场这两只"看得见的手"和"看不见的手"所分别具有的积极和消极作用。所设计的制度安排用来分别处理上述问题可能会取得某些积极结果,暂时延缓资源基础的崩溃。但是,如采取"头痛医头、脚痛医脚"的方针来设计配额管理制度安排,就不可能同时实现渔业管理的多重目标,包括资源基础的可持续性、资源配置的公正与公平、渔业活动的效率和渔政管理的效果。另外,同其他已实行配额管理的国家相比,我国沿海渔业乡镇的众多人口是我国转向配额管理所必须面对的一个巨大挑战。在设计具体的限额管理制度安排时,首先必须找到一个可行的方案,确保这部分渔业人口的生存条件至少不会因新制度的实施而恶化。无法解决这一问题,任何制度都是注定要失败的。

另外一点需要说明的是,其他国家的经验表明,在开始实施个别可转让配额制度时,就应当把休闲渔业包括在同一的配额管理制度框架内。首先,因为海洋渔业资源的全民所有性质,个人的垂钓爱好不应当因某种制度而被剥夺。

其次，相对于商业捕捞来讲，一般性的经验是休闲渔业能够带来更大的经济效益。再者，尽管我国休闲渔业的规模目前还不是很大，但可以预期的是，随着国家经济的发展和人民生活水平的提高，参与休闲渔业的人数会越来越多。考虑到我国沿海地区的人口密度，休闲渔业的比重和休闲活动对渔业资源的影响也会越来越大。因此，在设定捕捞限额管理制度时，休闲渔业的地位、作用和影响应当受到重视。

最后一点需要说明的是，我国已经加入世贸组织，而全球经济一体化也已经成为一种趋势。面对这种形势，所采用的捕捞限额管理制度应当有助于改善我国商业捕捞船队的经济效率，增强而不是削弱其国际竞争力。

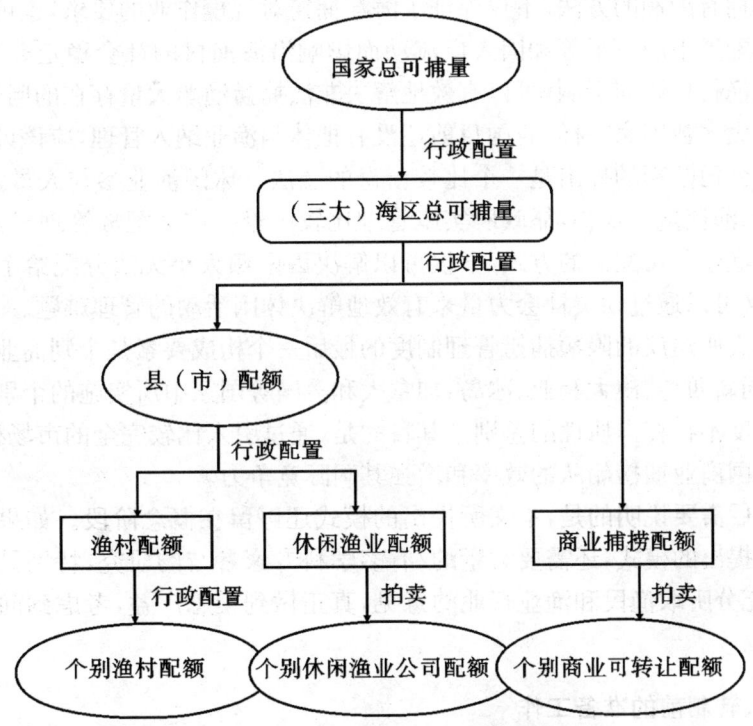

图 6.2　我国捕捞限额管理应选择的模式

结合上文所提到的各种因素，我们认为我国海洋渔业捕捞限额管理制度应采用下列模式（见图 6.2）。该模式的基本思路是：首先，把国家确定的总可捕量按预先确立的标准分解成三大海区可捕量，由各个海区根据当地渔业的历史和现实，在广泛讨论和协商的基础上，通过行政方式划分成个别市县配额

（就海洋捕捞业而言，应扩大三大海区的管理机能，省级海洋捕捞业的管理职责可改由海区负责）和商业捕捞配额。渔业局可鼓励有条件的市县将其拥有的配额进一步划分成总渔村可捕量和总休闲渔业可捕量，并根据预先确定的标准，采用行政方式将总渔村可捕量划分成个别渔村配额，下达给各个渔村；对于总休闲渔业可捕量和总商业可捕量，可采用拍卖方式决定其归属，分别形成个别休闲渔业公司配额和个别商业可转让配额。

个别渔村配额、个别休闲渔业公司配额和个别商业可转让配额是针对我国的特殊情况而设定的，既可以利用个别可转让配额的制度优势，又考虑到我国渔民众多、资源相对缺乏而其他就业机会又非常有限的特点。通过个别渔村集体拥有配额的方法，不仅保证了海洋捕捞对规模作业的要求，也可以防止因资源配置中的不平等和因人口流动而影响沿海渔村的社会稳定。另外，通过规定渔村集体问责制，可以有效地解决非法捕捞渔船大量存在的问题。

和大多数国家一样，我国目前还没有把休闲渔业纳入管理，应该说个别休闲渔业公司配额的提出是一个比较新奇的想法。休闲渔业参与人员复杂、活动分散、渔获量又很小，靠政府实施管理比较困难。实施配额管理时，利用个别休闲渔业公司配额的方式，不仅可以解决因配额太小无法分配给个人这一问题，又可以通过动员社会力量来有效地解决休闲活动的管理难题。

本文所建议的限额捕捞管理制度的最后一个构成要素是个别商业可转让配额，同新西兰、澳大利亚、冰岛，加拿大和美国等国家中所实施的个别可转让配额制度不存在本质性的差别。其目的是，通过引入比较完全的市场机制，以提高我国商业捕捞船队的效率和增强其国际竞争力。

最后需要说明的是，本文所提出的模式还停留在概念阶段。如果要采用本文所提出的模式，还需要大量的、有多学科专家参与的研究，特别是实证研究，并充分听取渔民和渔业行业的意见，真正做到集思广益，考虑到问题的方方面面。

六、转制前的准备工作

鉴于各种现实因素，如果缺乏足够的政治愿望和决心，我国海洋捕捞业管理目前可能还无法马上进入上述阶段，近年内应集中精力做好以下工作。

一是明确改制目标和步骤，应将资源基础的可持续性、资源配置的公正与公平、渔业活动的效率和渔政管理的效果列为明确的政策目标。

二是积极做好宣传、教育和培训工作，使渔业官员和渔民真正了解我国海洋渔业资源的现状和改制所要达到的政策目标，增强有关各方对改制必要性和紧迫性的认识。

三是尽快启动相关研究课题,组成由生物、生态、经济、社会、法学和统计学等学科的专家共同组成的研究团队,为决策提供详尽的数据和信息。

四是机构调整与建设,逐渐剥离各省、直辖市和自治区政府的海洋捕捞业管理职能,同时加强机构建设,扩大渔业局及其三大海区的渔业管理权限,强化其管理职能,从组织上消除地方保护主义。

五是加强渔业监管与执法能力建设,包括人员培训与软硬件配套。

六是宣布暂停办理入渔许可,渔业局应采取严厉有效的措施,近期内杜绝各省市批准新的渔船进入近海和我国所管辖的其他海域内从事捕捞作业,但应采取各种可能的政策鼓励现有渔船转向远洋作业,不应限制申请远洋作业的渔船数量。而在确实能够真正冻结捕捞能力之前,不应考虑采用渔船买回制度。这是因为如果不能有效冻结捕捞能力,即使通过渔船回购可暂时降低渔船数量,但是,经过一段时间以后,由于技术进步和其他方面的原因,捕捞能力甚至渔船数量还会重新增加。这样,渔业管理势必陷入"回购—减少—增加—再回购"这一不断重复的怪圈。

七是严格渔获量统计制度,建立一套运转高效、反应灵敏的专业统计班子,为开展下一步决策搜集详细可靠的相关数据,这一过程应至少连续3～5年。相关数据,特别是渔获量数据应细化到各渔村和渔业公司,大型渔船渔获量数据应单独统计。为保证数据的真实性,渔获量统计可以和税收政策结合起来,即渔获量越高,税额应越大,但同时应说明统计上来的渔获量数据将作为以后实施限额捕捞制度时决定各自配额持有量的一个重要参数。

八是在决定采用正式的限额管理制度之前,可以先按《渔业法》的规定,将配额首先下达到省级政府,但允许各省在保证不超过配额限度的前提下,采取灵活多样的限额管理措施,包括允许各省进一步分解其配额。但应采取一定的措施,防止出现各省为了地方利益而谎报统计数据的问题。

参考文献

1 丛子明,李挺,等. 中国渔业史[M]. 北京:中国科学技术出版社,1993
2 〔英〕戴维·M·沃克著. 牛津法律大辞典[M]. 李双元,等译. 北京:法律出版社,2003
3 〔美〕格瓦特尼,斯特鲁普,索贝尔著. 经济学:私人与公共选择[M]. 9版. 梁小民,梁砾译. 北京:中信出版社,2004
4 〔美〕哈罗德·德姆塞茨著. 所有权、控制与企业[M]. 段毅才,等译. 北京:经济科学出版社,1999
5 〔德〕柯武刚,史漫飞. 制度经济学——社会秩序与公共政策[M]. 北京:商务印书馆,2000
6 〔美〕科斯,阿尔钦,诺斯. 财产权利与制度变迁[M]. 上海:上海人民出版社,1994
7 〔美〕科斯,哈特,斯蒂格利茨,等著.〔瑞〕拉斯·沃因,汉斯·韦坎德编. 李凤圣主译. 契约经济学[M]. 北京:经济科学出版社,1999
8 粮农组织. 负责任渔业行为守则[M]. 粮农组织,罗马,1995
9 粮农组织. 世界渔业和养殖业的状况(1998)[M]. 粮农组织,罗马,1998
10 粮农组织. 海洋捕捞业可持续发展指标[M]. 粮农组织,罗马,2000
11 粮农组织. 经济激励措施和负责任渔业专家咨询会报告[M]. 粮农组织,罗马,2001
12 粮农组织. 世界渔业和养殖业的状况(2002)[M]. 粮农组织,罗马,2002
13 粮农组织. 雷克雅未克海洋生态系统负责任渔业会议提交的文件摘要[M]. 粮农组织,罗马,2002
14 林毅夫. 再论制度、技术和中国农业的发展[M]. 北京:经济科学出版社,2002
15 〔美〕迈克尔·迪曲奇著. 交易成本经济学[M]. 王铁生,葛立成译. 北京:经济科学出版社,1999

16 〔美〕曼昆著. 经济学原理[M]. 梁小民译. 北京:北京大学出版社,2001.
17 梅夏英. 财产权构造的基础分析[M]. 北京:人民法院出版社,2002
18 慕永通,韩立民. 渔业问题及其根源剖析[J]. 中国海洋大学学报(社会科学版),2003,(6):66-74
19 慕永通,马林娜. 个别可转让配额理论的起源与发展[J]. 中国海洋大学学报(社会科学版),2004,(1):1-8
20 慕永通. 个别可转让配额理论的作用机理与制度优势研究[J]. 中国海洋大学学报(社会科学版),2004,(1):10-17
21 慕永通,马林娜. 我国捕捞限额制度的性质与路径选择[J]. 中国渔业经济,2004,(3):4-6
22 农业部水产司. 水产经济工作手册[M]. 北京:中国农业出版社,1994
23 North D, Devis L E. 制度变迁的理论:概念与原因[C]// 财产权利和制度变迁——产权学派和新制度学派译文集. 上海:上海三联书店,上海人民出版社,1996
24 孙宪忠. 完善渔业权法律制度 切实保障渔民基本权益[J]. 中国水产,2003,(3):9-12
25 〔南〕斯韦托扎尔·平乔维奇著. 产权经济学——一种比较体制的理论[M]. 蒋琳琦译. 北京:经济科学出版社,1999
26 韦森. 社会秩序的分析导论[M]. 上海:上海三联书店,2001
27 韦森. 哈耶克自发制度生成论的博弈论诠释——评肖特的《社会制度的经济理论》[J]. 中国社会科学,2003,(6):43-57
28 王利民. 物权法研究[M]. 北京:中国人民大学出版社,2002
29 吴万夫,等. 渔业技术经济学[M]. 北京:中国科学出版社,1995
30 张震东,杨金森,等. 中国海洋渔业简史[M]. 北京:海洋出版社,1983
31 Ackroyd P, Ilide R P, Sharp B M. New Zealand's ITQ System: Prospects for the Evolution of Sole Ownership Corporations[C]. Minister of Fisheries, Wellington, New Zealand, 1990
32 Alston L J, Eggertasson T, North D C. Empirical Studies in Institutional Change[M]. London: Cambridge University Press, 1996
33 Alverson D L. Fisheries Management: A Perspective over Time[J]. Fisheries, 1995, 20(8):6-7
34 Anderson L G. Necessary components of economic surplus in fisheries economics[J]. Canadian Journal of Fisheries and Aquatic Sciences,

1980,37: 858-870

35　Anderson L G. The Economics of Fisheries Management (revised and enlarged edition)[M]. Baltimore and London: The John Hopkins. University Press,1986

36　Anderson L G. An economic analysis of highgrading in ITQ fisheries regulation programs[J]. Marine Resource Economics,1994,9: 209-226

37　Anderson L G. Selection of a Property Rights Management System[C]. FishRights99 Conference,Western Australia,1999

38　Anderson T L, Hill P J. The evolution of property rights: A study of the American west[J]. Journal of Law and Economics, 1975, 18: 163-79

39　Andrew S A. Microeconomics: A modern approach[M]. 3rd ed. New York: Oxford University Press, 2001

40　árnason R. Efficient management of ocean fisheries[J]. European Economic Review,1991, 35: 408-417

41　árnason R. Property rights as an organizational framework in fisheries: The cases of six fishing nations[C]// Crowley B L, ed. Taking Ownership: Property Rights and Fisheries Management on the Atlantic Coast. Atlantic Institute for Market Studies,Halifax, 1996

42　árnason R. Property rights as a means of economic organization[C]. FishRights99 Conference,Western Australia,1999

43　Baitor R M. The anatomy of market failure[J]. The Quarterly Journal of Economics, 1958, August: 351-379

44　Barzel Y. Economic Analysis of Property Rights[M]. Political Economy of Institutions and Decisions. Cambridge, 1997

45　Batstone C J. Sharp B M H. New Zealand's quota management system: the first ten years[J]. Marine Policy, 1999, 23(2): 177-190

46　Benson G , Longman R. The Washington experience with limited entry [M]// Retting R B, Ginter J J C, eds. Limited Entry as a Fishery Management Tool. Seattle: University of Washington Press, 1978

47　Berkes F. Local-level management and commons problem: a comparative study of Turkish coastal fisheries[J]. Marine Policy,1986, 10: 215-229

48　Berkes F,Folke C,Gadgil M. Traditional ecological knowledge, biodiversity,resilience and sustainability. Swedish Academy of Sciences,Beijer Discussion Paper Series,1993, vol 31

49　Bromley D W. Economic Interests and Institutions: The Conceptual Foundations of Public Policy[M]. Oxford,UK: Basil Blackwell, 1989

50　Bromley D W. Environment and Economy: Property Rights & Public Policy[M]. Blackwell,Oxford,1991

51　Brown L, ed. In the Human Interest[M]. New York: Norton W W,1974

52　Caddy J F. Fisheries management in the twenty-first century: will new paradigms apply? [J]. Review in Fish Biology and Fisheries,1999, 9: 3-21

53　Caddy J F, Cochrane K L. A review of fisheries management past and present and some future perspectives for the third millennium[J]. Ocean and Coastal Management,2001, 44(9-10): 653-682

54　Charles A T. Use rights. In A Fishery Manager's Handbook: Considerations in Selecting and Implementing Management Measures in Capture Fisheries [M]. FAO Technical Publication Series. FAO,Rome, 2001

55　Cochrane K L. Reconciling sustainability, economic efficiency and equity in fisheries: the one that got away? [J]. Fish and Fisheries,2000, 1: 3-21

56　Choe J Y, Mu Y T. Towards a Model of Property Rights-Based Fisheries Co-Management[J]. 韩国水产海洋教育研究, 2001, 13(2): 212-235

57　Choudhury K, Jansen L J M. Terminology for Integrated Resources Planning and Management[M]. Rome: FAO,1999

58　Christy F T, Scott A. The Common Wealth in Ocean Fisheries: Some Problems of Growth and Economic Allocation[M]. Baltimore, Maryland: The Johns Hopkins University Press,1965

59　Christy F T. Jr. Fishermen's Quotas: A Tentative Suggestion for Domestic Management[S]. University of Rhode Island,Law of the Sea Institute,Occasional Papers 19,Kingston,Rhode Island, 1973

60　Christy F T. The Fishery Conservation and Management Act of 1976: management objectives and the distribution of benefits and costs[J]. Washington Law Review,1997, 52: 657-680

61　Christy F T, ed. Territorial use rights in marine fisheries: definitions and conditions[S]. FAO Fisheries Technical Paper No. 227. FAO,Italy,1982

62　Christy F T. Economic Waste in Fisheries: Implements to Change and Conditions for Improvement[C]. The Conference on Fisheries Management and Global Trends. University of Washington, Seattle, WA, 1994

63　Christy F T. Paradigm lost: The death rattle of open access and the advent of property rights regime in fisheries[C]. 8th Biennial Conference of the Institute of Fisheries Economics and Trade, Morocco, 1996

64　Christy F T, Field B, Leal D, et al. Common and Private Property Rights: A Roundtable Discussion. http://www.cei.org/PDFs/common.pdf

65　Christy F T, Jr. Session summary: Fisheries goals and the rights of property[J]. Transactions of the American Fisheries Society 2: 369-378, 1969

66　Churchill R R, ed. EEC Fisheries Law[S]. Dordrecht: Martinus Nijhoff Publishers, 1987

67　Ciriacy-Wantrup S V, Bishop R C. Common property as a concept in natural resource policy[J]. Natural Resource Journal, 1975, 15:713-727

68　Clark C W. The economics of over-exploitation[J]. Science, 1973, 181: 630-634

69　Clark C W, ed. Bioeconomic Modeling and Fisheries Management[M]. New York: John Wiley & Sons, 1985

70　Clark J G D. The development of fishing in prehistoric Europe[J]. Antiquaries Journal, 1942, 28: 45-85

71　Clark J G D. Prehistoric Europe: the economic basis[M]. London: Methuen, 1952

72　Clarkson K W. International law, US seabeds policy and ocean resource development[J]. Journal of Land Economics, 1974, 17: 117-142

73　Coase R H. The problem of social cost[J]. The Journal of Law and Economics, 1960, 3: 1-44

74　Cole D H. New forms of private property: property rights in environmental goods. http://allserve.rug.ac.be/~gdegeest/1910book.pdf

75　Connor R. Are ITQs property rights? Decision, discipline and discourse [C]. FishRights99 Conference, Western Australia, 1999

76　Connor R D, Dover S R. Institutional change and learning for sustainable development. http://cres.anu.edu.au/publications/cress-wpo2-11-01

77　Constanza R, et al. Principles for sustainable governance of the oceans

[J]. Ecological Economics, 1999, 31(2): 171-187

78 Copes P. The Economics of marine fisheries management in the era of extended jurisdiction[J]. American Economic Review. 1979, 69: 256-260

79 Crean K, Symes D, eds. Fisheries Management in Crisis[M]. Oxford, UK: Fishing News Books, 1996

80 Criddle K R, Macinko S. A requiem for the IFQ in US fisheries? [J]. Marine Policy, 2000, 24(6): 461-469

81 Crutchfield J A, Zellner A. Economic aspects of the Pacific halibut fishery[J]. Fishery Industrial Research, 1962, 1: 1-13

82 Crutchfield J A, Pontecorvo G. The Pacific Salmon Fisheries: A Study of Irrational Conservation[M]. Baltimore, Maryland: The Johns Hopkins University Press, 1969

83 Cunningham S, Dunn M R, Whitmarsh D, eds. Fisheries Economic: An Introduction[M]. London: Mansell Publishing Limited, 1985

84 Dasgupta P S, Heal G M, eds. Economic Theory and Exhaustible Resources[M]. Welwyn: James Nisbet & Co. and the Cambridge University Press, 1979

85 Davidse W P, ed. Property rights in Fishing[S]. LEI-DLO, The Hague, 1997, OV 159

86 Davidse W P, McEwan L V, Vestergaard N. Property rights in fishery: from state property towards private property?: A case study of three EU countries[J]. Marine Policy, 1999, 23(6): 537-547

87 Davis A. Barbed wire and bandwagons: A comment on ITQ fisheries management[J]. Review in Fish Biology and Fisheries, 1996, 6(1): 97-107

88 Davis A, Bailey C. Common in custom uncommon in advantage: Common property, local elites, and alternative approaches to fisheries management[J]. Society and Natural Resources, 1996, 9: 251-265

89 Debreu G, ed. Theory of Value[M]. New Haven: Yale University Press, 1959

90 Demsetz. Toward a theory of property rights[J]. American Economic Review, 1967, 57: 347-359

91 Dufour A H. Management and practice in the small-Scale inshore fisheries of the French Mediterranean[M]// Crean K, Symes D, eds. Fish-

eries Management in Crisis. Oxford, UK: Fishing News Books, 1996
92 Durrenherger E P, Pálsson G. Ownership at sea, fishing territories and access to resources[J]. American Ethnologist, 1987, 14(3)
93 Edwards S. Ownership of renewable ocean resources[J]. Marine Resource Economics, 1994, 9: 253-273
94 Eggertsson T, ed. Economic Behavior and Institutions[M]. Cambridge, UK: Cambridge University Press, 1990
95 Eythórsson E. Theory and practice of ITQs in Iceland: Privatization of common fishing rights[J]. Marine Policy, 1996, 20(3): 169-281
96 FAO. Economic Effects of Fishery Regulation: Report of an FAO Expert Meeting at Ottawa, R[M]. Hamlisch, ed. Rome: FAO, 1961
97 FAO. Marine Fisheries and the Law of the Sea: A Decade of Change [M]. FAO Fisheries Circular No. 853. Rome: FAO, 1993
98 FAO. Review of the State of World Marine Fishery Resources[M]. Rome: FAO, 1994
99 FAO. The Code of Conduct for responsible fisheries No 1 - Fishing operations[M]. Rome: FAO, 1996
100 FAO. The Code of Conduct for responsible fisheries No 2 - Precautionary approach to capture fisheries and species introduction[M]. Rome: FAO, 1996
101 FAO. The Code of Conduct for responsible fisheries No 3 - Integration of fisheries into coastal area management[M]. Rome: FAO, 1996
102 FAO. The Code of Conduct for responsible fisheries No 4 - Fisheries management[M]. Rome: FAO, 1997
103 FAO. The State of World Fisheries and Aquaculture 1996[M]. Rome: FAO, 1997
104 FAO. The State of World Fisheries and Aquaculture 2000[M]. Rome: FAO, 2000
105 FAO. The State of World Fisheries and Aquaculture 2002[M]. Rome: FAO, 2002
106 FAO. The Code of Conduct for responsible fisheries No 9 - Implementation of the International Plan of Action to deter, prevent and eliminate, illegal, unreported and unregulated fishing[M]. Rome: FAO,

2002

107 FAO. The Code of Conduct for responsible fisheries No 4 - Fisheries management 2: The ecosystem approach to fisheries[M]. Rome: FAO, 2003

108 Fisher I, ed. Elementary Principles of Economics[M]. New York: Macmillan, 1923

109 Fraser G A. Limited entry: Experience of the British Columbia salmon fishery[J]. Journal of the Fisheries Research Board of Canada, 1979, 36: 754-763

110 Furubotn E G, Ritchter R. Institutions and economic theory: The contribution of New Institutional Economics[M]. Ann Arbor: The University of Michigan Press, 1998

111 Goodlad J. Sectoral quota management. Comparative systems for managing fishes stocks[C]. At a Public Hearing of the Fisheries Committee of the European Parliament, Brussels, 1996

112 Gordon H S. An Economic Approach to the Optimum Utilization of Fishery Resources[J]. Journal of the Fisheries Research Board of Canada, 1953, 10: 442-57

113 Gordon H S. The Economic Theory of a Common Property Resource: The Fishery[J]. Journal of Political Economy, 1954, 62(2): 124-142

114 Gunderson D R. The great window rockfish hunt of 1980-82[J]. North American Journal of Fisheries Management, 1984, 4: 465-468

115 Hanna S S. The eighteenth century English commons: A model for ocean management[J]. Ocean & Shoreline Management, 1990, 14: 155-172

116 Hanna S. User participation and fishery management performance within the Pacific Fishery Management Council[J]. Ocean Coastal Management, 1995, 28(1-3): 23-44

117 Hanna S. The new frontier of American fishery governance[J]. Ecological Economics, 1997, 20: 221-233

118 Hanna S. Strengthening governance of ocean fishery resources[J]. Ecological Economics, 1999, 31(2): 275-286

119 Hanna S, et al. Overview of property rights and environmental re-

sources[M]// Hanna S, Munasinghe M, eds. Property Rights and the Environment: Social and Ecological Issues. World Bank, Washington, D. C, 1995

120　Hannesson R, ed. Bioeconomic Analysis of Fisheries[M]. Oxford: Fishing News Books,1993

121　Hannesson R, ed. Fisheries Management: The Case of the North Atlantic Cod[M]. Oxford, UK: Fishing News Books,1996

122　Hannessson R, et al, eds. Fishing for the Future[M]. The World Humanity Action Trust, Nottingham, UK: Russel Press Ltd,2000

123　Hardin G. The tragedy of the commons[J]. Science, 1968, 162: 1 243-1 248

124　Heltberg R. New Institutional Economics: A Survey of Property Rights and Natural Resource Management. http://www.econ.ku.dk/derg/papers/nie3fn.pdf

125　Ginter J J C. The Alaska community development quota fisheries management program[J]. Ocean and Coastal Management,1995, 28(1-3): 147-163

126　Imperial M T. Analyzing Institutional Arrangements for Ecosystem-Based Management: Lessons from the Rhode Island Salt Ponds SAM Plan[J]. Coastal Management, 1999, 27: 31-56

127　International Center for Living Aquatic Resource Management (ICLARM) & North Sea Center (NSC). Analysis of Fisheries Co-Management: A Research Framework. http://www.co-management.org/

128　Jentoft S. Models of Fishery Development: The Cooperative Approach [J]. Marine Policy,1985,9(10): 322-331

129　Jentoft S. Fisheries Co-Management: Delegating Government Responsibility to Fishermen's Organizations[J]. Marine Policy,1989,13(2): 137-154

130　Jentoft S, McCay B J. User participation in fisheries management: lessons drawn from international experience[J]. Marine Policy, 1995, 19(3): 227-246

131　Jentoft S, McCay B J, Wilson D C. Social Theory and Fisheries Co-

Management[J]. Marine Policy,1998,22(4-5): 423-436

132 Kearney J F. The transformation of the Bay of Fundy herring fisheries 1976-1978: An experiment in fishermen-government co-management [M]// C. Lamson and A. Hanson, eds. Atlantic Fisheries and Coastal Communities. Institute of Resource and Environmental Studies,Dalhousic University,Halifax,Nova Scotia, 1984

133 Kenney D S, Lord W B. Analysis of Institutional Innovation in the Natural Resources and Environmental Realm: The Emergence of Alternative Problem-Solving Strategies in the American West. http://www.Colorado.edu./Law/NRLC/

134 Kalland A. Marine management in coastal Japan[M]// Crean K, Symes D , eds. Fisheries Management in Crisis. Oxford,UK: Fishing News Books,1996

135 Kuper A, Kuper J, eds. The Social Science Encyclopedia[M]. London: Routledge,1989

136 Larkin P A. An epitaph for the concept of maximum sustained yield [J]. Transactions of the American Fisheries Society,1977, 106(1): 1-11

137 Libecap G D, ed. Contracting for property rights[M]. Cambridge: Cambridge University Press,1989

138 Ludwig D,Hilborn R, Walters C. Uncertainty,Resource Exploitation, and Conservation: Lessons from History[J]. Science,1993,260: 17-36

139 McCamish S. Public or private?: United States commercial fisheries management and the public trust doctrine, reciprocal challenges[J]. Natural Resources Journal,1993, 33: 919-955

140 McCay B J. Social and ecological implications of ITQs: an overview [J]. Ocean & Coastal Management,1995, 28(1-3): 3-22

141 McCay B J, ed. Oyster Wars and the Public Trust[M]. Tucson: University of Arizona Press,1998

142 McCay B, Acheson J, eds. The Question of the Commons: The Culture and Ecology of Communal Resources[M]. Tucson: University of Arizona Press,1987

143 McEnvoy A F, ed. The Fisherman's Problem: Ecology and Law in the

California Fisheries 1852~1980[M]. New York: Cambridge University Press,1986

144 McCay B J,Creed C E. et al. Individual transferable quotas (ITQs) in Canadian and US fisheries[J]. Ocean and Coastal Management,1995, 28(1-3):85-115

145 McGoodwin J R, ed. Crisis in the World Fisheries: People,Problems, and Policies[M]. Stanford,California: Stanford University Press,1990

146 Moloney D G, Pearce P II. Quantitative rights as an instrument for regulating commercial fisheries[J]. Journal of the Fisheries Research Board of Canada, 1979, 36: 859-866

147 Munk-Madsen E. The Norwegian fishing quota system: Another patriarchal construction? [J]. Society & Natural Resources,1998, 11: 229-240

148 Mu Y T. Marine Fisheries Development and Management Systems in P. R. China [D]. 韩国釜山: 釜庆大学校,1999

149 Mu Y T, Choe J Y. The Conceptual Management Framework for Sustainable Fisheries Development[J]. 韩国水产经营论集, 2000, 30(1):135-151

150 Mu Y T, Choe J Y. On Institutional Arrangements of Quota-Based Management for China's Marine Capture Fisheries[J]. 韩国水产经营论集, 2001, 32(2):91-125

151 Mu Y T. A Study on Institutional Arrangements for Quota-Based Management: The Case of China's Marine Capture Fisheries[D]. 韩国釜山: 釜庆大学校,2002

152 National Research Council (NRC). Sharing the Fish: Towards a National Policy on Individual Fishing Quotas[M]. Washington D. C. : National Academy Press,1999

153 Neher P A, Arnason R, Mollett N, eds. Rights-Based Fishing[M]. Dordrecht,The Netherlands: Kluwer Academic Publishers,1989

154 Nicolson. Food from the Sea[M]. London: Cassell,1979

155 Nielsen L A. The evolution of fisheries management philosophy[J]. Marine Fisheries Review,1976, 38(1): 15-23

156 Nielsen L A. The practical uses of fisheries history[J]. Fisheries, 1995, 20(8): 16-18

157 North D, ed. Institutions,institutional change,and economic perform-

ance[M]. CUP, Cambridge, 1990

158 Olson M, ed. The Logic of Collective Action: Public Goods and the Theory of Groups[M]. Harvard University Press, Cambridge, Massachusetts, 1965

159 The Organization for Economic Cooperation and Development (OECD). Toward Sustainable Fisheries: Economic Aspects of the Management of Living Marine Resources[M]. OECD, Paris, 1997

160 Ostrom E, ed. Governing the Commons: The Evolution of Institutions for Collective Action[M]. Cambridge, UK: Cambridge University Press, 1990

161 Ostrom E, Schlager E. The formation of property rights[M]// Hanna S, Folke C, Mäler K G, eds. Rights to Nature: Ecological Economic, Cultural and Political Principles of Institutions for the Environment. Washington: Island Press, 1996

162 Parsons L S. Management of Marine Fisheries in Canada. Canadian Bulletin of Fisheries and Aquatic Sciences 225[M]. National Research Council of Canada and Department of Fisheries and Oceans, Ottawa, Canada, 1993

163 Pálsson G. The virtual aquarium: Commodity fiction and cod fishing [J]. Ecological Economics, 1998, 24(2-3): 275-288

164 Pálsson G, Helgason A. Figuring fish and measuring men: The individual transferable quota system in the Icelandic cod fishery[J]. Ocean & Coastal Management, 1995, 28(1-3): 117-146

165 Pearse P H. From open access to private property: Recent innovations in the fishing rights as instruments of fisheries policy[J]. Ocean Development and International Law, 1992, 22: 71-83

166 Petterson J S. Policy and culture: the Bristol Bay case[J]. Coastal Zone Management Journal, 1983, 10(4): 313-330

167 Pigou A C. The Economics of Welfare[M]. London: MacMillan and Company, 1912

168 Pinkerton E. Intercepting the State: Dramatic processes in the assertion of local co-management rights[M]// McCay B and Acheson J, eds. The Question of the Commons. University of Arizona Press, Tuc-

son,1987
169 Pitcher T J, Hart P B, Pauly D, eds. Reinventing Fisheries Management[M]. Dordrecht: Kluwer Academic Publishers,1998
170 Royce W F, ed. Fisheries Development[M]. London: Academic Press,Inc. ,1987
171 Royce W, Bevan D, Crutchfield J, et al. Salmon Gear Limitation in Northern Washington Waters[M]. University of Washington Publications in Fisheries,New Series, 1963
172 Ruddle K. Solving the common-property dilemma: Village fisheries rights in Japanese coastal water[M]// Berkes F, ed. Common Property Resources: Ecology and Community-Based Sustainable Development. London: Bellhaven Press,1989
173 Samuelson P A, Nordhaus W D. Economics[M]. 16th ed. The McGraw-Hill Companies,Inc. ,1998
174 Scheiber H N, Carr C. The limited entry concept and the pre-history of the ITQ movement in fisheries management[M]// G. Pálsson and G. Petersdottir, eds. Social Implications of Quota Systems in Fisheries. Copenhagen: Nordic Council of Ministers,1997
175 Schlager E, Ostrom E. Property-rights regimes and natural resources: A conceptual analysis[J]. Land Economics,1992, 68(3): 249-262
176 Scott A. The fishery: the objective of sole ownership[J]. Journal of Political Economy,1955, 63: 116-124
177 Scott A. Development of economic theory on fisheries regulation[J]. Journal of the fisheries research board of Canada,1979, 36: 725-741
178 Scott A. Development of property in the fishery[J]. Marine Resource Economics,1988, 5: 289-331
179 Scott A. Conceptual origins of rights based fishing[M]// Neher P A, Arnason R, Mollett N, eds. Rights-Based Fishing. Dordrecht, The Netherlands: Kluwer Academic Publishers,1989
180 Scott A D. The ITQ as a property right: Where it came from, how it works and where it is going[M]// Crowley B L, ed. Taking Ownership: Property Rights and Fisheries Management on the Atlantic Coast. Atlantic Institute for Market Studies,Halifax,1996

181 Scott A D. Fishermen's property rights[C]. FishRights 1999 Conference, Western Australia, 1999

182 Scott A D. Introducing property in fisheries management[C]. FishRights 1999 Conference, Western Australia, 1999

183 Scott A D. Five stages in the evolution of the market-oriented fishery [C]. The IIFET 2000 Conference, 2000

184 Sharp B M H. From Regulated Access to Transferable Harvesting Rights: Policy Insights from New Zealand[J]. Marine Policy, 1997, 21 (6): 501-517

185 Squires D, Kirkley J, Tisdell C A. Individual transferable quotas as a fisheries management tool[J]. Review in Fisheries Science, 1995, 3 (2): 141-169

186 Squires D, Kirkley J, Tisdell C A. Individual transferable quotas as a fisheries management tool[J]. Review in Fisheries Science, 1995, 3 (2): 141-169

187 Squires D, Campbell H, Cunningham S, et al. Individual transferable quotas in multi-species fisheries[J]. Marine Policy, 1998, 22(2): 135-159

188 Shotton R. Current Property Rights Systems in Fisheries Management [C]. FishRights99 Conference, Western Australia, 1999

189 Stephenson R L, Lane D E, Aldous D G, Nowak R. Management of the 4WX Atlantic herring (Clupea harengus) fishery: An Evolution of recent events[J]. Canadian Journal of Fisheries and Aquatic Sciences, 1993, 50: 2 742-2 757

190 Symes D. Property rights, regulatory measures and the strategic response of fishermen[M]// Symes D, ed. Property Rights and Regulatory Systems in Fisheries. Oxford, United Kingdom: Fishing News Books (Blackwell Science), 1998

191 Tietenberg T, ed. Environmental and Natural Economics[M]. 5th ed. 北京:清华大学出版社,2001

192 Townsend R. Entry restrictions in the fishery: A survey of the evidence[J]. Land Economics, 1990, 66(4): 359-378

193 Townsend R E. Beyond ITQs: property rights as a management tool

[M]. Fisheries Research,1998, 37(1-3): 203-210

194 Townsend R E, Charles A T. User rights in fishing[M]// Boreman J, Nakashima B S, Wilson J A, Kendall R L, eds. Northwest Atlantic Groundfish: Perspectives on a Fishery Collapse. Bethesda, USA: American Fisheries Society,1997

195 Wang,Shaoguang. Defective institutions and their consequences: lesson from China,1980-1993[J]. Communist and Post-Communist Studies,2002, 35: 133-154

196 Waugh G, ed. Fisheries Management: Theoretical Developments and Contemporary Applications[M]. Boulder, Colo.: Westview Press, 1984

197 Williams M J, Corral V P. Fisheries Monitoring: Management Models,Compliance and Technical Solutions[C]// FAO, ed. Proceedings of the International Conference on Integrated Fisheries Monitoring. FAO,Rome,1999

198 Williamson O, ed. The Economic Institutions of Capitalism[M]. New York: The Free Press,1985

199 Williamson O E. Transactions cost economics and organization theory [M]// Semlser N J, Swedberg R, eds. The Handbook of Economic Sociology. Princeton,NJ: Princeton University Press,1994

200 Wilen J E. Renewable Resource Economists and Policy: What Differences Have We Made? [J]. Journal of Environmental Economics and Management,2000, 39(3): 306-327

201 Yamamoto T. Why Fishery Community Based Fishery Management (FCFM) Has Been well Developed in Japan - Legal Framework is Indispensable for the Development of FCFM[R]. The IIFET 2000, 2000

202 Yamamoto T, Short K, eds. International Perspectives on Fisheries Management[C]. proceedings of the JIFRS/IIFET/ZENGYOREN Symposium on Fisheries Management,the National Research Institute of Fisheries Science,Tokyo,Japan,1992

203 Young M D. The design of fishing-right systems: The New South Wales experience[J]. Ocean & Coastal Management,1995, 28: 54-61

后 记

本书是作者于 1996 年至 2002 年在韩国攻读硕士和博士学位期间的部分研究成果。在韩学习期间,作者曾得到韩国釜庆大学海洋产业政策学部教授、韩国水产经营学会会长、经济学博士 Choe Jung-Yoon 导师的悉心指导;同时,在本书写作过程中,中国海洋大学文科处提供了一定的资金支持,中国海洋大学孟显丽老师以及作者的学生于会国、余云军、马林娜和陈静娜对文稿进行了认真的校对,中国海洋大学资深教授李凤岐先生和李永祺先生均提出了许多宝贵建议,在此一并致谢。

不得不说明的是,无论是在韩国学习期间,还是在本书写作过程中,作者都得到了家人的大力支持和鼓励。没有他们的爱心、耐心和信心,作者很难想象是否能完成这一如此繁重而艰巨的工作。

当然,受个人知识和水平限制,书中缺点与错误在所难免,还请广大读者批评指正。